Éducation à la citoyenneté

Enseignement secondaire général Luxembourg

Deutsche Ausgabe

Herausgegeben von:

Ministère de l'Éducation nationale, de l'Enfance et de la Jeunesse Luxembourg

Erarbeitet von:

Marie-Paule Eyschen
Simone Kayser
Véronique Krettels
Guido Lessing
Michèle Schilt
Marc Schoentgen

Mitarbeit bei der 2. aktualisierten Auflage

Isabelle Frank
Edouard Theis

In Zusammenarbeit mit der Verlagsredaktion

Cornelsen

In diesem Buch wurden Beiträge folgender Verfasser verwendet:
Mechthild Freifrau von Gillhausen 308
Renate Harter-Meyer 80, 81, 85 M4, 94 M1, 98 M1, 126 M1, 156, 157
Karl-Heinz Holstein 90 M2
Christel Löscher 310, M7, M8, 311
Heinrich Meyer 92, 93
Bärbel Oelmann 309 M2, 310 M6
Tanja Rüchardt 308
Ellen Rudyk 90 M2
Christoph Scheele 318 Präsentieren
Andrea Szukala 287
Ellen Wilms 49 M3
Thomas Zimmerman 317, Mindmap

Verlagsredaktion: Uta Kural
Außenredaktion: Dr. Barbara Hammerschmitt, Stuttgart, Elisabeth Berten, Berlin (2. Auflage, 3. Druck 2020)
Bildredaktion: Gertha Maly, Christina Scheuerer
Layout: Christoph Berten, Berlin; Buchgestaltung +/Anna Bakalovic
Technische Umsetzung: zweiband.media GmbH, Berlin
Umschlaggestaltung: Buchgestaltung +/Anna Bakalovic
Titelfoto: Corbis/Don Hammond/Design Pics
Umschlagkarten: Dr. Volkhard Binder, Berlin

www.cornelsen.de

2. Auflage, 3. Druck 2020

Druck: Livonia Print, Riga

ISBN 978-3-06-451505-5 (Schülerbuch)
ISBN 978-3-06-451506-2 (E-Book)

Inhaltsverzeichnis

Mit dem Buch arbeiten 8

1 Politik entdecken 10

1.1 Politik geht alle an 12
1.2 Menschen- und Bürgerrechte 14
1.3 Demokratie verstehen 16
1.4 Menschenrechte weltweit 18
1.5 Demokratie – aber wie? 20
1.6 Hat die Mehrheit immer recht? 22
1.7 Demokratie ja – Beteiligung nein 24
Methode Eine Umfrage durchführen 25
1.8 Demokratie verteidigen 26
1.9 Das Wichtigste auf einen Blick 28

2 In Gruppen leben 30

2.1 Soziale Beziehungen 32
2.2 Leben in der Familie 34
Methode Rollenspiel: Erziehung – aber wie? 36
2.3 Rechte in der Familie 38
2.4 Politik für Familien 40
2.5 Schule und Ausbildung 42
2.6 Ausbildung im Wandel 44
2.7 Jugend und Freizeit 46
2.8 Werkstatt: Gruppen untersuchen 48
2.9 Das Wichtigste auf einen Blick 50

3 Leben in der Gemeinde 52

3.1 Die Heimatgemeinde erforschen 54
3.2 Die Aufgaben der Gemeinde 56
3.3 Die Gemeindefinanzen 58
3.4 Wer entscheidet in der Gemeinde? 60
3.5 Was wird aus der „Haardt"? 62
Methode Pro-Kontra-Debatte 63
3.6 Wählen und gewählt werden 64
3.7 Wie wähle ich? 66
3.8 Aktiv sein in der Gemeinde 68
3.9 Die Zusammenarbeit der Gemeinden 70
3.10 Fallstudie: Neue Siedlungen entstehen 72
3.11 Das Wichtigste auf einen Blick 74

4 Wirtschaft entdecken 76

4.1 Warum wirtschaftet der Mensch? 78
4.2 Wirtschaften im Privaten 80
4.3 Einkaufsfalle Supermarkt 82
Methode Markterkundung 83
4.4 Der Markt 84
4.5 Preisbildung 86
4.6 Der Wettbewerb 88
4.7 Die Unternehmen 90
4.8 Wie ein Geschäftsmann denken muss 92
4.9 Soziale Marktwirtschaft 94
4.10 Wirtschaftsfaktor Staat 96
4.11 Geld als Tauschmittel 98
4.12 Der Wirtschaftskreislauf 100
4.13 An der Börse 102
4.14 Das Wichtigste auf einen Blick 104

5 Arbeitswelt und soziale Sicherung 106

5.1 Arbeit im Wandel 108
5.2 Arbeitsmarkt Luxemburg 110
5.3 Sich bewerben 112
5.4 Der Arbeitsvertrag 114
5.5 Arbeitsrecht 116
5.6 Am Arbeitsplatz 118
5.7 Die Berufsorganisationen 120
Methode Planspiel Lohnverhandlungen 122
5.8 Die soziale Sicherung 124
5.9 Arbeit lohnt sich 126
5.10 Arbeitslosigkeit 128
5.11 Die Zukunft des Sozialstaats 130
Methode Kritischer Umgang mit Statistiken 132
5.12 Das Wichtigste auf einen Blick 134

6 Die Welt um uns 136

6.1 Ein Land – viele Landschaften 138
6.2 Eine Stadt verändert ihr Gesicht 140
6.3 Raum- und Landesplanung 142
6.4 Die Herausforderung Mobilität 144
6.5 Die Herausforderung Wasser 146
6.6 Die Herausforderung Müll 148
6.7 Die Erde kommt ins Schwitzen 150

6.8 „Think global …“ 152
6.9 „… act local!“ 154
6.10 Umwelt kennt keine Grenzen 156
Methode Zukunftswerkstatt 158
6.11 Das Wichtigste auf einen Blick 160

7 Identität und Geschichte 162

7.1 Typisch Luxemburg 164
7.2 Nation und Nationalität 166
7.3 Der Staat Luxemburg entsteht 168
7.4 Wirtschaftliche und gesellschaftliche Entwicklung 170
7.5 Entwicklung zur Demokratie 172
7.6 Luxemburg und seine Nachbarn 174
7.7 1940 – 1944: Unabhängigkeit in Gefahr 176
7.8 Auswandern – Einwandern 178
Methode Bevölkerungspyramide lesen und auswerten 180
7.9 Ein Land – viele Kulturen 182
7.10 Luxemburg – eine Wohlstandsgesellschaft? 184
7.11 Das Wichtigste auf einen Blick 186

8 Der Staat, in dem wir leben 188

8.1 Wer hat die Macht im Staat? 190
8.2 Wahlen 192
8.3 Die Parteien 194
8.4 Der Wahlkampf 196
Methode Wahlplakate untersuchen 197
8.5 Die Abgeordnetenkammer 198
8.6 Aus dem Alltag eines Abgeordneten 200
8.7 Die Regierung 202
8.8 Die Gesetzgebung 204
8.9 Die Justiz – die dritte Macht 206
8.10 Das Staatsoberhaupt 208
8.11 Medien und Verbände 210
8.12 Das Wichtigste auf einen Blick 212

9 Leben in einem Rechtsstaat 214

9.1 Der Rechtsstaat 216
9.2 Die Bereiche des Rechts 218
9.3 Die Rechtsprechung 220
9.4 Endlich 18! 222
9.5 Das Gerichtsverfahren 224
Methode Expertenbefragung 225
9.6 Jugendkriminalität 226
9.7 Gerechte Strafen? 228
9.8 Verträge regeln und verpflichten 230
9.9 Verträge abschließen 232
9.10 Wer hilft mir, wenn … 234
9.11 Das Wichtigste auf einen Blick 236

10 Medien 238

10.1 Alte und neue Medien 240
10.2 Medien im Alltag 242
10.3 Chancen und Risiken im Netz 244
10.4 Das Web richtig nutzen 246
10.5 Massenmedien 248
10.6 Nachrichten werden gemacht 250
10.7 Politiker und Medien 252
Methode Fotos analysieren 254
10.8 Eine Fallstudie – Castingshows 256
10.9 Das Wichtigste auf einen Blick 258

11 Blickpunkt Europa 260

11.1 Die europäische Einigung 262
11.2 Erweiterung der EU 264
11.3 Symbole und Werte 266
11.4 Europa im Alltag 268
11.5 Bürger in Europa 270
11.6 Wie funktioniert die EU? 272
11.7 Europa in Luxemburg – Luxemburg in Europa 274
11.8 Regionen in Europa 276
11.9 Europa in der Welt 278
Methode Karikaturen auswerten 280
11.10 Das Wichtigste auf einen Blick 282

12 Die Welt von heute 284

12.1 Globalisierung im Alltag 286
12.2 Handelsströme weltweit 288
12.3 Ungleiche Entwicklung 290
12.4 Ursachen für Armut und Entwicklungsrückstände 292
12.5 Migration – die Welt in Bewegung 294
12.6 Entwicklungszusammenarbeit 296
12.7 Konflikte um Wasser 298
12.8 Umweltschutz als globale Herausforderung 300
12.9 Globale Probleme, globale Lösungen 302
12.10 Friedenssicherung 304
12.11 Globaler Terrorismus 306
Methode Konfliktanalyse 308
12.12 Das Wichtigste auf einen Blick 312

Anhang

Methoden und Techniken 314
Stichwortverzeichnis 323
Bildquellen 326

Liebe Schülerin, lieber Schüler,

mit *Éducation à la citoyenneté* halten Sie ein neues Schulbuch für ein neues Fach in den Händen. In diesem Fach erfahren Sie, wie Politik funktioniert und was es bedeutet, Bürger bzw. Bürgerin zu sein. Bevor Sie anfangen mit dem Buch zu arbeiten, soll diese Doppelseite Ihnen einen Einstieg zur Arbeit mit dem Buch geben.

Auftaktseiten

Die blauen Auftaktseiten markieren jeweils den Beginn eines Kapitels. Auf diesen Seiten finden Sie erste Anregungen, sich mit dem neuen Thema zu beschäftigen. Außerdem finden Sie eine Liste mit Kompetenzen (Sach-, Methoden- sowie Urteils- und Handlungskompetenz), die erworben werden sollen.

Themenseiten

Die Themenseiten beleuchten jeweils einen bestimmten Aspekt des Kapitels. Einleitungstexte geben Ihnen eine kurze Einführung in das Thema. Anschließend können Sie in der Klasse, allein oder in Gruppen, das Thema mithilfe der Materialien und Arbeitsaufträge selbstständig erschließen.

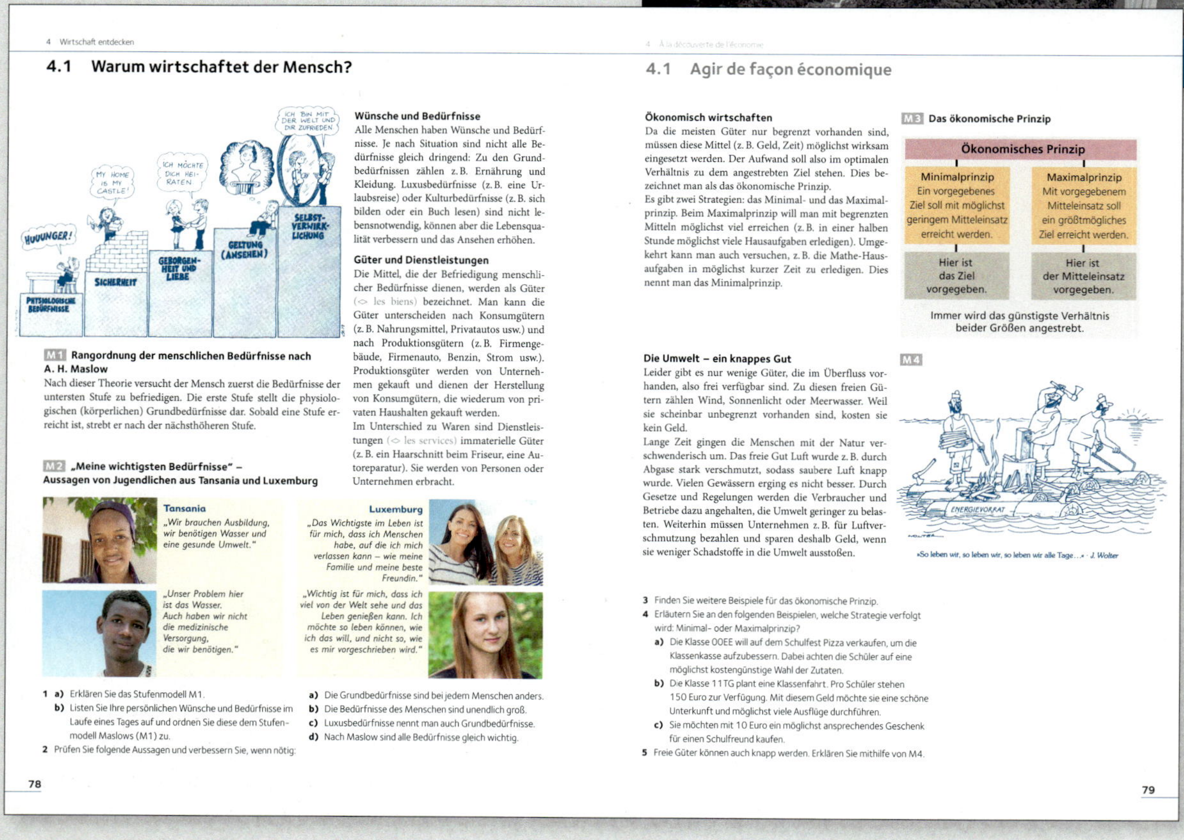

4 Wirtschaft entdecken

4.1 Warum wirtschaftet der Mensch?

M1 Rangordnung der menschlichen Bedürfnisse nach A. H. Maslow
Nach dieser Theorie versucht der Mensch zuerst die Bedürfnisse der untersten Stufe zu befriedigen. Die erste Stufe stellt die physiologischen (körperlichen) Grundbedürfnisse dar. Sobald eine Stufe erreicht ist, strebt er nach der nächsthöheren Stufe.

Wünsche und Bedürfnisse
Alle Menschen haben Wünsche und Bedürfnisse. Je nach Situation sind nicht alle Bedürfnisse gleich dringend: Zu den Grundbedürfnissen zählen z. B. Ernährung und Kleidung. Luxusbedürfnisse (z. B. eine Urlaubsreise) oder Kulturbedürfnisse (z. B. sich bilden oder ein Buch lesen) sind nicht lebensnotwendig, können aber die Lebensqualität verbessern und das Ansehen erhöhen.

Güter und Dienstleistungen
Die Mittel, die der Befriedigung menschlicher Bedürfnisse dienen, werden als Güter (<> les biens) bezeichnet. Man kann die Güter unterscheiden nach Konsumgütern (z. B. Nahrungsmittel, Privatautos usw.) und nach Produktionsgütern (z. B. Firmengebäude, Firmenauto, Benzin, Strom usw.). Produktionsgüter werden von Unternehmen gekauft und dienen der Herstellung von Konsumgütern, die wiederum von privaten Haushalten gekauft werden.
Im Unterschied zu Waren sind Dienstleistungen (<> les services) immaterielle Güter (z. B. ein Haarschnitt beim Friseur, eine Autoreparatur). Sie werden von Personen oder Unternehmen erbracht.

M2 „Meine wichtigsten Bedürfnisse" – Aussagen von Jugendlichen aus Tansania und Luxemburg

Tansania
„Wir brauchen Ausbildung, wir benötigen Wasser und eine gesunde Umwelt."
„Unser Problem hier ist das Wasser. Auch haben wir nicht die medizinische Versorgung, die wir benötigen."

Luxemburg
„Das Wichtigste im Leben ist für mich, dass ich Menschen habe, auf die ich mich verlassen kann – wie meine Familie und meine beste Freundin."
„Wichtig ist für mich, dass ich viel von der Welt sehe und das Leben genießen kann. Ich möchte so leben können, wie ich das will, und nicht so, wie es mir vorgeschrieben wird."

1 a) Erklären Sie das Stufenmodell M1.
b) Listen Sie Ihre persönlichen Wünsche und Bedürfnisse im Laufe eines Tages auf und ordnen Sie diese dem Stufenmodell Maslows (M1) zu.
2 Prüfen Sie folgende Aussagen und verbessern Sie, wenn nötig:
a) Die Grundbedürfnisse sind bei jedem Menschen anders.
b) Die Bedürfnisse des Menschen sind unendlich groß.
c) Luxusbedürfnisse nennt man auch Grundbedürfnisse.
d) Nach Maslow sind alle Bedürfnisse gleich wichtig.

78

4 À la découverte de l'économie

4.1 Agir de façon économique

Ökonomisch wirtschaften
Da die meisten Güter nur begrenzt vorhanden sind, müssen diese Mittel (z. B. Geld, Zeit) möglichst wirksam eingesetzt werden. Der Aufwand soll also im optimalen Verhältnis zu dem angestrebten Ziel stehen. Dies bezeichnet man als das ökonomische Prinzip.
Es gibt zwei Strategien: das Minimal- und das Maximalprinzip. Beim Maximalprinzip will man mit begrenzten Mitteln möglichst viel erreichen (z. B. in einer halben Stunde möglichst viele Hausaufgaben erledigen). Umgekehrt kann man auch versuchen, z. B. die Mathe-Hausaufgaben in möglichst kurzer Zeit zu erledigen. Dies nennt man das Minimalprinzip.

M3 Das ökonomische Prinzip

Die Umwelt – ein knappes Gut
Leider gibt es nur wenige Güter, die im Überfluss vorhanden, also frei verfügbar sind. Zu diesen freien Gütern zählen Wind, Sonnenlicht oder Meerwasser. Weil sie scheinbar unbegrenzt vorhanden sind, kosten sie kein Geld.
Lange Zeit gingen die Menschen mit der Natur verschwenderisch um. Das freie Gut Luft wurde z. B. durch Abgase stark verschmutzt, sodass saubere Luft knapp wurde. Vielen Gewässern erging es nicht besser. Durch Gesetze und Regelungen werden die Verbraucher und Betriebe dazu angehalten, die Umwelt geringer zu belasten. Weiterhin müssen Unternehmen z. B. für Luftverschmutzung bezahlen und sparen deshalb Geld, wenn sie weniger Schadstoffe in die Umwelt ausstoßen.

M4

»So leben wir, so leben wir, so leben wir alle Tage…« · J. Wolter

3 Finden Sie weitere Beispiele für das ökonomische Prinzip.
4 Erläutern Sie an den folgenden Beispielen, welche Strategie verfolgt wird: Minimal- oder Maximalprinzip?
a) Die Klasse 0OEE will auf dem Schulfest Pizza verkaufen, um die Klassenkasse aufzubessern. Dabei achten die Schüler auf eine möglichst kostengünstige Wahl der Zutaten.
b) Die Klasse 11TG plant eine Klassenfahrt. Pro Schüler stehen 150 Euro zur Verfügung. Mit diesem Geld möchte sie eine schöne Unterkunft und möglichst viele Ausflüge durchführen.
c) Sie möchten mit 10 Euro ein möglichst ansprechendes Geschenk für einen Schulfreund kaufen.
5 Freie Güter können auch knapp werden. Erklären Sie mithilfe von M4.

79

Methode
Hier geht es nicht so sehr um Inhalte und Sachwissen, sondern um die Methoden des Faches. An einem Beispiel lernen Sie, wie das Wissen für dieses Fach zustande kommt. Das können Umfragen, Diskussionen oder andere Methoden sein. Hier bekommen Sie Hilfestellungen, sodass Sie die Methoden auch praktisch anwenden können.

Anhang
Im Anhang finden Sie zwei Teile.
Erstens ein Register, mit dem Sie leicht politische Begriffe und Definitionen im Buch nachschlagen können. In einem zweiten Teil werden weitere Methoden und Techniken aufgeführt, die Sie in diesem Fach anwenden müssen. Zu jeder Technik oder Form finden Sie hier genaue Erläuterungen.

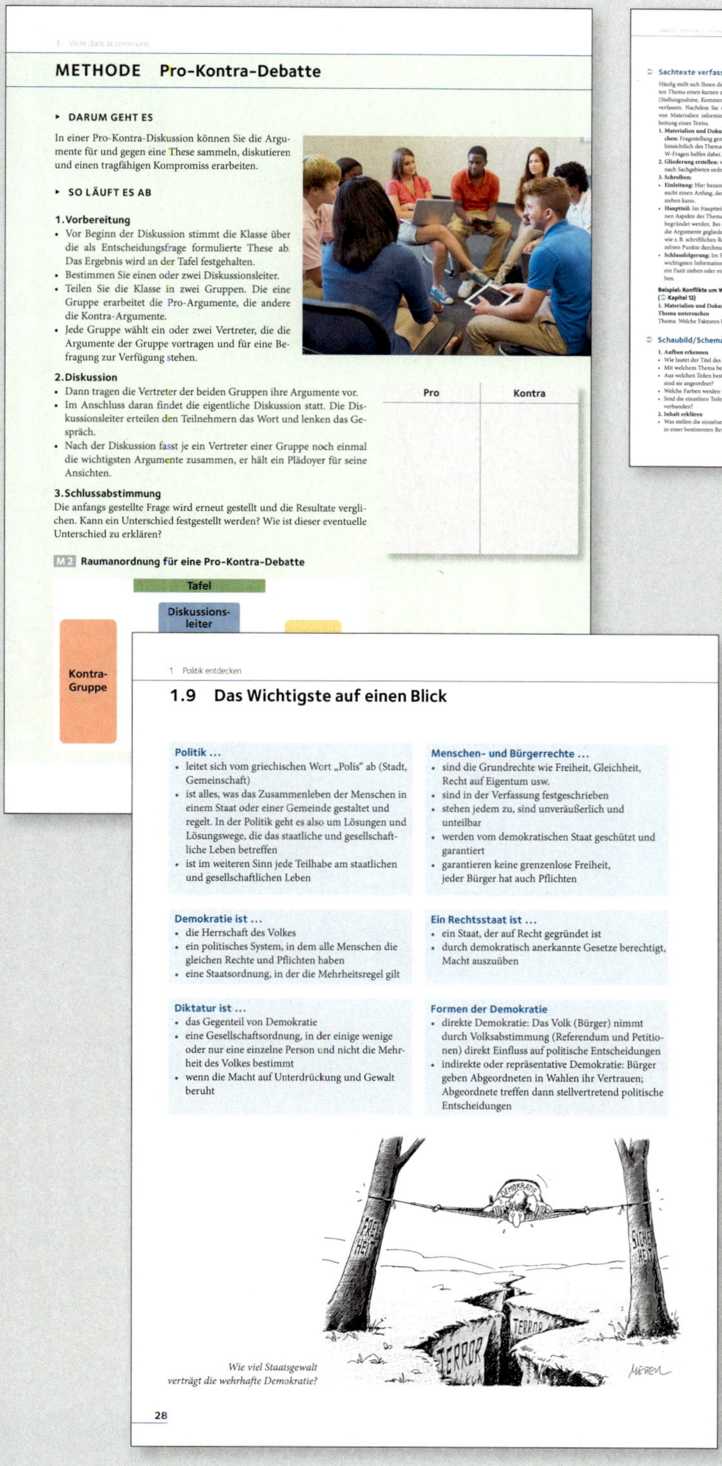

METHODE Pro-Kontra-Debatte

DARUM GEHT ES

In einer Pro-Kontra-Diskussion können Sie die Argumente für und gegen eine These sammeln, diskutieren und einen tragfähigen Kompromiss erarbeiten.

SO LÄUFT ES AB

1. Vorbereitung
- Vor Beginn der Diskussion stimmt die Klasse über die als Entscheidungsfrage formulierte These ab. Das Ergebnis wird an der Tafel festgehalten.
- Bestimmen Sie einen oder zwei Diskussionsleiter.
- Teilen Sie die Klasse in zwei Gruppen. Die eine Gruppe erarbeitet die Pro-Argumente, die andere die Kontra-Argumente.
- Jede Gruppe wählt ein oder zwei Vertreter, die die Argumente der Gruppe vortragen und für eine Befragung zur Verfügung stehen.

2. Diskussion
- Dann tragen die Vertreter der beiden Gruppen ihre Argumente vor.
- Im Anschluss daran findet die eigentliche Diskussion statt. Die Diskussionsleiter erteilen den Teilnehmern das Wort und lenken das Gespräch.
- Nach der Diskussion fasst je ein Vertreter einer Gruppe noch einmal die wichtigsten Argumente zusammen, er hält ein Plädoyer für seine Ansichten.

3. Schlussabstimmung
Die anfangs gestellte Frage wird erneut gestellt und die Resultate verglichen. Kann ein Unterschied festgestellt werden? Wie ist dieser eventuelle Unterschied zu erklären?

Pro	Kontra

M2 Raumanordnung für eine Pro-Kontra-Debatte

1 Politik entdecken

1.9 Das Wichtigste auf einen Blick

Politik …
- leitet sich vom griechischen Wort „Polis" ab (Stadt, Gemeinschaft)
- ist alles, was das Zusammenleben der Menschen in einem Staat oder einer Gemeinde gestaltet und regelt. In der Politik geht es also um Lösungen und Lösungswege, die das staatliche und gesellschaftliche Leben betreffen
- ist im weiteren Sinn jede Teilhabe am staatlichen und gesellschaftlichen Leben

Menschen- und Bürgerrechte …
- sind die Grundrechte wie Freiheit, Gleichheit, Recht auf Eigentum usw.
- sind in der Verfassung festgeschrieben
- stehen jedem zu, sind unveräußerlich und unteilbar
- werden vom demokratischen Staat geschützt und garantiert
- garantieren keine grenzenlose Freiheit, jeder Bürger hat auch Pflichten

Demokratie ist …
- die Herrschaft des Volkes
- ein politisches System, in dem alle Menschen die gleichen Rechte und Pflichten haben
- eine Staatsordnung, in der die Mehrheitsregel gilt

Ein Rechtsstaat ist …
- ein Staat, der auf Recht gegründet ist
- durch demokratisch anerkannte Gesetze berechtigt, Macht auszuüben

Diktatur ist …
- das Gegenteil von Demokratie
- eine Gesellschaftsordnung, in der einige wenige oder nur eine einzelne Person und nicht die Mehrheit des Volkes bestimmt
- wenn die Macht auf Unterdrückung und Gewalt beruht

Formen der Demokratie
- direkte Demokratie: Das Volk (Bürger) nimmt durch Volksabstimmung (Referendum und Petitionen) direkt Einfluss auf politische Entscheidungen
- indirekte oder repräsentative Demokratie: Bürger geben Abgeordneten in Wahlen ihr Vertrauen; Abgeordnete treffen dann stellvertretend politische Entscheidungen

Wie viel Staatsgewalt verträgt die wehrhafte Demokratie?

28

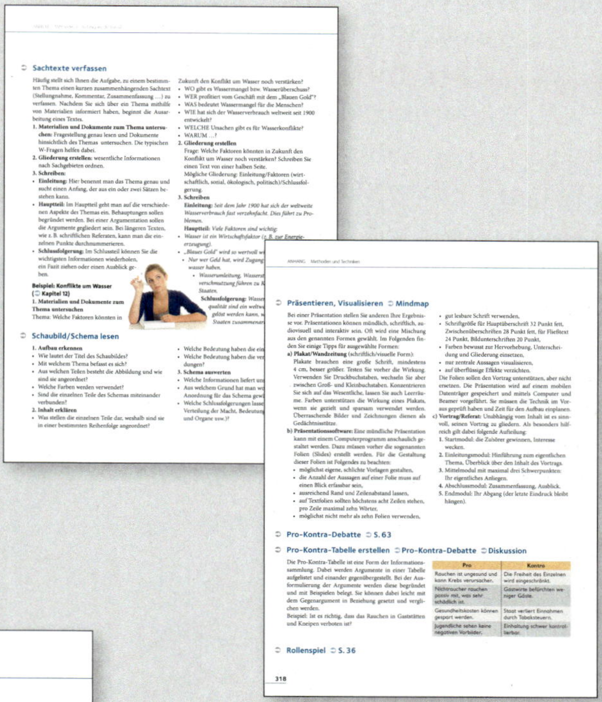

Sachtexte verfassen

Schaubild/Schema lesen

Präsentieren, Visualisieren ⊃ Mindmap

Pro-Kontra-Debatte ⊃ S. 63

Pro-Kontra-Tabelle erstellen ⊃ Pro-Kontra-Debatte ⊃ Diskussion

Rollenspiel ⊃ S. 36

318

Das Wichtigste auf einen Blick
In jedem der zwölf Kapitel können Sie Ihr Wissen und Ihre Kompetenzen in unterschiedlichen Themengebieten erweitern und vertiefen. Am Ende jedes Kapitels können Sie Ihre neu erworbenen Kompetenzen überprüfen und trainieren.

1 Politik entdecken

Hat das Bermudadreieck sie verschlungen?

Kreuzfahrtschiff im Hurrikan verschollen

Über 2000 Personen an Bord. Alle tot?

Nachdem der Hurrikan Michael überraschend seine Richtung verändert hat, ist das große Kreuzfahrtschiff „Traum der Karibik“ offenbar vom Orkan voll erfasst worden. Seit dem Notruf des Kapitäns fehlt von dem Schiff jede Spur. Mit dem Schlimmsten muss gerechnet werden.

Ordnung tut not – Überleben in Gemeinschaften

Teilen Sie sich in Gruppen auf und simulieren Sie die folgende Situation:

Stellen Sie sich vor, Sie haben sich mit einer Gruppe von 25 Personen auf eine Insel retten können. Gehen Sie davon aus, dass eine baldige Rettung unwahrscheinlich ist. Sie müssen zusammen mit den anderen Überlebenden Ihr Zusammenleben organisieren. Nehmen Sie als Voraussetzung an, dass es auf der Insel trinkbares Wasser, Früchte, auch Fische und Vögel gibt. Über irgendwelche Gefahren ist Ihnen nichts bekannt. Diskutieren Sie die rechts aufgeführten Fragen. Überlegen Sie genau und bedenken Sie die Folgen. Schreiben Sie dann die Entscheidungen, Gesetze und Vereinbarungen auf Kartonbögen und präsentieren Sie die Ergebnisse der Klasse.

Découvrir la politique

Insel der Gesetzlosen?
Sie landen auf einer unbewohnten Insel. Wie sollen bei Ihnen Regeln und Gesetze aufgestellt werden? Wie regeln Sie die Arbeitsaufteilung und die Freizeit? Welche Regeln gelten für Männer, Frauen und Kinder? Wem gehört was? Was ist Privatbesitz, was gehört allen? Welche Rechte haben die Menschen auf Ihrem Inselabschnitt? Welche Gesetze gelten für die Umwelt (Wasser, Luft, Pflanzen, Tiere)?

Insel der Einsiedler?
Die Insel ist dünn besiedelt und es stellt sich die Frage, ob Sie anderen Inselbewohnern die Mitgliedschaft in Ihrer Inselgruppe ermöglichen wollen. Wer darf herein? Welche Voraussetzung muss derjenige erfüllen? Beachten Sie auch Ihre bisherigen Gesetze und Vereinbarungen.

Insel der Geldlosen?
Auf Ihrer Insel gibt es kein Geld. Perlen könnten als Währung zum Bezahlen von Waren und Arbeit dienen. Muscheln als Geld? Ist das möglich? Wer verwaltet das neue Geld? Wie viel Lohn wird bezahlt? Was kostet ein Stück Holz, was kostet ein Fisch?

Insel der Könige?
Als Sie auf die Insel gekommen sind, gab es hier niemanden, der das Sagen hatte. Wie regeln Sie das in Zukunft? Soll es niemanden geben, der entscheidet und bestimmt? Sollen alle gemeinsam oder jeder für sich bestimmen? Soll es einen König oder eine andere Herrschaftsform geben?

Wo viele Menschen zusammenleben, müssen sie nicht nur viele Aufgaben bewältigen, sie müssen auch Regeln und eine Ordnung für ihr Zusammenleben festlegen.

In der Politik entwickeln die Menschen Regeln (Verträge, Gesetze, Reglemente), die für alle Beteiligten – trotz ihrer gegensätzlichen Interessen – verbindlich sind.

Dieses Kapitel soll Sie in das Fach Éducation à la Citoyenneté einführen. Hier lernen Sie die wichtigsten Grundbegriffe der Politik kennen, wie z. B. Demokratie, Menschen- und Bürgerrechte oder Freiheit.

KOMPETENZEN AUF EINEN BLICK

Sachkompetenz
(<> maîtriser des savoirs)

- Verstehen, was Politik bedeutet und wo man im Alltag mit Politik in Berührung kommt
- Wissen, welche Rechte und Pflichten ein Bürger hat
- Die Unterschiede zwischen Demokratie und Diktatur kennen und dazu konkrete Beispiele nennen

Methodenkompetenz
(<> utiliser des méthodes)

- Eine Umfrage durchführen und sie auswerten
- An einer Debatte teilnehmen und Argumente anführen können

Urteils- und Handlungskompetenz
(<> juger et agir)

- Rechte und Pflichten des Bürgers hinterfragen
- Einzelne Gesellschaftsordnungen bewerten
- Entscheidungsprozesse nachvollziehen und kritisch bewerten

1.1 Politik geht alle an

Im alten Griechenland wurde ein Stadtstaat als Polis bezeichnet. Das war eine Stadt, die sich selbst verwaltete. Davon leitet sich das Wort Politik ab. Politik umfasst alle Dinge, die von der Regierung (<> le gouvernement), dem Parlament, aber auch zum Beispiel von Verwaltungen und Bürgermeistern in den Gemeinden entschieden werden. Man muss aber nicht Mitglied einer dieser Institutionen sein, um sich einzumischen. Im weiteren Sinne kann jede Form des Mitmachens am öffentlichen Leben als Politik verstanden werden.

Die Menschen wollen oft ganz unterschiedliche Dinge erreichen. Deshalb geraten sie in Auseinandersetzungen mit anderen, die gegensätzliche Ziele haben und diese ebenfalls durchsetzen wollen. Damit das Zusammenleben der Menschen aber funktioniert und für alle vertretbare Lösungen gefunden werden können, braucht man Regeln und Umgangsformen. In der Politik geht es also um Lösungen und Lösungswege, die das öffentliche und gesellschaftliche Leben betreffen.

M 1 Einstellungen zur Politik

	trifft voll und ganz zu	trifft überhaupt nicht zu
1. Jeder sollte das Recht haben, für seine Meinung einzutreten, auch wenn die Mehrheit anderer Meinung ist.		
2. Ich finde es richtig, dass es in unserem Land Wahlpflicht gibt.		
3. Jeder Bürger hat das Recht, für seine Überzeugung auf die Straße zu gehen.		
4. Eine lebensfähige Demokratie ist ohne politische Opposition nicht denkbar.		
5. Auch wer in einer politischen Auseinandersetzung in der Mehrheit ist, sollte einen Kompromiss mit der Minderheit suchen.		
6. Ich glaube nicht, dass sich Politiker darum kümmern, was Leute wie ich denken.		
7. Eine starke Hand müsste mal wieder Ordnung in unseren Staat bringen.		
8. Politik finde ich zu kompliziert.		
9. In einer Demokratie müssen alle aufeinander Rücksicht nehmen.		
10. Ich bin stolz auf unsere Demokratie.		

Fragen zusammengestellt nach: Jugend 2002. 14. Shell Jugendstudie, Frankfurt/M. 2002, S. 109

M 2

1.1 Tous concernés par la politique

M3 Wo sich europäische Jugendliche engagieren

Haben Sie in den vergangenen 12 Monaten an irgendwelchen Aktivitäten der folgenden Organisationen teilgenommen? An den Aktivitäten ...

In einem Sportklub	29 %
In einem Jugendklub, Freizeitklub oder irgendeiner anderen Jugendorganisation	16 %
In einer lokalen Organisation, die auf die Verbesserung Ihres lokalen Gemeinwesens ausgerichtet ist	11 %
In einer kulturellen Organisation	10 %
In einer Organisation zur Förderung der Menschenrechte oder der globalen Entwicklung	5 %
In einer politischen Organisation oder einer politischen Partei	5 %
In einer Organisation, die im Bereich des Klimawandels bzw. von Umweltthemen aktiv ist	3 %
In irgendeiner anderen Nicht-Regierungsorganisation	7 %
Nichts davon	51 %

Nach: Flash Eurobarometer 408, Dezember 2014, http://ec.europa.eu/public_opinion/flash/fl_408_en.pdf, S. 10

M4 Protest vor der Abgeordnetenkammer

M5 Ein Porträt über Sammy Wagner, den ersten Präsidenten des seit 2009 existierenden Luxemburger Jugendparlaments

Politik? Bloß nicht! Damit kann doch niemand was anfangen, oder etwa doch? Sammy Wagner ist anderer Meinung. Deshalb engagiert er sich im Jugendparlament, auch wenn dies viel Zeit in Anspruch nimmt. „Ich war schon immer politisch interessiert, diskutierte gerne und wollte Dinge bewegen." Seine Meinung tat er vor seinem Engagement im Jugendparlament in Internetartikeln und Leserbriefen kund. „Ich finde, dass allzu oft politische Entscheidungen nicht nachhaltig sind, weil dabei nicht an die Lebensumstände zukünftiger Generationen gedacht wird. Da muss man jetzt etwas tun!" Über Probleme, die die Jugend direkt angehen, müssen auch Jugendliche mitreden, findet er. Das Parlament bietet diese Möglichkeit und Gehör findet es auch. „Wir stehen in regelmäßigem Kontakt mit vielen Ministern und Abgeordneten der Abgeordnetenkammer. Auch wenn wir keine Gesetze verabschieden können, so können wir zu den verschiedensten Themen einen ‚Avis' verfassen, der der ‚Chamber' vorgelegt wird." So ist garantiert, dass die Stimme der Jugend zumindest gehört wird.

Michèle Schilt nach einem Interview mit Sammy Wagner vom 4. April 2010

M6 Arbeitnehmerprotest

1 Bilden Sie Gruppen und diskutieren Sie die Aussagen in M1.
- Entscheiden Sie sich anschließend, was für Sie zutrifft oder überhaupt nicht zutrifft. Begründen Sie Ihren Standpunkt.
- Sammeln Sie die Ergebnisse des Fragebogens (M1) und stellen Sie diese grafisch dar. Was stellen Sie fest?
- Führen Sie eine Umfrage in der Schule durch und vergleichen Sie das Ergebnis mit dem Ihrer Klasse.

2 Erklären Sie die Aussage der Karikatur M2.

3 Erläutern Sie mithilfe von M3, in welchen Organisationen sich Jugendliche in Europa engagieren. Finden Sie sich in dieser Statistik wieder? Nehmen Sie Stellung.

4 Zählen Sie anhand der Beispiele dieser Seite die Möglichkeiten der politischen Beteiligung auf. Welche zusätzlichen Möglichkeiten gibt es in Ihrer näheren Umgebung?

5 Würden Sie sich im Jugendparlament engagieren? Was spricht dafür und was dagegen?

1.2 Menschen- und Bürgerrechte

Verfassung
(<> la constitution)
Dokument, in dem der Staatsaufbau, die territoriale Einteilung sowie die wichtigsten Rechtsregeln (Rechte und Pflichten der Bürger) festgelegt sind.

Die Bewohner eines Staates werden als Bürger (<> le citoyen) bezeichnet. Jeder Bürger und jede Bürgerin hat Rechte, die schriftlich in der Verfassung festgelegt worden sind. Dazu zählen Gleichheit und Freiheit. Diese Grundrechte (<> les droits fondamentaux) wurden erstmals während der Französischen Revolution 1789 in der „Déclaration des Droits de l'homme et du citoyen" verkündet. Die Menschen- und Bürgerrechte stehen im Prinzip jedem Bürger zu und sind unveräußerlich. Als Bürger eines Staates hat man auch eine Reihe von Pflichten: Man muss die Verfassung und die Gesetze einhalten, Steuern zahlen, an Wahlen teilnehmen, Kinder zur Schule schicken.

Die Grundrechte garantieren die Freiheiten des Bürgers, schränken diese aber gleichzeitig auch ein, damit die Menschen in der staatlichen Gemeinschaft zusammenleben können.

Nicht in der Verfassung erwähnt werden sogenannte Grundwerte wie Toleranz, Respekt, Humanität oder Solidarität. Auch wenn sich diese Werte je nach Kultur, Land oder den Zeitumständen ändern können, gehören sie zu den Fundamenten einer Gesellschaft.

M1 Déclaration des Droits de l'homme et du citoyen, 1789

M2 Die Entwicklung der Bürgerrechte in Luxemburg

1848 Eine Verfassung garantiert die Freiheiten und Grundrechte der Luxemburger, aber noch nicht die Gleichheit aller Luxemburger. Das Wahlrecht bleibt auf die wohlhabenden Bürger beschränkt (Zensuswahlrecht), 5 Prozent der Luxemburger sind wahlberechtigt.

1919 Einführung des allgemeinen Wahlrechts für Frauen und Männer ab 21 Jahren.

1972 Gleichberechtigung zwischen Frauen und Männern. Verheiratete Frauen dürfen nun z. B. ohne Erlaubnis des Ehemanns eine Arbeit aufnehmen, ein Bankkonto eröffnen und über ihre eigenen Einkünfte verfügen.

1975 Volljährigkeit mit 18 (statt bisher 21) Jahren.

1999 Wahlrecht für EU-Bürger auf Gemeindeebene.

2003 Einführung des Wahlrechts für Nicht-EU-Ausländer auf Gemeindeebene.

M3 Auszüge aus der Luxemburger Verfassung

Art. 10 (1) Les Luxembourgeois sont égaux devant la loi.
Art. 11 (1) L'Etat garantit les droits naturels de la personne humaine et de la famille.
(2) Les femmes et les hommes sont égaux en droits et en devoirs.
Art. 12 La liberté individuelle est garantie.

Constitution du Grand-Duché de Luxembourg 2009, S. 10

1.2 Les Droits de l'homme et du citoyen

M4 Mindmap zum Thema „Grundrechte"

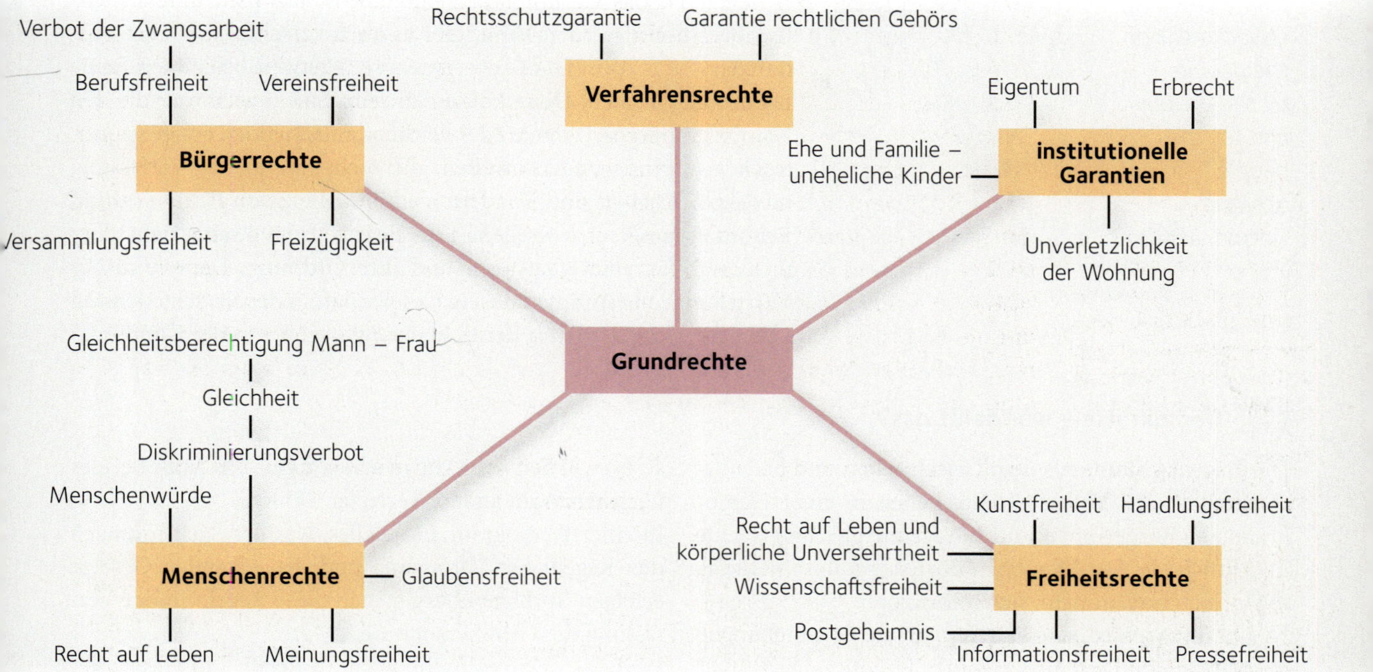

M5 Grenzenlose Freiheit?

Die Grundrechte garantieren die Freiheiten des Bürgers, aber sie schränken diese auch ein, damit die Menschen in einer staatlichen Gemeinschaft zusammenleben können. So ist die Handlungsfreiheit des Einzelnen dadurch beschränkt, dass er nicht das Recht anderer verletzen oder gegen die verfassungsmäßige Ordnung verstoßen darf. Der „Code de la Route" z.B. legt genaue Regeln fest, die jeder Teilnehmer am öffentlichen Verkehr beachten muss, damit er andere nicht gefährdet. Das Recht auf freie Meinungsäußerung ist insofern eingeschränkt, als man niemanden beleidigen oder durch üble Nachrede verletzen darf.

M6 Zeichnung von J.F. Batellier, 1988

1. Welche Grundrechte werden in der Luxemburger Verfassung (M3) erwähnt?
2. Welche Prinzipien der Französischen Revolution (1789) finden sich in der Luxemburger Verfassung wieder? Was ist im Laufe der Zeit hinzugekommen?
3. Erläutern Sie die Grundrechte anhand konkreter Beispiele aus Ihrem Alltag.
4. Beschreiben Sie M6 und geben Sie der Zeichnung einen passenden Titel.
5. Auch auf internationaler Ebene gibt es Vereinbarungen zu den Bürger- und Menschenrechten (z.B. Europarat, UNO). Suchen Sie mithilfe des Internets die Texte heraus und vergleichen Sie diese mit der Luxemburger Verfassung.
6. Diskutieren Sie über den Satz: „Die Freiheit des Einzelnen endet dort, wo das Recht des anderen beginnt."

1.3 Demokratie verstehen

M1
„Democracy is government of the people, by the people and for the people."
Abraham Lincoln, 1863

Wenn viele Menschen zusammenleben, müssen sie Regeln dafür festlegen. Da das Zusammenleben in einem Staat ganz unterschiedlich organisiert werden kann, gibt es auch verschiedene Staatsordnungen (<> la forme de gouvernement). Weltweit behaupten heute nahezu alle Staaten, Demokratien zu sein. Eine Staatsform, die den Namen „moderne Demokratie" verdient, muss jedoch einige grundlegende Anforderungen erfüllen, die nicht nur in der Verfassung niedergeschrieben sind, sondern auch im Alltag von Politikern und Behörden umgesetzt werden. Der Begriff Demokratie steht aber nicht nur für eine Staatsform und ihre Ordnung. Demokratische Vorstellungen bestimmen unsere Gesellschaft in den verschiedensten Lebensbereichen, z. B. im Beruf, in der Schule oder in der Familie.

M2 Demokratie – was heißt das?

Der Begriff kommt aus dem Griechischen und bedeutet „Herrschaft des Volkes". Heute haben in einer Demokratie alle Bürgerinnen und Bürger die gleichen Rechte und Pflichten. Alle Menschen dürfen frei ihre Meinung sagen, sich versammeln, sich informieren.
Es gibt unterschiedliche Parteien, die ihre Vorstellungen in sogenannten Parteiprogrammen kundtun. Die Bürger wählen Personen und Parteien, von denen sie eine bestimmte Zeit lang regiert werden wollen. Und wenn diese ihre Arbeit schlecht machen, kann das Volk bei der nächsten Wahl andere Vertreter wählen.
In einer Demokratie muss alles, was der Staat tut, nach den Regeln der Verfassung und der geltenden Gesetze erfolgen. In Luxemburg stehen diese Regeln in der Verfassung des Großherzogtums.
Weil der demokratische Staat an Recht und Gesetz gebunden ist, wird er auch als Rechtsstaat (<> l'État de droit) bezeichnet.

M3 Demokratie im Alltag – Konfliktsituationen

1. Sarah ist 16 Jahre alt und hat einen Zwillingsbruder. Um sie keiner unnötigen Gefahr auszusetzen, darf sie nicht nach 22 Uhr nach Hause kommen. Ihr Zwillingsbruder Leo kann dagegen mehr oder weniger tun, was er will. Hier drücken die Eltern schon einmal beide Augen zu – er ist ja eine Junge und kann auf sich selbst aufpassen, sagen sie.

2. Die Clique um Jessy und Kevin ist eine eingeschworene Gemeinschaft. Die Jugendlichen tragen die gleichen Markenjeans und hören die gleiche Musikrichtung. Lukas, der erst kürzlich in die Stadt gekommen ist, ist neu in der Klasse. Er hat andere Vorlieben, legt keinen Wert auf Markenkleidung und hört auch andere Musik. Mit Michel aus der Clique hat er sich schon angefreundet. Der Rest der Clique lehnt Lukas aber ab ...

3. Nachdem sich bei einer Dachdeckerfirma ein Leiharbeiter durch einen Sturz von einem Baugerüst schwer verletzt hat, treffen sich die übrigen Arbeitnehmer und beraten, ob sie in Streik treten sollen. In ihren Augen ist die zu große Arbeitsbelastung Grund für den Unfall. In einer ersten Stellungnahme bedauert der Geschäftsführer des Unternehmens das Unglück, macht aber zugleich geltend, dass die Forderungen der Arbeiter jeder Grundlage entbehren. Die Geschäftsführung sieht durch einen eventuellen Streik die wirtschaftliche Existenz des Betriebes gefährdet.

1.3 Comprendre la démocratie

M4 Auszüge aus der Luxemburger Verfassung

Chapitre Ier. – De l'État, de son territoire et du Grand-Duc:
Art. 1er.
Le Grand-Duché de Luxembourg est un État démocratique, libre, indépendant et indivisible.
Art. 5.
(1) Lorsque, [le Grand-Duc] accède au trône, il prête, [...] en présence de la Chambre des Députés ou d'une députation nommée par elle, le serment suivant:
(2) „Je jure d'observer la Constitution et les lois du Grand-Duché de Luxembourg, de maintenir l'indépendance nationale et l'intégrité du territoire ainsi que les libertés publiques et individuelles."

Constitution du Grand-Duché de Luxembourg 2009, S. 9.

M5 Nur eine Meinung zählt

M6 Meinungsvielfalt: das Europaparlament in Straßburg

M7 Diktatur versus Demokratie

• Uneingeschränkte Macht einer Einzelperson oder einer Personengruppe über Volk und Staat	• *Ausübung der Macht ist zeitlich beschränkt und durch das Wahlvolk legitimiert*
• Auf Gewalt oder die Androhung von Gewalt gestützt	• ...
• Oft durch eine angebliche äußere oder innere Gefahr gerechtfertigt	• ...
• Freiheitsrechte werden ausgesetzt	
• Demokratische Institutionen werden oft nur zum Schein weiter aufrechterhalten	
• Kritische Meinungsäußerungen werden unterdrückt	
• Die Presse wird zensiert	

1 Diskutieren Sie die drei Konfliktsituationen in M3 und entwerfen Sie Lösungsmöglichkeiten. Wie soll nach Anhörung aller Argumente jeweils entschieden werden?

2 Lesen Sie die Auswahl an Verfassungsartikeln in M4 durch. Heben Sie hervor, was unseren Staat zur Demokratie macht.

3 Ordnen Sie die Abbildungen M5 und M6 der entsprechenden politischen Ordnung zu. Erklären Sie Ihre Wahl.

4 Ergänzen Sie die Tabelle M7 mit weiteren Merkmalen einer Demokratie.

1.4 Menschenrechte weltweit

Menschen- und Bürgerrechte sind Rechte, die eigentlich nicht infrage gestellt werden dürften. Aber sie sind keine Selbstverständlichkeit und weltweit kommt es immer wieder zu Verstößen gegen die Menschenrechte: Folter, politische Morde, Verfolgung von Andersdenkenden, Benachteiligung aus den unterschiedlichsten Gründen … Die Liste ist lang.

Die Durchsetzung der Menschen- und Bürgerrechte ist in vielen Staaten nur schwer möglich. Vor allem in Diktaturen oder autoritären Regimen werden die Menschenrechte mit Füßen getreten. Da es eigentlich keine den einzelnen Staaten übergeordnete Autorität gibt, fehlen wirksame Kontrollen oder gar Maßnahmen im Falle von Menschenrechtsverletzungen.

Die meisten europäischen Staaten sind der Europäischen Menschenrechtskonvention von 1950 beigetreten. Der Europäische Gerichtshof für Menschenrechte in Straßburg überwacht die Wahrung der Menschenrechte und nimmt auch Beschwerden im Fall von Verstößen entgegen.

M 1 Demokratisch – undemokratisch?

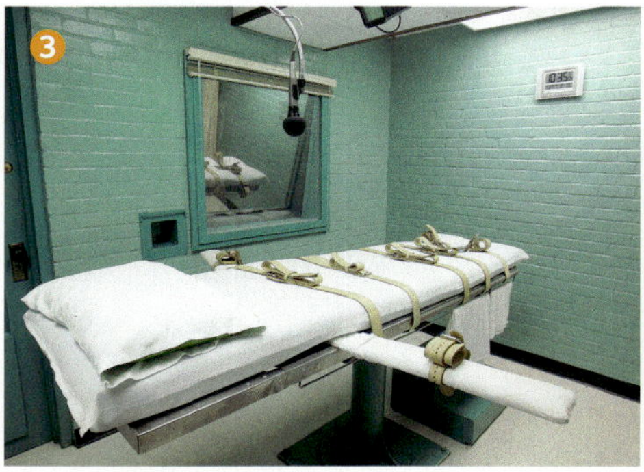

Kim Jong-Un, Parade zum 70. Jahrestag von Nordkoreas Arbeiterpartei am 10.10.2015

1.4 Les Droits de l'homme dans le monde

M2 Verwirklichung politischer Rechte und bürgerlicher Freiheiten in der Welt

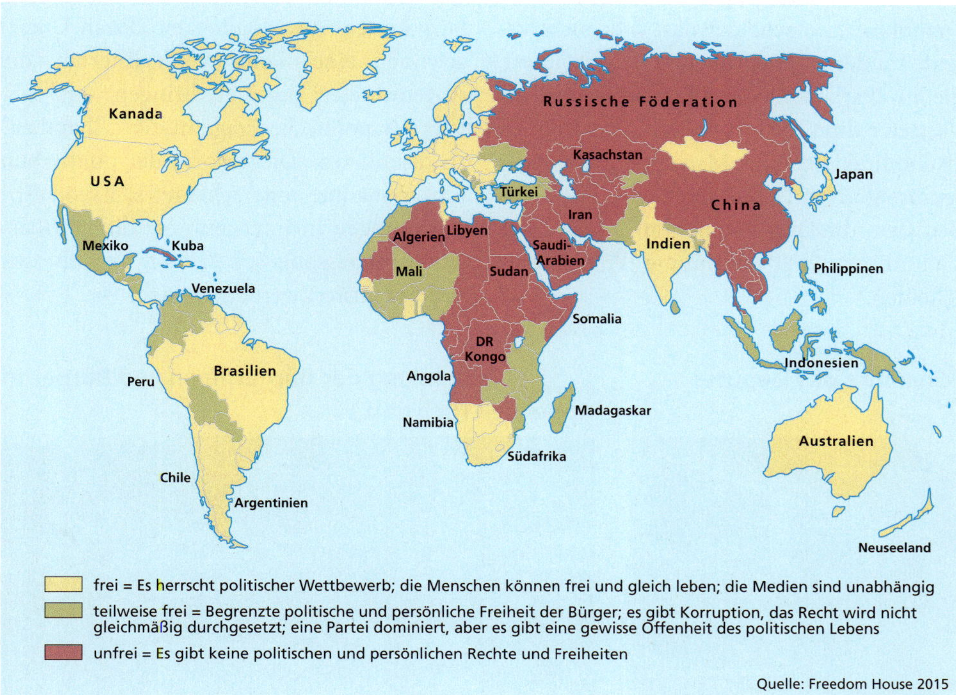

UNO, ONU
(= United Nations Organization, Organisation des Nations Unies, Vereinte Nationen)
Wichtigste Aufgaben der Organisation sind die Sicherung des Weltfriedens, die Einhaltung des Völkerrechts, der Schutz der Menschenrechte und die Förderung der internationalen Zusammenarbeit.

Amnesty International
1961 gegründete Organisation; sie setzt sich u. a. für die Freilassung von politischen Gefangenen ein, die wegen ihrer Überzeugung, Volkszugehörigkeit oder Religion inhaftiert sind.

M3 Wussten Sie schon ...

... dass Ehebruch in manchen afrikanischen und asiatischen Staaten noch heute mit Steinigung bestraft wird?
... dass es in etwa 60 Staaten die Todesstrafe gibt und dass allein in China jährlich etwa 3000 Todesurteile vollstreckt werden?
... dass in Saudi-Arabien erst seit Juni 2018 Frauen am Steuer eines Autos sitzen dürfen?
... dass der letzte große Völkermord in Ruanda rund 800 000 Tutsi das Leben kostete?
... dass Homosexualität in etwa 80 Staaten der Erde bestraft wird, in einigen Ländern sogar mit dem Tod?
... dass weltweit rund 300 000 Kindersoldaten zum Kämpfen und Töten gezwungen werden?

1 Was bedeutet für Sie „demokratisch"? Ordnen Sie die Bilder aus M1 den Begriffen „demokratisch – undemokratisch" zu und begründen Sie Ihre Entscheidung.

2 In welchen Gegenden der Welt sind Menschenrechtsverstöße besonders häufig?

3 Rufen Sie im Internet die interaktive „Map of Freedom" (Karte der Freiheit) auf. Informieren Sie sich durch Anklicken ausgewählter Staaten, warum diese als „frei", „teilweise frei" oder „nicht frei" dargestellt sind.

4 Auch in demokratischen Staaten kann es zu Menschenrechtsverletzungen kommen. Informieren Sie sich über die aktuelle Lage, z. B. im Internet (Amnesty International, Human Rights Watch, Reporter ohne Grenzen).

5 Warum ist es schwierig, Staaten bei Menschenrechtsverstößen zur Rechenschaft zu ziehen?

6 Es gibt noch weitere Dokumente, die sich mit Menschen- und Bürgerrechten befassen:
Allgemeine Erklärung der Menschenrechte (1948), UN-Antifolterkonvention (1984), UN-Kinderrechtskonvention (1989), Charta der Grundrechte der EU (2000), UN-Behindertenrechtskonvention (2008).

a) Finden Sie heraus, warum sie entstanden sind und welche Ziele damit verfolgt werden.

b) Was unterscheidet sie von der Erklärung der Menschen- und Bürgerrechte von 1789?

1.5 Demokratie – aber wie?

Es gibt verschiedene Formen der demokratischen Beteiligung. Bei der indirekten Demokratie entscheidet das Volk nicht direkt, sondern Abgeordnete (<> le députés), die im Parlament die Entscheidungen als Vertreter ihrer Wähler treffen. Das Volk ist also indirekt beteiligt. Man spricht von einer repräsentativen Demokratie.
Bei der direkten Demokratie kann das Volk direkt über bestimmte Fragen entscheiden.

Heute spielt das Internet als politische Plattform eine immer größere Rolle. In Luxemburg besteht die Möglichkeit, durch Unterzeichnen einer Petition im Internet, die Abgeordneten dazu zu bringen, eine bestimmte politische Frage in der „Chamber" zu diskutieren. Diese Form der politischen Einflussnahme unterscheidet sich von Abstimmungen in Internetforen, die von Parteien, Interessengruppen oder Privatpersonen organisiert werden können.

M1 Sitzungssaal der Chambre des Députés (Luxemburg)

M2 Versammlung der Bürgerinnen und Bürger in Appenzell (Schweiz)

M3 Online-Petitionen werden immer beliebter

Zwischen Oktober 2018 und Juli 2019 hatten die 13 Mitglieder des Petitionsausschusses 180 Petitionen zu bearbeiten. Sechs schafften die nötigen 4 500 Unterschriften, um öffentlich im Parlament debattiert zu werden.

Die Themen sind verschiedenster Art: Jagd, Bankgebühren, Besteuerung von „Singles", oder das Rauchen auf Terrassen.

„Das 2014 eingeführte Online-Petitionssystem hat es ermöglicht, die Demokratie wiederzubeleben", sagte Fernand Etgen, Präsident der Kammer. „Die Bürger bringen Themen zur Sprache, die von den Abgeordneten manchmal vergessen werden."

Nach: http://www.lessentiel.lu/de/luxemburg/story/petitionen-in-luxemburg-immer-beliebter-27680154

M4 Pétition remise au parlement

Die Petition „Refill Luxembourg" erreichte im August 2019 die erforderlichen Unterschriften und wird somit in der Chamber diskutiert. In der Petition wird das kostenlose Auffüllen der eigenen Flasche mit Trinkwasser in Cafés und Restaurants gefordert.

1.5 Les formes de la démocratie

M5 Direkte Demokratie – Pro und Kontra

Pro:
Die Bürgerinnen und Bürger nehmen durch eine Volksabstimmung direkt Einfluss auf politische Entscheidungen. Bei Fragen, von denen sie direkt betroffen sind, sollten sie mitentscheiden können. Die „Macht“ des Volkes darf sich nicht auf das Kreuz bei der Wahl alle fünf oder sechs Jahre beschränken.

Kontra:
Entscheidungen in der Demokratie können nicht nur nach Ja oder Nein abgestimmt werden. Viele Probleme können am besten von Fachleuten oder Politikern gelöst werden, die etwas von der Sache verstehen. Den Bürgerinnen und Bürgern fehlt oft das nötige Fachwissen. Auch besteht die Gefahr, dass aus augenblicklichen Stimmungen heraus entschieden wird.

M6 Aussagen zum Thema Demokratie

M7 Direkte und repräsentative Demokratie (vereinfachte Darstellung)

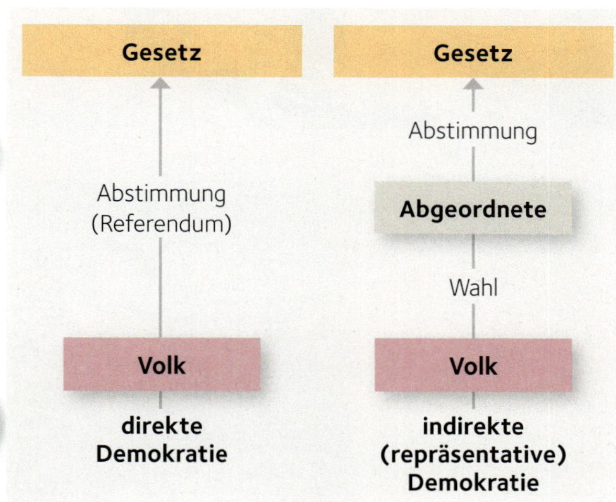

1 Beschreiben Sie M1 und M2 und beantworten Sie folgende Fragen:
a) Auf welche Weise übt das Volk in Luxemburg die Macht aus?
b) Stellen Sie fest, wie die Bürger und Bürgerinnen in Appenzell ihre Macht ausüben.
c) Erörtern Sie, welche Schwierigkeiten sich bei den jeweiligen Formen der Demokratie ergeben könnten.

2 Erklären Sie, welcher Form demokratischer Beteiligung M3 und M4 entsprechen.

3 Ordnen Sie die Aussagen in M6 den Standpunkten aus M5 zu.

4 Formulieren Sie den Unterschied zwischen direkter und indirekter Demokratie (M7). Welche Form der Demokratie hat Luxemburg?

1.6 Hat die Mehrheit immer recht?

M 1 „Tut mir leid, aber wir haben darüber abgestimmt."

In der Demokratie gilt der Grundsatz, dass bei Wahlen und Abstimmungen die Mehrheit (<> la majorité) entscheidet und dass die Minderheit (<> la minorité) diese Entscheidung anerkennt. Sie hat dafür die Chance, bei den nächsten Wahlen und Abstimmungen ihrerseits die Mehrheit zu erringen, und kann erwarten, dass dann ihre Entscheidungen respektiert werden. Das Mehrheitsprinzip ist eine Kompromisslösung. Die Mehrheitsentscheidung muss nicht richtig sein, sie gewährleistet aber, dass Konflikte friedlich ausgetragen werden.
Wenn jedoch die Interessen einer Minderheit immer wieder missachtet werden, können Demokratien Schaden nehmen. Im Rechtsstaat Luxemburg sind Mehrheitsentscheidungen der Abgeordnetenkammer immer den Grundprinzipien des Rechts und der Verfassung unterworfen. Die Verfassung kann abgeändert werden, allerdings dürfen Grundrechte wie Gleichheit und Freiheit auch nicht von der Mehrheit abgeschafft werden.

M 2

M 3 Wie würden Sie entscheiden?

A Ein Jugendverein muss sich entscheiden, wohin die nächste Reise gehen soll: Europapark oder Eurodisney?
B In der Vereinssitzung muss entschieden werden, ob vom restlichen Geld des Sommerfests für die Teilnehmer T-Shirts gedruckt werden oder ob das Geld gespendet wird.
C Die Klasse hat in Gruppen gearbeitet und nun muss entschieden werden, ob alle Gruppenmitglieder die gleiche Note bekommen.
D In der Schule sollen Schuluniformen eingeführt werden: ja oder nein?

1.6 La majorité a-t-elle toujours raison?

M4 Karikatur

M5 Der frühere deutsche Bundespräsident Richard von Weizsäcker sagte am 1. Juli 1984:

Damit wir zu Entscheidungen kommen können, muss es nach dem Mehrheitsprinzip gehen. Dabei wissen wir alle, dass die Mehrheit genauso wenig über die Wahrheit verfügt wie die Minderheit. … Wer das Mehrheitsprinzip auflösen und durch die Herrschaft der absoluten Wahrheit ersetzen will, der löst die freiheitliche Demokratie auf. … Die Minderheit muss der Mehrheit das Recht zur Entscheidung zugestehen. … Die Entscheidungen müssen zumutbar sein. Keiner soll sich durch sie in seiner Existenz bedroht … fühlen …

Bulletin der Bundesregierung Nr. 80 vom 3. Juli 1984, S. 716 f.

M6 Meinungen zum Mehrheitsprinzip

A „Nicht immer hat die Mehrheit recht. Sonst hätte die Mehrheit, die für Hitler war, auch recht gehabt."
(Reinhard Bütikofer, EU-Politiker der Grünen in einem Interview mit EurActiv.de vom 3.12.2009)

B „Eine Demokratie ohne Rechtsstaatlichkeit ist eine gefährliche Konstruktion. Sind demokratische Entscheide nicht mehr eingebettet in einen rechtsstaatlichen Rahmen, droht die Tyrannei der Mehrheit. Wenn die Mehrheit unbegrenzt herrscht, wird es für Minderheiten eng. Mit unberechenbaren Folgen: Heute trifft es die Muslime, vielleicht trifft es dann die Juden, vielleicht die Homosexuellen, vielleicht die Tessiner."
(Hannes Nussbaumer, Schweizer Journalist in: www.tagesanzeiger.ch vom 1.12.2009)

C „Was ist Mehrheit? Mehrheit ist der Unsinn, Verstand ist stets bei wen'gen nur gewesen."
(Friedrich Schiller, 1759–1805, deutscher Dichter)

1 Beschreiben Sie M1 und M2 und überlegen Sie, was die Zeichner damit aussagen wollten.
2 Überlegen Sie, bei welchem der Beispiele aus M3 eine Mehrheitsentscheidung sinnvoll erscheint und bei welchem nicht. Begründen Sie und finden Sie weitere Beispiele.
3 Wie wird das Verhältnis Mehrheit – Minderheit in M4 beurteilt?
4 Stellen Sie fest, wie Richard von Weizsäcker in M5 das Mehrheitsprinzip beurteilt.
5 Diskutieren Sie die Meinungen zum Mehrheitsprinzip in M6.
6 Erstellen Sie eine Tabelle mit folgenden Spalten: Was spricht für das Mehrheitsprinzip? Was spricht gegen das Mehrheitsprinzip? Vergleichen Sie.

1.7 Demokratie ja – Beteiligung nein
Démocratie oui – participation non

Sind Jugendliche politisch interessiert oder eher politikverdrossen? Diese für die Zukunft der Demokratie wichtige Frage wird immer wieder in Umfragen untersucht.

M1 Politik – ein Streitthema. Material für eine Umfrage

		++	+	0	–	––
1.	Politik ist ein schmutziges Geschäft!					
2.	Die da oben machen doch nur, was sie wollen!					
3.	Politik geht jeden an!					
4.	Politik ist wichtig, damit man seine Rechte und Interessen durchsetzen kann!					
5.	Die Bürgerinnen und Bürger haben viel zu hohe Ansprüche an die Politiker!					
6.	Es ist ein Nachteil in der Demokratie, dass jeder glaubt, mitreden zu können!					
7.	In der Politik wird viel zu viel gestritten.					
8.	Die Politiker sind doch nur auf Stimmenfang aus!					
9.	Die Unzufriedenen sollten sich stärker in der Politik engagieren!					
10.	Die Regierung sollte mehr Macht haben, damit die ewige Streiterei aufhört!					
11.	Die Demokratie ist die beste aller Staatsformen.					
12.	Wenn ich will, kann ich mich einmischen – und das ist mir wichtig!					

++ = stimme der Ansicht zu, **+** = stimme im Großen und Ganzen zu, **0** = ich bin unentschieden, **–** = lehne die Ansicht im Großen und Ganzen ab, **––** = lehne die Ansicht entschieden ab.

M2 Formen politischer Partizipation der 12- bis 25-jährigen Jugendlichen in Luxemburg

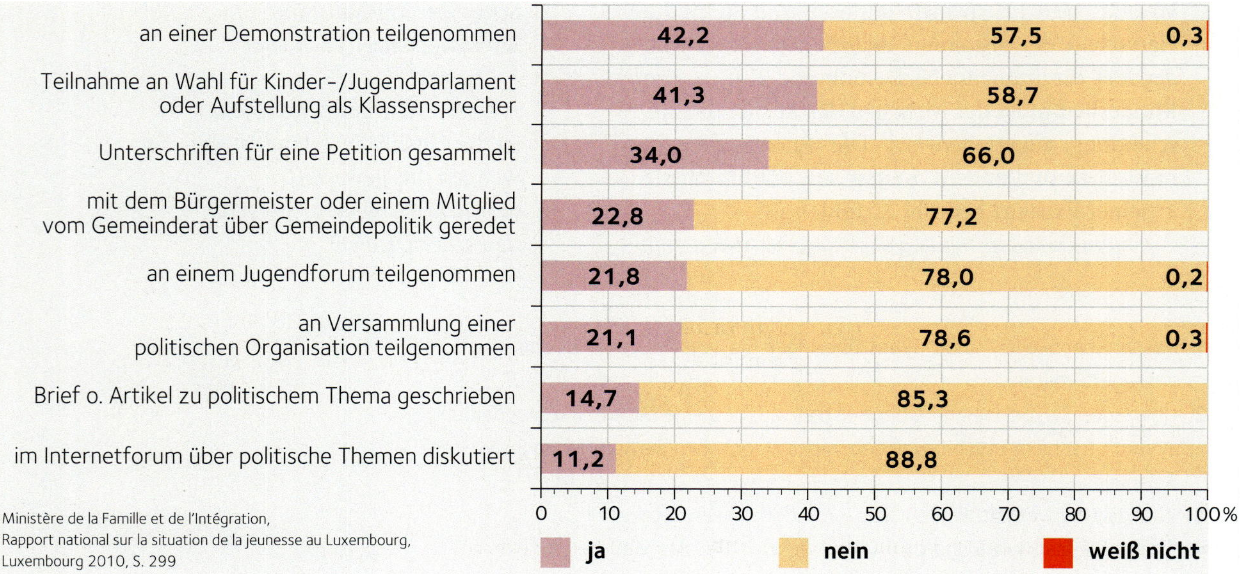

Ministère de la Famille et de l'Intégration, Rapport national sur la situation de la jeunesse au Luxembourg, Luxembourg 2010, S. 299

1 In M1 finden Sie verschiedene Aussagen über Politik. Wie stehen Sie dazu?

2 Klären Sie, was die in M2 dargestellten Beispiele politischer Beteiligung im Einzelnen bedeuten und welche Möglichkeiten für Sie infrage kommen.
Hinweis: Seit 2014 dürfen Jugendliche ab 15 Jahren Petitionen unterschreiben. Wählen dürfen sie erst ab 18 Jahren.

METHODE Eine Umfrage durchführen

▸ DARUM GEHT ES

Wussten Sie, dass sich Männer heute doppelt so häufig waschen wie vor dreißig Jahren? Viele solcher Informationen stammen aus Umfragen. Sie eignen sich gut, um alles Mögliche über Menschen, Ereignisse und das Leben zu erfahren.

Professionelle Umfragen werden von großen Meinungsforschungsinstituten, wie zum Beispiel TNS-ILRES, mit standardisierten Fragebögen durchgeführt. Diese Institute arbeiten mit Repräsentativumfragen. Es wird nur eine überschaubare Zahl von Leuten befragt. Die Auswahlkriterien für Befragte können Alter, Wohnort, Geschlecht, Beruf, Schulbildung, Einkommen usw. sein. Die Ergebnisse werden anschließend auf die Gesamtmasse hochgerechnet. Je größer die Anzahl der Befragten, desto kleiner ist die Fehlerquote.

Sie können auch Meinungsumfragen im kleinen Kreis durchführen, um ein Meinungsbild zu gewinnen, z. B. in der Schule, in Ihrer Jahrgangsstufe oder nur in der Klasse. Die Resultate sind aber nicht repräsentativ, d. h. sie lassen sich nicht auf alle Menschen unseres Landes übertragen.

▸ SO LÄUFT ES AB

1. Umfrage vorbereiten

- Bestimmung des Befragungsthemas, der Zielgruppe und der Anzahl der Befragten.
- Formulierung geeigneter Fragen. Achtung: Stellen Sie keine offenen Fragen! (Schlecht: Wie oft benutzen Sie Ihr Auto? Besser: Wie oft benutzen Sie Ihr Auto im Durchschnitt, z. B. pro Woche? usw.). Stellen Sie keine Suggestivfragen! (Schlecht: Sind Sie nicht auch der Meinung, dass …? Besser: Antwortmöglichkeiten zur Auswahl).
- Achten Sie auf eine überschaubare Anzahl Fragen und legen Sie fest, ob Sie eine oder mehrere Antworten zulassen.

2. Umfrage durchführen

- Stellen Sie sich und Ihre Arbeit vor und informieren Sie die Befragten, warum und worüber Sie die Umfrage durchführen.
- Fragen Sie die Zielperson, ob Sie mit einer Befragung einverstanden ist und ob Sie Zeit hat.
- Bleiben Sie stets höflich und vergessen Sie nicht, sich zu bedanken.

3. Umfrage auswerten

- Erfassen Sie auf einem Blankobogen die Antworten durch Striche und addieren Sie anschließend die Striche.
- Präsentieren Sie das Ergebnis, z. B. als Diagramm oder Tabelle.
- Werten Sie die Ergebnisse aus. Formulieren Sie Aussagen zu den Resultaten. Gibt es allgemeine Trends? Eine spätere Umfrage zum gleichen Thema ermöglicht Vergleiche.

Balkendiagramm

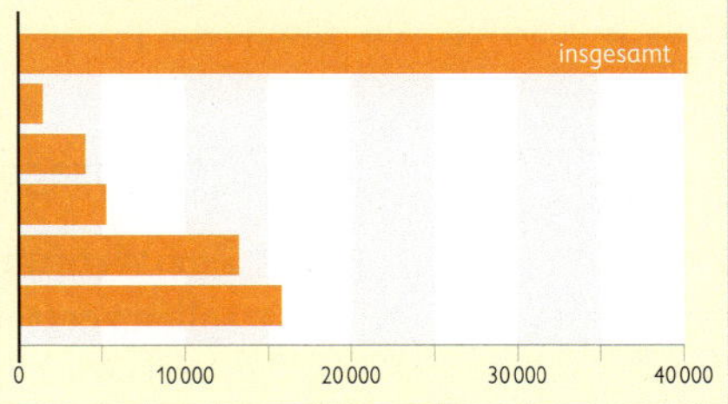

Kreisdiagramm

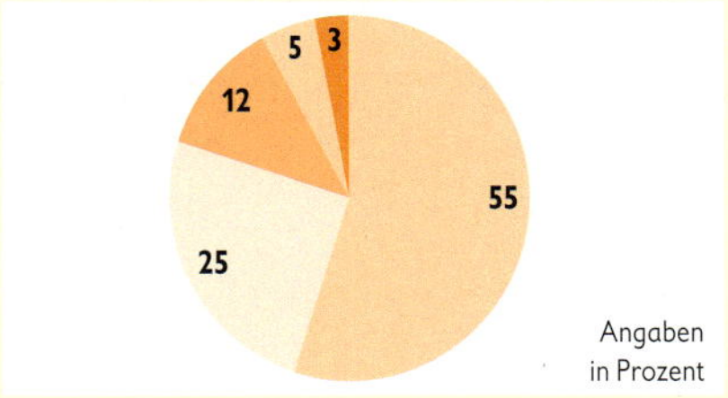

Liniendiagramm

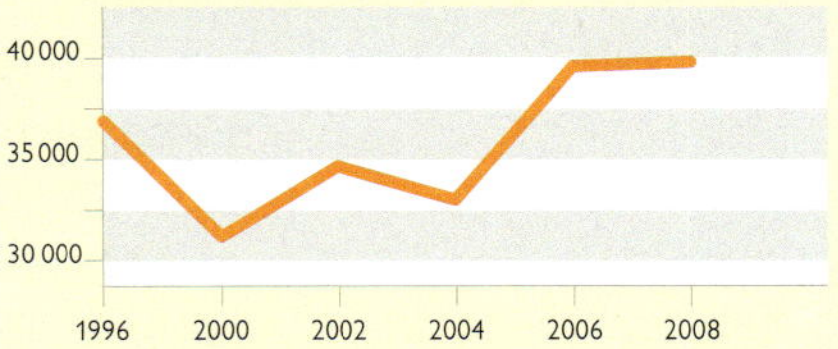

1.8 Demokratie verteidigen

M 1

Demokratie ist keine Selbstverständlichkeit. Sie wurde im Laufe der Geschichte immer wieder gefordert, erkämpft und muss auch heute noch verteidigt werden. Es wäre jedoch naiv, die Schwachstellen der Demokratie – wie z. B. das Nichtwählen, den Einfluss von Interessengruppen oder Korruption – auszublenden. Eine Gefahr für Demokratien ist der Extremismus. Extremisten – das sind Menschen mit radikalen politischen Ansichten – lehnen die Regeln ab, nach denen ein demokratischer Staat funktioniert. Wer extremistisch ist, will keine Toleranz und Offenheit gegenüber Menschen, die anderer Meinung sind. Die Demokratie muss aber die Grund- und Menschenrechte wahren. Nur in Situationen, in denen Sicherheit und öffentliche Ordnung gefährdet sind, schränkt der demokratische Staat diese Grundrechte ein.

M 2 Aussagen zum Thema: Wie viel Staatsgewalt verträgt die Demokratie?

- Zur Wahrung der öffentlichen Sicherheit und zur besseren Aufklärung von Straftaten sollen zentrale öffentliche Plätze in Innenstadtbereichen, z. B. Bahnhöfe, mit Videokameras überwacht werden.
- Bei Verdacht auf terroristische Umtriebe soll es den Ermittlungsbehörden erlaubt sein, schnell und unbürokratisch Abhörmaßnahmen ergreifen zu können, z. B. das Abhören von Telefongesprächen oder von Gesprächen in Wohnungen.
- Zum Fußballspiel England gegen Luxemburg sind englische Hooligans angemeldet. Sie berufen sich auf das Grundrecht der Versammlungs- und Meinungsfreiheit. Engagierte Bürger verlangen ein Einreiseverbot für die Hooligans.
- Asylanten, die keine Aufenthaltsgenehmigung erhalten haben, sollen in ihre Heimatländer ausgewiesen werden, auch wenn ihre Kinder hier im Land schon lange zur Schule gehen.

1 Gruppenarbeit zu M2:
- Stimmen Sie kurz über die Aussagen in M2 ab und halten Sie die Ergebnisse fest, ohne diese vorerst zu bewerten.
- Stellen Sie nun fest, welche Grundrechte sich hier jeweils gegenüberstehen.
- Sammeln Sie Pro- und Kontra-Argumente, wie mit dem Problem umgegangen werden könnte. Wägen Sie die Argumente ab und stimmen Sie nochmals geheim ab. Hat sich das Ergebnis verändert? Welche Argumente waren für Sie besonders wichtig?
- Überlegen Sie sich weitere Beispiele, in denen sich Freiheit und Sicherheit in der Demokratie in einem Dilemma befinden.

1.8 Défendre la démocratie

M3 Karikaturen

1

2

3

4

2 Beschreiben Sie die Karikaturen in M3. Was könnten die Zeichner aussagen wollen? Wie ist Ihre Meinung dazu?

3 Ordnen Sie folgende Begriffe den Karikaturen in M3 zu: Gewaltverzicht, Terrorismus, Wahlenthaltung, Extremismus, Zivilcourage. Erläutern Sie in eigenen Worten die verschiedenen Begriffe.

M4 Formen des Extremismus

Rechtsextremismus

Der Rechtsextremismus … stellt kein einheitliches ideologisches Gefüge dar, sondern weist unterschiedliche Begründungen und Zielsetzungen auf. Die rechtsextremistische Ideenwelt ist von nationalistischen und rassistischen Anschauungen geprägt. Dabei ist die Überzeugung vorherrschend, die ethnische Zugehörigkeit zu einer Nation oder Rasse entscheide über den Wert eines Menschen.

Linksextremismus

Linksextremisten sind erklärte Gegner der [demokratischen] Staats- und Gesellschaftsordnung ... Je nach ideologisch-politischer Orientierung – revolutionär-marxistisch oder anarchistisch – wollen sie ein sozialistisch/kommunistisches System oder eine „herrschaftsfreie Gesellschaft“ (Anarchie) etablieren. Sie nutzen oftmals gesellschaftliche Proteste und versuchen ihnen eine systemüberwindende Stoßrichtung zu geben.

Islamismus

Der Islamismus … fordert unter Berufung auf den Urislam des 7. Jahrhunderts die „Wiederherstellung“ einer „islamischen Ordnung“. … Militante Islamisten glauben sich legitimiert, die „islamische Ordnung“ mit Gewalt durchzusetzen. … Dieser Absolutheitsanspruch kollidiert mit grundlegenden Prinzipien der freiheitlichen demokratischen Grundordnung wie insbesondere der Volkssouveränität, dem Mehrheitsprinzip oder dem Recht auf Bildung und Ausübung parlamentarischer Opposition.

Bundesamt für Verfassungsschutz, Extremismus in Deutschland. Ein Kurzlagebild, Köln 2004, S. 9, 20, 30.

1.9 Das Wichtigste auf einen Blick

Politik …
- leitet sich vom griechischen Wort „Polis“ ab (Stadt, Gemeinschaft)
- ist alles, was das Zusammenleben der Menschen in einem Staat oder einer Gemeinde gestaltet und regelt. In der Politik geht es also um Lösungen und Lösungswege, die das staatliche und gesellschaftliche Leben betreffen
- ist im weiteren Sinn jede Teilhabe am staatlichen und gesellschaftlichen Leben

Menschen- und Bürgerrechte …
- sind die Grundrechte wie Freiheit, Gleichheit, Recht auf Eigentum usw.
- sind in der Verfassung festgeschrieben
- stehen jedem zu, sind unveräußerlich und unteilbar
- werden vom demokratischen Staat geschützt und garantiert
- garantieren keine grenzenlose Freiheit, jeder Bürger hat auch Pflichten

Demokratie ist …
- die Herrschaft des Volkes
- ein politisches System, in dem alle Menschen die gleichen Rechte und Pflichten haben
- eine Staatsordnung, in der die Mehrheitsregel gilt

Ein Rechtsstaat ist …
- ein Staat, der auf Recht gegründet ist
- durch demokratisch anerkannte Gesetze berechtigt, Macht auszuüben

Diktatur ist …
- das Gegenteil von Demokratie
- eine Gesellschaftsordnung, in der einige wenige oder nur eine einzelne Person und nicht die Mehrheit des Volkes bestimmt
- wenn die Macht auf Unterdrückung und Gewalt beruht

Formen der Demokratie
- direkte Demokratie: Das Volk (Bürger) nimmt durch Volksabstimmung (Referendum und Petitionen) direkt Einfluss auf politische Entscheidungen
- indirekte oder repräsentative Demokratie: Bürger geben Abgeordneten in Wahlen ihr Vertrauen; Abgeordnete treffen dann stellvertretend politische Entscheidungen

Wie viel Staatsgewalt verträgt die wehrhafte Demokratie?

1.9 En bref

Demokratie und Diktatur – ein Quiz

Kopieren Sie die Seite und kreuzen Sie bei den folgenden Aussagen die richtigen Antwortmöglichkeiten an.

Zitate

Voltaire, Schriftsteller und Philosoph, 1694–1778:
„Mein Herr, ich teile Ihre Meinung nicht, aber ich würde mein Leben dafür einsetzen, dass Sie sie äußern dürfen."

Karl Popper, Philosoph, 1902–1994:
„Es gibt eigentlich nur zwei Staatsformen: Solche, in denen es möglich ist, die Regierung ohne Blutvergießen durch eine Abstimmung loszuwerden, und solche, in denen das nicht möglich ist."

Winston Churchill, britischer Politiker, 1874–1965:
„Die Demokratie ist die schlechteste Staatsform, ausgenommen alle anderen."

Joseph Goebbels, NS-Propagandaminister, 1897–1945:
„Es wird immer einer der besten Witze der Demokratie bleiben, dass sie ihren Todfeinden die Mittel selbst stellte, durch die sie vernichtet wurde."

In Diktaturen gibt es ...
- ■ a) freie und geheime Wahlen
- ■ b) zahlreiche Verletzungen der Menschenrechte
- ■ c) Meinungs- und Pressefreiheit
- ■ d) eine Vielzahl von staatlich nicht kontrollierten Interessengruppen

Diktaturen benötigen ...
- ■ a) Spitzel und Denunzianten
- ■ b) einen Personenkult um den Herrscher
- ■ c) Feindbilder (der „böse Andere")
- ■ d) Gewaltenteilung

Diktaturen achten ...
- ■ a) die Würde jedes einzelnen Menschen
- ■ b) die Freiheit der Bürgerinnen und Bürger
- ■ c) politische Gegner
- ■ d) alles, was der Diktator sagt, befiehlt und tut

Demokratie bedeutet ...
- ■ a) die Herrschaft der Elite
- ■ b) die Herrschaft eines Einzelnen
- ■ c) die Herrschaft des Volkes
- ■ d) die Dauerherrschaft einer Gruppe

In der Demokratie gibt es ...
- ■ a) viele unterschiedliche Meinungen und Lebensweisen
- ■ b) keine Verfassung
- ■ c) die Gleichberechtigung von Männern und Frauen
- ■ d) freie und geheime Wahlen

Demokratien benötigen ...
- ■ a) aktive, engagierte und informierte Staatsbürger
- ■ b) durch die Verfassung garantierte Rechte
- ■ c) unabhängige Gerichte
- ■ d) Mehrheitsentscheide

Demokratien achten ...
- ■ a) die freie Presse und kritische Medien
- ■ b) Unterdrücker und Gewalttäter
- ■ c) alle Religionen und Glaubensauffassungen
- ■ d) die Rechte und Meinungen von Minderheiten

Sachkompetenz (<> maîtriser des savoirs)

1 Erläutern Sie in eigenen Worten die wichtigsten Begriffe dieses Kapitels, z. B. Politik, Demokratie, Rechtsstaat, Mehrheitsprinzip, Verfassung, Menschenrechte, Grundrechte ...

2 Welche Form der Demokratie hat Luxemburg? Erklären Sie.

3 Welchen Gefahren ist die Demokratie ausgesetzt? Nennen Sie Beispiele.

4 Erklären Sie den Unterschied zwischen Demokratie und Diktatur.

Methodenkompetenz (<> utiliser des méthodes)

5 Führen Sie eine Umfrage zu folgendem Thema durch: „Was können Politiker besser machen?"

6 Debattieren Sie in der Klasse, ob sich Luxemburg weltweit für die Verteidigung der Menschenrechte einsetzen soll, und begründen Sie Ihre Meinung.

Urteils- und Handlungskompetenz (<> juger et agir)

7 Die Familie – Demokratie oder Diktatur? Was meinen Sie?

8 Diskutieren Sie Rechte und Pflichten des Bürgers außerhalb von Wahlzeiten.

9 Erläutern Sie Stärken und Schwächen der demokratischen Grundordnung.

10 Bewerten Sie die Vorzüge der indirekten Demokratie im Verhältnis zur direkten.

11 Diskutieren Sie die oben genannten Zitate.

12 „In einer Demokratie sind nicht alle gleich." Inwiefern stimmt diese Aussage? Argumentieren Sie.

2 In Gruppen leben

Vivre ensemble

Der Mensch ist ein soziales Wesen, das in Gruppen lebt. Obwohl wir alle Individuen sind, so leben wir doch in einer Gemeinschaft, der Gesellschaft, zusammen.

Wer wir sind und wie wir sind, wird immer auch durch unsere Umgebung mitbestimmt und somit durch andere Menschen. Die folgenden Seiten beschäftigen sich mit dem Leben in der Familie, der Schule und der Clique.

1 Welche sozialen Beziehungen sind auf den Bildern zu erkennen?
2 Sammeln Sie Begriffe, die zu den dargestellten Beziehungen passen. Wie wichtig sind diese Beziehungen für Sie?
3 Welche für Sie wichtigen Beziehungen vermissen Sie auf den Fotos?

KOMPETENZEN AUF EINEN BLICK

Sachkompetenz
(<> maîtriser des savoirs)
- Verstehen, dass der Mensch sich immer auch unter dem Einfluss seines Umfeldes entwickelt
- Die Bedeutung der Familie für unsere Gesellschaft begreifen
- Wissen, in welcher Form der Staat Familien unterstützt
- Erkennen, welche Fähigkeiten die Schule vermitteln soll

Methodenkompetenz
(<> utiliser des méthodes)
- Ein Rollenspiel durchführen und auswerten

Urteils- und Handlungskompetenz
(<> juger et agir)
- Die Bedeutung der Gruppe für den Einzelnen nachvollziehen und kritisch beurteilen
- Sein eigenes Rollenverhalten hinterfragen
- Die Aufgaben des Staates in der Familien- und Bildungspolitik kritisch bewerten

2.1 Soziale Beziehungen

Soziologie
(<> **la sociologie**),
lat. socius „Kamerad“,
gr. logos „Lehre“,
ist die Wissenschaft vom Zusammenleben der Menschen in einer Gemeinschaft.

Unter Sozialisation verstehen wir das Hineinwachsen des Individuums in die Gesellschaft. Dabei spielen bestimmte soziale Gruppen eine wichtige Rolle. Von großer Bedeutung für die Sozialisation ist die Familie, die in der ersten Lebensphase fast die ganze „Welt“ des Kindes ausmacht und auch danach die Kindheit und Jugend in besonderer Weise prägt. Im Kindergarten und später in der Schule sammeln die Kinder und Jugendlichen neue Erfahrungen. Dabei treffen ihre unterschiedlichen Interessen, Gewohnheiten und Wertvorstellungen aufeinander. Unter den Schülern bilden sich Rangordnungen, Cliquen und Freundschaften.

Spätestens mit der Pubertät verändern sich die Beziehungen zu den Eltern. Selbstbestimmungs- und Gleichberechtigungswünsche treten in den Vordergrund. Der Umgang mit Gleichaltrigen, der Peergroup, gewinnt an Bedeutung. In ihr findet sich die Möglichkeit, das eigene Lebensgefühl zum Ausdruck zu bringen. Gleichzeitig geht von der Gruppe hinsichtlich Kleidung und Verhalten ein gewisser Druck aus.

Als sogenannte heimliche Erzieher bei der Sozialisation gelten die Medien. Musikstars, Schauspieler und Sportler können zu Idolen werden, deren Verhalten Jugendliche zum Teil nachahmen.

M1 Der Weg ins Leben

M2 Spannungsfeld der Persönlichkeitsentwicklung

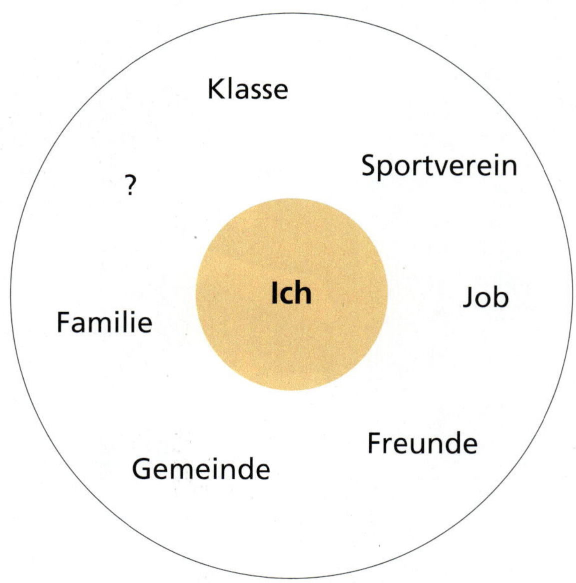

1 Benennen Sie die Stationen der Entwicklung eines Einzelnen von der Geburt bis ins hohe Alter.
2 Welche Gruppen spielen auf jeder der Stationen eine wichtige Rolle? Welchen Einfluss üben diese Gruppen aus?
3 Diskutieren Sie über die Bedeutung der Medien als „heimliche Erzieher“.

2.1 Des relations sociales

M3 Spielregeln im Alltag

Sozialwissenschaftler erklären unser Verhalten als eine Aneinanderreihung von Rollen. Zu jeder Stellung, die wir im Alltag einnehmen, gehört eine soziale Rolle, die wir in der jeweiligen Situation spielen (Rollenverhalten). An diese Rollen sind Erwartungen geknüpft, die Mitmenschen an uns herantragen (Rollenerwartungen). Wir unterscheiden grundsätzlich zwischen zwei Rollen:

Formale Rollen

Hierzu gehören schulische und berufliche Aktivitäten. Vor allem das Berufsleben ist durch Gesetze und Verordnungen geregelt (z. B. Sicherheitsbestimmungen, Pflichten gegenüber dem Arbeitgeber etc.).
Oft aber wird auch hier das Rollenverhalten durch ungeschriebene Verhaltensregeln (Kodex) geprägt.
Die Gesellschaft hat Erwartungen, die relativ langlebig sind und die der Einzelne erfüllen muss. Klassischerweise gehören dazu Kleidung oder aber ein gewisser Sprachgebrauch, die der Situation „angepasst" erscheinen. Man denke nur an den weißen Kittel des Arztes, der eigentlich für die Ausübung des Berufes nicht notwendig ist.

Informelle Rollen

Diese Rollen leben wir vor allem in unserem Privatleben: Bruder, Schwester, Mutter, Vater, Freundin, Freund, Vereinsmitglied, ehrenamtlicher Helfer, Freizeitsportler und vieles mehr.
Erwartungen wandeln sich ständig im täglichen Miteinander. Gesetze oder Vorschriften für das jeweilige Verhalten existieren wenige. Der Spielraum unseres Verhaltens ist grundsätzlich groß.
Aber auch hier gibt es Grenzen.
Das betrifft zum Beispiel die gesetzlich festgeschriebene Fürsorgepflicht der Eltern gegenüber ihren Kindern.

M4

4 Arbeiten Sie Beispiele für typisches Rollenverhalten heraus, das immer wieder anzutreffen ist.

5 Was bedeutet für Sie persönlich der Begriff Freiheit angesichts von Rollenerwartungen und Rollenkonflikten?

6 Was verstehen Soziologen unter formalen und informellen Rollen?

7 Überprüfen Sie an Beispielen aus Ihrem Alltag die Rollentheorie der Sozialwissenschaftler.
Welche Konsequenzen ergeben sich aus rollengemäßem beziehungsweise nicht rollengemäßem Verhalten?

2.2 Leben in der Familie

Bedeutung der Familie

Das Wort Familie stammt vom Lateinischen „familia“ ab und bedeutet Hausgemeinschaft, denn früher lebten Großfamilien unter einem Dach. Heute ist das anders. Meistens leben nur noch Vater, Mutter und die Kinder als Klein- oder Kernfamilie zusammen. Großfamilien mit mehr als fünf Personen werden immer seltener. Daneben haben sich aber viele andere Formen von Familien- und Lebensgemeinschaften entwickelt. Die Familie kümmert sich vor allem darum, dass die Kinder versorgt und auf ihr späteres Leben vorbereitet werden.

M 1 Formen des Zusammenlebens

M 2

„Und welcher Elternteil soll es unterzeichnen? Mein leiblicher Vater, mein Stiefvater, der dritte Mann meiner Mutter, meine wirkliche Mutter oder die vierte Frau meines leiblichen Vaters, die bei uns wohnt?“

M 3 Haushalte in Luxemburg 1970–2011 (nach Zahl der unter einem Dach lebenden Personen)

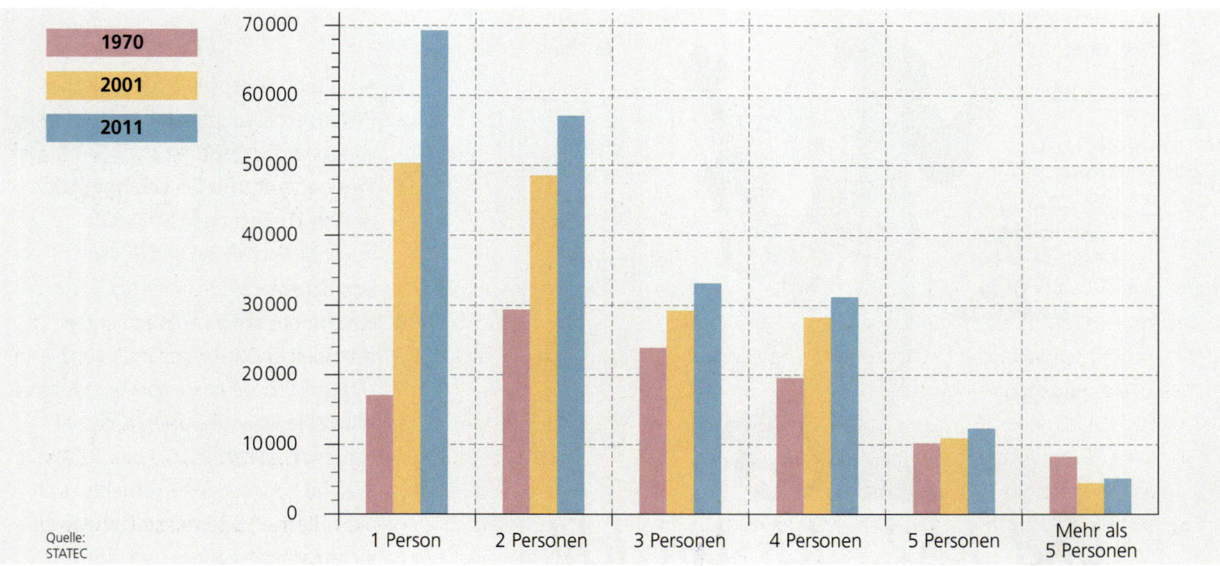

2.2 Vivre en famille

Verwandtschaft

Kinder, die in einer Ehe geboren werden, sind untereinander und mit ihren Eltern verwandt und tragen alle den gleichen Familiennamen oder einen Doppelnamen. Die Verwandtschaft umfasst die Personen, die durch Geburt, Adoption, Heirat und Schwägerschaft vereint sind. Verwandtschaft im Sinne des Gesetzes ist Blutsverwandtschaft und sie spielt eine wichtige Rolle bei Heirat, Erbschaft oder Wahlen. Um den Verwandtschaftsgrad zwischen zwei Personen festzustellen, muss man die Zahl der Generationen über den gemeinsamen Vorfahren zurückrechnen. Durch die Ehe entsteht zwischen den Familien der Ehepartner die Schwägerschaft.

M4 Stammbaum (<> l'arbre généalogique)

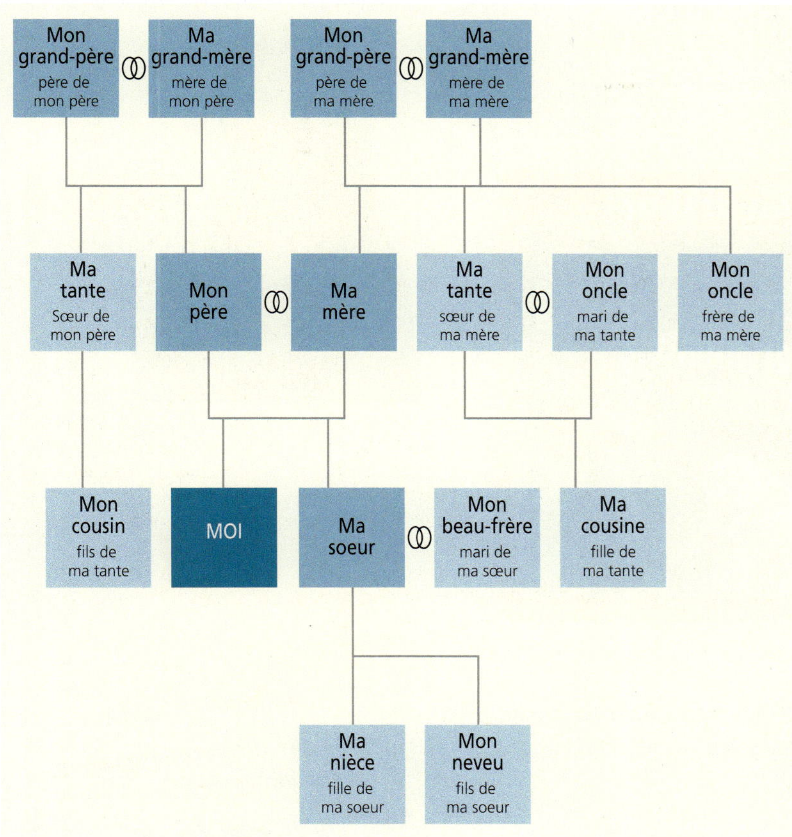

M5 Eheschließungen und Scheidungen in Luxemburg (1980–2018) auf 1000 Einwohner

Année	Taux de nuptialité	Taux de divortialité
1980	5,90	1,60
1990	6,10	2,00
2000	4,90	2,31
2018	3,12	2,02

M6

1 Zeichnen Sie einen Stammbaum Ihrer Familie. Tragen Sie die jeweiligen Verwandtschaftsgrade ein.

2 Nennen Sie die Vor- und Nachteile der verschiedenen Formen des Zusammenlebens.

3 In welcher Art Lebensgemeinschaft leben Sie?

a) Welche Bedeutung hat diese Lebensgemeinschaft für Sie? Erstellen Sie eine Mindmap.

b) Vergleichen Sie Ihre Ergebnisse anschließend untereinander.

4 Beschreiben Sie die Entwicklung der Scheidungen und Eheschließungen in Luxemburg in den letzten 45 Jahren.

5 Suchen Sie zu M5 die aktuellen Zahlen und erstellen Sie ein Diagramm.

6 Informieren Sie sich zum Thema „Rollenverteilung zwischen Mann und Frau" und schreiben Sie einen Bericht darüber.

7 Diskutieren Sie über das Thema: „Die Frau soll zu Hause bleiben, Männer gehen arbeiten."

METHODE Rollenspiel: Erziehung – aber wie?

M1 Erziehungsziele im Wandel

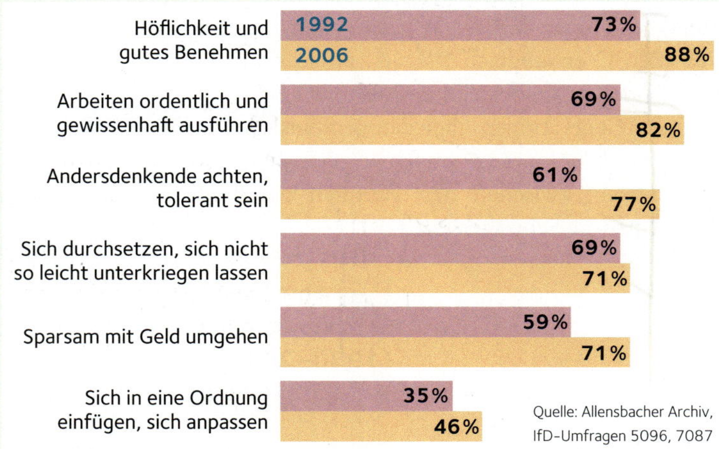

Eltern haben das Recht und die Pflicht, für ihre Kinder zu sorgen. So will es der Gesetzgeber. Dieses elterliche Sorgerecht bezieht sich auf die Person und auf das Vermögen des Kindes. Die Eltern sollen das Kind erziehen, es in seiner Entwicklung zu einer eigenständigen Persönlichkeit unterstützen. Da über Erziehungsziele in unserer Gesellschaft Uneinigkeit herrscht, wird das Thema gerne in den Medien aufgegriffen.

Regeln
- Zuhören
- Jeden aussprechen lassen
- Immer auf die vorangegangene Aussage antworten
- Warten, bis man das Wort oder das Mikrofon erteilt bekommt
- Niemanden beschimpfen

▸ DARUM GEHT ES

Bei Rollenspielen sollen Sie lernen, sich in eine Situation bzw. Person hineinzuversetzen. Das Thema wird Ihnen dabei vorgegeben.

▸ SO LÄUFT ES AB

Die Situationskarte und die Rollenkarten klären über den Verlauf und das Thema des Rollenspiels auf. Schüler übernehmen die vorgegebenen Rollen, es dürfen aber auch weitere Rollen dazuerfunden werden. Der Rest der Klasse, das Publikum, darf an der Diskussion teilnehmen. Werten Sie das Rollenspiel dann anschließend aus.

1 Welche Werte erscheinen besonders wichtig in der Erziehung? Vergleichen Sie mit der Realität.

2 Warum ist das Thema Erziehung in Presse und TV wohl so beliebt?

3 Welche Probleme können in der Erziehung auftreten? Wie geht man damit um?

4 Formulieren Sie nach dem Rollenspiel Ihre persönliche Auffassung zum Thema Erziehung.

Situationskarte

In einer Talkshow lautet das Thema „Wie erziehe ich mein Kind?". Es gibt einen Moderator (Mitschüler oder Lehrer), der das Wort erteilt, Fragen stellt und die Diskussion leitet. Vorne sitzen die Schüler, die jeweils die Rolle eines Gastes übernehmen.
Das Publikum kann sich ebenfalls jederzeit an der Diskussion beteiligen.

Rollenkarte

Name: Patricia; **Alter:** 48
Beruf: freischaffende Künstlerin
Werdegang: Ihre Eltern lebten in einer Wohngemeinschaft und gehörten der Hippiebewegung an; sie wurde antiautoritär erzogen und besuchte nur unregelmäßig die Schule. Sie ist Mutter von zwei erwachsenen Kindern und von der sechsjährigen Sunshine. Gemeinsam mit ihrer Tochter lebt sie auf einem Bauernhof.
Überzeugungen: Kinder sollen nicht streng erzogen werden; strenge Regeln gibt es nicht; jeder ist frei und darf machen, was er will.
Der Charakter des Kindes entwickelt sich auf natürliche Art und Weise.
Kernsatz: Freie Menschen leben ohne Regeln!

Rollenkarte

Name: José; **Alter:** 38
Beruf: Manager
Werdegang: Er ist als Kind armer Eltern aufgewachsen und hat sich hochgearbeitet. Hatte mit 23 seine erste Million verdient; er will, dass seine Kinder es besser haben, und verwöhnt sie deshalb sehr. Seine 12-jährige Tochter geht jeden Tag shoppen, sie hat eine eigene Kreditkarte.
Überzeugungen: Kinder sollen es gut haben, sie sollen Luxus gewöhnt sein und sich alles leisten können.
Kernsatz: Ich kaufe meinen Kindern alles, was sie wollen!

Rollenkarte

Name: Marc; **Alter:** 50
Beruf: Landwirt
Werdegang: Er hat schon früh seinen Eltern auf dem Hof geholfen und wurde streng religiös erzogen. Marc und seine Frau sind streng gläubig und haben eine Großfamilie mit neun Kindern.
Überzeugungen: Kinder sollen streng gläubig erzogen werden und ihren Eltern stets gehorchen. Kinder müssen von klein auf jeden Tag mitarbeiten; Spielen und Faulenzen sind schlecht für den Charakter.
Kernsatz: Kinder sollen gehorchen und hart arbeiten!

Rollenkarte

Name: Cindy; **Alter:** 16
Beruf: Schülerin
Werdegang: Sie war Schülerin einer zehnten Klasse, als Sie schwanger wurde; zurzeit hat sie Erziehungsurlaub. Zum Vater von Jamie besteht kein Kontakt mehr. Cindy ist jedoch seit mehr als einem Monat fest mit Kevin zusammen.
Nächstes Jahr will sie ihre Ausbildung zur Verkäuferin weiterführen; sie wohnt noch zu Hause bei ihren Eltern.
Überzeugungen: Kinder sollen junge Eltern haben, die können besser mit ihnen spielen und auch noch mit ihnen ausgehen.
Kernsatz : Ältere Menschen sollen keine Kinder mehr haben.

Rollenkarte

Name: Jean-Pierre; **Alter:** 47 Jahre
Beruf: Verwaltungsangestellter
Werdegang: Er wurde sehr streng erzogen, musste früh auf vieles verzichten und die Beschränkung auf das Wesentliche lernen; er kam mit 15 Jahren in die Lehre, seither Angestellter.
Überzeugungen: Er hatte auch keine Rechte als Kind; Härte hat noch keinem geschadet; Kinder können gar nicht selbst entscheiden, sondern brauchen Erwachsene, die für sie klare Grenzen festlegen. Strafen dienen dazu, Kindern die Konsequenzen ihres Tuns aufzuzeigen; Kinder müssen gehorchen.
Kernsatz: Freche Kinder brauchen meine Rechte – aufs Hinterteil!

Rollenkarte

Name: Josephine; **Alter:** 75
Beruf: pensionierte Lehrerin
Werdegang: Sie hat über 40 Jahre als Lehrerin gearbeitet und galt immer als streng, aber fair; hat nie geheiratet und sich voll und ganz dem Beruf gewidmet.
Überzeugungen: Früher war alles besser, die Kinder waren höflicher, intelligenter und fleißiger. Die heutige Erziehung verdirbt die Kinder.
Kernsatz: Die Jugend von heute taugt nichts!

2.3 Rechte in der Familie

In einer Familie leben Menschen mit Bedürfnissen, Interessen und Meinungen zusammen. Für ein friedliches Zusammenleben ist es wichtig, dass alle Verantwortung übernehmen. Die Familie ist aber auch eine Rechtsgemeinschaft, in der jeder Rechte und Pflichten hat. Diese sind durch Gesetze geregelt. Sie stehen im im Code Civil und werden bei Bedarf den gesellschaftlichen Anforderungen angepasst.
So reagierte der Gesetzgeber z.B. auf die unzureichende gesetzliche Lage von nicht verheirateten Paaren, indem er 2004 die Partnerschaft (PACS) einführte und 2014 die Eheschließung zwischen gleichgeschlechtlichen Partnern gesetzlich genehmigte. Auch Adoptionen wurden erlaubt.

M 1
Mitwirkung der 13- bis 19-Jährigen innerhalb der Familie

	Total	Jungen	Mädchen	B1	B2	B3
Ich diskutiere mit meinen Eltern	55,8 %	54,1 %	57,6 %	63,8 %	53,8 %	48,0 %
Ich beteilige mich an familiären Entscheidungen	38,3 %	37,5 %	39,1 %	46,0 %	35,5 %	31,1 %
Ich beteilige mich an familiären Aufgaben	52,8 %	46,2 %	59,4 %	57,3 %	52,1 %	46,7 %

B1 = oberer Bildungszweig, B2 = mittlerer Bildungszweig, B3 = unterer Bildungszweig

Y. Wagener, P. Petry: Das Wohlbefinden der Jugendlichen in Luxemburg, Luxemburg 2002, S. 87

M 2 **Extrait du Code civil concernant l'autorité parentale**

Art. 371. L'enfant à tout âge, doit honneur et respect à ses parents.
Art. 372. Il reste sous leur autorité jusqu'à sa majorité ou son émancipation. L'autorité appartient aux parents pour protéger l'enfant dans sa sécurité, sa santé et sa moralité. Ils ont à son égard droit et devoir de garde, de surveillance et d'éducation.
Art. 373. L'enfant ne peut quitter la maison paternelle sans la permission de ses parents …
Art. 387–9. Peut être déchu de l'autorité parentale … l'un des parents qui, par mauvais traitements, abus d'autorité, inconduite notoire ou négligence grave met en péril la santé, la sécurité ou la moralité de son enfant.

Mémorial A n° 150 du 4.8.2015

M 3

„Ist dort amnesty international? Man mutet mir hier allen Ernstes die Entleerung des Mülleimers zu!"

Karikatur: Horst Haitzinger

1 Werten Sie Tabelle M1 aus. Inwiefern trifft die Statistik auf Sie zu?
2 Erläutern Sie die Aussage der Karikatur.

2.3 Droit et familles

M 4 Rechte und Pflichten der Ehepartner nach dem Zivilrecht

Die Ehepartner müssen
- jeweils ihr Einverständnis zur Heirat geben,
- ihre Kinder ernähren, für deren Unterhalt sorgen und sie erziehen,
- ihre nahe Verwandtschaft (Eltern, Großeltern, Schwiegereltern) in Notlagen ernähren,
- sich gegenseitig Treue, Hilfe und Beistand gewähren,
- zusammenwohnen.

Jeder der beiden Eheleute
- muss gemäß seinen Möglichkeiten zu den Haushaltskosten seinen Beitrag leisten (z. B. durch Einkommen oder durch Hausarbeit),
- hat das Recht einen Beruf auszuüben,
- darf alleine Verträge für den Unterhalt des Haushalts oder der Kinderbetreuung schließen. Schulden und Zinsen, die sich aus diesen Verträgen ergeben, sind aber von beiden Eheleuten zu tragen, außer für übertrieben teuere oder unnötige Ausgaben, welche den gemeinsamen Haushalt belasten.

Code civil
Gesetzessammlung des Zivilrechts (<> **le droit civil**), d. h. Gesetze zur Familie, Ehe, Scheidung, Besitzrecht, Schadenersatz …

Ehe
(<> **le mariage**)
ist ein offizieller Vertrag zwischen zwei Personen verschiedenen oder gleichen Geschlechts. Sie wird nur durch Tod oder Scheidung aufgelöst. Die kirchliche Trauung, die nur zwischen Frau und Mann möglich ist, kann erst nach der zivilen Eheschließung stattfinden und hat keine rechtlichen Folgen.

Partnerschaft
(<> **le partenariat, gen. PACS = pacte civil de solidarité**)
ist eine Lebensgemeinschaft von zwei Personen unterschiedlichen oder gleichen Geschlechts, die als Paar zusammenleben und das vor dem Zivilstandesbeamten festhalten. Unterschiede zur Ehe bestehen vor allem im Erbrecht.

M 4 La communauté légale (<> gesetzlicher Güterstand)

Les dispositions de la communauté légale s'appliquent automatiquement si aucun contrat de mariage (devant un notaire) ne règle la question de la propriété des biens des époux.

actif	passif
Biens communs	
• Produit du travail de chaque époux • Ressources des biens propres, p.ex. loyer d'une maison appartenant à l'un des époux • Biens acquis pendant le mariage	• Dettes contractées par chaque époux pour l'entretien du ménage • Intérêts des dettes propres de chaque époux
Biens propres	
• Biens dont chaque époux avait la propriété avant le mariage ou qui lui adviennent pendant le mariage par succession • Biens qui ont un caractère personnel (p.ex. vêtements)	• Dettes contractées avant le mariage • Dettes contractées pendant le mariage dans l'intérêt de ses biens propres

3 Stellen Sie wichtige Rechte und Pflichten der Eltern und Kinder innerhalb der Familie in zwei Tabellen zusammen (M1 – M4).

4 Wie werden folgende Fälle bei einer Scheidung geregelt?
a) Während der Ehe erwirbt der Mann einen Perserteppich und die Frau ein Auto.
b) Die Ehefrau erbt ein Baugrundstück und der Ehemann finanziert den Hausbau.
c) Der Ehemann hat sich hoch verschuldet, um einen Sportwagen zu kaufen.

5 Überlegen Sie, aus welchen Gründen Menschen die Ehe oder die Partnerschaft eingehen.

2.4 Politik für Familien

Chèques-service
(<> **Dienstleistungsgutscheine**)
Beihilfen, mit denen Familien mit Kindern (0–13 Jahre) Dienstleistungen (Betreuung, Sport, Musik) verbilligt in Anspruch nehmen können.

Kinder und Jugendliche sind für jede Gesellschaft wichtig. Die Kinder von heute finanzieren zum Beispiel mit ihren Steuern und Abgaben in einigen Jahren die Renten. Zugleich kosten Kinder die Eltern viel Geld. Unter Familienpolitik versteht man alles, was eine Regierung unternimmt, um Familien zu helfen: Sie haben Steuervorteile und bekommen Kindergeld. Seit ihrer Einführung 1947 werden die Familienleistungen (<> les allocations familiales) ständig der Familien- und Gesellschaftsentwicklung angepasst. Sie werden auch an Nicht-Gebietsansässige gezahlt, sofern ein Arbeitsverhältnis in Luxemburg besteht. Die Abstimmung zwischen Familienleben, Beruf und Freizeit ist auch eine logistische Herausforderung. Die Politik unterstützt die Familien unter anderem durch den Ausbau von Betreuungsstrukturen, das System der „chèques-service" und den gesetzlich zugesicherten Elternurlaub.

M 1 La politique familiale au Luxembourg

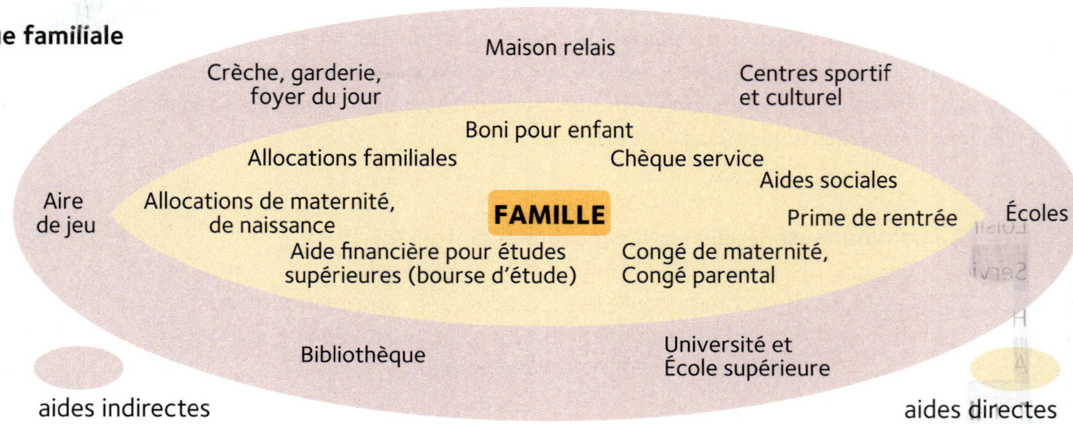

M 2 Familien unter staatlichem Schutz

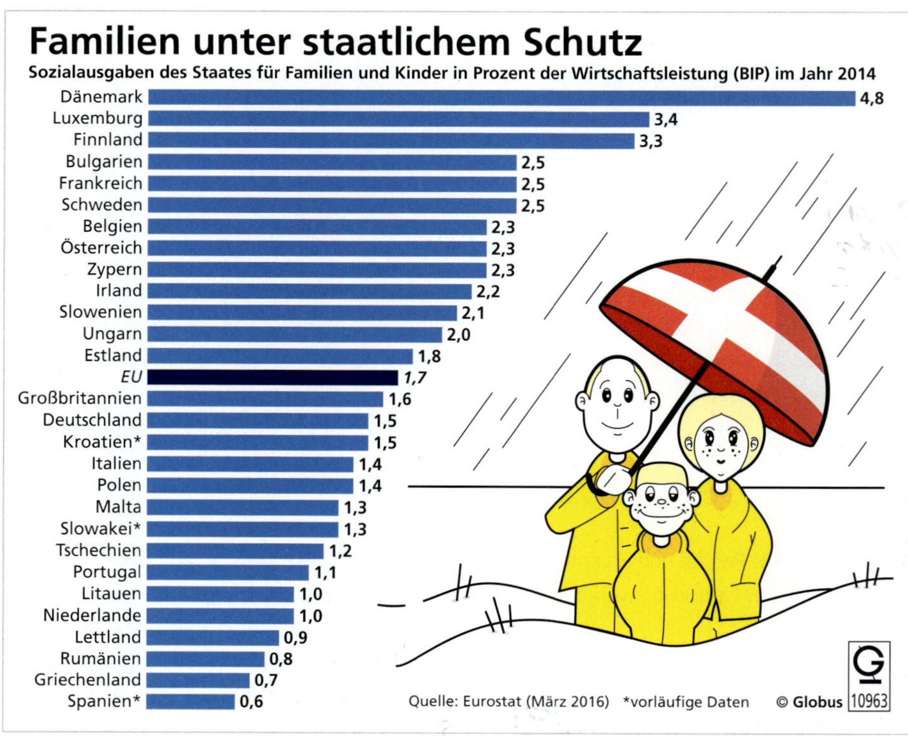

Congé parental
(<> **Elternurlaub**)
Beide Elternteile haben das Recht auf Elternurlaub. Der Staat zahlt einen festgesetzten Betrag als Lohnausgleich.
Im Jahr 2017 nahmen insgesamt 10881 Personen Elternurlaub. Davon waren 4856 Väter.

2.4 Politique et familles

M3 Dépenses annuelles moyennes par ménage 2017

Listes des produits et services	en euro	en %
Produits alimentaires et boissons non alcoolisées	5370,9	8,39
Boissons alcoolisées et tabac	860,1	1,34
Articles d'habillement et articles chaussants	3258,0	5,09
Logement, eau, électricité, gaz et autres combustibles	23.356,1	36,5
Ameublement, équipement ménager en entretien courant de la maison	3875,4	6,06
Santé	1768,3	2,76
Transports	8448,6	13,2
Communications	1676,0	2,62
Loisirs et culture	3985,9	6,23
Services éducatifs	501,5	0,78
Hôtels, cafés et restaurants	5468,2	8,55
Autres biens et services	5418,0	8,47
Total	**63.987,0**	**100,00**

STATEC: https://statistiques.public.lu/stat/TableViewer/tableView.aspx?ReportId=12967&IF_Language=eng&MainTheme=3&FldrName=1&RFPath=28 (10/09/2019)

M4 Karikatur

1 Welche direkten und indirekten Hilfen erhalten Familien in Luxemburg?
2 Informieren Sie sich über die Familienleistungen eines Landes „mit wenig staatlichem Schutz" und vergleichen Sie diese mit Luxemburg.
3 Untersuchen Sie die Tabelle M3. Für welche Produkte und Dienstleistungen geben die Familien viel Geld aus und für welche nicht? Erstellen Sie ein Diagramm, das die Ausgabenverteilung zeigt.
4 Erläutern Sie die Karikatur M4. Diskutieren Sie die einzelnen Optionen.
5 Diskutieren Sie, ob der Staat das Kindergeld streichen sollte, wenn Eltern ihrer Aufsichtspflicht nicht nachkommen, z. B. im Fall von Schulschwänzen.

2.5 Schule und Ausbildung

M 1 Comic

M 2 Karikatur

Die Schulpflicht (<> l'obligation scolaire) endet in Luxemburg mit 16 Jahren. Somit verbringt jeder mindestens zwölf Jahre seines Lebens in der Schule. Für die meisten endet die Schulzeit dann immer noch nicht: Entweder beginnt die Berufsausbildung oder man geht weiter zur Schule. Auch das Abschlussdiplom ist oft noch nicht das Ende der Ausbildung, denn Fort- und Weiterbildung in allen Berufen gehören heute zum Alltag eines jeden Arbeitnehmers.

Gesellschaft und Wirtschaft haben vielfältige, zum Teil auch unterschiedliche Erwartungen an das, was Schüler lernen sollen. Eine abgeschlossene Ausbildung ist daher sehr wichtig. Für viele Berufe benötigt man zudem ein Diplom oder einen Hochschulabschluss.

M 3 Schülerinnen und Schüler bewerten Schule

Es gibt in der Schule verschiedene Möglichkeiten, um zu lernen. Welche gefällt Ihnen am besten? (nur ein Kreuz machen)

- ☐ Frontalunterricht: Der/die Lehrende steht vor der Klasse und stellt die Inhalte dar.
- ☐ Gruppenunterricht: Ein kleine Gruppe von etwa sechs Leuten bearbeitet selbstständig eine Aufgabe.
- ☐ Einzelarbeit: Alleine und eigenständig an einem Thema arbeiten.

Welche Gesamtnoten geben Sie Ihren Lehrerinnen und Lehrern?

Sehr gut (1) gut (2) befriedigend (3) ausreichend (4) mangelhaft (5) ungenügend (6)

Was wünschen Sie sich von Personen (Lehrern, Trainern …), die Ihr Wissen erweitern sollen? (auch mehrere Kreuze möglich)

- ☐ Sie sollen auf meine Wünsche eingehen.
- ☐ Sie sollen auf meine Schwächen eingehen.
- ☐ Sie sollen auf meine Stärken eingehen.
- ☐ Sie sollen sich fair verhalten.
- ☐ Sie sollen streng sein.
- ☐ Sie sollen den Lernstoff verständlich vermitteln.
- ☐ Sie sollen den Lernstoff beherrschen.
- ☐ Sie sollen auch mal Druck ausüben.
- ☐ Ist mir doch egal.

Auszug aus dem Fragebogen „Aktion Besser Wissen“, Landesjugendring Saar e. V., Saarbrücken, o. J.

2.5 École et formation

M4 Stellenanzeigen

Verkeefer (m/w)

Sproochen: däitsch a franséisch,
lëtzebuergesch an all aner Sprooch as vu Virdeel

- **Miwwel**departement (m/w)
  - Verkaf, Zeechnen a Bestellungen souwéi de Suivi vun de Clienten
  - Kompetenz am Ariichten an techneschen Zeechnen
- Departement **Boutique an Textile** (m/w)
  - Verkaf, Betreiung, Bestellung a Suivi vun de Clienten
  - Hochzäitsleschten
- **Luuchten** an **Teppech**departement (m/w)
  - Verkaf, Zeechnen a Bestellungen souwéi de Suivi vun de Clienten
  - Kompetenz am Ariichten an techneschen Zeechnen
- **Kichen- a Buedzëmmer**departement (m/w)
  - Verkaf, Zeechnen a Bestellungen souwéi de Suivi vun de Clienten
  - Kompetenz am Ariichten an techneschen Zeechnen

Garage Martin Bölles
77, rue de Bridel
L-4567 Differdange

Nous engageons:

1 débosseleur qualifié (m/f)

requise :
- expérience professionnelle
- langues parlées : luxembourgeois et francais
- travail autonome
- Permis de conduire classe B

Lettre de candidature à Monsieur Albert Schoen

M5 Der ideale Lehrling

M6 Vermittlung von Werten?

Frage: ***„Die Schule hat die Aufgabe, Wissen und Kenntnisse zu vermitteln. Hat sie darüber hinaus auch die Aufgabe, die Schüler zu erziehen, ihnen wichtige Werte zu vermitteln und die Entwicklung der Persönlichkeit zu fördern?"***

	Angaben in %
Schule hat auch diese Aufgabe	**78**
Diese Aufgabe wird gut erfüllt	6
Schule tut zu wenig dafür	53
Unentschieden	19
Ist nicht Aufgabe der Schule	**13**
Unentschieden	9

GEO Wissen 03/99, S. 23, Autor: Edgar Piel

Kompetenz(en) (↔ **les compétences**), Fähigkeit(en), ein Problem zu lösen. Man unterscheidet Fach- und Sozialkompetenzen.

1 Fassen Sie in eigenen Worten zusammen, was M1 und M2 zum Ausdruck bringen wollen.

2 Beantworten Sie die Fragen aus M3. Stellen Sie anschließend das Klassenergebnis zusammen.

3 Welche Ihrer Schulfächer sollten mehr Wochenstunden bekommen als andere, welche könnten ganz wegfallen, welche neuen Fächer sollten an Ihrer Schule eingerichtet werden?

4 In M5 finden Sie Erwartungen der Arbeitgeber aus dem Jahr 2003. Glauben Sie, dass diese auch heute noch aktuell sind?

5 Inwiefern versucht Ihre Schule, die in M5 genannten Fähigkeiten zu vermitteln? Geben Sie der Schule Noten, z. B. für Vermitteln von Fachkompetenz, Fördern von Persönlichkeit und Sozialverhalten usw.

6 Nehmen Sie kritisch Stellung zur Aussage in M6.

2.6 Ausbildung im Wandel

Die Schule und ihre Zielsetzungen, Lerninhalte und Methoden ändern sich ständig, um sich den Erwartungen der Gesellschaft und der Berufswelt anzupassen. Auf der anderen Seite wachsen auch die Ansprüche an die Lernenden. Konnte man vor 100 Jahren mit seinem einmal erlernten Beruf sein ganzes Arbeitsleben verbringen, so ist dies heute nicht mehr so.

M 1 Schule früher – Schule heute

M 2 Schulregeln aus der Zeit um 1880

- Alle Schüler sitzen anständig, gerade, mit dem Rücken angelehnt in Reihen hintereinander.
- Die Füße werden parallel nebeneinander auf den Boden gestellt.
- Beim Antworten hat sich das Kind rasch zu erheben, gerade zu stehen, dem Lehrer fest ins Auge zu schauen und in vollständigen Sätzen rein und laut zu sprechen.
- Bücher werden aufs Kommando in drei Zeiten herauf- und weggetan:
  Auf „eins“ erfassen die Kinder das unten liegende Buch. Auf „zwei“ heben sie das Buch über die Tafel, auf „drei“ legen sie es geräuschlos auf die Schultafel nieder und richten den Blick wieder unverwandt und fest auf den Lehrer.

Carl Kehr,
Die Praxis der Volksschule, Gotha 1880, red. bearb.

M 3 Mitsprache und Mitwirkung in der Schule, 2004

Art. 34. Le comité des élèves
Il est créé auprès de chaque lycée un comité des élèves. Il a pour attributions:
- de représenter les élèves auprès de la direction et auprès des comités formés respectivement par les enseignants et les parents;
- d'informer les élèves sur leurs droits et leurs devoirs au sein de la communauté scolaire, notamment par l'intermédiaire des délégués de classe; ...
- d'organiser des activités culturelles, sociales ou sportives;
- de formuler des propositions concernant la vie scolaire et le travail des élèves.

Le directeur se réunit avec le comité des élèves chaque fois que celui-ci en fait la demande.
Le comité des élèves délègue les représentants des élèves à la conférence nationale des élèves et au conseil d'éducation.

Loi du 25 juin 2004, in: Mémorial A No 126 du 16 juillet 2004, S. 1861

2.6 La formation – hier et aujourd'hui

M 4 Lehre und Ausbildung in Luxemburg – das Gesetz von 1929

Art. 7. Der Betriebsinhaber ist verpflichtet, den Lehrling … fortschreitend und vollständig zu unterweisen oder unterweisen zu lassen; er darf den Lehrling nicht zu Arbeiten oder Dienstleistungen verwenden, die nicht zu dieser Ausbildung gehören, es sei denn, dass der Lehrvertrag Gegenteiliges bestimmt und unter der Bedingung, dass die Beendigung der beruflichen Ausbildung des Lehrlings innerhalb der vertraglich festgesetzten Zeit nicht darunter leidet.
Er darf den Lehrling nie zu Arbeiten oder Dienstleistungen verwenden, die gesundheitsschädlich sind oder dessen Kräfte übersteigen; …
Er muss sich dem Lehrling gegenüber als guter Familienvater benehmen, dessen Aufführung und sittliches Betragen in- und außerhalb des Hauses überwachen und dessen Eltern oder gesetzlichen Vertreter von schweren Verfehlungen und schlechten Neigungen desselben in Kenntnis setzen.
Desgleichen muss er sie sofort benachrichtigen im Falle von Krankheit oder Abwesenheit des Lehrlings … Er darf den Lehrling nicht schlecht behandeln und muss ihn vor schlechter Behandlung durch die Arbeits- und Hausgenossen schützen.
Er darf dem Lehrling, über die gesetzliche tägliche Arbeitszeit hinaus keine Heimarbeit auferlegen.
Finden … gewerbliche Fachkurse statt, so muss dem Lehrling die zum Besuche dieser Kurse nötige freie Zeit gewährt werden, dies trotz jeder gegenteiligen Abmachung und ohne jeden Lohnabzug – der Lehrling muss den Nachweis erbringen, dass er für diese Kurse eingeschrieben ist und sie regelmäßig besucht.
Art. 9. Der Lehrling schuldet dem Betriebsinhaber Treue, Gehorsam und Achtung; er muss ihn durch seine Arbeit, im Maße seiner Befähigung und seiner Kräfte behilflich sein, und wenn der Lehrherr es verlangt, die größte Verschwiegenheit über dessen geschäftliche Angelegenheiten bewahren.
Er muss den Lehrherrn unverzüglich über die Ursache jeder Abwesenheit benachrichtigen.

Loi du 5 janvier, in: Mémorial A No 3 du 19 janvier 1929, p. 18

M 5 Karikatur „Setzen"

1 Fassen Sie zusammen, wie sich die Schule von früher von der heutigen Schule unterscheidet.

2 Lesen Sie die Auszüge des Ausbildungsgesetzes aus dem Jahr 1929. Welche Formulierungen/Punkte erscheinen Ihnen heute ungewöhnlich?

3 Vergleichen Sie die in dem Gesetz (M4) enthaltenen Regelungen mit den entsprechenden Punkten in einem heutigen Berufsausbildungsvertrag. Notieren Sie tabellarisch Gemeinsamkeiten und Unterschiede.

4 Erstellen Sie ein Organigramm: „Die Hierarchie an meiner Schule".

5 Welche Möglichkeiten der Mitbestimmung gibt es heute für Schüler (M3)? Kann eine Schule „demokratisch" funktionieren? Diskutieren Sie.

2.7 Jugend und Freizeit

Das Freizeitverhalten Jugendlicher ist nicht allein die Folge eigener Entscheidungen. Vielmehr wirkt eine Vielzahl von Einflüssen, die miteinander in Beziehung stehen, auf die Jugendlichen ein und bestimmt so mit, wie Jugendliche ihre Freizeit gestalten.
Eine Jugendzeitschrift gibt jährlich eine Untersuchung in Auftrag, die herausfinden soll, was Jugendlichen wichtig ist. Befragt werden Jugendliche im Alter von 12 bis 18 Jahren nach ihren Einstellungen und Werten sowie nach ihrem Freizeit- und Kaufverhalten. Die Ergebnisse der Befragung finden Sie zusammengefasst in M1 und M2.

M 1
Was Jugendlichen heute wichtig ist

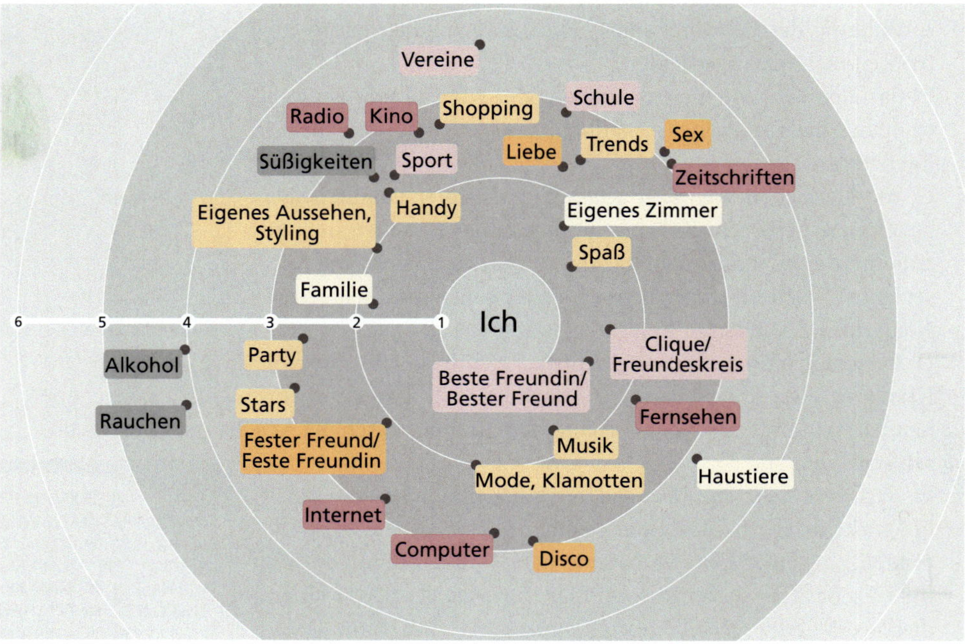

M 2
Was im Altersverlauf wichtiger/ unwichtiger wird

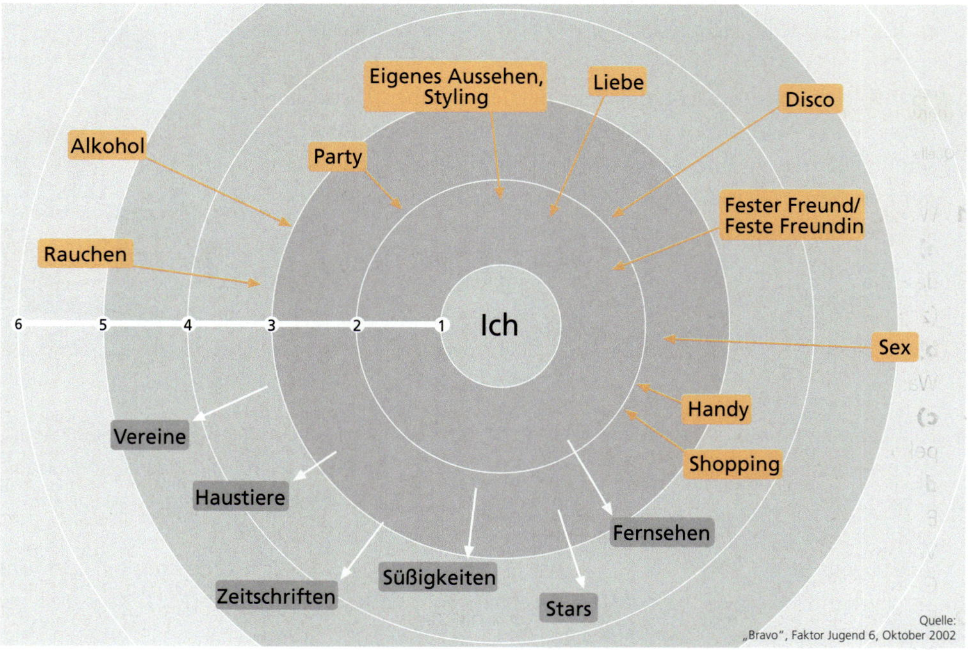

Quelle: „Bravo", Faktor Jugend 6, Oktober 2002

2.7 Jeunesse et loisirs

M3 Freizeit früher – heute

M4 Wo bleibt die Zeit?

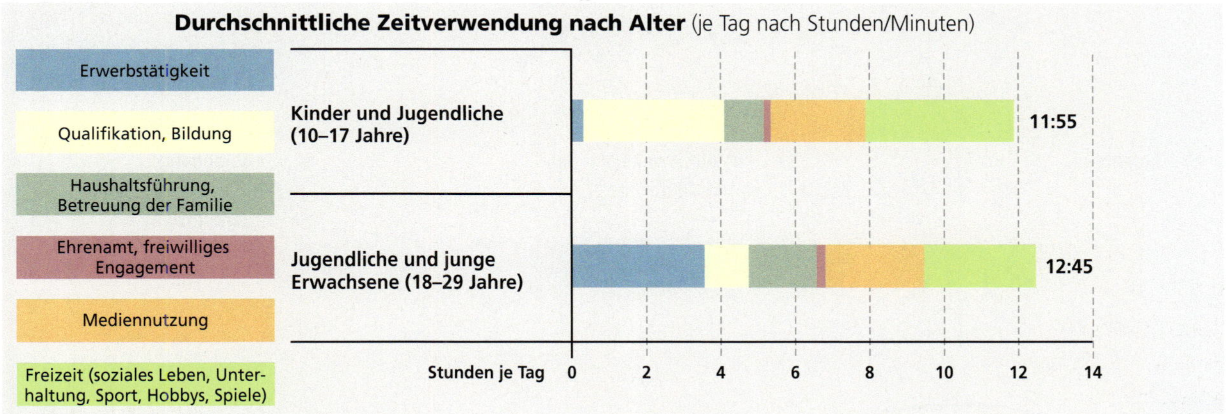

Quelle: © Statistisches Bundesamt, Wiesbaden 2015

1 Werten Sie M1 aus:

a) Zusammengehörige Begriffe in M1 sind in einer Farbe dargestellt. Finden Sie Oberbegriffe für diese Bereiche (z. B. Medien = rot = Zeitschriften, Fernsehen usw.).

b) Erklären Sie den Aufbau der Grafik an einem Beispiel: Was ist wichtiger für Jugendliche – Radio oder Kino?

c) Stellen Sie fest, welche Bereiche und welche Einzelaspekte den Jugendlichen besonders wichtig sind.

d) Was ist für Sie selbst wichtig? Erstellen Sie zu einem Bereich Ihrer Wahl eine eigene entsprechende Grafik. Vergleichen Sie mit M1. Gibt es Unterschiede oder Gemeinsamkeiten?

2 Erklären Sie mit eigenen Worten, was nach M2 mit zunehmendem Alter wichtiger, was unwichtiger wird.

3 Warum verlieren die in Grau markierten Begriffe an Bedeutung? Diskutieren Sie in der Klasse.

4 Die Studie ist ein Service für Unternehmen, die in „Bravo" werben und etwas über ihre Zielgruppe wissen möchten. Überlegen Sie, welche Ziele die Auftraggeber der Studie verfolgen.

5 Wie erklären Sie sich die unterschiedliche Zeitverwendung in den beiden Altersgruppen (M3)?

6 Mit welchen Aktivitäten verbringen Jugendliche ihre Wochentage? Unterscheiden Sie zwischen den zwei verschiedenen Altersgruppen (M4).

7 Stellen Sie fest, wie viel Zeit Sie selbst für die verschiedenen Tätigkeiten verwenden. Welche Tätigkeiten lassen sich nur schwer einem der Bereiche zuordnen?

2.8 Werkstatt: Gruppen untersuchen

Was ist eine Gruppe?

Eine soziale Gruppe unterscheidet sich von einer rein zufälligen Ansammlung von Menschen (z. B. wartenden Fahrgästen am Bahnsteig) durch gemeinsame Ziele. Weil sich Gruppen für etwas gemeinsam einsetzen, müssen sie für eine bestimmte Dauer oder regelmäßig zusammenkommen. Daraus entsteht ein Zusammengehörigkeitsgefühl, der Einzelne fühlt sich verantwortlich für die Gruppe.

In eine Gruppe kann man fest eingebunden sein, weil man in sie hineingeboren wurde (Familie) oder dazu verpflichtet ist (z. B. Schulklasse). Eine Gruppe kann sich aber auch freiwillig, nur aufgrund gemeinsamer Neigungen bilden (Verein, Clique).

Um die sozialen Beziehungen der Mitglieder einer Gruppe zu untersuchen, verwenden Wissenschaftler die Methode der Soziometrie. Durch Verhaltensbeobachtungen und Befragungen versuchen sie, bestehende Gruppenstrukturen und -positionen herauszufinden. Dadurch sollen Spannungen und Konflikte erkannt und leichter gelöst werden: Wer wird aus welchen Gründen zum Außenseiter? Aus welchen Gründen mögen sich bestimmte Cliquen nicht? Wodurch ist das Arbeitsklima gestört?

M1 Soziogramm. Typische Gruppenfiguren und Positionen, wie sie zum Beispiel in einer Klasse auftreten können

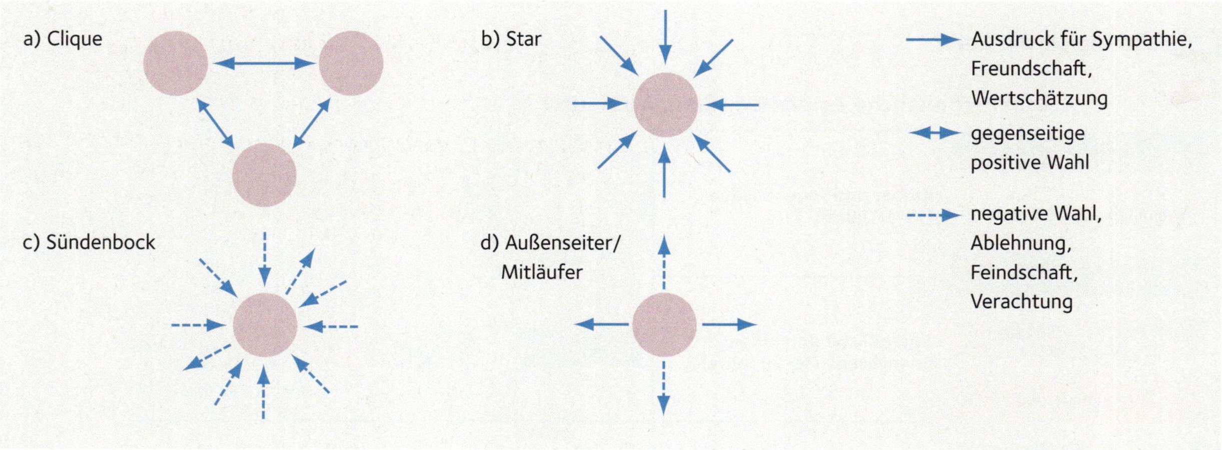

M2

1 Nehmen Sie die in M1 beschriebenen Gruppenfiguren zum Anlass, sich an Ihre Grundschulklasse zu erinnern:
- Wer war eigentlich beliebt und stand im Mittelpunkt? Warum?
- Wer war Außenseiter?
- War ein guter Schüler eher Außenseiter oder war er beliebt?
- Welche Cliquen gab es in der Klasse?
- Wer war der Klassenclown, der Sündenbock, der Mitläufer?
- Gab es „Gruppenführer"? Um welche Freundschaft wurde gestritten?
- Gab es auch Dreier- oder Zweierfreundschaften?

2 Halten Sie die Ergebnisse Ihrer Überlegungen und Erinnerungen schriftlich fest. Besprechen Sie das Ergebnis mit Ihrem Banknachbarn. Lassen sich vergleichbare Muster erkennen?

2.8 Projet: étudier des groupes

Wenn Gruppen Druck machen

Gute Freunde und eine Clique, in der immer etwas los ist, sind wunderbar. Gemeinsam sucht man nach eigenen Werten und Erfahrungen. Wer möchte da nicht dazugehören? Doch genau darin kann auch eine Gefahr liegen. Offen oder versteckt unterliegt jeder Einzelne in einer Clique einem gewissen Gruppendruck.
Da in Gruppen bestimmte Regeln gelten, werden auch gewisse Erwartungen an den Einzelnen gestellt, man hat eine Rolle zu übernehmen. Wenn die Ansprüche der Gruppe denen des Elternhauses oder der Schule widersprechen, gerät man in einen Rollenkonflikt und muss sich für eine Seite entscheiden. Ebenso sind Jugendliche der Gefahr ausgesetzt, sich um jeden Preis dem Verhalten der übrigen Mitglieder anpassen zu wollen, sich hervorzutun oder in der Masse unterzutauchen.
Lösen lassen sich Rollenkonflikte grundsätzlich nur auf zwei Wegen: Entweder ist ein Kompromiss möglich oder es fällt eine Entscheidung und die negativen Konsequenzen werden bewusst in Kauf genommen.

M3 Gruppensituationen

Spielen Sie in Gruppen die in den Bildern (M3) beschriebenen Situationen nach und werten Sie sie gemeinsam aus:

a) Wie ist es den Spielern A und C in ihren jeweiligen Rollen ergangen?
b) Was haben die Beobachter gesehen?
   - Welche Strategien und Gegenstrategien wurden angewandt, um den eigenen Willen durchzusetzen, also um Druck auszuüben oder abzuwehren?
   - Gab es Verhaltensweisen und Argumente, die besonders wirkungsvoll waren?
   - In welchen Situationen war die Atmosphäre unangenehm oder bedrückend?
   - Welche Rolle spielten Körperhaltung, Gestik und Tonfall?

2.9 Das Wichtigste auf einen Blick

Familie

- Früher lebten häufig mehrere Generationen zusammen unter einem Dach (Eltern, Kinder, Großeltern, andere Verwandte)
- Heute bezeichnet der Begriff alle Formen des Zusammenlebens: Familien mit einem oder mehreren Kindern, mit einem oder zwei Elternteilen, verschieden- und gleichgeschlechtliche Partnerschaften, Familien mit Kindern aus verschiedenen Beziehungen (Patchwork-Familien)

Politik für Familien

Der Staat fördert Familien …

- direkt: steuerlich und durch Zahlung von Beihilfen und Zulagen
- indirekt: durch zahlreiche Einrichtungen wie Spielplätze, Schulen, Sporteinrichtungen und Hochschulen

Rechte in der Familie (Familienrecht)

- Die Familie ist eine Rechtsgemeinschaft. Die Rechte und Pflichten sind im Zivilrecht (Code civil) festgeschrieben
- Eltern haben eine Fürsorgepflicht gegenüber ihren Kindern und sind deren Vormund (Erziehungsberechtigte) bis zur Volljährigkeit
- Das Zivilrecht kennt verschiedene Formen der Lebensgemeinschaft: die Ehe und die Partnerschaft (PACS)

Schule und Ausbildung

- In der Schule sollen neben fachlichen auch soziale Kompetenzen vermittelt werden
- In Luxemburg herrscht bis zum 16. Lebensjahr Schulpflicht
- Im Lehrvertrag sind Rechte und Pflichten des Lehrlings und des Lehrherrn festgeschrieben
- In einer modernen, wissensbasierten Gesellschaft gewinnt lebenslanges Lernen immer mehr an Bedeutung

Grundbegriffe

- Gruppe: Menschen, die für eine bestimmte Dauer oder regelmäßig zusammenkommen und dabei ein gemeinsames Ziel verfolgen
- Sozialisation: Hereinwachsen in die Gesellschaft
- Soziologie: Wissenschaft vom Zusammenleben des Menschen in der Gemeinschaft

Erzieh mich doch, erzieh mich doch!

2.9 En bref

Sachkompetenz (<> maîtriser des savoirs)

1 Was versteht man unter einer Gruppe?
2 Definieren Sie den Begriff Sozialisation.
3 Nennen Sie verschiedene Formen des Zusammenlebens.
4 Welche Rechte und Pflichten für das Verhältnis zwischen Eltern und Kindern sind im Zivilrecht festgelegt? Nennen Sie Beispiele.
5 In welcher Form werden Familien vom Staat unterstützt?

Methodenkompetenz (<> utiliser des méthodes)

6 Entwerfen Sie Situations- und Rollenkarten zu einem typischen Familienkonflikt.

Urteils- und Handlungskompetenz (<> juger et agir)

7 Wie wird sich die Rollenverteilung zwischen Mann und Frau in der Zukunft entwickeln? Diskutieren Sie.
8 Welche Konsequenzen haben steigende Ehescheidungszahlen für unsere Gesellschaft? Erläutern Sie Ihren Standpunkt.
9 Erläutern Sie, warum der Staat Familien unterstützt.
10 Welche Erziehungsziele erscheinen Ihnen besonders wichtig? Welche halten Sie für überholt?

Avec qui vivent les enfants des familles recomposées? (Ils représentent 7 % de l'ensemble des enfants)

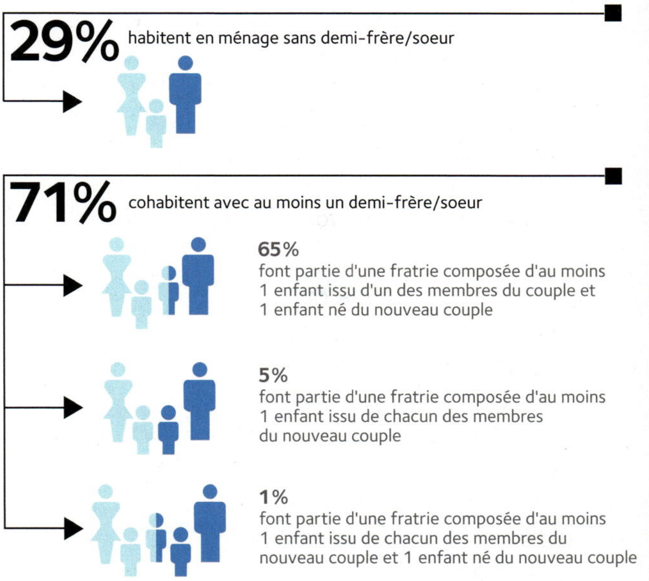

Source : CEPS/INSTEAD, Vivre au Luxembourg. Chroniques de l'enquête PSELL-3/2004, no 22 (2006), S. 2

Die öffentlichen Ausgaben des Luxemburger Staates 2018

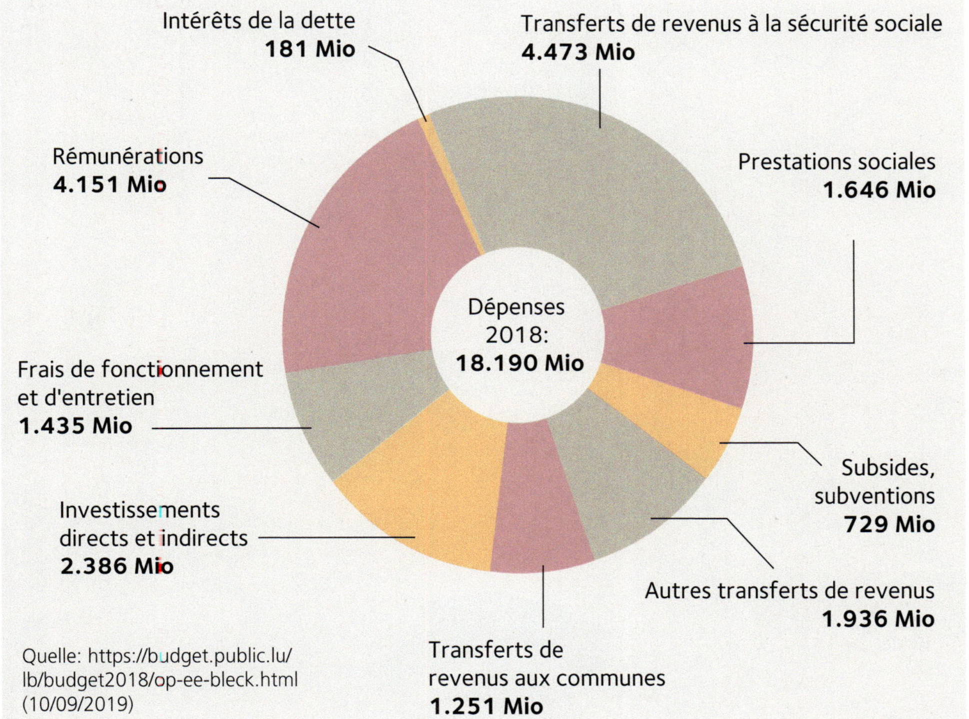

Quelle: https://budget.public.lu/lb/budget2018/op-ee-bleck.html (10/09/2019)

3 Leben in der Gemeinde

Vivre dans la commune

Legende / Légende

Gebäudenutzung
Utilisation des bâtiments

- öffentliche Gebäude / Bâtiments publics
- Kirche, Kapelle / Église, chapelle
- Wohnen und Gewerbe / Zone résidentielle et commerciale
- produzierendes Gewerbe / Industrie
- übriges Gewerbe (Dienstleistungen, Lager) / Services, dépôts
- Landwirtschaft / Agriculture

Flächennutzung
Occupation des sols

- Wohngebiete / Zone d'habitation
- Gewerbegebiet / Zone industrielle et commerciale
- Grünanlage/Friedhof / Parc, cimetière
- Sportplätze / Terrain de sport
- andere Nutzung, z. B. Camping / Autre usage, p. ex. camping
- Flächen der Landwirtschaft / Surfaces agricoles
- Wald / Forêt

Verkehrswege
Voies de communication

- Eisenbahn / Chemin de fer
- Autobahn / Autoroute
- Nationalstraße / Route nationale
- andere Straße / Autre route

① Gemeindeverwaltung / Mairie
② Schule / École
③ Altersheim / Maison de retraite
④ Feuerwehr / Pompiers
⑤ Sport / Sport
⑥ Kinderkrippe / Crèche
⑦ Kultur und Sehenswürdigkeiten (römische Villa, Bibliothek, Méchelsturm, Centre National de Littérature) / Culture et curiosités (villa romaine, bibliothèque, Méchelsturm, Centre National de Littérature)

Maßstab / Échelle 1 : 7500
0 200 400 600 m

In diesem Kapitel geht es um Politik in Ihrer Gemeinde. Es soll Sie anregen, etwas über die historische und politische Entwicklung sowie die wirtschaftliche Bedeutung Ihrer Heimatgemeinde in Erfahrung zu bringen. Darüber hinaus beschäftigen Sie sich mit den vielfältigen Aufgaben einer Gemeinde und deren Finanzierung. Sie werden erkennen, wie Entscheidungsprozesse ablaufen und wie die Gemeinden ihre zahlreichen Aufgaben wahrnehmen. Schließlich sollen Sie überlegen, welche Möglichkeiten Bürger zur aktiven Mitwirkung haben und wie Sie sich in der Gemeinde engagieren können. Die Gemeinde Mersch in diesem Kapitel soll Ihnen als Muster bei der Erkundung dienen. Wer in Mersch wohnt, wird vermutlich feststellen, dass sich auch hier einiges verändert hat. Auch das gehört zum Leben in Gemeinden.

1 Was macht Ihrer Meinung nach die Attraktivität der hier dargestellten Gemeinde aus?

KOMPETENZEN AUF EINEN BLICK

Sachkompetenz
(↔ maîtriser des savoirs)

- Die Aufgaben der Gemeinde benennen und konkrete Beispiele anführen
- Erklären, wer die Entscheidungen in der Gemeinde trifft
- Wissen, wie die Entscheidungen getroffen werden
- Den Wahlprozess und die Finanzen der Gemeinden kennen

Methodenkompetenz
(↔ utiliser des méthodes)

- Eine Pro-Kontra-Debatte führen

Urteils- und Handlungskompetenz
(↔ juger et agir)

- Entscheidungsprozesse anhand von konkreten Beispielen nachvollziehen und entwickeln

3.1 Die Heimatgemeinde erforschen

Gemeinde
(<> la commune)
Die Gemeinde ist die kleinste politische Einheit in der Verwaltung des Staates.
Die 102 Gemeinden sind in zwölf Kantone zusammengefasst (Stand 2019).
Im Luxemburger Sprachgebrauch bezeichnet man mit „Gemeng“ sowohl die Verwaltung als auch den Sitz der Verwaltung und das Territorium.

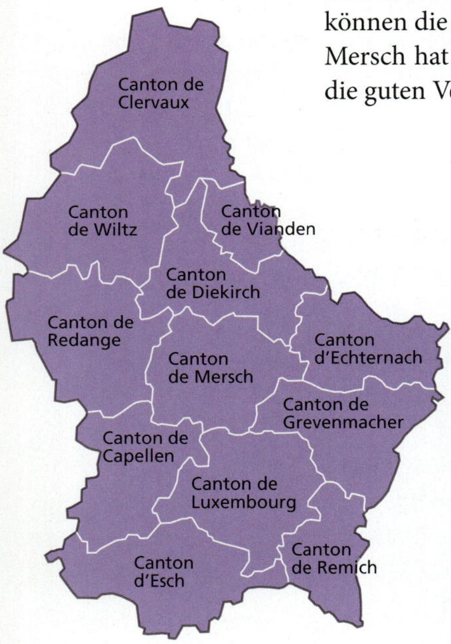

M1 Aus einem Infoblatt für Touristen

Mersch ist eine wachsende Gemeinde, sie liegt im Zentrum des Landes und besteht aus folgenden Ortschaften: Beringen, Essingen, Mersch, Moesdorf, Pettingen, Reckange, Rollingen, Schönfels. Die Fläche der Gemeinde Mersch misst 4975 Hektar.
Die frühesten Dokumente, in denen Mersch erwähnt wird, datieren aus der Mitte des 9. Jahrhunderts. Man findet jedoch archäologische Funde bereits aus der Vorgeschichte und der Römerzeit. Aus dem Mittelalter stammen die Burgen in Pettingen, Reckingen, Mersch und Schönfels. Im Laufe der Jahrhunderte hat sich Mersch immer mehr entwickelt. Mehrere historische Bauten, wie zum Beispiel der Méchelsturm, prägen das Bild des Ortes.
Heute zählt die Gemeinde Mersch über 9500 Einwohner. Der Ort verfügt neben Geschäftszentren, Gewerbezonen mit kleinen und mittelständischen Betrieben auch über attraktive kulturelle Angebote wie zum Beispiel eine öffentliche Bibliothek. In ihrer Freizeit können die Bürger das moderne Schwimmbad oder Sporteinrichtungen nutzen.
Mersch hat sich durch seine zentrale Lage zu einem attraktiven Ort entwickelt. Vor allem die guten Verkehrsanbindungen locken immer mehr Einwohner in die Gemeinde.

M2 Luftaufnahme von Mersch

1 Wie wird Mersch in M1 dargestellt?
2 Was wird im Text nicht erwähnt? Nehmen Sie kritisch Stellung.
3 Vergleichen Sie die Karte der vorherigen Doppelseite mit M1 und M2. Was stellen Sie fest?

3.1 Découvrir sa commune

M3 Umzug nach Mersch

Michelle und Claude haben sich vor drei Jahren kennengelernt. Sie leben seit zwei Jahren in einer Mietwohnung in der Hauptstadt. Als vor vier Monaten die kleine Lena geboren wurde, entschlossen sie sich, aus der kleinen Mietwohnung auszuziehen und nach einem Eigenheim zu suchen. Im Zentrum des Landes, in der Gemeinde Mersch, fanden sie ein schönes Einfamilienhaus. Vor dem Kauf wollen sie sich jedoch genauer über ihren möglichen Wohnort informieren. Den beiden gehen viele Fragen durch den Kopf. Sie besorgen sich deshalb eine Broschüre über die Gemeindeverwaltung und besuchen die Internetseite von Mersch. So finden sie Antworten auf ihre Fragen.

M4 Die Büros der Gemeindeverwaltung befinden sich im Merscher Schloss

M5 Einen Steckbrief Ihrer Heimatgemeinde erstellen

Der Steckbrief soll folgende Informationen enthalten. Achten Sie auf eine strukturierte und saubere Präsentation.

- geografische Lage der Gemeinde (Ortschaften, Kanton, Distrikt, Fläche, landschaftliche Umgebung...)
- Wappen der Gemeinde mit Erklärung der Symbolik
- Gemeindeorgane: Bürgermeister, Schöffen, Gemeinderäte
- Einwohnerzahl (Entwicklung, Ausländeranteil ...)
- Transport und Verkehr (Straßen, Schienen, öffentlicher Transport ...)
- Einrichtungen in der Gemeinde (z.B. Kinderbetreuung, Jugendtreff, Feuerwehr, Sportanlagen, Bücherei, Internetstube, Kirche, Museen ...)
- Finanzen (Einnahmen und Ausgaben der Gemeinde)
- Schulwesen (Schulgebäude, Anzahl der Schüler, Angebote ...)
- Betriebe (Arbeitgeber, Anzahl der Beschäftigte, Art der Betriebe ...)
- Landwirtschaft
- Einkaufsmöglichkeiten
- Gastronomie
- Gesundheit
- Tourismus (Unterkünfte, Sehenswürdigkeiten ...)
- Freizeitangebote (Parkanlage, Fahrradwege ...)
- Vereine
- Geschichte des Ortes:
  - Ursprung, Gründung
  - historische Gebäude
  - Zeittafel mit wichtigen historischen Ereignissen
  - Entwicklung in der Vergangenheit
  - Fotos (gestern, heute)
  - Ausblick

4 Überlegen Sie, was jemand über Ihre Heimatgemeinde wissen möchte, wenn er zuzieht.

5 Bestimmt ziehen auch in Ihre Gemeinde immer wieder Familien mit Kindern oder Jugendlichen in Ihrem Alter. Erstellen Sie für diese Jugendlichen eine Informationsbroschüre über Ihre Heimatgemeinde. Vielleicht erhalten Sie bei der Gemeinde eine solche Broschüre, die Sie als Grundlage nutzen können. Wenn möglich, verfassen Sie die Broschüre in verschiedenen Sprachen.

6 Erstellen Sie Diagramme zu folgenden Themen: Einwohnerentwicklung, Alter der Bevölkerung, wirtschaftliche Aktivitäten, Nationalitäten … Werten Sie die Diagramme aus.

3.2 Die Aufgaben der Gemeinde

Die Gemeinde ist die kleinste politische Einheit in der Verwaltung des Staates. Die Gemeinden verwalten sich selbst (autonomie communale).
Um mögliche Missbräuche und Fehlentwicklungen zu verhindern, lässt der Staat sie durch das Innenministerium überwachen (tutelle administrative).

Die Aufgaben der Gemeinde sind vielfältig. Der Staat überträgt den Gemeinden Aufgaben in ihrer Funktion als kleinste Verwaltungseinheit (Auftragsangelegenheiten). Pflichtaufgaben werden ihnen per Gesetz vorgeschrieben. Freiwillige Aufgaben übernehmen die Gemeinden, um die Lebensqualität der Bürger und die Attraktivität ihrer Gemeinde zu steigern.

M 1 Beispiele für Dienstleistungen einer Gemeinde

M 2 Aufgaben einer Gemeinde

kommunale Selbstverwaltungsaufgaben → Pflichtaufgaben, freiwillige Aufgaben

im Auftrag des Staates → staatliche Aufgaben

Pflichtaufgaben	freiwillige Aufgaben	staatliche Aufgaben
z. B.	z. B.	z. B.
Wasser- und Energieversorgung	Jugendzentrum	Lohnsteuerkarte ausstellen
Entsorgung (Kläranlage, Kanalisation, Müllabfuhr)	Kulturzentrum	Schulen
Straßenbau und Unterhalt	Sportanlagen	Bureau de l'état civil
Feuerwehr	Fahrradwege	Maison Relais
Friedhof	Spielplätze	Volkszählung
Office social	Ausbau von Gewerbezonen	…
Bauvorschriften	Förderung des Tourismus	
…	Rufbus	
	…	

Bureau de l'état civil (<> **Zivilstandesamt**)
Hier werden die wichtigsten zivilrechtlichen Ereignisse einer Person eingetragen (Geburt, Heirat, Scheidung, Tod). Auszüge aus dem Zivilstandsregister (z. B. acte de naissance) können Sie bei der entsprechenden Gemeinde erhalten beziehungsweise beim Bezirksgericht in Luxemburg oder Diekirch.

3.2 Les missions de la commune

M3 Dienstleistungen der Gemeinde Mersch, 2019

Administration Communale de Mersch

Château de Mersch – Place St. Michel Adresse postale: B.P. 93 L-7501 MERSCH

Téléphone 32 50 23 – 1 Téléfax 32 80 13 www.mersch.lu

Heures d'ouverture:
Lundi au Vendredi: 08.30 – 11.30 et 13.30 – 16.00 hrs
sauf Mercredi: 08.30 – 11.30 et 13.30 – 19.00 hrs

SERVICE DEPANNAGE (eau potable): en dehors des heures de service 621 354 621

RECEPTION

COLLEGE DES BOURGMESTRE ET ECHEVINS

SECRETARIAT

ETAT CIVIL et SERVICE SCOLAIRE

BUREAU DE POPULATION

RECETTE

CENTRES SPORTIFS
CENTRE AQUATIQUE KROUNEBIERG
PISCINE ECOLE NIC WELTER
HALL OMNISPORTS
HALL OMNISPORTS KROUNEBIERG

CULTURE
MIERSCHER KULTURHAUS
MIERSCHER LIESHAUS
CENTRE NATIONAL DE LITTERATURE
HALL IRBICHT

SERVICE TECHNIQUE

ATELIER COMMUNAL

ECOLES
ECOLE PRIMAIRE ALBERT ELSEN
ECOLE PRIMAIRE CECILE RIES
ECOLE PRESCOLAIRE JEAN MAJERUS
PRECOCE

SERVICES DE GARDE
MAISON RELAIS MERSCH
FOYER DE JOUR « BUTZENHAUS »
GARDERIE « KLENGT BUTZENHAUS »

SERVICE FORESTIER

SERVICES SOCIAUX
CENTRE MEDICO-SOCIAL
SERVICE DE GUIDANCE DE L'ENFANCE

1 Erstellen Sie eine Übersicht über Dienstleistungen der Gemeinde, die Sie in Anspruch nehmen (pro Tag, pro Woche).

2 Informieren Sie sich, welche Jugend-, Kultur- und Sportangebote Ihre Gemeinde zu bieten hat (Gemeindeblatt, Internetseite der Gemeinde).

3 Wer ist in der Gemeinde für die folgenden Anliegen der Bürger zuständig? (M3)
- Termin für Hochzeit
- Fund ätzender Flüssigkeit
- Antrag auf Bau einer Fabrik
- Interesse an kommunalen Mietwohnungen
- Beschwerde über den Nachbarn
- Verein plant Bürgerfest (Hilfe/Zuschüsse?)
- Antrag auf „frei Nuecht" (<> nuit blanche)
- Baugenehmigung
- Vergabe von Grabstätten
- Ausstellung eines Personalausweises (<> carte d'identité)
- Auskunft über geplante Straßen
- Beschwerde wegen Müllabfuhr
- Antrag auf eine „30-Zone" im Wohnviertel
- Geruch von Gas in der Straße
- Mieten des Kulturzentrums

4 Vergleichen Sie die Dienstleistungen der Gemeinde Mersch mit denen Ihrer/einer anderen Gemeinde.
Stellen Sie Unterschiede/Gemeinsamkeiten fest.

5 Welchen Sinn macht die Aufteilung in Pflichtaufgaben, freiwillige Aufgaben und Auftragsangelegenheiten?

3.3 Die Gemeindefinanzen

Budget (<> **Haushalt**)
Man unterscheidet den ordentlichen vom außerordentlichen Haushalt. In einem ordentlichen Haushalt (<> le budget ordinaire) sind die regelmäßigen, jährlichen Einnahmen und Ausgaben aufgeführt.
Im außerordentlichen Haushalt (<> **le budget extraordinaire**) sind die nur einmalig notwendigen Ausgaben (z. B. Neubau einer Schule) aufgeführt.

Taxen/Gebühren (<> la taxe) und **Steuern** (<> l'impôt)
Abgaben an den Staat und die Gemeinden.

Die vielfältigen Aufgaben einer Gemeinde müssen auch finanziert werden. Dazu wird jedes Jahr ein Haushaltsplan (Budget) aufgestellt, in dem die voraussichtlichen Einnahmen und die geplanten Ausgaben aufgelistet sind. Übersteigen die Ausgaben die Einnahmen, so spricht man von einem Defizit. Bleibt am Ende des Budgetjahres noch Geld übrig, so hat man einen Haushaltsüberschuss.
Der Budgetvorschlag wird vom Bürgermeister und Schöffenrat ausgearbeitet, dann im Gemeinderat diskutiert. Anschließend stimmt der Gemeinderat, dem auch Bürgermeister- und Schöffenrat angehören, über das Budget ab.

M 1 **Einnahmen und Ausgaben sollten im Gleichgewicht sein**

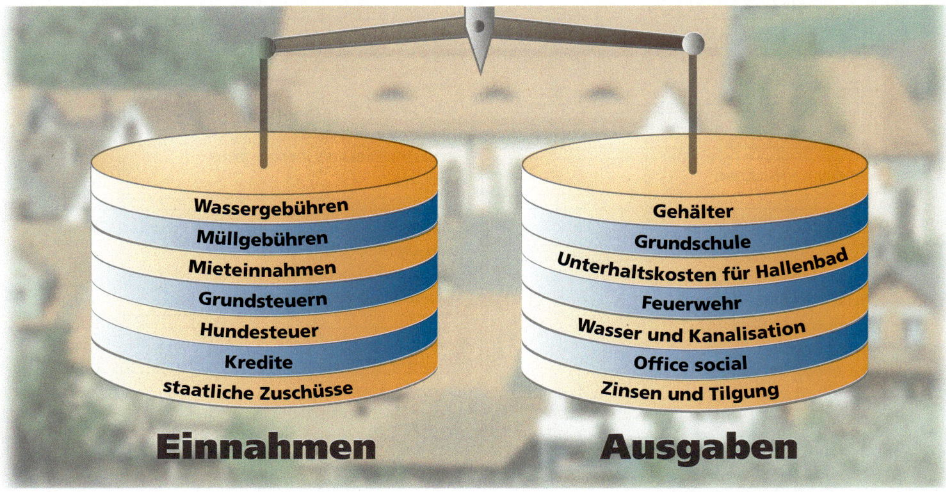

M 2 **Budgets der Gemeinden Kiischpelt und Luxemburg von 2015 (in Euro)**

Kiischpelt	Service ordinaire	Service extraordinaire
Recettes	4.364.365,55	305.700,00
Dépenses	3.471.511,31	1.638.629,48
Différence		

Luxembourg	Service ordinaire	Service extraordinaire
Recettes	637.363.100	8.781.000
Dépenses	535.225.200	267.644.200
Différence		

M 3 **Kommunaler Mähcontainer**

M 4 **Karikatur**

3.3 Les finances communales

M 5 Verteilung der ordentlichen Einnahmen und Ausgaben der Gemeinde Düdelingen (2010)

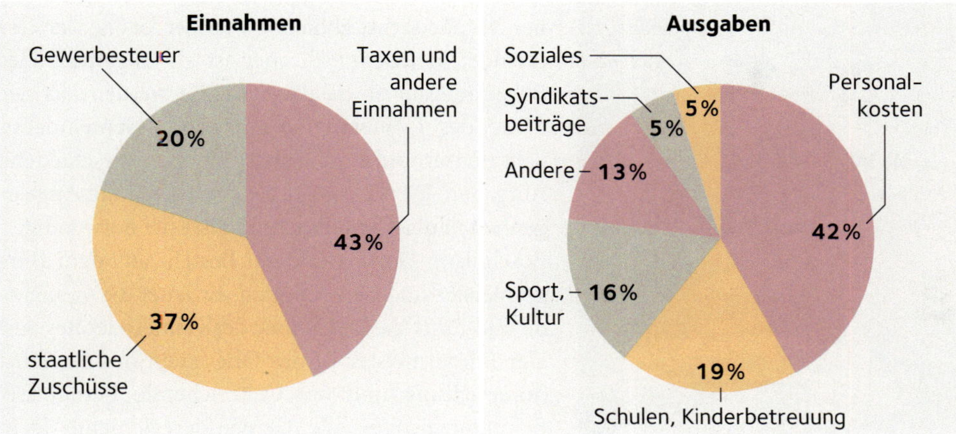

M 6 Investitionen der Gemeinde Dudelange (2010)

- Kauf von Immobilien: 1 Million Euro; Bau der neuen Maison Relais „Strutzbierg“: 1,8 Millionen Euro;
- Errichtung und Gestaltung einer Infrastruktur für Früherziehung „Lenkeschlei“: 377 000 Euro;
- Schaffung von Wohnraum für in Not geratene Bürger: 350 00 Euro;
- Kanalnetz: 981 000 Euro;
- Wasserrückhaltebecken in Büringen: 2,9 Millionen Euro;
- Kulturzentrum: 500 000 Euro;
- Neugestaltung der synthetischen Piste und des Spielfeldes im Stade Kennedy und Gestaltung eines Mehrzweckspielfeldes in Stade Nosbaum: 795 000 Euro;
- Abriss und Neubau des ersten Trakts des Centre Hartmann: 500 000 Euro;
- Neugestaltung und Wiederinstandsetzung des Straßennetzes: 750 000 Euro.

Luxemburger Wort vom 21.12.2009

M 7 Rechnung für Gemeindegebühren

Grand-Duché de Luxemburg
Administration Communale de DIEKIRCH
Siège 27, aenue de la Gare, L–9233 DIEKIRCH · Adresse postale: B.P. 145, L–9202 DIEKIRCH
Tél : 80 87 80 · Fax : 80 87 80-250 · Tva : LU 109 156-42

Facture – Taxes communales
Période : Juillet – Septembre 2015

Point de facturation
n° 508001000
1, rue de la Croix L – 9216 Diekirch

			Montant € HTVA
Eau			43,40
Canal			43,00
Ordures			50,25
Antenne Collective			55,95
Total HTVA			192,60
Total non soumis TVA		129,25	0,00
Total TVA 3%	Base HTVA	63,35	1,90

Total à payer **194,50 € TTC**
FACTURE PRELEVEE AUTOMATIQUEMENT

1 Ordnen Sie die in M 1 dargestellten Ausgaben der Gemeinde nach Pflichtaufgaben, freiwilligen Aufgaben und den vom Staat übertragenen Aufgaben.

2 Überlegen Sie, warum manche Dienstleistungen von der Gemeinde subventioniert werden. Diskutieren Sie z. B. über die Einführung kostendeckender Eintrittsgelder: So kostet der Eintritt in das Schwimmbad von Rédange/ Attert für Jugendliche 2,50 Euro, der kostendeckende Preis würde 7,50 Euro betragen.

3 Informieren Sie sich, welche Gebühren und Steuern Ihre Eltern jährlich an die Gemeinde zahlen müssen.

4 Vergleichen Sie den Haushalt der Gemeinden Kiischpelt und Luxemburg (M 2). Welche unterschiedlichen Möglichkeiten haben diese Gemeinden, um umfangreiche Projekte (Bau einer neuen Schule, eines Jugendzentrums, neuer Sportinfrastrukturen usw.) zu verwirklichen?

5 Entscheiden Sie aufgrund der Materialien dieser Doppelseite, welche Ausgaben einer Gemeinde notwendig sind. Wo könnte eventuell gespart werden?

3.4 Wer entscheidet in der Gemeinde?

M 1 Gemeinderatssitzung:
1. Bürgermeister, 2. Schöffen, 3. Räte

Der Gemeinderat

In jeder Gemeinde gibt es einen Gemeinderat, der von den Einwohnern gewählt wird. Die Anzahl seiner Mitglieder ist abhängig von der Größe der Gemeinde, in jedem Fall aber ist sie ungerade. Der Bürgermeister sowie die Schöffen werden aus der Mitte des Gemeinderates gewählt. Gemeinderat, Schöffenrat und Bürgermeister haben verschiedene Aufgaben. Der Gemeinderat berät über alle Angelegenheiten der Gemeinde und fasst die notwendigen Beschlüsse. Der Schöffenrat besteht aus dem Bürgermeister und den Schöffen. Er leitet die Gemeinde und führt die Beschlüsse des Gemeinderates aus. Der Bürgermeister ist das Oberhaupt der Gemeindeverwaltung und hat weitreichende Befugnisse. Er unterzeichnet alle Gemeindereglemente (z. B. Baugenehmigungen) und führt die Polizeireglemente aus (z. B. Nuits blanches).

Gemeinderat
(<> le conseil communal, le conseiller communal)

Bürgermeister
(<> le bourgmestre, le maire)

Schöffe (<> l'échevin)

Schöffenrat
(<> le collège des bourgmestre et échevins)

M 2 Das Gesetz über die Organisation der Gemeinden

Art. 5 Les conseillers communaux sont élus directement par les électeurs de la commune, le tout dans la forme et de la manière déterminées par la loi électorale.
Art. 21 Les séances du conseil communal sont publiques.
Art. 29 Le conseil fait les règlements communaux. Ces règlements ne peuvent être contraires aux lois …
Art. 30 Le conseil communal nomme … les fonctionnaires et les employés de la commune …
Art. 57 Indépendamment des attributions qui lui sont conférées par d'autres dispositions légales le collège des bourgmestre et échevins est chargé: 1° de l'exécution des lois, des règlements et arrêtés grand-ducaux et ministériels, pour autant qu'ils ne concernent pas la police; 2° de la publication et de l'exécution des résolutions du conseil communal; … 4° de l'administration des établissements communaux et du contrôle des établissements publics placés sous la surveillance de la commune; 5° de la surveillance des services communaux; 6° de la direction des travaux communaux …
Art. 69 Le bourgmestre, un échevin ou un conseiller … délégué à ces fins remplit les fonctions d'officier de l'état civil; il est particulièrement chargé de faire observer tout ce qui concerne les actes et la tenue des registres de l'état civil.
Art. 78 Les agents des secteurs public et privé qui sont bourgmestre, échevin ou conseiller communal ont droit à un congé politique pour remplir leurs mandats ou fonctions.
Art. 82 Les règlements du conseil ou du collège des bourgmestre et échevins sont publiés par voie d'affiche.

Mémorial A Nr. 64 vom 13.12.1988

3.4 Qui décide dans la commune?

M3 Rat und Verwaltung einer Gemeinde

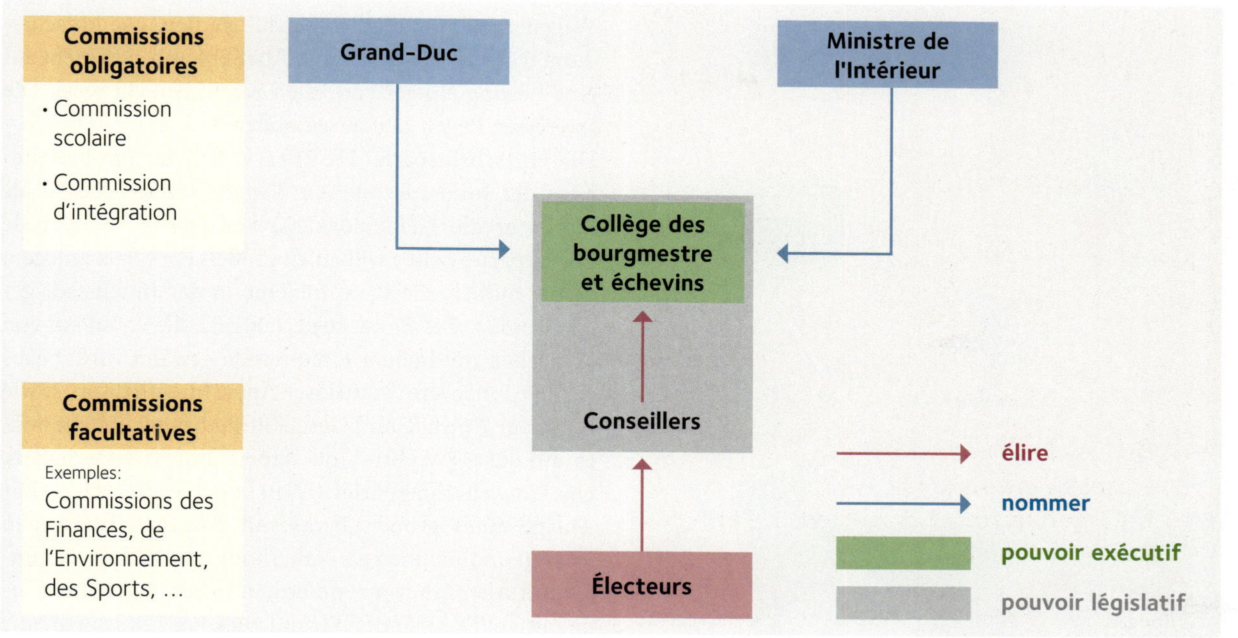

M4 Reglemente der Gemeinde Dudelange

Circulation et police
- Nuits blanches
- Protection contre le bruit
- Marchés
- Services de taxi
- Stationnement
- Police

Divers
- Cimetières
- Dumping Station
- Antenne collective
- Bruit
- Chiens

Enseignement / Structures d'acceuil
- Bibliothèque
- Structures d'acceuil
- Aires de jeux et cours des écoles
- Admission dans l'enseignement d'enfants d'autres communes

PAG / Bâtisses

www.dudelange.lu/politique-et-administration/reglements-communaux (4.12.2015)

pouvoir législatif
(<> **gesetzgebende Gewalt**)
Der Gemeinderat erlässt Bestimmungen (<> règlements communaux), keine Gesetze.

pouvoir éxécutif
(<> **ausführende Gewalt**)
Bürgermeister und Schöffenrat üben in der Gemeinde die Exekutive aus.

1 Beantworten Sie mithilfe von M1 und M2 folgende Fragen: – Wie setzt sich der Gemeinderat zusammen? – Erstellen Sie eine Liste von Aufgaben des Gemeinderates, des Schöffenrates, des Bürgermeisters. – Erklären Sie die Bedeutung des Artikels 78. – Wie kann sich ein Bürger über die Arbeit des Gemeinderates informieren?

2 Informieren Sie sich über den Rat Ihrer Gemeinde: – Wie viele männliche und weibliche Mitglieder hat er? – Wie heißt der Bürgermeister bzw. die Bürgermeisterin? – Welche politischen Parteien gibt es und wie stark sind sie?

3 Führen Sie ein Interview mit einem Gemeinderat über dessen Arbeit. Fragen Sie nach derzeit diskutierten Problemen und Vorhaben. Befragen Sie den Bürgermeister nach seinen Aufgaben und erkundigen Sie sich bei ihm oder dem Gemeindesekretär (Verwaltungschef), was die Verwaltung für die Bürger leistet.

3.5 Was wird aus der „Haardt"?
Le projet „Haardt"

M1 Stadtplan des fiktiven Orts Siebenbach

In Siebenbach wird heiß diskutiert

Das Grundstück „Auf Haardt" Nr. 77 in der Rue Romain Wagener soll nun endlich bebaut werden. Die Entscheidung trifft der Gemeinderat. Aber er kann sich nicht auf eine Lösung einigen, die allen Seiten gerecht wird. Die Interessen liegen weit auseinander.

Die Fortschrittspartei (FSP) setzt sich für die Erweiterung der Industriezone ein. Damit soll mehr Geld als bisher in die Gemeindekasse kommen. Die Zentrale Bürgerpartei (ZBP) will einen großen Parkplatz anlegen, damit endlich alle Parkprobleme in der Innenstadt gelöst werden. Die Zukunftspartei (ZP), die vor allem von Menschen mit hohem Einkommen gewählt wird, beabsichtigt, mehrere luxuriöse Appartmenthäuser sowie Büros für Anwälte und Geschäfte zu bauen, um ein neues attraktives Wohn- und Arbeitsumfeld zu schaffen. Die Umweltschutzpartei (USP) möchte die Fläche zur Anlage eines großen Parks mit natürlich belassenen Wiesen und Bäumen als Naherholungsgebiet für Familien und Ältere nutzen. Außerdem haben Jugendliche eine Initiative gegründet „Grundstück Nr. 77 für uns!", die fordert, dort Spielplätze, ein Fußballfeld und eine Skaterpiste anzulegen, da es bisher kaum Freizeitmöglichkeiten für 14- bis 18-Jährige gibt.

Im Gemeinderat von Siebenbach sind die Sitze folgendermaßen verteilt:

FSP	5 Gemeinderäte
ZBP	4 Gemeinderäte
ZP	2 Gemeinderäte
USP	2 Gemeinderäte

FSP und ZP bilden zusammen eine Koalition. Die FSP als stärkste Partei stellt den Bürgermeister.

1 a) Welche Forderungen stellen die Parteien für die Bebauung der „Haardt"?
b) Wie werden die Forderungen begründet?
c) Überlegen Sie sich weitere Argumente, die die jeweiligen Parteien für ihre Ziele anbringen könnten.

2 Diskutieren Sie die Forderung der Jugendlichen „Grundstück Nr. 77 für uns!" Nehmen Sie dazu die Methode auf der nächsten Seite zu Hilfe.

3 Formulieren Sie einen weiteren Vorschlag zur Nutzung des Grundstücks Nr. 77. Stellen Sie dazu eine Pro- und Kontra-Tabelle auf.

METHODE Pro-Kontra-Debatte

▸ DARUM GEHT ES

In einer Pro-Kontra-Diskussion können Sie die Argumente für und gegen eine These sammeln, diskutieren und einen tragfähigen Kompromiss erarbeiten.

▸ SO LÄUFT ES AB

1. Vorbereitung

- Vor Beginn der Diskussion stimmt die Klasse über die als Entscheidungsfrage formulierte These ab. Das Ergebnis wird an der Tafel festgehalten.
- Bestimmen Sie einen oder zwei Diskussionsleiter.
- Teilen Sie die Klasse in zwei Gruppen. Die eine Gruppe erarbeitet die Pro-Argumente, die andere die Kontra-Argumente.
- Jede Gruppe wählt ein oder zwei Vertreter, die die Argumente der Gruppe vortragen und für eine Befragung zur Verfügung stehen.

2. Diskussion

- Dann tragen die Vertreter der beiden Gruppen ihre Argumente vor.
- Im Anschluss daran findet die eigentliche Diskussion statt. Die Diskussionsleiter erteilen den Teilnehmern das Wort und lenken das Gespräch.
- Nach der Diskussion fasst je ein Vertreter einer Gruppe noch einmal die wichtigsten Argumente zusammen, er hält ein Plädoyer für seine Ansichten.

Pro	Kontra

3. Schlussabstimmung

Die anfangs gestellte Frage wird erneut gestellt und die Resultate verglichen. Kann ein Unterschied festgestellt werden? Wie ist dieser eventuelle Unterschied zu erklären?

M 2 Raumanordnung für eine Pro-Kontra-Debatte

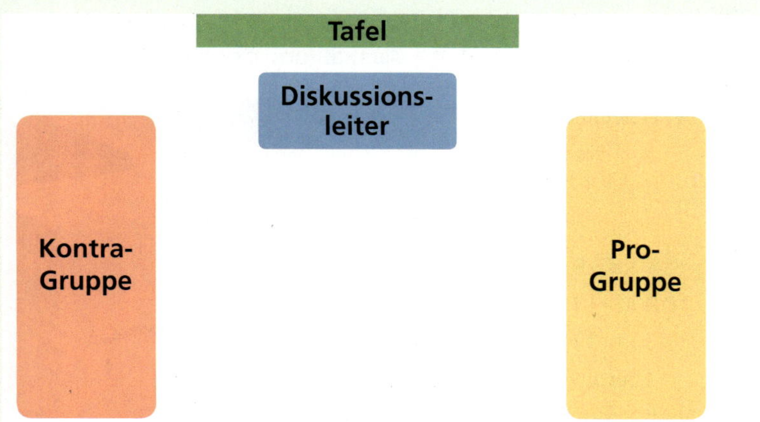

3.6 Wählen und gewählt werden

M 1
Wählerinnen und Wähler in einer Wahlkabine

aktives Wahlrecht
(<> le droit de vote)
das Recht zu wählen
passives Wahlrecht
(<> le droit d'éligibilité)
das Recht gewählt zu werden

Warum wählen gehen?

Die Gemeinderatswahl wirkt sich unmittelbar auf die Lebensumstände der Menschen aus. Ob eine neue Bushaltestelle entsteht, die Grundschule erweitert wird, der Sportverein einen finanziellen Zuschuss erhält oder wie teuer das Brauch- und Abwasser für jeden einzelnen Gemeindebewohner ist – entschieden werden diese Fragen im Gemeinderat.

Wer wird gewählt?

Alle sechs Jahre wählen die Einwohner einer Gemeinde direkt die Mitglieder des Gemeinderates. Die Wählerinnen und Wähler verfügen über so viele Stimmen, wie der Rat der jeweiligen Gemeinde Mitglieder hat.

Gemeinderat, Schöffen und Bürgermeister

Der Gemeinderat wählt aus seiner Mitte die Schöffen und den Bürgermeister. Diese stehen an der Spitze der Gemeindeverwaltung und führen die Beschlüsse des Rates aus. Die Mitgliederzahl der Schöffen variiert mit der Größe der Gemeinde.
Wenn die Gemeinde weniger als 10 000 Einwohner zählt, so hat sie neben dem Bürgermeister zwei Schöffen, bis 20 000 Einwohnern drei und darüber vier Schöffen. Die Gemeinde Luxemburg hat fünf Schöffen.
Der Bürgermeister und die Schöffen werden im Namen des Großherzogs vom Innenminister ernannt.

M 2

Zahl der Gemeinderäte	bei Einwohnerzahl
7	bis 999
9	1 000–2 999
11	3 000–5 999
13	6 000–9 999
15	10 000–14 999
17	15 000–19 999
19	über 20 000
27	Stadt Luxemburg

M 3 **Auszählung der Wahlstimmen**

3.6 Élire et être élu

M4 Loi électorale du 18 février 2003

Art. 2. Pour être électeur aux élections communales il faut:
1° être âgé de dix-huit ans accomplis au jour des élections;
2° jouir des droits civils …
3° pour les Luxembourgeois, être domicilié dans le Grand-Duché;
4° pour les ressortissants d'un autre Etat membre de l'Union européenne, être domicilié dans le Grand-Duché et y avoir résidé au moment de la demande d'inscription sur la liste électorale prévue par la présente loi, pendant cinq années au moins;
5° pour les autres ressortissants étrangers, être domicilié dans le Grand-Duché et y avoir résidé au moment de la demande d'inscription sur la liste électorale prévue par la présente loi pendant cinq années au moins.
En outre ils doivent, pour toute cette période, être en possession d'une autorisation de séjour, des papiers de légitimation prescrits et d'un visa si celui-ci est requis …

Art. 192. Pour être éligible, il faut:
1° jouir des droits civils …
2° être âgé de dix-huit ans accomplis au jour de l'élection;
3° avoir sa résidence habituelle dans la commune, c'est-à-dire y habiter d'ordinaire; cette condition doit être remplie depuis six mois au moins lors du dépôt de la candidature.
Pour les ressortissants étrangers, il faut en outre avoir résidé sur le territoire luxembourgeois, au moment du dépôt de la candidature, pendant cinq années.

Memorial A, Nr 31, S. 278 und 307

Ich fordere, dass auch Jugendliche ab sechzehn wählen dürfen. Schließlich sind wir genauso von den Entscheidungen des Gemeinderates betroffen wie die Erwachsenen. Warum sollen die für uns entscheiden, ob wir ein neues Jugendhaus brauchen oder die Busse häufig genug fahren, die am meisten von den Jugendlichen genutzt werden?

M5 Wählen mit 16

Im Jahr 2015 wurde in einem Referendum mit einer Mehrheit von 80,87 % die Einführung des Wahlrechts ab 16 (auf nationaler Ebene) abgelehnt.

M6 Achtung – Wahlpflicht oder Wahlrecht?

In den meisten Ländern Europas herrscht keine Wahlpflicht. Luxemburg sowie Belgien und Italien bilden eine Ausnahme. Grundsätzlich gilt Wahlpflicht für die Luxemburger, die ihren offiziellen Wohnsitz im Land haben. Alle anderen Einwohner können sich auf Antrag in die Wählerliste ihrer Gemeinde eintragen lassen. Das Wahlgesetz (<> la loi électorale) knüpft das Wahlrecht allerdings an bestimmte Bedingungen. Ist man einmal in die Wählerliste aufgenommen, so gilt auch hier die Wahlpflicht.
Von der Wahlpflicht ausgenommen sind alle Personen über 75 Jahre. Das Gesetz sieht bei ungerechtfertigtem Fernbleiben von der Wahl eine Geldstrafe vor. Man kommt seiner Wahlpflicht auch nach, wenn man am Wahltag einen unausgefüllten Wahlzettel (<> le bulletin de vote) abgibt. Um im Falle einer begründeten Abwesenheit am Wahltag dennoch seiner Bürgerpflicht nachkommen zu können, gibt es die Möglichkeit der Briefwahl (<> le vote par correspondance). Den Antrag auf Briefwahl erhält man bei der Gemeinde.

1 Wen wählen die wahlberechtigten Bürger in einer Gemeindewahl?
2 Wer wählt den Bürgermeister und die Schöffen?
3 Welche Voraussetzungen müssen erfüllt sein, um wählen zu dürfen und um gewählt zu werden?
4 Diskutieren Sie den Sinn der Wahlpflicht. Begründen Sie Ihre Meinung.
5 Wie stehen Sie zum aktiven und passiven Wahlrecht für Ausländer? Begründen Sie Ihre Meinung auch angesichts der speziellen Situation Luxemburgs.
6 Informieren Sie sich über das Wahlrecht für Ausländer in anderen Ländern. Was stellen Sie fest?
7 Diskutieren Sie den Vorschlag „Wählen mit 16".

3.7 Wie wähle ich?

Zwei Wahlsysteme

Majorzwahl in kleineren Gemeinden

(weniger als 3000 Einwohner)
In den sogenannten Majorzgemeinden spielen Parteien oder Listen keine Rolle. Hier stellen sich einzelne Personen zur Wahl.

Die Wahl

Bei diesem Wahlverfahren wird ermittelt, wie viele Stimmen einer Person zufallen. Die Personen mit den meisten Stimmen werden Mitglied im Gemeinderat.

Stimmen verteilen

Der Wähler gibt seinen Wunschkandidaten jeweils eine Stimme. Auch hier darf man insgesamt nicht mehr Stimmen vergeben als es Sitze im Rat gibt.

Proporzwahl in größeren Gemeinden

(mehr als 3000 Einwohner)
In den sogenannten Proporzgemeinden gibt es Parteien und Listen. Jede Partei stellt so viele Kandidaten auf, wie es Sitze (Mandate) im Gemeinderat gibt.

Die Wahl

Bei diesem Wahlverfahren wird ermittelt, wie viele Stimmen einer Partei zufallen. Je mehr Stimmen eine Partei hat, desto mehr Mandate erhält sie. Diese Sitze werden dann auf die Kandidaten mit den meisten Stimmen verteilt. Die Sitze werden also im Verhältnis zu allen abgegebenen Stimmen verteilt. Deshalb spricht man auch von einer Verhältniswahl.

Stimmen verteilen

Es gibt mehrere Möglichkeiten zu wählen. Allerdings darf der Wähler insgesamt nicht mehr Stimmen vergeben, als es Sitze im Rat gibt, sonst ist der Wahlzettel ungültig.

- Wenn man mit allen Kandidaten einer Partei einverstanden ist, kann man die Liste wählen (Listenwahl). Dazu schwärzt man einfach den Kreis über der Parteiliste.
- Wenn man nicht alle Kandidaten einer Partei wählen will, gibt man seinen Wunschkandidaten jeweils bis zu zwei Stimmen. Das nennt man „kumulieren".
- Wenn man seine Stimmen auf Kandidaten verschiedener Parteien verteilen will, kann man „panaschieren".

M1 Wahlzettel einer Majorzgemeinde

Elections communales du 9 octobre 2011
Election de 7 conseillers
dans la commune de Fischbach

Gemeinderatswahlen vom 9. Oktober 2011
Wahlen von 7 Gemeinderäten
in der Gemeinde Fischbach

Spécimen d'un bulletin de vote – Muster eines Wahlzettels

1	BROSIUS Lucien	
2	BROSIUS-KOLBER Marianne	
3	DAEMS Frank	
4	DINIS Gilberto	
5	FELTUS Norbert	
6	FREY Bärbel	
7	HAAS-ERPELDING Marie-Louise	
8	KARIER Marco	
9	KRAUS Carlo	
10	MAJERUS-SCHMIT Simone	
11	PLETSCHET Carlo	
12	SPAUTZ Ren	
13	THOLL Jean-Baptiste	
14	TRAUSCH Claude	

M2 Wahlzettel einer Proporzgemeinde

ELECTIONS COMMUNALES
DU 09 OCTOBRE 2011

Elections de 19 conseillers
dans la commune de Differdange

1 dëi gréng		2 Chrëschtlech Sozial Vollekspartei CSV		3 LSAP - d'Sozialisten		4 D P	
TRAVERSINI	Roberto	BIEVER	Roland	MULLER	Erny	MEISCH	Claude
VARANDAS	Daisy	COOS	Christian	ANTONY	Fränz	BERNARD	Carlo
LIESCH	Georges	DA CRUZ	Sandra	BERTINELLI	Fred	BURGER	Pascal
WEITEN-DE WAHA	Mireille	HARTUNG	Jerry	BRAQUET	Michel	CILLIEN	Eric
AGUIAR	Paulo	KLEIBER	Karim	CHARLE	Fred	DIEDERICH	Edith
ARTUSO	Janis	MANGEN	Robert	DA SILVA	João	FERRON	Daniel
DI NARDO	Vanessa	MANGEN	Isabelle	FERNANDES	Vânia	GLAUDEN	Jos
KLEIN	John	MARTINELLI	Roger	HANSEN	Carlo	GOERGEN	Martine
PETIT-SASSEL	Monique	MATZET	Aly	HANSEN	Pascal	HOFFMANN	John
BRASSEL-RAUSCH	Christiane	OLTEN	Claude	HOBSCHEIT	Pierre	KREMER	Jeannot
RICHARTZ-NILLES	Yvonne	OLTEN	Stephanie	IANIZZI	Roger	LORGE	Jean
SCHALBAR	Marc	PELT	Jos	MARCELET	Alexandra	MANGEN	Nathalie
SCHENAL	Fabrice	REDING	Marc	MONDOT	Juliana	MEISCH	Marcel
SCHERSCHEL	Nico	RION	Anne	NICKELS	Alain	MERSCH	Camille
SCHWACHTGEN	Frenz	SCALISE	Pino	PETTINGER	Charel	MUNCH	Jean-Didier
WAMPACH	René	SCHAMBOURG	Pierrette	SAILER	Monique	PEREIRA	Michel
WERECKI	Dan	TREFF	Jean	SCHMITZ	Gilbert	SAEUL	Christiane
WERECKI	Julie	ULVELING	Tom	TROIAN	Mélanie	SCHOMER	Kay
WEYLAND	Denise	ZAHLES	Nathalie	WOHL	Fränky	WINTRINGER	Arthur

3.7 Comment voter?

Das Referendum

Ein Referendum ist eine direkte Befragung der Bürger. Solche Volksbefragungen können auf europäischer, nationaler sowie auf Gemeindeebene durchgeführt werden. Im Falle von Gemeindefusionen, also der beabsichtigten Zusammenlegung von Gemeinden, werden in der Regel Referenden durchgeführt. Die betroffenen Bürger dürfen sich also direkt dazu äußern. Die Initiative zu einem Referendum kann sowohl vom Rat als auch von den Bürgern ausgehen.

M3 Stimmzettel zu einem Gemeindereferendum

MODELE D'UN BULLETIN DE VOTE

Commune de Nommern
Référendum du 9 novembre 2014

Nein / Neen / Non ☐

Sind Sie einverstanden mit der Fusion der Gemeinden Fischbach, Fels und Nommern mit Wirkung ab dem 1. Januar 2018?

Sidd Dir averstane mat der Fusion vun de Gemenge Fëschbech, Fiels an Noumer mat Wierkung vum 1. Januar 2018 un?

Êtes-vous d'accord avec la fusion des communes Fischbach, Larochette et Nommern avec effet au 1er janvier 2018?

Ja / Jo / Oui ☐

Gemeinde Nommern
Volksabstimmung vom 9. November 2014

M4 Extrait de la loi communale

Art. 35. Le conseil communal peut appeler les électeurs à se prononcer par la voie du référendum dans les cas d'intérêt communal et sous les conditions qu'il détermine.
Le référendum est de droit lorsque la demande en est faite par un cinquième des électeurs dans les communes de plus de trois mille habitants, et par un quart des électeurs dans les autres communes. Dans ces cas, le conseil doit organiser le référendum dans les trois mois de la demande.
Les modalités du référendum sont fixées par règlement grand-ducal. Les dispositions de la loi électorale relatives au vote obligatoire, notamment les articles 259 à 262 inclusivement, sont applicables.
Dans tous les cas, le référendum n'a qu'un caractère consultatif.

Mémorial A Nr. 64 vom 13.12.1988, S. 1225

1 Erklären Sie den Unterschied zwischen Majorz- und Proporzgemeinden. Wieso gibt es diese Unterscheidung?
2 Fassen Sie in eigenen Worten zusammen, welche Möglichkeiten der Wähler hat, bei einer Gemeinderatswahl seine Stimmen zu verteilen.
3 Was steht in M3 zur Abstimmung?
4 Unter welchen Bedingungen kann ein Referendum durchgeführt werden? (M4)
5 Warum sind Referenden lediglich beratend?
6 Warum werden Referenden überhaupt durchgeführt? Der Gemeinderat wird doch von den Bürgern gewählt und verfügt somit über deren Einverständnis, die politischen Geschäfte für sechs Jahre zu leiten.

3.8 Aktiv sein in der Gemeinde

Eine Gemeinde lebt von ihren Bürgern. Die Beteiligung am Leben einer Gemeinde kann verschiedene Formen haben.

M1 Bürger diskutieren

Gemeindekommissionen

Der Gemeinderat kann sich von sogenannten Konsultativkommissionen beraten lassen. Neben Mitgliedern des Gemeinderates sitzen in diesen Kommissionen Einwohner der Gemeinde. Grundsätzlich kann der Gemeinderat für alle Bereiche Kommissionen einberufen, wo er Beratungsbedarf hat. Man unterscheidet zwischen obligatorischen und freiwilligen Kommissionen.
Die Pflichtkommissionen sind:

- die Schulkommission (<> la Commission scolaire), die die Gemeindeverantwortlichen beispielsweise in Fragen der Schulorganisation, des Bustransports, der Hausaufgabenhilfe berät und als Vermittler zwischen Eltern und Lehrpersonal auftritt,
- die Integrationskommission (<> la Commission d'intégration), die das Ziel verfolgt, ausländische Einwohner in das Gemeindeleben zu integrieren.

Mögliche freiwillige Kommissionen wären eine Sport- oder Kulturkommission.

M2 „Wunne wéi d'Hierken an der Tonn"

In der Gemeinde Roeser haben sich am Freitagabend aufgebrachte Einwohner zu einer Bürgerinitiative zusammengeschlossen, um sich gegen ein Großprojekt zur Wehr zu setzen. Geplant sind auf 28 Hektar zwischen Berchem und Biwingen 800 Appartements und 95 Häuser. Dies bedeutet laut dem Bauherrn 2800 neue Einwohner und 15 Jahre Baustelle – laut den Projektgegnern 1600 zusätzliche Autos und damit den Verlust jeglicher Lebensqualität.

Luxemburger Wort vom 18. April 2006

M3 Die Ziele einer Bürgerinitiative

Biergerinitiativ fir eng sënnvoll Entwécklung am Réiserbann
Association sans but lucratif

Après la réunion d'information „Les jardins du Roeserbann" du 13 mars 2006 à la commune de Roeser, plusieurs riverains concernés ont décidé de créer une association pour rassembler les personnes se révoltant contre le projet et pour mieux coordonner les différentes actions.
La „Biergerinitiativ fir eng sënnvoll Entwécklung am Réiserbann asbl" a pour but d'oeuvrer pour:

- le maintien d'abord et l'amélioration ensuite de la qualité de vie des citoyens de la commune de Roeser,
- la protection de l'environnement de la commune de Roeser,
- un développement raisonnable d'un point de vue dimensionnement et infrastructures subséquentes de la commune de Roeser,
- un développement responsable d'un point de vue social et financier de la commune de Roeser,
- l'empêchement de tout projet nuisant aux objectifs des points précités.

L'association est dirigée par le conseil d'administration, composé actuellement de seize membres. Pour garantir l'indépendance politique de l'association, aucun mandataire d'un parti politique ne peut faire partie du conseil d'administration.

www.reiserbann.org (4.12.2015)

3.8 S'engager dans sa commune

M4 Les sapeurs pompiers volontaires interviennent en cas de:

- Incendie
- Accident sur la voie publique
- Inondation
- Pollutions diverses
- Catastrophes naturelles
- Sauvetage de personnes et d'animaux en péril
- Recherche de personnes
- Élaboration d'avis sur la prévention d'incendie

M5 Einsatz der Freiwilligen Feuerwehr bei einem Unfall. Die Freiwillige Feuerwehr ist angewiesen auf die Mitarbeit ehrenamtlicher Mitglieder

M6 Aufruf einer Umweltkommission

Fréijoersbotz 2015

Samstes den 28te Mäerz 2015 organiséiere mir eis traditionnell grouss Fréijoersbotz an der Gemeng.

Ëm 09.00 Auer treffe mir eis op deene gewinnte Plazen (Sectioun Boermereng bäim Centre Maus Ketti, Sectioun Schengen bäi der Gemeng zu Remerschen a fir d'Sektioun Wellesteen bäi der Kiirch zu Welleschten.) No der Botzaktion gëtt et den traditionnellen Iertsebulli am Gemengenatelier zu Boermereng (Centre Maus Ketti). Mir wiere frou, wann Dir eis zu esou vill wéi méiglech géift ënnerstëtzen.

Dir kënnt lech op der Gemeng um 23 66 40 28 oder per Email op secretariat@schengen.lu bis spéidstens den 24 Mäerz 2015 umellen.

Mir soen lech am Viraus Merci fir Äer Matthëllef.

D'Emweltkommissioun vun der Gemeng Schengen.

Bulletin communal no. 7, Mars 2015, Commune de Schengen

M7 Die Gemeinde unterstützt sowohl Sport- als auch Kulturvereine

1. Wie kann jeder einzelne Bürger auf Gemeindeebene aktiv werden? Zählen Sie die Möglichkeiten anhand der Beispiele dieser Doppelseite auf.
2. Versetzen Sie sich in die Lage der Einwohner der Gemeinde Roeser (M2). Schreiben Sie einen Brief an die Gemeindeverantwortlichen, um auf Ihre Lage aufmerksam zu machen.
3. Wie können Sie persönlich in Ihrer Heimatgemeinde aktiv werden? Unterscheiden Sie zwischen politischer Mitbestimmung außerhalb von Wahlzeiten und sonstigem Engagement.
4. Finden Sie heraus, welche Vereine es in Ihrer Gemeinde gibt. Welche Bevölkerungsgruppen werden angesprochen? Haben die Vereine Nachwuchssorgen? Was tun sie dagegen?
5. Stellen Sie sich vor, auf dem Spielplatz neben der Schule soll ein Parkhaus entstehen. Damit sind Sie nicht einverstanden. Wie können Sie dagegen vorgehen?
6. Was ist mit dem Satz gemeint „Politik geht jeden an"? Kommentieren Sie.

3.9 Die Zusammenarbeit der Gemeinden

Gemeindesyndikate und Gemeindefusionen

Viele Aufgaben der Gemeinde sind zu aufwändig, um sie alleine durchführen und finanzieren zu können. Daher nutzen viele Gemeinden die Möglichkeit, bei der Bewältigung dieser Aufgaben zusammenzuarbeiten. Sie können ein Gemeindesyndikat für bestimmte Aufgaben gründen, um z.B. gemeinsam die Wasserversorgung oder die Müllabfuhr zu organisieren.

Wollen zwei oder mehr Gemeinden sich dauerhaft zu einer neuen Gemeinde zusammenschließen, so nennt man dies Gemeindefusion.

Eine solche Fusion kann eine Gemeinde nicht durch ein Reglement beschließen, sondern ist nur durch ein nationales Gesetz möglich.

Der Zusammenschluss von Hamm, Rollingergrund, Hollerich, Eich und Luxemburg im Jahr 1920 ist ein Beispiel für eine große Gemeindefusion.

Die Anforderungen an die Gemeinden steigen in so vielfältigen Bereichen wie dem Städtebau, dem Umweltschutz, dem Schulwesen, der Kinder- und Seniorenbetreuung, der Verwaltung, den kulturellen und technischen Infrastrukturen, dem Straßenbau sowie dem öffentlichen Transport. Deshalb überlegen sich vor allem kleinere Gemeinden, ob eine Fusion für sie sinnvoll wäre. Auch das Innenministerium, dem die Gemeinden unterstellt sind, fördert diese Entwicklung, wenn möglich sogar mit Zuschüssen. Das Innenministerium argumentiert, dass größere Gemeinden effizienter und wirtschaftlicher arbeiten und den Einwohnern insgesamt bessere Dienstleistungen bieten können.

M1 Werbeplakat des TICE – Syndicat des Tramways intercommunaux du canton d'Esch

M2 Das PIDAL (Piscine Intercommunale de l'Alzette) der Gemeinden Walferdingen, Steinsel und Lorentzweiler in Walferdingen

M3 Organisation der Müllentsorgung

Das Umweltministerium arbeitet daran, die Abfallmengen im Großherzogtum stark zu reduzieren. Noch in diesem Jahr soll ein neues Gesetz erlassen werden. Aktuell liegt Luxemburg laut Eurostat-Daten beim Abfallaufkommen unter den Top fünf in Europa.

M4 „Nordstad"

Die sogenannte Nordstad wird durch die Gemeinden Bettendorf, Colmar-Berg, Diekirch, Erpeldange-sur-Sûre, Ettelbruck und Schieren gebildet. Ziel ist es – neben der Stadt Luxemburg und Esch-sur-Alzette –, das drittwichtigste urbane Zentrum in Luxemburg zu bilden. Es könnte sich zu einem regionalen Zentrum für Handel, Bildung, Kultur, Freizeit, Tourismus und Gesundheit entwickeln, in dem Menschen wohnen und arbeiten.

3.9 Les communes coopèrent

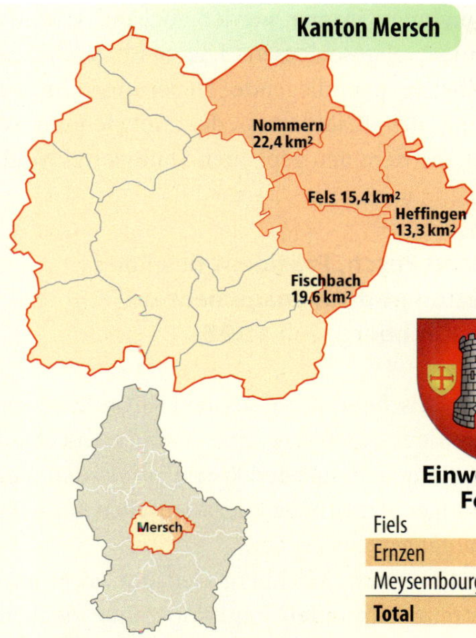

Einwohner Heffingen

Heffingen	805
Reuland	295
Total	**1.100**

Einwohner Nommern

Nommern, Aechelbour	304
Cruchten	533
Glabach	36
Schrondweiler	318
Total	**1.191**

Einwohner Fels

Fiels	1.605
Ernzen	395
Meysembourg	10
Total	**2.010**

Einwohner Fischbach

Fischbach	204
Angelsberg	388
Schiltzberg	15
Schoos	211
Weyer, Stuppicht, Koedange	22
Total	**840**

Altersstruktur der Bevölkerung

Alter (Jahre)	Nommern	Fels	Heffingen	Fischbach
0–9	152 = 13 %	292 = 15 %	167 = 15 %	118 = 14 %
10–14	108 = 9 %	152 = 8 %	81 = 7 %	48 = 6 %
15–19	86 = 7 %	123 = 6 %	79 = 7 %	45 = 5 %
20–59	699 = 59 %	1187 = 59 %	604 = 55 %	515 = 61 %
60 +	146 = 12 %	256 = 13 %	164 = 15 %	114 = 14 %

Bewohner aus Nommern (42)
„Unsere drei Gemeinden sind zu klein, um wirtschaftlich zu sein. Eine Großgemeinde aus Larochette, Fischbach und Nommern hat mehr Chancen, in Luxemburg wahrgenommen zu werden."

Pit S. aus der Gemeinde Fischbach (64)
„Mit der Umfrage will man meiner Meinung nach eine Diskussion über die Zukunft der drei Gemeinden lancieren. Ich bin klar dagegen, wir haben genug damit zu tun, uns selber zu verwalten."

Einwohnerin aus Fels (46)
„Das Thema Fusion finde ich nicht schlecht. Aber das kann, sollte es mal konkret werden, zu Streit führen. Wer wird Bürgermeister, in welchem Ort werden die Gemeinden verwaltet, wird es ein Schulzentrum geben oder bleiben die Schulen auf die drei Gemeinden verteilt? Ich glaube, da kommen Streit und hohe Kosten auf uns zu."

Ein Koch aus Fels (32)
„Ich will nicht wissen, was die repräsentative Bürgerbefragung unsere Gemeinde kostet. Und was kostet eine mögliche Fusion? In der zukünftigen Gemeinde müssten sämtliche Stempel, Briefköpfe, Broschüren und Verzeichnisse geändert werden. Nein, nein, das soll alles schön so bleiben, wie es ist."

Tageblatt vom 23.10.2009, S. 31

M5 Aus einem Zeitungsartikel zur möglichen Fusion der Gemeinden Fischbach, Fels (Larochette), Nommern und Heffingen. 2014 haben die Bürger von Nommern und Fischbach sich in einem Referendum gegen eine Fusion mit Larochette ausgesprochen. Es wird nicht zur neuen Fusionsgemeinde Meysemburg kommen.

1 Erklären Sie den Nutzen
a) eines Gemeindesyndikates,
b) einer Gemeindefusion.

2 Welchen Syndikaten gehört Ihre Gemeinde an?

3 Wie stehen die Einwohner zu der Fusion (M5)? Welche Argumente bringen sie vor?

4 Welches Interesse hat der Staat am Zusammenschluss von Gemeinden?

5 Fassen Sie die Vor- und Nachteile einer Gemeindefusion zusammen.

6 Was bedeutet eine Fusion für die Verteilung der Ämter in der Gemeinde (z. B. Gemeinderat) und den Sitz der Gemeindeverwaltung?

7 Wer sollte die Entscheidung über eine Gemeindefusion treffen? Diskutieren Sie.

3.10 Fallstudie: Neue Siedlungen entstehen

In vielen Gemeinden des Landes werden neue Viertel oder Siedlungen geplant oder bestehende Siedlungen nach neuesten Maßstäben umgeplant. So auch in den bevölkerungsreichsten Gemeinden des Landes: Luxemburg-Stadt und Esch-Alzette. Das Bauprojekt Kirchberg (M1–M3) wurde Ende der 50er Jahre begonnen, in den letzten Jahrzehnten immer wieder abgeändert und ist bis heute nicht abgeschlossen. Die Stadt Esch kennt ihrerseits ebenso grundlegende Neuerungen mit der Umgestaltung des Brillplatzes, der Entwicklung von Esch-Belval und dem neu geplanten Stadtviertel Nonnewisen (M4).

M1 Vom Gartenbau zum Europazentrum, ein Bericht von 1996

1966 wurde die „Rote Brücke“ in Luxemburg-Stadt eingeweiht. Die Bebauung des Plateaus Kirchberg konnte beginnen. Bis dahin wurde das Plateau vor allem landwirtschaftlich (Gemüse- und Obstanbau sowie Viehzucht) genutzt und war ein wichtiges Versorgungszentrum für die Hauptstadt. Nun wurde das Plateau durch eine Autobahn, die Luxemburg an Trier anbinden sollte, erschlossen. Das Europa-Viertel entstand.
1996 arbeiten etwa 7000 Menschen auf dem Kirchbergplateau. Sie haben kaum eine Möglichkeit, dort zu wohnen und sich zu versorgen. Daher soll ein Stadtviertel für 15.000 Einwohner mit einem Geschäfts- und Verwaltungszentrum in seiner Mitte gebaut werden. Um das Viertel wohnlicher zu gestalten, wird die Autobahn zu einem städtischen Boulevard umgestaltet. Zahlreiche Grünanlagen, mehrere Bankgebäude, moderne Messehallen sowie andere Betriebe mit insgesamt 25.000 Arbeitsplätzen sollen noch dazukommen.

M2 Fernand Pesch, Präsident des Fonds d'urbanisation et d'Aménagement du Plateau de Kirchberg, Juli 1998

Es müssen Entscheidungen aus den Gründerjahren, welche aus dem Kirchberg eine autogerechte Stadt machen wollten, dahingehend korrigiert werden, dass sie den heutigen Ansprüchen der Menschen auf mehr Lebensqualität gerecht werden.
Während die ersten Kirchberg-Gebäude sich nach einer in streng getrennten Funktionszonen denkenden Philosophie ausrichteten, inspirierte sich das neue Gestaltungskonzept des Plateaus mehr an den gegenwärtigen Bedürfnissen der Bevölkerung … Tragende Idee dieses neuen Konzeptes ist, ein multifunktionales Ensemble zu kreieren, wobei konsequent die Funktionen Wohnen, Konsum und Freizeit miteinander zu verbinden sind.

Ina Nottrot, Kirchberg, von der grünen Wiese zur Stadt, Luxemburg 1998, S. 5f.

M3 Der Kirchberg, 2015

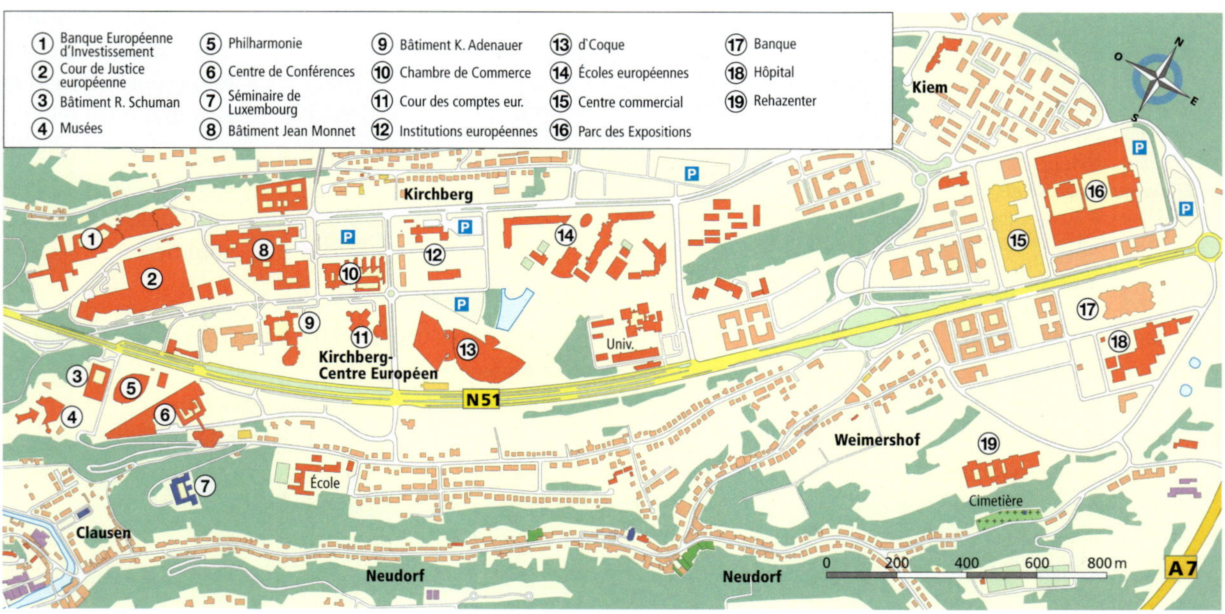

3.10 Étude de cas: De nouveaux quartiers

M4 Das Projekt Nonnewisen „Wunnen am Park" wird auf der Internetseite der Stadt Esch folgendermaßen vorgestellt

À la périphérie nord de la Ville d'Esch-sur-Alzette, un tout nouveau quartier se développera. Sur le lieu-dit „Nonnewisen", la ville connaîtra cette nouvelle expansion. Le projet prévoit des habitats pour 1600 habitants et une école destinée à 250–300 élèves. Le concept de ce site „Wunnen am Parc", est d'offrir des habitations attractives dans un environnement accueillant. Au Sud, le site est délimité par le ruisseau „Dippach".
Le site sera géré par la Ville d'Esch-sur-Alzette et le Fonds pour le Logement à coût modéré. Le terrain d'environ 30 ha sera aménagé en plusieurs phases dans les dix ans à venir, commençant avec l'école et une première résidence du Fonds pour le Logement à coût modéré. Ces constructions se trouvent à l'est du terrain, respectivement au sud et au nord du boulevard principal qui traversera le site. C'est le long de ce boulevard, passant de l'est à l'ouest que se fera le développement du projet.
Il y aura des maisons unifamiliales et des résidences. Il est prévu d'intégrer des petits commerces ainsi qu'un hôtel autour de l'école pour augmenter l'autonomie du quartier. Néanmoins, le quartier sera aussi connecté aux réseaux de pistes cyclables et au Citybus de la Ville d'Esch-sur-Alzette afin d'assurer une étroite communication avec le Centre-Ville et Belval-Ouest.

www.villeesch.lu (19.01.2010), gekürzt

1 „Das Kirchbergplateau ist ein unvollkommenes Stadtviertel."
Nehmen Sie zu dieser Aussage Stellung.

2 Erstellen Sie eine vergleichende Tabelle mit dem ursprünglichen und dem korrigierten Gestaltungskonzept für den Kirchberg (M1–M3).

3 Vergleichen Sie die Gestaltungskonzepte des Kirchbergs und der Nonnewisen.

4 Informieren Sie sich bei Ihrer Gemeinde über geplante oder abgeschlossene Bauvorhaben und deren Bebauungskonzept.

Erstellen Sie in Gruppenarbeit einen Plan für eine neue Siedlung oder ein neues Viertel. Folgende Fragen werden Ihnen bei der Planung behilflich sein:

- Wie soll das Projekt aussehen? Wer ist der Bauherr? Wer ist die erwünschte Zielgruppe? Welche zusätzlichen Aufgaben ergeben sich für die Gemeinde? Wie wird sich das Gesicht der Gemeinde durch diese neue Siedlung/Viertel verändern? Welche Bauvorschriften würden Sie für die neue Siedlung vorschlagen?
- Diskutieren Sie, welche Vor- und Nachteile sich für die Gemeinde daraus ergeben.
- Erstellen Sie eine Werbeanzeige, um neue Bürger für Ihre Siedlung/Ihr Viertel zu gewinnen.

3.11 Das Wichtigste auf einen Blick

Aufgaben der Gemeinde
- Pflichtaufgaben: Wasser- und Energieversorgung, Entsorgung, Straßenbau und Unterhalt, Friedhof, Schultransport, office social, Bauvorschriften
- freiwillige Aufgaben: Jugend-, Kulturzentrum, Fahrradwege, Gewerbezonen, Tourismus, Spielplätze
- Aufgaben im Auftrag des Staates: Zivilstandsamt, Lohnsteuerkarte, Grundschulen, Volkszählung, Maison Relais

Gemeinderat, Bürgermeister und Schöffen
- Zahl der Gemeinderatsmitglieder variiert zwischen sieben und 27, je nach Einwohnerzahl
- Zahl der Schöffen variiert zwischen zwei und vier, je nach Einwohnerzahl
- Gemeinderat beschließt die Gemeindereglemente
- Bürgermeister und Schöffen sorgen für die Ausführung der Gemeindereglemente

Finanzen
- Haushaltsplan (Budget) wird jedes Jahr aufgestellt
- Gleichgewicht zwischen Einnahmen und Ausgaben oder Haushaltsüberschuss wird angestrebt (Idealfall)
- Verschuldung häufig notwendig, um Investitionen vornehmen zu können

Gemeindesyndikate, Gemeindefusionen
- Gemeindesyndikate: Zusammenarbeit von Gemeinden in verschiedenen Bereichen aus technischen oder finanziellen Gründen
- Gemeindefusionen: Zusammenschluss von zwei oder mehreren Gemeinden zu einer größeren Gemeinde

Gemeindewahlen
- Gemeindewahlen finden alle sechs Jahre statt (Wahlpflicht)
- Es gibt zwei Wahlsysteme: Proporz- und Majorzwahl (je nach Größe der Gemeinde)
- Die wahlberechtigten Bürger wählen die Mitglieder des Gemeinderates
- Aus der Mitte des Gemeinderates werden der Bürgermeister und die Schöffen gewählt

Aktives Wahlrecht haben …
- Luxemburger über 18 Jahre
- Ausländer über 18 Jahre, die mehr als fünf Jahre im Land leben und sich in die Wählerlisten haben eintragen lassen

Passives Wahlrecht haben …
- Luxemburger über 18 Jahre
- Ausländer über 18 Jahre, die mehr als fünf Jahre im Land leben und sich in die Wählerlisten haben eintragen lassen

3.11 En bref

Sachkompetenz (<> maîtriser des savoirs)

1 Gemeinden haben vielfältige Aufgaben zu erfüllen. Nennen Sie jeweils zwei Beispiele aus den Bereichen Freizeit, Bildung, Infrastruktur, Gesundheit und Wirtschaft.

2 Erklären Sie, wie die Gemeindewahlen funktionieren, indem Sie das Leerschema mit folgenden Begriffen ergänzen: **wahlberechtigte Bürger**, **Gemeinderat**, **Bürgermeister** und **Schöffen**.

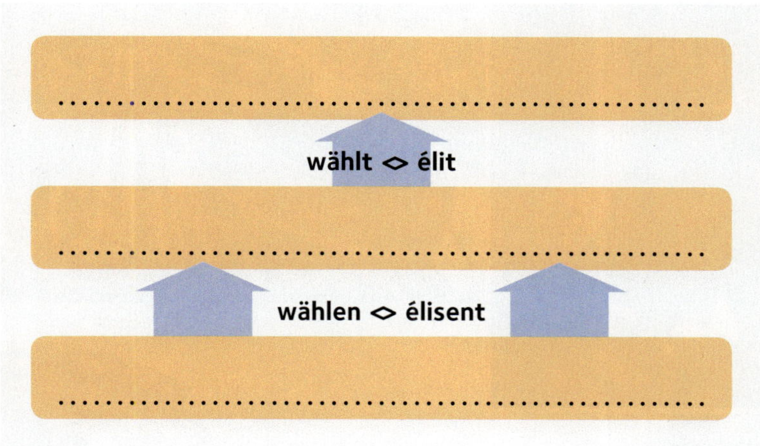

3 Erklären Sie den Unterschied zwischen Proporz- und Majorzwahl.

4 Nennen Sie zwei Möglichkeiten, in der Gemeinde politisch aktiv zu werden.

5 Erläutern Sie, wie sich das Gemeindebudget zusammensetzt. Unterscheiden Sie anhand der Karikatur zwischen ordentlichen und außerordentlichen Ausgaben der Gemeinde.

6 Welche Aufgaben haben der Gemeinderat, der Bürgermeister und die Schöffen?

Methodenkompetenz (<> utiliser des méthodes)

7 Führen Sie eine Pro-Kontra-Debatte durch zum Thema „Ist es richtig, dass auch Nicht-EU-Ausländer in den Gemeinderat gewählt werden dürfen?".

8 Erstellen Sie einen Steckbrief eines Vereins Ihrer Gemeinde. Führen Sie ein Interview mit dem Vorsitzenden durch. Welche Unterstützung erhält der Verein durch die Gemeinde?

Urteils- und Handlungskompetenz (<> juger et agir)

9 Erläutern Sie Vorzüge und Nachteile für die Zusammenlegung von Gemeinden.

10 Welche Bedeutung hat die Abgabe eines unausgefüllten Wahlzettels? Erläutern Sie.

11 Entwerfen Sie ein Logo für eine Bürgerinitiative gegen die Errichtung eines Fußballstadions in Ihrer Gemeinde.

12 Freiwillige Feuerwehren werden zunehmend durch Berufsfeuerwehren ersetzt. Nehmen Sie Stellung.

13 Diskutieren Sie, unter welchen Voraussetzungen die Überziehung des Gemeindebudgets sinnvoll sein kann.

Budget rectifié 2014 Mamer (€)	
Budget ordinaire	
Recettes	31.891.307,79
Dépenses	22.503.117,37
Excédents	9.388.190,42
Budget extraordinaire	
Recettes	12.763.903,44
Dépenses	21.831.845,88
Excédents	– 9.067.942,44
Budget total	
Recettes	44.655.211,23
Dépenses	44.334.963,25
Excédents	320.247,98

De Gemengebuet, Informationsblatt der Gemeinde Mamer, Nr. 1, 2015

4 Wirtschaft entdecken

À la découverte de l'économie

Wirtschaft ist mehr als Zahlen und Diagramme. Wirtschaft ist nicht nur Chefsache. Wirtschaft ist überall um uns herum und wir sind ein Teil davon, obwohl uns das manchmal gar nicht bewusst ist.
Wirtschaften ist die planvolle Tätigkeit des Menschen, knappe Mittel und Güter der bestmöglichen Nutzung zuzuführen. Die Fotos dieser Seite zeigen verschiedene wirtschaftliche Aktivitäten. Diese kann man unterschiedlichen Wirtschaftssektoren zuordnen: dem primären Sektor der Rohstoffgewinnung (Landwirtschaft, Bergbau), dem sekundären Sektor (Rohstoffverarbeitung, Sachgüterproduktion) und dem tertiären Sektor (Dienstleistungen).

1 Ordnen Sie die Bilder den verschiedenen Wirtschaftssektoren zu.

2 Zählen Sie Luxemburger Betriebe auf und ordnen Sie diese den Wirtschaftssektoren zu.

KOMPETENZEN AUF EINEN BLICK

Sachkompetenz
(↔ maîtriser des savoirs)
- Die Prinzipien der Wirtschaft beschreiben und erklären
- Die Rolle des Staates in einer freien Marktwirtschaft nachvollziehen
- Die Interaktion Konsument – Produzent erkennen
- Den Wirtschaftskreislauf verstehen und erklären

Methodenkompetenz
(↔ utiliser des méthodes)
- Einen Markt erkunden

Urteils- und Handlungskompetenz
(↔ juger et agir)
- Das eigene Konsumverhalten kritisch untersuchen
- Die Rolle des Staates in der Marktwirtschaft bewerten

4.1 Warum wirtschaftet der Mensch?

M 1 Rangordnung der menschlichen Bedürfnisse nach A. H. Maslow

Nach dieser Theorie versucht der Mensch zuerst die Bedürfnisse der untersten Stufe zu befriedigen. Die erste Stufe stellt die physiologischen (körperlichen) Grundbedürfnisse dar. Sobald eine Stufe erreicht ist, strebt er nach der nächsthöheren Stufe.

Wünsche und Bedürfnisse

Alle Menschen haben Wünsche und Bedürfnisse. Je nach Situation sind nicht alle Bedürfnisse gleich dringend: Zu den Grundbedürfnissen zählen z. B. Ernährung und Kleidung. Luxusbedürfnisse (z. B. eine Urlaubsreise) oder Kulturbedürfnisse (z. B. sich bilden oder ein Buch lesen) sind nicht lebensnotwendig, können aber die Lebensqualität verbessern und das Ansehen erhöhen.

Güter und Dienstleistungen

Die Mittel, die der Befriedigung menschlicher Bedürfnisse dienen, werden als Güter (<> les biens) bezeichnet. Man kann die Güter unterscheiden nach Konsumgütern (z. B. Nahrungsmittel, Privatautos usw.) und nach Produktionsgütern (z. B. Firmengebäude, Firmenauto, Benzin, Strom usw.). Produktionsgüter werden von Unternehmen gekauft und dienen der Herstellung von Konsumgütern, die wiederum von privaten Haushalten gekauft werden.
Im Unterschied zu Waren sind Dienstleistungen (<> les services) immaterielle Güter (z. B. ein Haarschnitt beim Friseur, eine Autoreparatur). Sie werden von Personen oder Unternehmen erbracht.

M 2 „Meine wichtigsten Bedürfnisse" – Aussagen von Jugendlichen aus Tansania und Luxemburg

Tansania

„Wir brauchen Ausbildung, wir benötigen Wasser und eine gesunde Umwelt."

„Unser Problem hier ist das Wasser. Auch haben wir nicht die medizinische Versorgung, die wir benötigen."

Luxemburg

„Das Wichtigste im Leben ist für mich, dass ich Menschen habe, auf die ich mich verlassen kann – wie meine Familie und meine beste Freundin."

„Wichtig ist für mich, dass ich viel von der Welt sehe und das Leben genießen kann. Ich möchte so leben können, wie ich das will, und nicht so, wie es mir vorgeschrieben wird."

1 a) Erklären Sie das Stufenmodell M1.
b) Listen Sie Ihre persönlichen Wünsche und Bedürfnisse im Laufe eines Tages auf und ordnen Sie diese dem Stufenmodell Maslows (M1) zu.

2 Prüfen Sie folgende Aussagen und verbessern Sie, wenn nötig:
a) Die Grundbedürfnisse sind bei jedem Menschen anders.
b) Die Bedürfnisse des Menschen sind unendlich groß.
c) Luxusbedürfnisse nennt man auch Grundbedürfnisse.
d) Nach Maslow sind alle Bedürfnisse gleich wichtig.

4.1 Agir de façon économique

Ökonomisch wirtschaften

Da die meisten Güter nur begrenzt vorhanden sind, müssen diese Mittel (z. B. Geld, Zeit) möglichst wirksam eingesetzt werden. Der Aufwand soll also im optimalen Verhältnis zu dem angestrebten Ziel stehen. Dies bezeichnet man als das ökonomische Prinzip.
Es gibt zwei Strategien: das Minimal- und das Maximalprinzip. Beim Maximalprinzip will man mit begrenzten Mitteln möglichst viel erreichen (z. B. in einer halben Stunde möglichst viele Hausaufgaben erledigen). Umgekehrt kann man auch versuchen, z. B. die Mathe-Hausaufgaben in möglichst kurzer Zeit zu erledigen. Dies nennt man das Minimalprinzip.

M3 **Das ökonomische Prinzip**

Ökonomisches Prinzip

Minimalprinzip	Maximalprinzip
Ein vorgegebenes Ziel soll mit möglichst geringem Mitteleinsatz erreicht werden.	Mit vorgegebenem Mitteleinsatz soll ein größtmögliches Ziel erreicht werden.
Hier ist das Ziel vorgegeben.	Hier ist der Mitteleinsatz vorgegeben.

Immer wird das günstigste Verhältnis beider Größen angestrebt.

Die Umwelt – ein knappes Gut

Leider gibt es nur wenige Güter, die im Überfluss vorhanden, also frei verfügbar sind. Zu diesen freien Gütern zählen Wind, Sonnenlicht oder Meerwasser. Weil sie scheinbar unbegrenzt vorhanden sind, kosten sie kein Geld.
Lange Zeit gingen die Menschen mit der Natur verschwenderisch um. Das freie Gut Luft wurde z. B. durch Abgase stark verschmutzt, sodass saubere Luft knapp wurde. Vielen Gewässern erging es nicht besser. Durch Gesetze und Regelungen werden die Verbraucher und Betriebe dazu angehalten, die Umwelt geringer zu belasten. Weiterhin müssen Unternehmen z. B. für Luftverschmutzung bezahlen und sparen deshalb Geld, wenn sie weniger Schadstoffe in die Umwelt ausstoßen.

M4

»So leben wir, so leben wir, so leben wir alle Tage…« · *J. Wolter*

3 Finden Sie weitere Beispiele für das ökonomische Prinzip.

4 Erläutern Sie an den folgenden Beispielen, welche Strategie verfolgt wird: Minimal- oder Maximalprinzip?

- **a)** Die Klasse 00EE will auf dem Schulfest Pizza verkaufen, um die Klassenkasse aufzubessern. Dabei achten die Schüler auf eine möglichst kostengünstige Wahl der Zutaten.
- **b)** Die Klasse 11TG plant eine Klassenfahrt. Pro Schüler stehen 150 Euro zur Verfügung. Mit diesem Geld möchte sie eine schöne Unterkunft und möglichst viele Ausflüge durchführen.
- **c)** Sie möchten mit 10 Euro ein möglichst ansprechendes Geschenk für einen Schulfreund kaufen.

5 Freie Güter können auch knapp werden. Erklären Sie mithilfe von M4.

4.2 Wirtschaften im Privaten

M1 Lebensnotwendig oder Luxus?

Was wollen wir kaufen – was müssen wir kaufen?

Auch private Haushalte müssen mit ihrem Einkommen auskommen, das nennt man wirtschaften.
Das Angebot an Waren und Dienstleistungen in unserer Gesellschaft ist riesengroß. Ständig werden neue Produkte angeboten. Wer intelligent einkaufen möchte, muss Preise und Qualitäten kennen und vergleichen können. Die Werbung der Hersteller und Informationen der Händler genügen nicht.

M2

M3 Einkommensarten

Einkommensarten

- Einkommen aus Erwerbsarbeit
  - **Einkommen aus nicht selbstständiger Arbeit** z. B. aus Lohn und Gehalt
  - **Einkommen aus selbstständiger Arbeit** z. B. Honorar und Gewinn
- Einkommen aus Vermögen z. B. Zinsen, Miete, Pacht
- Transfereinkommen
  - **aus Steuermitteln** z. B. Sozialhilfe, Kindergeld, Elterngeld
  - **aus gesetzlicher Sozialversicherung** z. B. Altersrente, Arbeitslosengeld, Pflegegeld

4.2 Le consommateur

M4 Mit dem Einkommen auskommen

Nathalie Hoffmann und Denis Mancini und ihre Kinder (Lucas 9 Jahre, Sarah 11 Jahre) sind mit der Haushaltsplanung beschäftigt. Die Eltern überlegen, ob sie zum Autofestival ein neues Auto kaufen sollen. Das würde bedeuten, dass sich die monatlichen Ausgaben für das Auto von 600 Euro auf 900 Euro erhöhen würden. Dieser Betrag müsste dann bei den anderen Ausgaben gespart werden. Nathalie und Denis verfügen zusammen über ein monatliches Einkommen von 5 660 Euro, Kindergeld eingerechnet.
Sie haben Buch geführt über die Ausgaben. Es gibt feste Ausgaben, die sich nicht ändern lassen (z. B. Miete, Heizkosten, Telefon usw.).
Auf der anderen Seite stehen die veränderlichen Ausgaben pro Monat, wie z. B. Ernährung, Kleidung oder Freizeit.

M5 Feste und veränderliche Ausgaben der Familie Mancini-Hoffmann

Feste Ausgaben/Monat	Euro
Miete	1 500
Nebenkosten (für Müllabfuhr, Heizung, Wasser, Kabelanschluss)	700
Strom	60
Haftpflicht-/ Hausratversicherung	50
Taschengeld Lucas	15
Taschengeld Sarah	20
Telefon und Internet	150
Tageszeitung/Zeitschriften	25
Sportverein Kinder	40
Sparen für Urlaub	400
Rücklagen	100
Summe	**3 060**

Veränderliche Ausgaben/Monat	Euro
Ernährung/ Genussmittel/ Haushalt	580
Körperpflege/ Gesundheit	150
Kleidung/Schuhe	320
Freizeit/Bildung	450
Verkehr (Auto)	600
Geschenke/ Spenden	100
Sonstiges	400
Summe	**2 600**

M6 Menschen handeln nicht nur nach wirtschaftlichen Gesichtspunkten

Ökologisches Handeln: Wer ökologisch handelt, beachtet die Beziehungen von Natur und Mensch. Er möchte die natürliche Umwelt (z. B. Tiere, Pflanzen, Luft und Wasser) bei seiner Güternutzung schonen. Ökologisches Handeln kann in Konflikt zu wirtschaftlichem Handeln stehen.
Soziales Handeln: Wer sein Handeln nicht nur nach den eigenen Bedürfnissen ausrichtet, sondern auch die Interessen anderer Gruppen – national und weltweit – berücksichtigt, handelt sozial. Aber die Berücksichtigung wirtschaftlicher Interessen kann im Widerspruch zu sozialen Aspekten stehen.

Nachhaltiges Handeln: Menschen, die gleichermaßen wirtschaftliche, ökologische und soziale Gesichtspunkte im Umgang mit Gütern berücksichtigen, handeln nachhaltig. Das gilt für Güter aus Europa und aller Welt.
Wer nachhaltig handelt, berücksichtigt ebenfalls die Bedürfnisse der nachfolgenden Generationen.

1. Was würden Sie aus dem Angebot in M1 kaufen, wenn Sie 50 Euro zur Verfügung hätten? Wägen Sie Kosten und Nutzen ab. Welche Güter sind lebensnotwendig, welche nicht?
2. Welchen Joghurt in M1 würden Sie kaufen? Begründen Sie.
3. Welche Einkommensarten gibt es? Über welche Einkommensarten verfügt Familie Mancini-Hoffmann (M4)?
4. **a)** Wie könnte Familie Mancini-Hoffmann ihre Ausgabenplanung ändern, damit sie das Auto kaufen kann? Machen Sie einen Vorschlag.
   b) Was passiert, wenn sich die Ausgangssituation ändert, z. B. Sarah Geld für ein neues Smartphone haben möchte?
5. Nennen Sie Beispiele für Konflikte zwischen ökologischem, sozialem und wirtschaftlichem Handeln.

4.3 Einkaufsfalle Supermarkt <> Séduire le consommateur

Eingangsbereich eines Supermarkts

Kassenbereich

Warenregal

Ein Einkauf im Supermarkt – eigentlich eine normale Angelegenheit. Einkaufszettel raus, Liste abhaken, bezahlen – fertig! Doch eine Heerschar von Experten beschäftigt sich damit, dass gerade das nicht passiert. Einkaufen ja, aber bitte mehr als vorgesehen. Die Supermärkte sind nach ausgefeilten Verkaufsstrategien eingerichtet. Schon vor dem Markt geht es los. Die Einkaufswagen sind meist sehr groß. Und das nicht, weil der Einkäufer so viel Platz braucht, sondern damit die Einkäufe im Wagen nach weniger aussehen. So bekommt man das Gefühl, dass noch etwas fehlt.
Um möglichst viel Zeit im Supermarkt zu verbringen, brauchen Kunden auch etwas, das sie abbremst, denn sie haben noch den Straßenschritt in den Beinen. Diese Aufgabe sollen Obst und Gemüse am Eingang erledigen. Die Auswahl braucht Zeit und verlangsamt so das Tempo des Einkäufers. Die leuchtenden Farben der Früchte und des Gemüses regen zudem den Speichelfluss der Kunden an. Mit Appetit kauft man mehr. Im richtigen Licht wirkt auch alles viel appetitlicher. Bei Obst und Gemüse wird ein warmes Licht, bei der Fleischabteilung rotes Licht eingesetzt, um die Ware frisch und saftig aussehen zu lassen.
Musik dient dazu, sich zu entspannen, so soll der Supermarkt nie ganz still sein. Die Musikrichtung richtet sich danach, wann Rentner, Schulkinder oder Berufstätige einkaufen. Morgens erklingen Schlager, am Nachmittag wird die Musik moderner. Forscher haben herausgefunden, dass Lieder, die 72 Bassschläge pro Minute haben – entsprechend dem Puls eines entspannten Menschen – am wirksamsten sind.
Auch die Produktanordnung im Regal folgt einem ausgeklügelten System: Teures findet sich bequem auf Augenhöhe, wer billige Produkte will, muss sich bücken. In der Reckzone oder Bückzone stehen Waren, die sowieso gekauft werden. Neben den Artikeln, die man wirklich braucht (z. B. Milch), liegen sogenannte gewinnbringende Impulswaren (z. B. ein Becher Mousse au Chocolat), die der Einkäufer sehen muss, damit der Impuls zum Kaufen ihn durchzuckt.
Sonderangebote stehen als Hindernisse auf Paletten in den Gängen, die dem Einkäufer vermitteln sollen, hier gebe es etwas nur für kurze Zeit. Große Hinweisschilder sind ein anderer Trick, auch wenn dort der normale Preis steht, signalisieren sie, er sei gesenkt worden. Oft stehen Großpackungen separat platziert, sodass ein direkter Preisvergleich erschwert wird.
Direkt vor der Kasse wartet noch die Quengelware (Zeitschriften, Schokolade ...), die kleinen Kindern große Augen macht. Schnell hat der Nachwuchs den Eltern einen Schokoriegel abgetrotzt – leider kostet er hier fast so viel wie der Dreierpack hinten im Laden. Nach 20 Minuten ist der Durchschnittskunde an der Kasse angelangt, der Einkaufswagen ist von Geisterhand gefüllt. Ob er ahnt, dass etwa ein Drittel der gekauften Lebensmittel verderben wird?

1 Worauf sollte ein kritischer Verbraucher im Supermarkt achten? Stellen Sie eine Liste mit Ratschlägen zusammen.

2 Welche drei Verkaufstricks sind Ihrer Meinung nach am wirkungsvollsten? Begründen Sie Ihre Antwort.

METHODE Markterkundung

▸ DARUM GEHT ES

Jeder von uns ist als Konsument den Verlockungen im Supermarkt oder Internet ausgesetzt. Kritisches Verbraucherverhalten ist aber erlernbar. Sie sollen nun eigenständig die Anschaffung von verschiedenen Produkten erkunden, die der Markt anbietet. Die Methode der Erkundung ist eine Möglichkeit, sich außerhalb der Schule ein Bild über die Fragen und Probleme zu verschaffen, die im Unterricht behandelt werden.

▸ SO LÄUFT ES AB

1. Vorbereitung

- Die Klasse einigt sich auf bestimmte Produkte, deren Kauf simuliert werden soll (z. B. Mountainbike, Camcorder, Smartphone, Urlaubsreise …).
- Teilen Sie die Klasse in Gruppen auf (4–6 Schüler für je eine Produktart) und bestimmen Sie den Zeitrahmen.
- Befragen Sie Freunde, Verwandte, worauf beim Kauf zu achten ist.
- Sammeln Sie Zeitschriftenanzeigen, Werbebroschüren, Internetangebote, Bewertungszeitschriften sowie Informationen aus den entsprechenden Internetseiten „test“, „Stiftung Warentest“, „de Konsument“ mit allgemeinen Informationen zum jeweiligen Produkt.
- Informieren Sie sich auch bei der Verbraucherberatung.

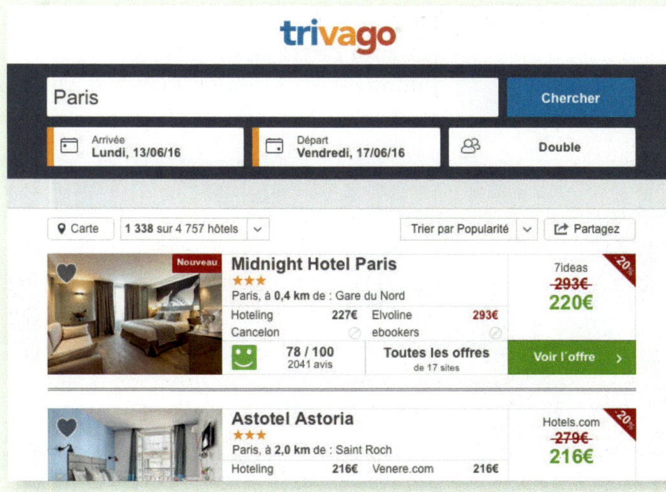

2. Durchführung

- Tauschen Sie dann Ihre Erfahrungen in der Gruppe aus und beraten Sie sich.
- Legen Sie die Eigenschaften fest, auf die besonders geachtet werden soll (Preis, Leistung, Transport, Ökologie, Qualität …), sowie eine Preisobergrenze.
- Erkunden und sichten Sie nochmals die Angebote (aktuelle Angebote in Tageszeitungen, Werbebroschüren, Internet, Bewertungszeitschriften). Sie können auch Geschäfte aufsuchen, Angebote notieren und die Verkäufer befragen.

3. Auswertung und Präsentation

- Erstellen Sie eine Marktübersicht (Plakat) für das jeweilige Produkt.
- Diskutieren Sie in der Klasse Ihre Kaufentscheidung.

„Before we begin tonight's dream, a word from our sponsor …“

4.4 Der Markt

In Städten erinnern die Namen von Plätzen oft an alte Märkte, etwa der „Fëschmaart“ oder der „Krautmaart“ in Luxemburg. Auch heute finden noch Wochenmärkte statt. Daneben haben sich neue Märkte für spezielle Güter und Dienstleistungen entwickelt, zum Beispiel Messen, Börsen, virtuelle Märkte. Manche Märkte sind an keinen festen Ort mehr gebunden, sondern der Kauf findet über Zeitungen und im Internet statt (Gebrauchtwagen, Immobilien). Allen Märkten ist gemeinsam, dass Anbieter und Nachfrager zum Zweck des Kaufs bzw. Verkaufs zusammentreffen. Immer dort, wo Menschen etwas produzieren und verkaufen und andere Interesse an diesem Angebot zeigen, also da, wo Handel getrieben wird, entsteht ein Markt.

Für einen idealen Markt würden folgende Prinzipien gelten:

- Märkte sind für jedermann zugänglich (Wettbewerbsfreiheit),
- jeder kann Verträge nach eigenem Ermessen abschließen und frei Preise vereinbaren (Vertragsfreiheit),
- Produktion und Konsum werden durch den Markt gesteuert (Angebot und Nachfrage).

M 1 Märkte

■ Mini Cooper, 04/07, 68.000 km, beige mét., intér. cuir noir, ABS, CD, clim., ESP, gps intégré, ph. xénon, bluetooth, volant cuir, radar de recul, toit panor., ct. ok, 120 CV, excel. ét., full options. 14.900,–. Tél. 62149XXXX.

■ Natur pur! Dat ass et wat mir sichen: en Terrain mat genuch Plaz fir e Bongert an e Schwammweier, ofgeleeë vu Verkéier a Kaméidi, max. 30 Min. vum Findel ewech. Tél. 69158XXXX

■ Ch. emploi; urgent; CDI, plein temps comme secrét. ou réception, de préf. 40 h/ sem., de préf. au nord du pays; dispon. de suite. Tél. 661-64 XXXX.

■ Bonnevoie app. meublé 1 ch., 70m², chauff. gaz., rés. 4 unités, rén. 09, 1er ét., hall, cave, sdb, c. éq., séj.; cave et buand., gar. box. Ag. s'abstenir. 130,– charges. 335.000,–. Tél. 621-45XXXX.

■ Auteur compositeur ch. chanteuse motivée, pour projet CD, Tél. +3361544XXXX

■ Qui peut me donner bétonnière en état de marche, Tél. 69169XXXX

■ 4 jantes alu VW Polo 1.9 TDi, 6J 15 H2 ET 43 ; 5 trous + pneus été Firestone Firehawk 700 195/55 R15 85 V (4 mm), 100.–, Tél. 62117XXXX

4.4 Le marché

M 2 Virtuelle Märkte und Einkaufen im Internet

Immer mehr Kunden kaufen im Internet. Die technischen Voraussetzungen, wie ein Computer und eine Internetverbindung, sind in fast jedem Luxemburger Haushalt vorhanden. Die Preise im Internet sind oft günstiger als in den Geschäften. Online-Anbieter oder Internetauktionshäuser brauchen keine teuren Ladenmieten, Lagerhallen, Fuhrparks oder Verkäufer zu bezahlen. Das meiste wird über einen Hauptrechner abgewickelt. Die Lieferung übernimmt ein externer Lieferdienst oder der Kunde wird virtuell beliefert.

M 3 Marktarten

M 4 Das Marktmodell

Modelle – wie dieses Marktmodell – dienen dazu, komplexe Gegenstände und Zusammenhänge stark vereinfacht darzustellen. Es werden dabei Einzelheiten weggelassen, bis der Kern, das Wesentliche, übrig bleibt. Diesen Prozess nennt man Abstraktion.

1 „Als Markt bezeichnet man jeden Ort, an dem Angebot und Nachfrage zusammentreffen." Erläutern Sie diese Definition anhand der Materialien der Doppelseite.

2 Welche Marktarten werden in M 1 gezeigt?

3 Welche Ziele verfolgen die verschiedenen Kunden und Anbieter auf einem Markt?

4 Diskutieren Sie, ob es besser ist, im Einzelhandel oder im Internet einzukaufen.

4.5 Preisbildung

Kaufkraft (<> le pouvoir d'achat) Die Kaufkraft ist ein Maßstab für den Wert des Geldes. Sie gibt an, welche Gütermenge mit einem bestimmten Geldbetrag gekauft werden kann.

Güterknappheit (<> la rareté de biens) Die Produktionsfaktoren (z. B. Weizen) sind begrenzt und damit auch die Güter, die maximal produziert werden können (z. B. Brot). In der Folge besteht eine relative Knappheit bei verschiedenen Gütern.

Um ein Produkt herzustellen, benötigt ein Unternehmen verschiedene Produktionsfaktoren: die Natur (Rohstoffe, Boden), die Arbeit (geistige und körperliche menschliche Tätigkeit) und das Kapital (Maschinen, Werkstätten, Geld). Der Verkaufspreis des Produkts setzt sich zusammen aus dem Herstellerpreis, den Transportkosten, den Steuern und dem Gewinn.
Der Preis wird aber zusätzlich von externen preisbildenden Faktoren beeinflusst. Ökonomen, d. h. Wirtschaftswissenschaftler, erklären dies mithilfe des Preisbildungsmodells.

M1 Preisbildungsmodell

M2 Preisbildung im Alltag

- Wenn eine Kältewelle über Florida hereinbricht, steigt in den amerikanischen Supermärkten der Preis für Orangensaft.
- Wenn es im Sommer an der Nordseeküste sehr heiß ist, drückt dies in manchen Orten am Mittelmeer die Hotelpreise.
- Wenn im Nahen Osten ein Krieg ausbricht, steigt in Europa der Benzinpreis und es fallen die Preise für Gebrauchtwagen mit hohem Treibstoffverbrauch.
- Wenn ultraflache Flatscreens mit 3D und LED auf den Markt kommen, drückt das die Preise für technisch überholte Modell.

M3 Wo bleibt das Geld, das für ein Paar Turnschuhe bezahlt wird?

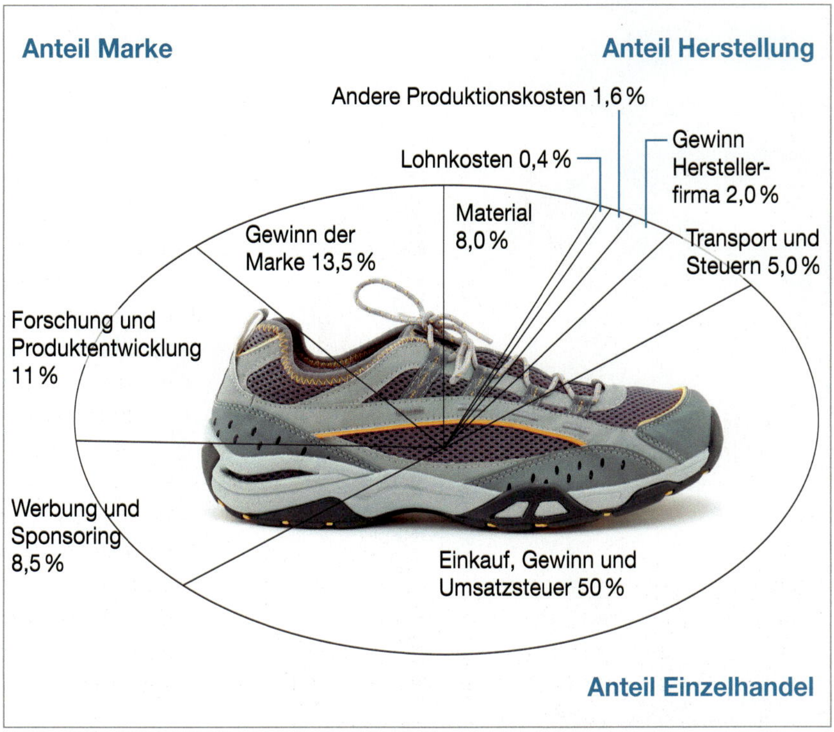

4.5 La formation des prix

M4

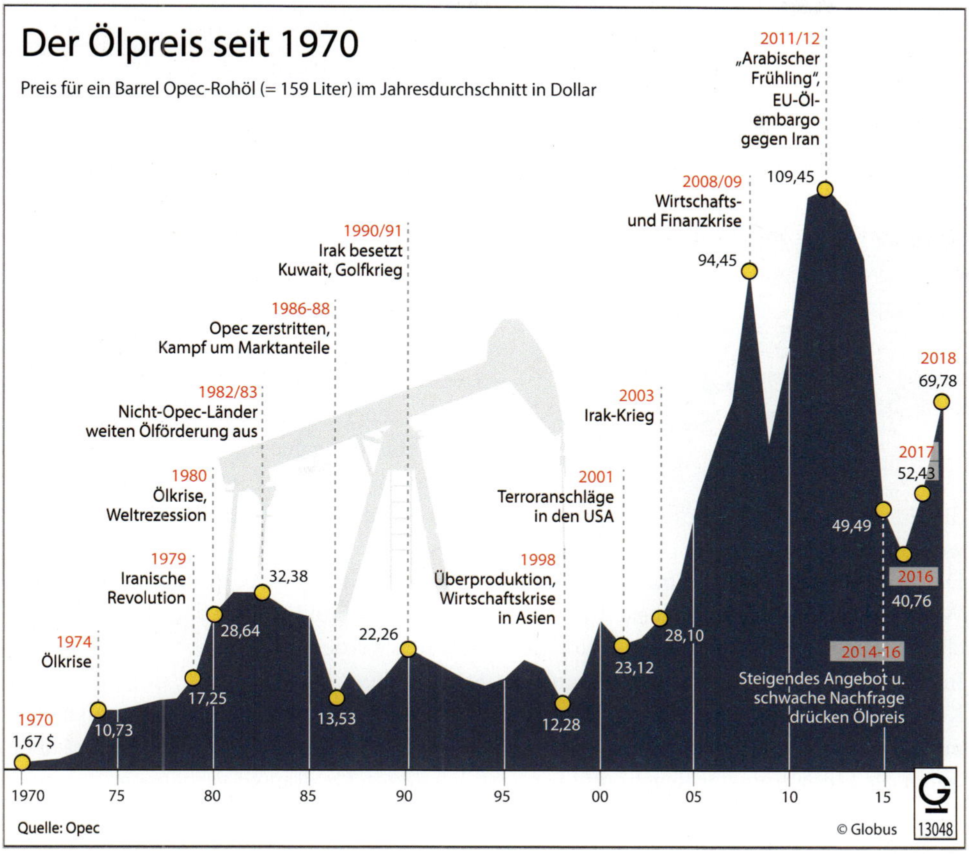

OPEC
(= Organisation des pays exportateurs de pétrole, dt.: Organisation erdöl-exportierender Länder) Ölkartell mit Sitz in Wien; fördert etwa 40 Prozent der weltweiten Erdölproduktion. In einem Kartell werden Absprachen zur Regelung des Marktes getroffen, z. B. über Produktionsmengen oder Preise.

M5

1. Erklären Sie anhand des Preisbildungsmodells die in M2 genannten Beispiele zur Preisbildung.
2. Schlüsseln Sie den Verkaufspreis des Turnschuhs nach den drei Produktionsfaktoren auf.
3. Begründen Sie folgende Einzelfälle:
   a) Die Nachfrage bleibt konstant, obwohl die Preise für Kartoffeln steigen.
   b) Trotz Preissteigerung bleibt die Nachfrage nach Designermode stabil.
4. Erläutern Sie die Entwicklung des Ölpreises. Welche Faktoren beeinflussen den Preis? (M4)
5. Erklären Sie die Karikatur.
6. Diskutieren Sie: stundenlanges Schlangestehen und Übernachten vor der Verkaufsstelle des neuen Smartphones – Güterknappheit oder geschickte Marketingstrategie?

4.6 Der Wettbewerb

M1 Preiskämpfe

Das Marktmodell geht davon aus, dass der Markt ausgeglichen ist, wenn die Nachfrage dem Angebot entspricht. Dieser Zustand wird nur kurzfristig erreicht. Die verschiedenen Anbieter eines Produkts oder einer Dienstleistung kämpfen um Marktanteile, es erscheinen auch immer wieder neue Konkurrenten auf dem Markt. Es entsteht Wettbewerb, d. h. Konkurrenz. Vor allem in Zeiten einer Konsumflaute lässt sich ein erbitterter Wettbewerb beobachten. So können zum Beispiel die Preise gesenkt bzw. die Produktwerbung verstärkt werden, um mehr Nachfrage zu erzeugen. Auch eine verbesserte Rezeptur oder eine neue peppige Verpackung können den Kunden zum Kauf anregen. Produzenten, die durch Forschung innovativ sind, behaupten sich im Wettbewerb und sind richtungsweisend für den Markt.

Der Wettbewerb sorgt dafür, dass Anbieter möglichst kostengünstig produzieren und die Wünsche der Kunden berücksichtigen. Immer wieder kommt es aber vor, dass diese Mechanismen durch Kartelle oder Monopole unterlaufen werden.

In bestimmten Fällen greift die EU und der Staat in die Preisbildung ein, um sowohl den Konsumenten als auch den Produzenten zu schützen (Maximalpreise für Benzin oder Roaming, Verbot von Angebotsmonopolen). Die europäische Kartellbehörde in Brüssel überwacht die Einhaltung der Regeln und kann bei Verstößen Geldbußen verhängen.

Kartell (◇ le cartel)
Absprache zwischen Unternehmen über Preise oder Marktanteile.

Monopol (◇ le monopole)
Marktsituation, in der es entweder nur einen einzigen oder einen marktbeherrschenden Anbieter bzw. Nachfrager für ein Gut gibt.

Marketing (◇ le marketing)
Vermarktung von Waren und Dienstleistungen.

M2 Produktmarketing

- Preis- und Rabattangebote
- Service (z. B. Geldzurückgarantie)
- Werbung z. B. mit Prominenten oder mit Label einer Verbraucherschutzorganisation (z. B. Stiftung Warentest, Union Luxembourgeoise des Consommateurs)
- Produktgestaltung (Farben, Verpackungsgrößen)

4.6 La concurrence

M3 EU brummt Flachbild-Kartell dickes Bußgeld auf

Fünf asiatische Hersteller von Flachbildschirmen müssen wegen illegaler Preisabsprachen ein saftiges EU-Bußgeld von insgesamt 649 Millionen Euro zahlen. Der koreanische Hersteller Samsung muss nichts zahlen, da er die Verstöße in Brüssel beichtete, sagte EU-Wettbewerbskommissar Joaquín Almunia. Chimei Innolux Corp. muss allein 300 Millionen Euro in die EU-Kasse überweisen, LGDisplay 215 Millionen Euro. Die Hersteller hätten zwischen Oktober 2001 und Februar 2006 Preise abgesprochen und Märkte aufgeteilt.

www.welt.de/wirtschaft/webwelt/article11473695/EU-brummt-Flachbild-Kartell-dickes-Bussgeld-auf.html (8.12.2010)

M4 EU schafft Roaming-Gebühren ab

„Roam like at home (RLAH)" heißt die seit Juni 2017 gültige EU-Verordnung, die im Kern besagt, dass ein Handytarif aus Luxemburg zu gleichen Konditionen auch im EU-Ausland (sowie Norwegen, Liechtenstein und Island) gelten muss. Doch ganz so einfach ist es doch nicht: Es gibt insbesondere beim Daten-Roaming Ausnahmen, die zu einer Kostenfalle werden können - ab dem ersten Monat im Ausland. Weitere Ausnahmen gibt es für eine dauerhafte Nutzung eines Tarifes im Ausland. Diese beiden so genannten Fair-Use-Regeln sollen die Anbieter davor schützen, dass sie durch intensive Nutzung des Tarifes im Ausland durch ihren Kunden zuzahlen müssen.

M5 Verbraucherschutz: Werbung für Intelligente

Der Europäische Gerichtshof in Luxemburg findet die Werbung für eine Antifaltencreme mit der Bezeichnung „Firming Action Lifting Extreme Creme" nicht irreführend … Die Richter sollten prüfen, ob die Bezeichnung „Lifting" Verbraucherinnen eine langanhaltende Wirkung – ähnlich einem chirurgischen Lifting – suggeriere. Doch sie fanden, eine Produktbezeichnung sei erst dann irreführend, wenn ein „durchschnittlich informierter, aufmerksamer und verständiger Durchschnittsverbraucher" zu einer irrigen Annahme verleitet wird. Im Klartext: Der Verbraucher, der einer Creme die Wirkung eines chirurgischen Eingriffs unterstellt, kann nicht zum Maßstab genommen werden. Die europäischen Richter verlangen damit vom Verbraucher mehr Intelligenz im Umgang mit Werbung als bisher üblich.

Finanztest 03/2000, zit. nach: www.test.de/themen/steuern-recht/meldung/Verbraucherschutz-Verbraucherschutz-Werbung-fuer-Intelligente-17178-17178

1 Erläutern Sie M1.

2 **a)** Erläutern Sie, wie ein Hersteller durch Marketingmaßnahmen versucht, sein Produkt gegenüber dem des Konkurrenten hervorzuheben (M2).

b) Suchen Sie sich ein alltägliches Produkt aus und untersuchen Sie dieses auf die verschiedenen Formen der Produktwerbung.

3 Erläutern Sie anhand von M3 den Begriff Kartell. Inwiefern haben die Firmen gegen die Regeln des freien Wettbewerbs verstoßen?

4 Überlegen Sie, welche Auswirkung die Abschaffung der Roaming-Gebühren für den Wettbewerb hat (M4).

5 „Unsere Gesellschaft braucht kritische Verbraucher." Besprechen Sie diese These anhand von M5.

4.7 Die Unternehmen

M 1 Beschäftigte in Luxemburg nach Wirtschaftszweigen 1907-2018

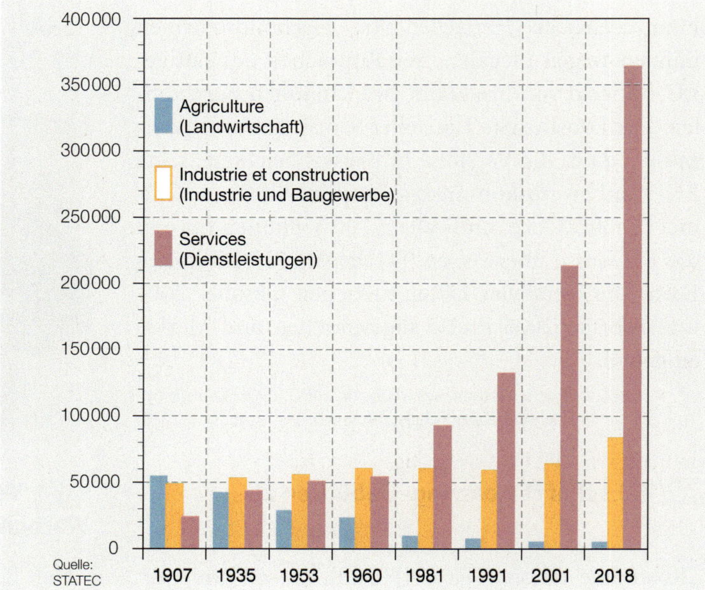

M 2 Grundeinteilung von Betrieben

Betriebsarten

Produktionsbetriebe	Dienstleistungsbetriebe
Rohstoffgewinnungsbetriebe (Erzbergwerk, Kohlengrube)	Handelsbetriebe (Großhandel, Einzelhandel, aber auch Restaurants usw.)
Investitionsgüterbetriebe (Maschinenfabrik, Walzwerk)	Verkehrsbetriebe (Bus, Eisenbahn, Flugzeug)
Konsumgüterbetriebe (Textil-, Nahrungsmittelunternehmen usw.)	Bankbetriebe (Sparkassen, Großbanken)
Gebrauchsgüterbetriebe (Möbelfabrik)	Versicherungsbetriebe (Krankenversicherung, Lebensversicherung usw.)
Verbrauchsgüterbetriebe (Nahrungsmittel-, Getränkeindustrie)	sonstige Dienstleistungsbetriebe (Friseur, Reinigung)

Einzelunternehmen
(<> **l'entreprise individuelle**)
Das Unternehmen gehört einem Eigentümer. Er ist unabhängig und muss den Gewinn nicht teilen. Dafür trägt er aber das alleinige Risiko und haftet mit seinem Privatvermögen (z.B. eine Kneipe, ein landwirtschaftlicher Betrieb).

Gesellschaft
(<> **la société**)
Man unterscheidet in Luxemburg s.à.r.l. (société à responsabilité limitée) und s.a. (société anonyme). Die Gesellschaft gehört mehreren Eigentümern (Gesellschafter, Aktionäre). Sie haften nur mit dem eingebrachten Kapital. Das Risiko ist hier auf mehrere Schultern verteilt. Beispiel: Banken, große Industrieunternehmen.

Wie arbeitet ein Betrieb?

Nicht alle Betriebe sehen gleich aus. Sie haben aber eines gemeinsam: Sie produzieren etwas, das verkauft werden soll. Das können sowohl Sachgüter sein, wie zum Beispiel Autos oder Mobiltelefone, als auch Dienstleistungen, die ein Friseur, Handwerksbetrieb oder ein Krankenhaus anbieten.
Jeder Betrieb benötigt dafür Produktionsmittel. Dazu zählt man die Betriebsgebäude und benötigte Maschinen sowie auch alle Rohstoffe, die finanziellen Mittel und die Mitarbeiter. Die Betriebsleitung ist dafür verantwortlich, dass die Arbeit im Betrieb organisiert wird und der Betrieb ökonomisch arbeitet. Sie legt fest, welche und wie viele Produkte erzeugt werden, wie die Produktionsfaktoren einzusetzen sind, wie sie beschafft und bereitgestellt werden und wie die Produkte mit Gewinn verkauft werden können. Auch hier gilt das ökonomische Prinzip.

4.7 Les entreprises

Um konkurrenzfähig arbeiten zu können, muss der Betrieb mit möglichst wenig Aufwand von Arbeitskraft, Rohstoffen und Kapital auskommen. Gleichzeitig kann ein Betrieb im Konkurrenzkampf nur überleben, indem er regelmäßige und größere Investitionen vornimmt. Betriebe, die in die leistungsfähigsten Maschinen und das beste Know-how investieren, können ihre Produkte kostengünstig, das heißt konkurrenzfähig anbieten. Gleichzeitig erhöht sich dadurch auch die Arbeitsplatzsicherheit.

M3 Aus dem Praktikumsbericht eines Schülers

Diese Computerfirma besitzt sechs verschiedene Abteilungen, deren Arbeiten nur von zwei Leuten erledigt werden müssen, was nicht immer ganz leicht abläuft, wie man sich auch vorstellen kann!
Die erste Abteilung ist der Einkauf. In dieser Abteilung werden alle möglichen Artikel eingekauft. Kunden können auch ihre speziellen Wünsche mitteilen und diese „Wünsche" können dann bestellt werden!
Die zweite Abteilung ist der Verkauf. In dieser Abteilung versucht man, den Kunden alles Mögliche zu verkaufen, natürlich mit einer guten Beratung.
Die dritte Abteilung ist die Technik. Hier werden Probleme, die Kunden mit ihren Computern und dem Zubehör haben, behoben.
Die vierte Abteilung ist der Versand. Beim Versand werden die ganzen Artikel verschickt.
Die fünfte Abteilung ist der Kundendienst. Beim Kundendienst steht der Service im Mittelpunkt. Zum Kundendienst zählen auch die sogenannten Hausbesuche, ebenso wie der Vor-Ort-Service. Die Kunden können im Betrieb anrufen … Vielleicht kann man das Problem auch schon am Telefon regeln.
Die sechste und letzte Abteilung ist die Internetabteilung. Zum einen wird den Kunden ein „Online-Shop" angeboten. Ansonsten wird noch Platz für Server geboten, auch alle Arten von Abrechnungen laufen meistens über diese Abteilung.

M4 Das System der Betriebsorganisation

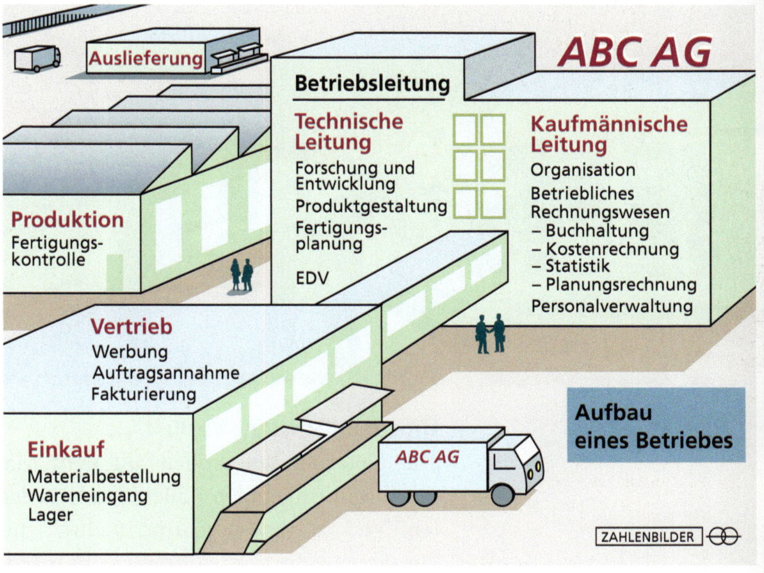

1 Definieren Sie den Unterschied zwischen der Produktion von Sachgütern (biens) und Dienstleistungen (services).
2 Suchen Sie Beispiele von Luxemburger Betrieben und ordnen Sie diese den einzelnen Betriebsarten nach M2 zu.
3 Notieren Sie die wichtigsten Fachbegriffe des Autorentextes sowie von M3 und M4 und erklären Sie diese mithilfe eines Lexikons.
4 Welche Vorteile bzw. welche Nachteile hat z. B. der Einsatz von Robotern in der Industrie?
5 Welche Unternehmensform (Einzelunternehmen oder Gesellschaft) würden Sie bei Gründung folgender Unternehmen wählen?
a) Ein kleines Handwerksunternehmen.
b) Ein Start-up der Logistikbranche.
c) Eine Gesellschaft zum gemeinsamen Einkauf von Produktionsmaterial.
Begründen Sie Ihre Wahl.
6 „Investition bedeutet oft Rationalisierung, Rationalisierung bedeutet oft Entlassungen." Diskutieren Sie diese Aussage.

Start-up-Unternehmen (<> entreprises startups) gründen sich mit einer innovativen Geschäftsidee, die große Erfolge am Markt haben kann, aber auch von hohen Risiken für die Kapitalgeber begleitet ist.

4.8 Wie ein Geschäftsmann denken muss

M 1 Im Verkaufsraum einer Metzgerei

Umsatz, Gewinn, Verlust ...

Die Unternehmer wollen auf dem Markt mit ihrem Angebot vor allem Gewinn erzielen. Viel zu verkaufen und dadurch hohe Umsätze (<> le chiffre d'affaires) zu machen, reicht nicht für den wirtschaftlichen Erfolg. Wer auf Dauer die eigenen Kosten nicht wieder hereinwirtschaften kann, der geht pleite, auch wenn er viel verkauft. Sind die Kosten (für eingekauftes Material, Personal, Zinsen für Kredite, zu zahlende Steuern, ...) höher als der Umsatz, dann entsteht Verlust (<> la perte). Nur wenn die Kosten niedriger als der Umsatz sind, erwirtschaftet das Unternehmen Gewinn (<> le bénéfice).

Wirtschaftlichkeit ist entweder durch geringe Kosten (Minimalprinzip) oder durch hohe Verkaufspreise (Maximalprinzip) zu erreichen.

Wie ein erfolgreicher Geschäftsmann rechnet, wie er sein Angebot für Kunden attraktiv gestaltet und die Preise festlegt, zeigt das folgende Beispiel:

Die Metzgerei Wolff stellt sich vor

Frau und Herr Wolff haben den Betriebe vor acht Jahren neu gegründet. Sie hatten lange überlegt, ob sie das Risiko eingehen sollten, ihre Ersparnisse in den Betrieb zu stecken und hohe Kredite aufzunehmen. Der Standort war gut, da es wenig Konkurrenz gab. Aber würde das in Zukunft so bleiben?

Heute sind die Wolffs recht zufrieden. Die Metzgerei ist ein modern eingerichteter Betrieb. Hier arbeiten außer Herrn Wolff zwei Gesellen und ein Lehrling, im Verkauf Frau Wolff und drei Verkäuferinnen. Neben den verschiedenen Wurst- und Fleischsorten werden Geflügel und Käse verkauft. Außerdem bietet die Metzgerei Feinkost in Konserven, Gewürze, Eier und Butter an. Belegte Brötchen werden vor allem an Schüler und Mitarbeiter nahe gelegener Betriebe verkauft.

Im Verkauf haben Wolffs von Anfang an auf eine gute Warenpräsentation und intensive Beratung ihrer Kundschaft gesetzt. Frau Wolff und ihre Verkäuferinnen haben Fortbildungen zum Thema Kundenberatung besucht. Die Ware wird nach Wünschen der Kunden frisch geschnitten und nicht vorher abgepackt. Schon beim Einkauf der Waren achtet Herr Wolff auf beste Qualität. Nur so hat die Metzgerei eine Chance, gegen die Supermärkte zu bestehen.

Die gute Beratung ist mit hohen Personalkosten verbunden. Wolffs zahlen ihren Verkäuferinnen ein überdurchschnittliches Gehalt, damit sie nicht wechseln. Wegen der eingehenden Beratung fallen mehr Arbeitsstunden im Verkauf an. Aus den Gesprächen im Laden wissen Wolffs, welche Angebote die Kunden erwarten. Aktionen mit Sonderangeboten ziehen neue Kunden an.

4.8 L'entrepreneur

M2 Betriebliche Erfolgsrechnung der Metzgerei Wolff 2020

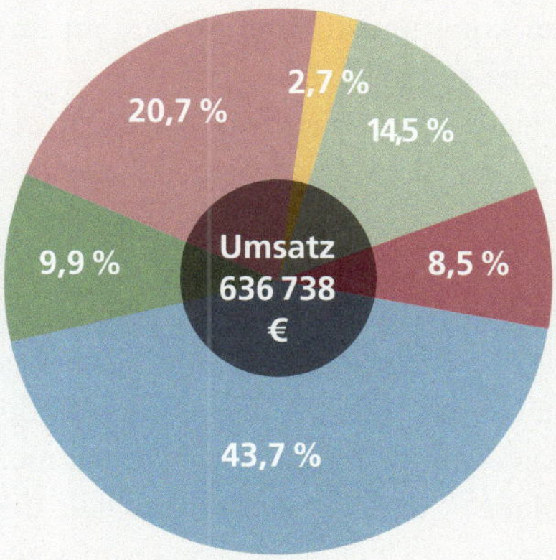

Zur Vereinfachung wurde die Umsatzsteuer nicht berücksichtigt

Angaben in €

Betriebsleistung (Umsatz)	**636 738**
Materialeinsatz (z.B. Gewürze, Tierhälften)	278 057
Einsatz von Handelswaren (z.B. Feinkostkonserven, Eier)	63 219
Personalaufwand (Kosten für das beschäftigte Personal und die mitarbeitende Ehefrau)	132 090
Abschreibung (Abnutzung der Maschinen)	17 145
Sonstiger Aufwand (z.B. Gewerbesteuer, Energiekosten, allgemeine Bürokosten, Werbung, Schlachtkosten, Miete, Reinigungsmittel, Fahrzeugunterhaltung)	92 442
Gewinn	**53 785**
Kalkulatorische Kosten (z.B. Arbeitsleistung des Unternehmers, soz. Sicherung, Verzinsung des eingesetzten Kapitals)	53 944
Kalkulator. Gewinn bzw. Verlust	**–159**

Die Kalkulation

Herr Wolff sagt:

„Ich muss bedenken, dass aus dem Gewinn Folgendes zu finanzieren ist: der Unternehmerlohn für meine Arbeitsleistung als Meister, meine Krankenversicherung, meine Pflegeversicherung und meine Altersvorsorge. Auch die Einkommenssteuer geht ab. Ebenso muss ich berücksichtigen, dass das von uns eingesetzte Kapital zu verzinsen ist. Dafür setze ich einen Zinssatz an, den wir von einer Bank bekommen würden, wenn wir das in die Metzgerei investierte Geld dort anlegen würden. In die Erfolgsrechnung gehen diese Kosten als kalkulatorische Kosten ein."

Herrn Wolffs Jahresrechnung ist im Schaubild M2 wiedergegeben. Aber wie wird der Preis der einzelnen Waren so festgelegt, dass hinterher der Umsatz stimmt? Dazu bedarf es einiger Übung. Herr Wolff hat für alle Waren einen „Kalkulationszuschlag" errechnet, mit dem seine Kosten abgedeckt werden.

Beispiel einer Kalkulation
Nicht alle Waren stellt die Metzgerei selbst her. Spezialitäten werden zugekauft.

Einkaufspreis für 1 Schinken zu 6 kg	€	**75,00**
Kalkulationszuschlag 75 % vom Bezugspreis	+ €	**65,50**
Verkaufspreis für 5 kg (1 kg Knochen, Verschnitt)	= €	**140,50**
Verkaufspreis für100 g	€	**2,81**

1 Wie versucht sich die Metzgerei Wolff am Markt zu behaupten? Erläutern Sie die Angebots- und Verkaufsstrategie des Betriebs.
2 „Private Betriebe müssen auf Dauer Gewinn erzielen." Erklären Sie.
3 Erläutern Sie die Erfolgsrechnung und das Kalkulationsbeispiel.
4 Was können Wolffs tun, um ihren Gewinn zu erhöhen?
5 Wolffs kaufen für 7500 Euro eine Maschine. Sie rechnen damit, dass diese in einem Zeitraum von zehn Jahren veraltet. Welchen Betrag müssen sie jährlich bei den Konten für die Abnutzung der Maschine (Abschreibung) ansetzen?
6 Überlegen Sie, ob sich der Kalkulationszuschlag exakt ermitteln lässt. Nennen Sie die Risiken, die in Herrn Wolffs Kalkulation stecken.

4.9 Soziale Marktwirtschaft

In einer freien Wirtschaft soll der Markt alles allein regeln: Was und wie viel produziert wird, welche Dienstleistungen angeboten werden, die Höhe der Investitionen und die Nachfrage nach Waren und Dienstleistungen. Diese Vorstellung ist vor allem in den USA weit verbreitet. Weil es aber in einer freien Marktwirtschaft immer wieder zu sozialen Ungerechtigkeiten, zu Arbeitslosigkeit und Krisen kommt, ist die Vorstellung aufgekommen, der Staat müsse alle Bereiche der Wirtschaft regeln: Nicht private Unternehmen und Verbraucher bestimmen demnach Angebot und Nachfrage, sondern der Staat legt diese fest.

Allerdings ist diese als Planwirtschaft bezeichnete Wirtschaftsordnung in den ehemaligen kommunistischen Staaten an ihrer Ineffizienz gescheitert.

Die soziale Marktwirtschaft versucht eine Antwort auf die Mängel beider Systeme zu finden.

Den Wettbewerb zu erhalten und den Machtmissbrauch einzelner Unternehmen im Interesse der Kunden zu unterbinden, gehört zu den zentralen Aufgaben des modernen Staates und – in Europa in zunehmendem Maße – der EU. Außerdem fällt dem Sozialstaat (<> l'État-providence) im weiteren Sinne die Aufgabe zu, die sozialen Interessen der Arbeitnehmer und Verbraucher zu schützen. Hierzu zählen Kündigungsschutz, Altersversorgung, Krankengeld, Mutterschutz, Unfallverhütung und Verbraucherschutz. In einer sozialen Marktwirtschaft setzt der Staat dem freien Spiel der Marktkräfte also Grenzen.

M 1 Verbraucher, Unternehmen, Staat in der sozialen Marktwirtschaft

Nachfrager
- entscheiden über den Kauf von Gütern, um ihre Bedürfnisse zu befriedigen

Sie wollen
- niedrige Güterpreise
- gute Qualität der Güter
- ein gutes Sortiment
- gute Lieferbedingungen
- gute Beratung

Produktion und Konsum
Was?
Wie viel?
Wie?
Wo?
Für wen?

Anbieter
- entscheiden darüber, was sie wie, wie viel und wo produzieren

Sie wollen
- einen hohen Umsatz und Gewinn
- viele zufriedene Kunden
- den Bestand ihres Unternehmens sichern

Der Staat
- regelt das wirtschaftliche Handeln von Anbietern und Nachfragern durch Gesetze, z.B. durch das Gesetz gegen Wettbewerbsbeschränkungen
- beeinflusst die Beschäftigung von Arbeitnehmern in Unternehmen, z.B. durch Arbeitsschutzgesetze
- regelt die soziale Sicherung der Bürger durch die gesetzliche Sozialversicherung
- bietet wichtige Güter an, z.B. Schulen, Schwimmbäder, Büchereien, Parks
- schafft Voraussetzungen für wirtschaftliches Handeln, z.B. durch eine staatliche Verwaltung und den Bau von Straßen

4.9 Économie sociale de marché

M2 Article 11 de la Constitution

(4) La loi garantit le droit au travail et l'État veille à assurer à chaque citoyen l'exercice de ce droit. La loi garantit les libertés syndicales et organise le droit de grève.

(5) La loi règle quant à ses principes la sécurité sociale, la protection de la santé, les droits des travailleurs, la lutte contre la pauvreté et l'intégration sociale des citoyens atteints d'un handicap.

(6) La liberté du commerce et de l'industrie, l'exercice de la profession libérale et du travail agricole sont garantis, sauf les restrictions à établir par la loi.

Constitution du Grand-Duché de Luxembourg, Luxemburg 2013

M3 Alt und Jung im Gespräch

M4 EU-weite Kennzeichnungspflicht von Eiern mit dem Erzeugercode gewährleistet Transparenz gegenüber den Verbrauchern

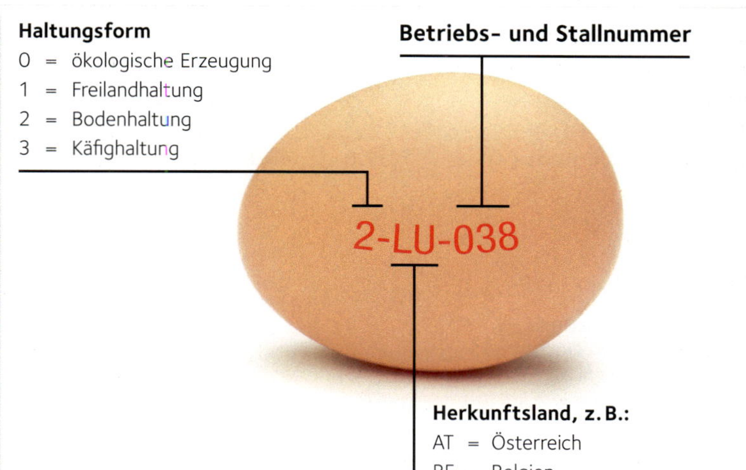

Quelle: Europäisches Verbraucherzentrum, Kiel (www.evz.de)

M5 Sozialstaat

1 Erklären Sie in eigenen Worten, was man unter „sozialer Marktwirtschaft" versteht.

2 Welche sozialen Elemente der Marktwirtschaft finden Sie in der luxemburgischen Verfassung wieder?

3 Vergleichen Sie mithilfe einer Tabelle die verschiedenen Wirtschaftsordnungen (freie Marktwirtschaft, Planwirtschaft, soziale Marktwirtschaft).

4 Untersuchen Sie M1 – M4. Stellen Sie jeweils den Zusammenhang mit dem Luxemburger Wirtschaftssystem her.

5 Nennen Sie Gründe, warum niedrige Lohnkosten in anderen Ländern unseren Sozialstaat unter Druck setzen.

4.10 Wirtschaftsfaktor Staat

direkte Steuern
(<> les impôts directs)
Sie werden vom Steuerzahler direkt an den Staat gezahlt, z. B. Einkommenssteuer (durch Abzug vom Bruttolohn), Kfz-Steuer.

indirekte Steuern
(<> les impôts indirects)
Sie werden von den Bürgern indirekt an den Staat gezahlt, z. B. Mehrwertsteuer (TVA), Tabaksteuer usw.

BIP – Bruttoinlandsprodukt
(<> le produit intérieur brut)
Die Summe der Güter und Dienstleistungen, die innerhalb eines Jahres in einem Staat hergestellt oder erbracht werden.

Der Staat hat in unserer Gesellschaft viele wichtige Aufgaben. Zusammen mit den Gemeinden ist er zuständig für Kindergärten, Schulen, die Förderung der Wissenschaft, den Bau von Straßen, das Rechtswesen, für die Sozialhilfe und soziale Sicherung sowie für Parks, Museen und noch vieles mehr. Außerdem beschäftigt der Staat viele Beamte und Angestellte in Ministerien, Schulen und Ämtern, die nötig sind, um die oben genannten Aufgaben zu erfüllen. Dazu braucht der Staat Geld. Seine wichtigste Einkommensquelle sind Steuern und Abgaben, die die Bürger und Unternehmen unter bestimmten Voraussetzungen zahlen müssen.

Darüber hinaus treten der Staat und die Gemeinden selbst als Produzenten und Konsumenten auf. So hält die öffentliche Hand immer noch wichtige Anteile, z. B. an Post, Elektrizitäts- und Wasserwerken, aber auch an Großunternehmen (z. B. Flugunternehmen, Stahlproduzenten, Banken). Diese Unternehmen verkaufen Dienstleistungen und Waren an Haushalte und an andere Unternehmen. Auch als Verbraucher unterscheidet sich der Staat nicht von privaten Konsumenten. Die Bedeutung des Staates für unsere Wirtschaft wird klar, wenn man bedenkt, dass der Staat, die Gemeinden und die Sozialversicherungen einen Anteil von etwa 40 Prozent am BIP (Bruttoinlandsprodukt) haben.

M 1 Einnahmen und Ausgaben der öffentlichen Verwaltungen

	2000	2005	2010	2014
		en millions d'euros		
Dépenses	8417.0	12 660.3	17 311.8	20 723.5
Recettes	9736.6	12 708.6	17 098.8	21 425.6
Capacité (+) / besoin de financement (–)	**1319.6**	**48.3**	**–213.0**	**702.1**

STATEC 2016

M 2 Auch der Staat verdient mit

4.10 L'État – facteur économique

M3 Konzert im Centre Culturel

M4 Cité judiciaire

M5 Autobahntunnel

M6 Université du Luxembourg

M7 Service de la voirie

M8 Police Grand-ducale

1 Über welche wichtigen Einnahmen verfügt der Staat? Zählen Sie diese anhand von M2 auf.
2 Erklären Sie den Unterschied zwischen direkten und indirekten Steuern.
3 Wofür gibt der Staat Geld aus? Nennen Sie verschiedene Beispiele.
4 Ordnen Sie die staatlichen Ausgaben (M3–M8) den verschiedenen Bereichen zu: Sicherheit, Infrastruktur, Bildung, Kultur, Justiz. Fallen Ihnen weitere Beispiele ein?
5 Beschreiben Sie die Rolle des Staates in der Wirtschaft.
6 Warum weisen Staatsbudgets immer wieder Defizite auf? Welche Folgen haben diese Schulden für die Politik der darauffolgenden Jahre?

4.11 Geld als Tauschmittel

M 1 Tauschhandel

Ware gegen Ware – Ware gegen Geld

In früher Zeit tauschten die Menschen Ware gegen Ware. Da diese sogenannte Tauschwirtschaft (<> le troc) aber unpraktisch war, kamen die Menschen schließlich darauf, nicht mehr Ware gegen Ware zu tauschen, sondern etwas dazwischenzuschalten: Geld.
Die Erscheinungsform von Geld hat sich im Laufe der Zeit geändert. Eine einfache Form des Geldes ist das Warengeld, also Gegenstände, die als Geld verwendet werden, wie z. B. Muscheln. Während Metalle zunächst als Warengeld dienten, kam man später darauf, sie in eine einheitliche Form zu bringen. Geprägte Metallstücke, also Münzen, werden heute noch verwendet. Neben den Münzen setzte sich das Papiergeld durch. Es erleichtert den Umgang mit großen Geldbeträgen und ist leichter zu vermehren als Edelmetallmünzen. Das gilt erst recht für das Buchgeld (<> la monnaie scripturale), also das Geld, das auf einem Bankkonto steht. Es spielt im heutigen Wirtschaftsleben eine bedeutende Rolle.

M 2 Verschiedene Geldformen

Kaurischnecken

Frühform der Münze (7. Jh. v. Chr.)

M 3 Die Entwicklung vom Warengeld zum Buchgeld

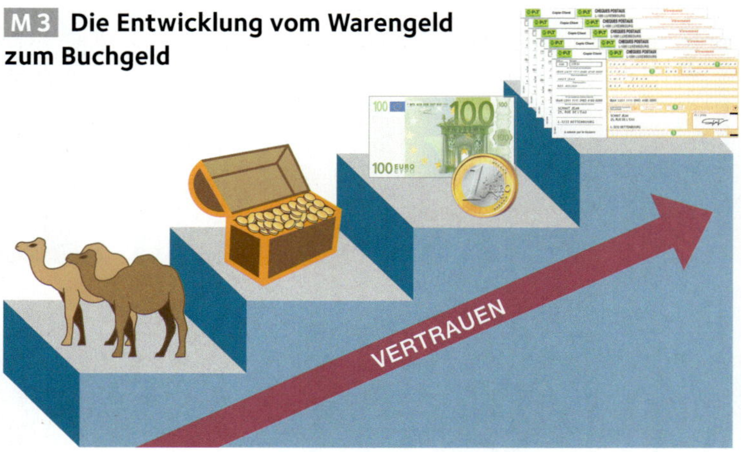

M 4 Die Funktionen des Geldes im Überblick

Zahlungsmittel	Recheneinheit	Wertaufbewahrungsmittel
Geld erleichtert den Warentausch. Auch Finanztransaktionen wie die Vergabe von Krediten sind möglich.	Güterwerte lassen sich in einer Bezugsgröße ausdrücken und vergleichen. Geld fungiert als Wertmaßstab.	Gelderwerb und Geldausgabe können zeitlich auseinanderfallen. Sparen ist möglich.

Um diese Funktionen erfüllen zu können, muss der Gegenstand, der als Geld verwendet wird, gut teilbar, wertbeständig und allgemein akzeptiert sein.

Deutsche Bundesbank, Geld und Geldpolitik, Frankfurt 2010, S. 11

4.11 La monnaie – un moyen d'échange

Der Wert des Geldes und Preisstabilität

Da Papier- und Buchgeld quasi „aus dem Nichts“ produziert werden können, besteht auch die Gefahr, dass – im Verhältnis zum Warenangebot – zu viel Geld in Umlauf ist und dann die Preise steigen. Die Knappheit des Geldes ist also die Grundlage für seinen Wert. Deshalb muss jemand für die Knappheit des Geldes, d. h. für die Preisstabilität, sorgen. Das ist für das Euro-Währungsgebiet die Europäische Zentralbank (EZB).

M5 Die Inflation – wenn das Geld an Wert verliert

Preise für Waren und Dienstleistungen können sich jederzeit ändern – einige Preise steigen, während andere fallen. Erhöhen sich die Preise allgemein und nicht nur die Preise einzelner Produkte, so spricht man von Inflation (<> l'inflation). Ist dies der Fall, so kann man für sein Geld weniger kaufen, d. h. das Geld ist weniger wert.
Wie kann es dazu kommen? Eine Inflation kann dadurch beginnen, dass die Nachfrage nach bestimmten Waren, vor allem nach Rohstoffen, größer ist als das Angebot. Die Preise steigen. In Krisenzeiten neigen die Regierungen dazu, mehr Geld drucken zu lassen, um ihre Schulden zu tilgen. Auch dies führt zu Inflation.

Die Stabilität der Preise überprüft man mit einem Verbraucherpreisindex; dieser wird einmal im Monat anhand des sogenannten Warenkorbs errechnet. Dieser Korb enthält eine Reihe verschiedener Produkte, die ein durchschnittlicher Haushalt normalerweise verbraucht. Der Gesamtpreis dieses Warenkorbs wird dann regelmäßig kontrolliert, um zu sehen, wie stark die Preise gestiegen sind. Luxemburg ist eines der wenigen Länder der Welt, in der ab einer bestimmten Inflationsrate die Löhne automatisch an die Preisentwicklung angepasst werden. Man spricht von Lohnindexierung, dem Index.

M6 Deutsche Fünfzig-Millionen-Mark-Banknote

1923 kam es in Deutschland zu einer unkontrollierbaren Inflation, einer sogenannten Hyperinflation. So kostete z. B. am 15. November 1923 ein Frühstücksei 320 Milliarden Papiermark.

1 Nennen Sie mögliche Vor- und Nachteile einer Geldwirtschaft gegenüber einer Tauschwirtschaft.

2 M4 zeigt die verschiedenen Funktionen des Geldes. Finden Sie für jede Funktion eine entsprechende Situation, z. B.: „Simon hat auf dem Sparkonto 320 Euro. Er spart für ein neues Fahrrad.“

3 Recherchieren Sie im Internet über die Abbildungen auf den Euromünzen und -scheinen. Welche symbolischen Bedeutungen haben sie? Untersuchen Sie die verschiedenen Sicherheitsmerkmale.

4 Beschreiben Sie den in M3 dargestellten Zusammenhang zwischen dem Vertrauen und der Entwicklung zum Buchgeld. Wessen „Vertrauen“ ist gemeint?

5 Erklären Sie den Begriff „Inflation“ in eigenen Worten. Welche Gründe für Inflation gibt es?

6 Welche Konsequenzen zieht eine Inflation nach sich? Unterscheiden Sie zwischen den privaten Haushalten und der Wirtschaft allgemein.

7 Wie haben Konsumenten wohl auf die Hyperinflation reagiert? (M6)

8 Menschen investieren in Krisenzeiten vermehrt in Sachwerte (z. B. Häuser, Schmuck, Maschinen usw.). Erklären Sie.

4.12 Der Wirtschaftskreislauf

Wenn sich jemand ein Auto kauft, tauscht er genau genommen sein Geld gegen eine Sache ein, die in einer Fabrik hergestellt wurde. Dieses Geld hat er durch seine Arbeit verdient. So funktioniert es jeden Tag überall auf der Welt: Die Unternehmen bezahlen für die Arbeitskraft der Menschen. Diese wiederum bezahlen mit ihrem Verdienst die Güter des täglichen Lebens, die in vielen Unternehmen hergestellt werden. Das lässt sich in einer Grafik darstellen (siehe M1). Der Begriff Wirtschaftskreislauf drückt aus, dass ein ständiger Austausch zwischen den Unternehmen und privaten Haushalten sowie Banken, Staat und Ausland erfolgt.
Allerdings dreht sich der Wirtschaftskreislauf nicht immer gleichmäßig. Das Auf und Ab der wirtschaftlichen Aktivität wird als Konjunktur bezeichnet. Der Staat kann versuchen, die Konjunktur zu beeinflussen.

M1 Der Wirtschaftskreislauf

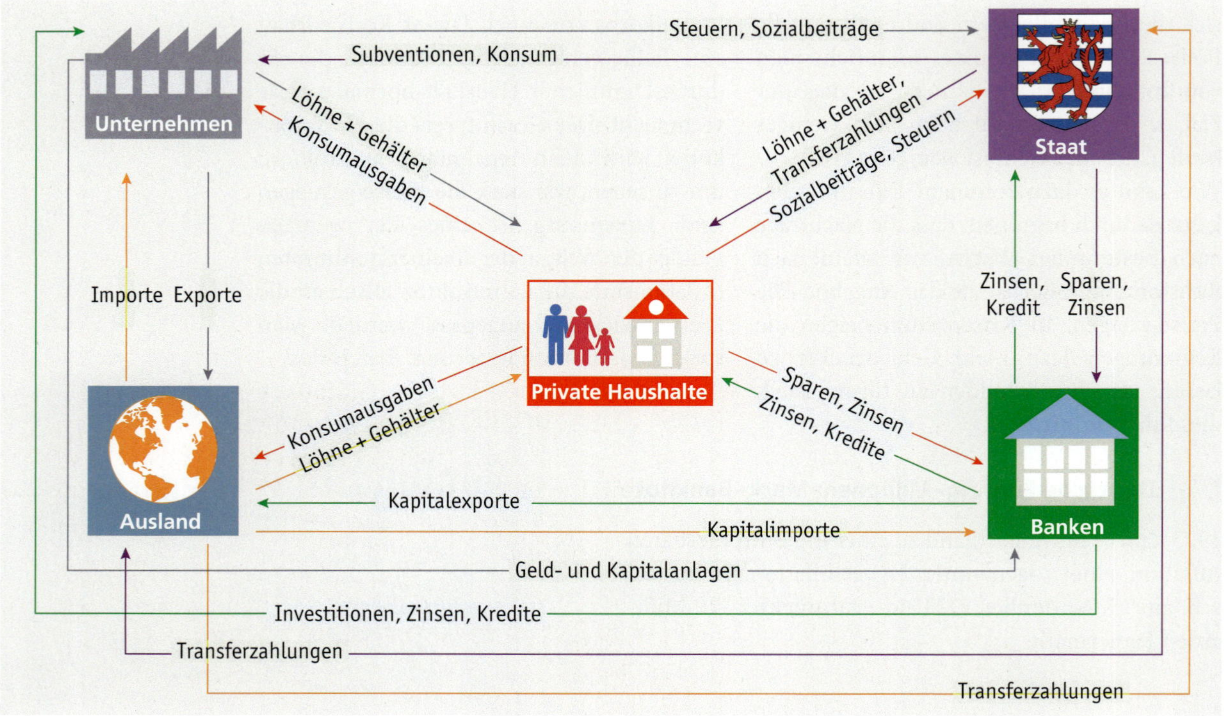

Die Rolle der Geschäftsbanken im Wirtschaftskreislauf

Früher oder später hat jeder Mensch mit einer Bank zu tun. Man besitzt ein Sparbuch, eine Geldkarte, ein Konto. Darauf wird zum Beispiel der Lohn, den man bei seiner Arbeit verdient, eingezahlt. Aber jeder Einzelne kann auch Geld auf ein Konto einzahlen. Mit der Geldkarte wiederum kann man Geld von seinem Konto abheben.
Die Geschäftsbank (<> la banque ordinaire) ist also eine Art Zwischenlager für das Geld, das Menschen zu ihr bringen und nach Bedarf wieder abholen. Dafür, dass sie das Geld verwaltet und Geldgeschäfte für ihre Kunden erledigt, müssen die Kunden eine Gebühr bezahlen. Die Bank verleiht außerdem Geld. Wer Geld bei der Bank leiht, also einen Kredit aufnimmt, muss dafür bezahlen: Er muss natürlich das Geld zurückzahlen, zusätzlich aber auch Zinsen, die unterschiedlich hoch ausfallen können. Ähnlich wie Privatpersonen müssen auch Unternehmen auf die Dienste von Banken zurückgreifen. Sie benötigen Kredite für weitere Investitionen und lassen ihr Vermögen verwalten.
Umgekehrt investieren die Banken auch in Unternehmen. Dadurch werden die Banken zu wichtigen Bindegliedern zwischen den verschiedenen Akteuren des Wirtschaftskreislaufs.

4.12 Le circuit économique

M2 Bankenschema

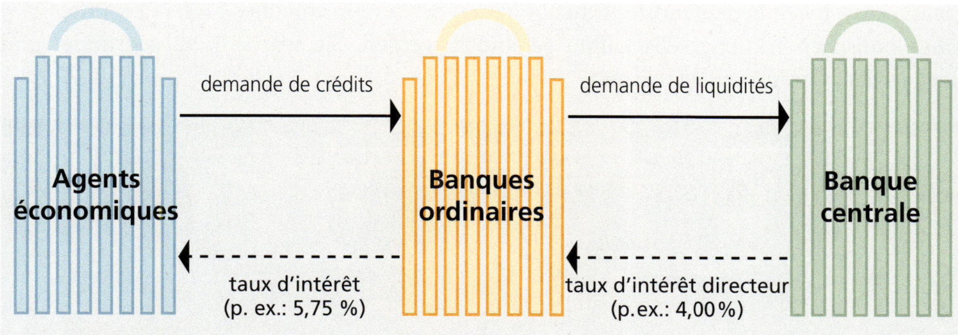

Quelle: MENFP, Économie, l'essentiel. Initiation économique et sociale-optique luxembourgeoise, ED/ES/329, Luxembourg, 2008, S. 98

EZB-Tower, Frankfurt am Main

Zentralbanken

Neben den Geschäftsbanken gibt es in jedem Land eine Zentralbank (<> la banque centrale). Sie richtet sich nicht an Privatkunden. Ihre wichtigste Aufgabe ist es, die Menge des sich im Umlauf befindenden Geldes festzulegen, damit keine Inflation entsteht. Wenn Geschäftsbanken sich Geld ausleihen, so können sie das zu einem bestimmten Zinssatz (<> le taux d'intérêt), dem sogenannten Leitzins (<> le taux directeur), bei den Zentralbanken tun. Seit 2014 müssen die Geschäftsbanken für hinterlegtes Geld bei der Zentralbank „Strafzinsen" bezahlen. Einzelne Banken geben dies dann an ihre Kunden weiter. Das betrifft derzeit aber nur sehr hohe Spareinlagen ab 100.000 Euro. In Luxemburg bestimmt die Banque centrale du Luxembourg (BCL), zusammen mit den übrigen Zentralbanken der Euroländer und der Europäischen Zentralbank (EZB), die Geldpolitik im Euroraum. Ihre Hauptaufgabe ist es, die Kaufkraft des Euro und somit die Preisstabilität im Euroraum zu gewährleisten.

M3 Die Konjunktur in der Theorie

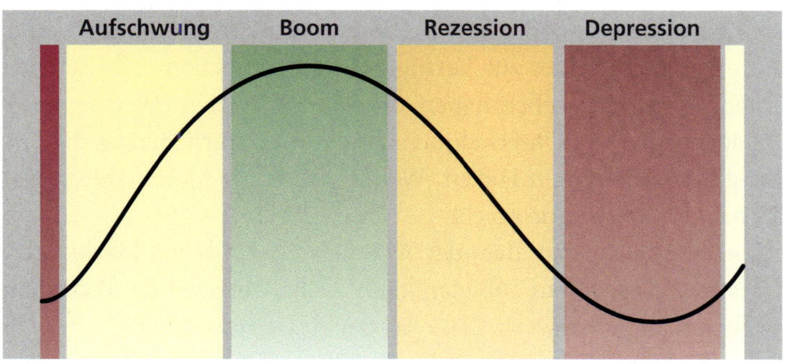

M4 Wie der Staat der Konjunktur auf die Sprünge hilft

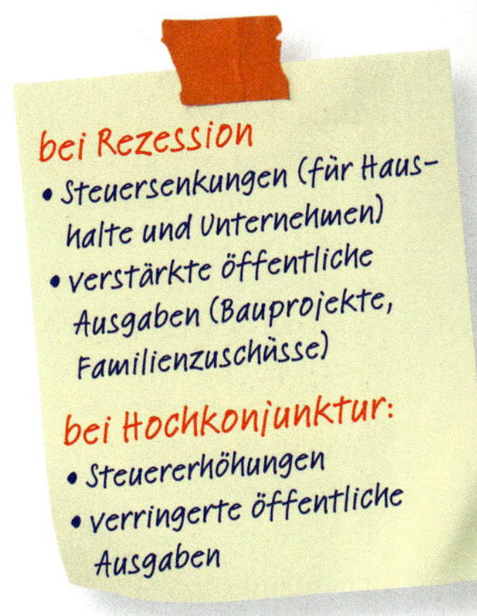

1 Zählen Sie die Beteiligten des Wirtschaftskreislaufes auf.

2 Warum wird die Wirtschaft in einem Kreislauf dargestellt? Erklären Sie.

3 Was geschieht, wenn ein Element des Kreislaufes wegfällt?

4 Zählen Sie die Unterschiede zwischen den Geschäftsbanken und der Zentralbank auf.

5 Erläutern Sie die Rolle der Banken in unserer Wirtschaft. Welche besondere Rolle hat dabei die EZB?

6 Was bedeutet Konjunktur? Unterscheiden Sie zwischen den verschiedenen Phasen (M3).

7 Erklären Sie, wie die staatlichen Maßnahmen in M4 der Wirtschaft helfen sollen.

4.13 An der Börse

M 1 Die Börse von New York

Sie ist die weltweit bedeutendste Aktienbörse, an der Aktien von über 1700 der größten US-amerikanischen Aktiengesellschaften gehandelt werden. Sie wurde 1792 gegründet und liegt an der New Yorker Wall Street.

Die Börse ist ein Marktplatz

Die Börse ist wie ein Marktplatz, auf dem es weder Obst noch andere Waren gibt. An den Ständen stehen stattdessen Unternehmen, die Geld benötigen, um ein neues Produkt herzustellen oder neue Maschinen kaufen zu können. Über den Marktplatz schlendern Leute, die den Unternehmen einen Teil ihres Geldes zur Verfügung stellen möchten. Als Zeichen dafür, dass sie dem Unternehmen Geld gegeben haben, erhalten sie Aktien (Wertpapiere). Der Aktionär ist somit Miteigentümer des Unternehmens und hofft natürlich, dass die Firma Gewinne macht. Dabei gibt es aber einen Haken. Wer sein Geld in Aktien anlegt, riskiert Verluste, wenn die Firma keine Gewinne macht.

Die zweite Funktion der Börse besteht darin, dass der Aktionär über diesen „Marktplatz" seine Aktien anderen Interessenten zum Kauf anbieten kann. Dabei versucht der Aktionär, Gewinne zu erzielen. Dies gelingt aber nur, wenn der Wert der Aktie gestiegen ist.

Es gibt auch Rohstoffbörsen, die in großem Stil mit Gold, Silber, Platin oder Rohöl, aber auch mit Nahrungsmitteln wie Kaffee, Kakao oder Zucker handeln. Die Kurse oder Preise der gehandelten Rohstoffe bzw. Waren richten sich nach Angebot und Nachfrage.

Aktie, Wertpapier
(<> l'action)
Der Inhaber einer Aktie (Aktionär) ist als „Teilhaber" Miteigentümer am Vermögen einer Aktiengesellschaft.

Aktienkurs
(<> le cours des actions)
Er bezeichnet den aktuellen Preis einer Aktie, das heißt er benennt den Wert, zu dem der Käufer bereit ist, eine Aktie zu erwerben, und der Verkäufer bereit ist, diese zu verkaufen.

Dividende
(<> le dividende)
Jeder Aktionär erhält eine Dividende (Anteil am Gewinn). Einmal im Jahr bekommt also jeder Aktionär Geld, obwohl er die Aktie nicht verkauft.

1 Womit wird an der Börse gehandelt? Wodurch unterscheidet sich die Börse von einem normalen Markt, z. B. einem Wochenmarkt?

4.13 À la bourse

M 2 Steckbrief der Aktiengesellschaft ArcelorMittal

Der Kurs der Aktie von November 2018 bis Oktober 2019 in Euro

ArcelorMittal – weltgrößter Stahlproduzent mit Sitz in Luxemburg (gegründet 2007)

- Mitarbeiter weltweit: 209 000 an 60 Standorten (2018)
- Wichtigster privater Arbeitgeber in Luxemburg: ca. 4200 Arbeitnehmer
- Aktien: 40.83 % im Besitz der Familie Mittal, 2.5 % im Besitz des Luxemburger Staates, der Rest in Streubesitz, d. h. verteilt auf viele Aktionäre
- Produktion von 94,42 Mio. Tonnen Rohstahl (2018)
- Umsatz: 76,03 Mrd. US-$ (2018)

Das Börsensimulationsspiel

Eine Simulation ist ein möglichst realistisches Nachbilden bestimmter Prozesse bzw. Vorgänge, um über deren Abläufe genauere Kenntnisse zu gewinnen. Im Folgenden werden Sie den Kauf und Verkauf von Aktien simulieren, um zu verstehen, wie der Aktienmarkt funktioniert.

SO KÖNNEN SIE VORGEHEN:

1. Vorbereitung

Bilden Sie Gruppen. Jede Gruppe hat ein fiktives Startkapital von 10 000 Euro. Investieren Sie das Geld, indem Sie Aktien einer oder mehrerer Firmen kaufen. Begründen Sie, warum Sie die Aktien bestimmter Unternehmen erwerben.

2. Kaufen, verkaufen oder behalten

Verfolgen Sie wöchentlich die Entwicklung des Aktienkurses z. B. im Wirtschaftsteil einer Tageszeitung oder im Internet. Tragen Sie die Gewinne und Verluste in einer Tabelle ein. Sie können zwischendurch Ihre Aktien ganz oder teilweise verkaufen und andere Wertpapiere erwerben.
Börsen bieten keine einseitige Aufwärtsentwicklung der Kurse, sondern sind ein Wechselspiel aus Hausse und Baisse. Im günstigsten Fall machen erhebliche Kursgewinne steinreich, im schlimmsten Fall ist das gesamte Geld verloren.

3. Bilanz

Werten Sie nach einem Monat oder nach acht Wochen aus, ob Sie Geld verdient oder verloren haben.

2 Stellen Sie eine bekannte Aktiengesellschaft in einem Kurzporträt vor.

3 „An der Börse kann man schnell reich werden, aber auch in kürzester Zeit alles verlieren." Erklären Sie diese Aussage.

4.14 Das Wichtigste auf einen Blick

Wünsche und Bedürfnisse
- Grund-, Luxus- und Kulturbedürfnisse
- Materielle und immaterielle Bedürfnisse

Markt
- Zusammentreffen von Angebot und Nachfrage
- Marktarten: Warenmarkt, Kapitalmarkt, Immobilienmarkt, Arbeitsmarkt, Dienstleistungsmarkt …

Preisbildung
- Der Herstellerpreis richtet sich nach den Produktionsfaktoren (Rohstoffe, Kapital, Arbeit)
- Verkaufspreis = Herstellerpreis + Transport + Steuern + Gewinn
- Der Preis wird beeinflusst durch Angebot und Nachfrage, Konkurrenz, Kaufkraft, Güterknappheit, Modeeinflüsse …

Wettbewerb
- … ist Konkurrenzkampf um Marktanteile durch Produktwettbewerb und Werbung
- Kartellbildung oder Monopolstellung eines Anbieters unterlaufen den freien Wettbewerb
- Regulierung des Wettbewerbs erfolgt durch die EU oder den Staat

Unternehmen
- … gehören einem der drei Wirtschaftssektoren (Landwirtschaft, Industrie, Dienstleistungen) an
- Betriebsarten: Produktionsbetriebe und Dienstleitungsbetriebe
- Wichtigste Unternehmensformen in Luxemburg: S.A., S.à.r.l.

Staat und Marktwirtschaft
- Der Staat greift in die Wirtschaft ein, um den Wettbewerb zu garantieren und um die Verbraucher zu schützen
- Der Staat ist ein wichtiger Verbraucher und Anbieter auf dem Markt
- Der Sozialstaat schützt die sozialen Interessen der Bürger

Geld, Banken und Börsen
- Inflation = Geldentwertung
- Konjunktur = das Auf und Ab der wirtschaftlichen Aktivität
- Banken verwalten das Geld ihrer Kunden, gewähren Kredite und investieren
- Zentralbanken bestimmen die Geldmenge und den Leitzins
- Börsen = Handelsplätze für Wertpapiere und Waren

Le circuit de distribution

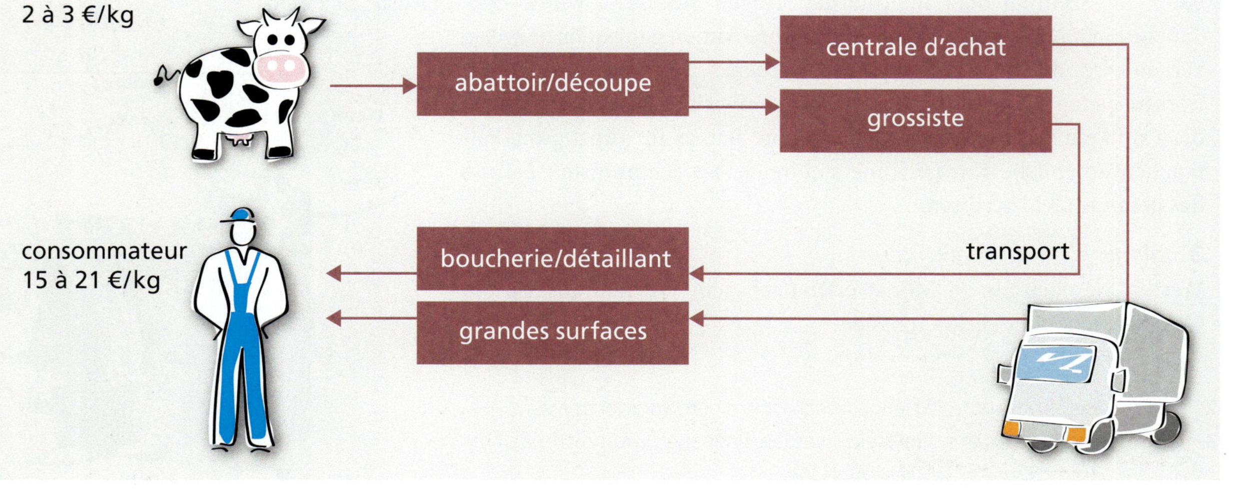

4.14 En bref

Sachkompetenz (<> maîtriser des savoirs)

1 Nennen Sie jeweils drei Beispiele für Grund-, Kultur- und Luxusbedürfnisse.
2 Erklären Sie die Begriffe Wettbewerb, Preisbildung, Kartell.
3 Erklären Sie den Preisunterschied des Fleisches vom Produzenten zum Konsumenten (siehe Grafik linke Seite).
4 Richtig oder falsch? Die soziale Marktwirtschaft:
… ist eine Wirtschaftsordnung, in der der Staat alleine das Geschehen auf dem Markt bestimmt.
… versucht das Prinzip der Freiheit auf dem Markt mit dem Prinzip des sozialen Ausgleichs zu verbinden.
5 Erklären Sie die soziale Marktwirtschaft in eigenen Worten.
6 Beschreiben Sie die Entwicklung „von der Muschel zum Euro".
7 Nennen Sie die Phasen eines Konjunkturzyklus.
8 Skizzieren Sie den Wirtschaftskreislauf.

Methodenkompetenz (<> utiliser des méthodes)

9 Erkunden Sie einen Wochenmarkt oder Flohmarkt (Angebot, Nachfrage, Preisbildung, Konkurrenz, Perspektive des Anbieters bzw. des Verkäufers).
10 Untersuchen Sie Ihr Konsumverhalten während eines Monats (Ausgaben, laufende Kosten).

Urteils- und Handlungskompetenz (<> juger et agir)

11 Finden Sie die in der Abbildung dargestellten Verkaufsstrategien und geben Sie jeweils konkrete Beispiele an. Nehmen Sie kritisch Stellung.
12 Sie möchten sich beruflich selbstständig machen. Planen Sie eine Firmengründung anhand einer Mindmap.
13 Nehmen Sie Stellung zu folgender Aussage:
„In der sozialen Marktwirtschaft sollen freies Handeln und soziale Verantwortung in einem ausgewogenen Verhältnis zueinander stehen."

Verkaufsstrategien

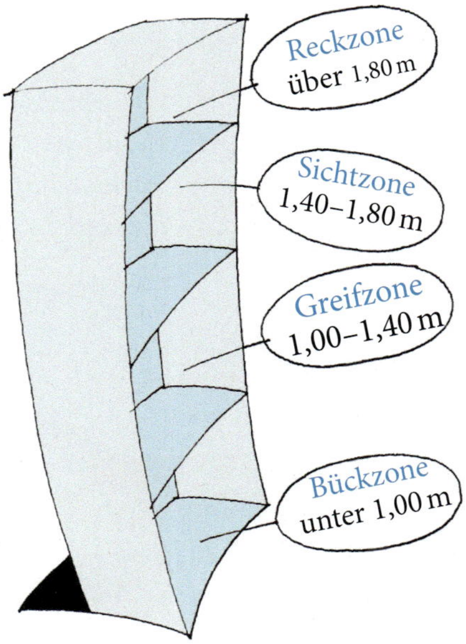

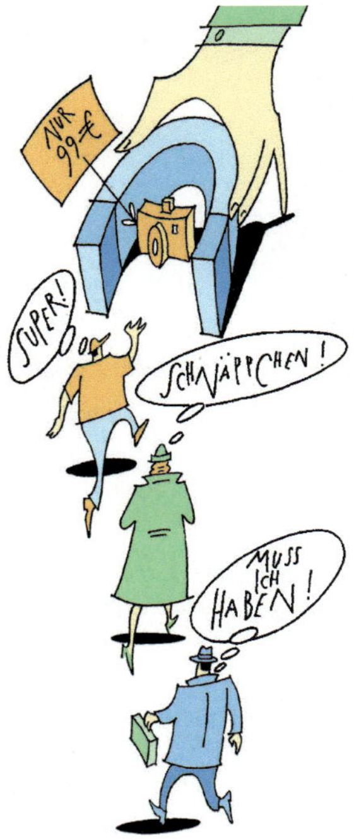

5 Arbeitswelt und soziale Sicherung

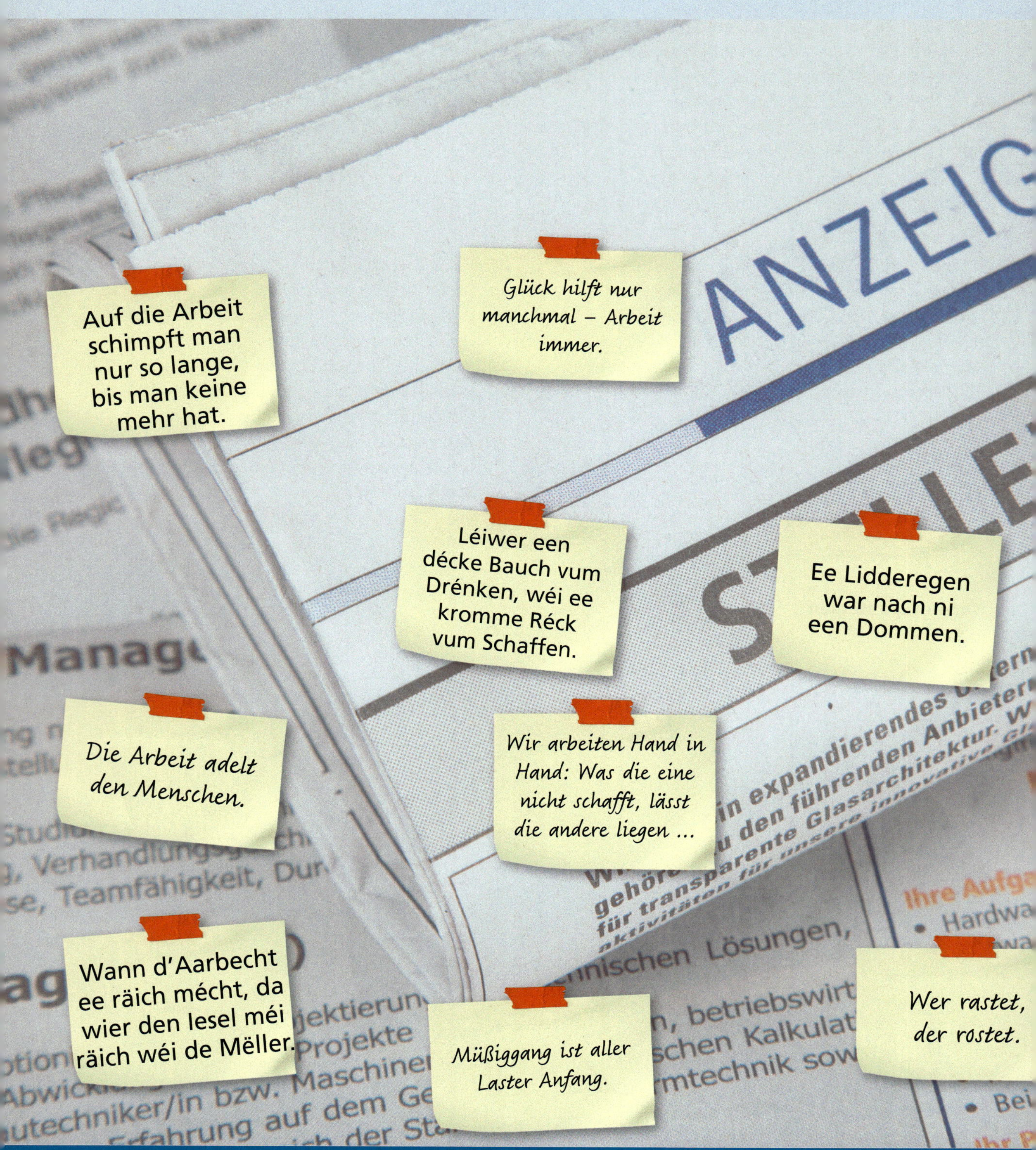

Le monde du travail et de la sécurité sociale

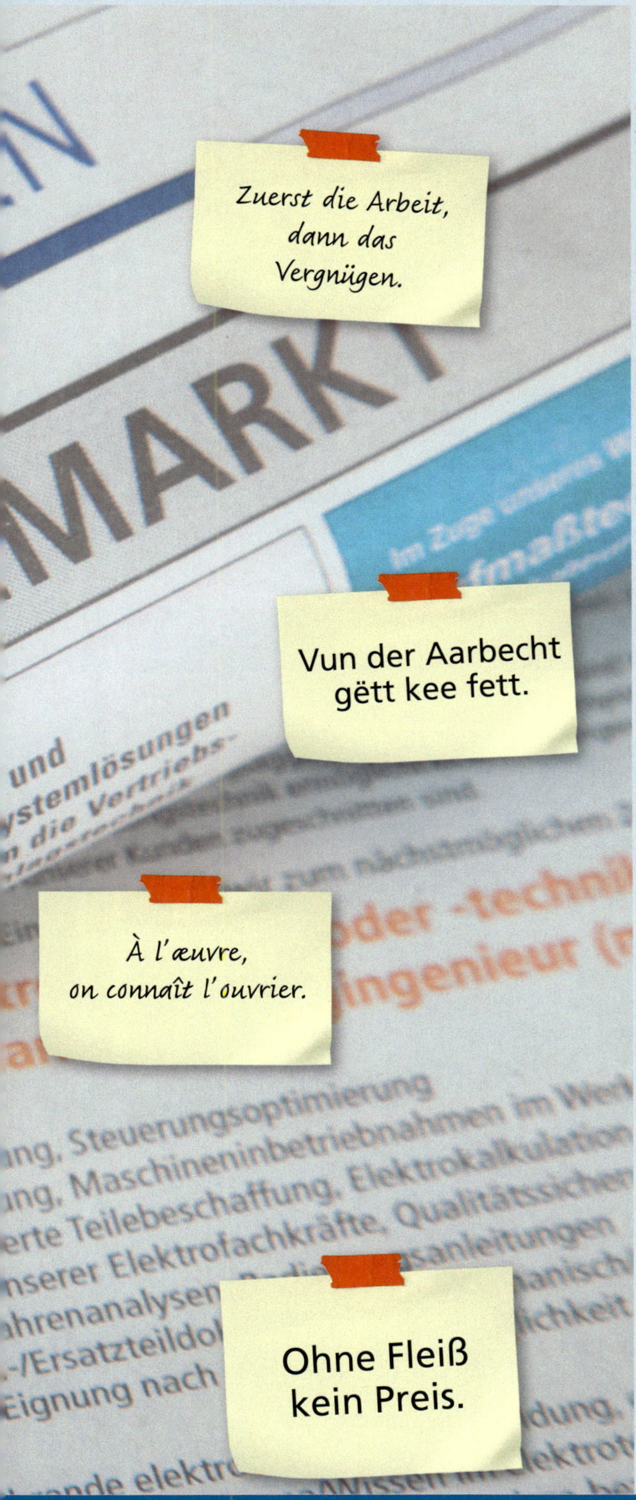

Durch Arbeit werden die wichtigsten Grundbedürfnisse wie Nahrung, Wohnung oder Kleidung befriedigt. Außerdem trägt Arbeit zu einem großen Teil zur Selbstverwirklichung des Menschen bei. So hat der gewählte Beruf erheblichen Einfluss auf viele weitere Bereiche Ihres Lebens.

In diesem Kapitel befassen Sie sich unter anderem mit der Frage, was Arbeit bedeutet, wie sich die Arbeitswelt im Laufe der Zeit veränderte und welche Auswirkungen dies hatte. Es geht darin auch um das Verhältnis zwischen Arbeitgeber (<> le patron, l'employeur) und Arbeitnehmer (<> le salarié, l'employé) und Sie beschäftigen sich damit, welche Rechte und Pflichten Sie als zukünftiger Arbeitnehmer gegenüber Ihrem Arbeitgeber haben.

1 Klären Sie die Bedeutung der Sprüche. Nennen Sie noch weitere Sprüche.

2 Wie sollte Arbeit sein? Leistung anerkennen, Spaß machen? Erstellen Sie in Partnerarbeit eine Hitliste der wichtigsten Merkmale Ihres Traumjobs.

KOMPETENZEN AUF EINEN BLICK

Sachkompetenz
(<> maîtriser des savoirs)

- Den Arbeitsmarkt und dessen Akteure kennen
- Zentrale Begriffe des Arbeitsrechts kennen
- Nachvollziehen, wie Löhne und Arbeitsbedingungen festgelegt werden
- Ursachen und Formen der Arbeitslosigkeit kennen
- Leistung und Zweck der Sozialversicherung kennen

Methodenkompetenz
(<> utiliser des méthodes)

- Planspiel zum Thema „Arbeitskonflikt“ durchführen
- Kritisch mit Statistiken umgehen

Urteils- und Handlungskompetenz
(<> juger et agir)

- Lernen, die Interessen in einem Tarifkonflikt zu vertreten
- Mögliche Belastungen des Sozialversicherungssystems beurteilen
- Sich für einen Arbeitsplatz bewerben

5.1 Arbeit im Wandel

Unsere Gesellschaft ist durch Arbeit geprägt. Mit Arbeit ist in diesem Fall die Erwerbsarbeit gemeint, also nicht die Arbeit der Familienmitglieder im Haushalt oder die unbezahlte Arbeit für einen Verein. Aber: Arbeiten wir, um zu leben, oder leben wir, um zu arbeiten? Zufriedenheit und Erfolg im Beruf haben für die Menschen einen hohen Stellenwert. So ist die Teilnahme am Erwerbsleben in unserer Gesellschaft maßgeblich für Ansehen, Lebensstandard und für die Versorgung im Ruhestand. Die Entscheidung für den richtigen Beruf wird daher als wichtig empfunden und ist nicht immer ganz leicht zu treffen. Immer häufiger üben Menschen im Laufe ihres Berufslebens mehrere berufliche Tätigkeiten nacheinander oder gar gleichzeitig aus. Und sie müssen sich während ihres Berufes ständig weiterbilden und anpassen.

M 1 Karikatur

Vorwärts mit der Dienstleistungsgesellschaft!

M 2 Was bedeutet Arbeit für Sie?

	stimmt völlig	stimmt	stimmt teilweise	stimmt überhaupt nicht
1. „Arbeit zwingt zur Aktivität."				
2. „Durch Arbeit kann man etwas bewirken."				
3. „Arbeit gibt dem Leben eine Struktur."				
4. „Arbeit fördert soziale Kontakte."				
5. „Arbeit lässt das Leben sinnvoller erscheinen."				
6. „Arbeit dient der Persönlichkeitsentfaltung."				
7. …				
8. …				
9. …				

1 Erläutern Sie die Karikatur M1. Welche Erwartungen werden an den Arbeitnehmer gestellt?

2 Füllen Sie M2 aus, vergleichen Sie die Ergebnisse in der Klasse und diskutieren Sie die einzelnen Punkte.

5.1 Le monde du travail en mutation

Mit der Entwicklung immer neuer Produkte und Produktionsverfahren werden die Berufe vielfältiger und spezialisierter. Die Arbeit und somit auch die Anforderung an die Qualifikation und die Arbeitsweise der Arbeitenden verändern sich. Neue Berufe entstehen, alte treten in den Hintergrund oder sterben ganz aus. Außerdem wurden im Laufe des 20. Jahrhunderts die Arbeitszeiten begrenzt, was zu mehr freier Zeit führte. So gab es zum Beispiel in Luxemburg erst ab 1926 vier Tage bezahlten Urlaub für alle Arbeitnehmer. Heute sind es 25 Tage. Der gesetzliche Anspruch variiert je nach Land: In Japan sind es 20 Tage (ab 10 Jahre Arbeitszeit), 10 Tage in Kanada (Ontario), aber immerhin 30 Tage in Frankreich.

M3 Typographes dans un quotidien, 1953

M4 Opérateur médias au travail, 2015

M5 Karikatur

"We're almost fully automated now."

3 Nehmen Sie Stellung zu folgender Aussage: „Arbeiten heißt nicht nur Geld verdienen."

4 Arbeiten Sie die unterschiedliche Arbeitsweise in M3 und M4 heraus.

5 Welche Auswirkungen haben technische Veränderungen auf die Arbeit? Unterscheiden Sie zwischen positiven und negativen Auswirkungen.

6 Erkundigen Sie sich über die Berufe Ihrer Vorfahren. Ordnen Sie die Berufe den drei Wirtschaftssektoren zu.

5.2 Arbeitsmarkt Luxemburg

M 1 Offres d'emploi

ARCHITECTE CPU
69, rue de l'Église
L-6969 Oberanven
Tél. 81 36 71-0

Recherche pour entrée immédiate ou à convenir

UN TECHNICIEN GÉNIE CIVIL (m/f)

- A durée indéterminée
- Expérience professionnelle de 10 ans
- Initiative, sens de l'organisation et bonne connaissance technique
- Capacité d'assurer le suivi de projets
- Maîtrise de l'outil informatique
- Connaissances parlées et écrites du français, de l'allemand et du luxembourgeois

BIWER
Electricité générale

Électricité générale Biwer
2, rue du cimetière
L-3429 Strassen
Tel. 122324
Adresse postale
B.P. 238
L-9112 Luxembourg

Cherchons pour nos chantiers, région Lux.-ville

1 électricien qualifié (m/f)

Profil demandé
- détenteur d'un CCP/DAP
- expérience professionnelle de quelques années
- sens d'organisation et capacité de travail de manière autonome
- maîtrise des langues lux., all. et franç.

Nous offrons:
- un travail intéressant
- une rémunération adaptée aux capacités et à l'expérience
- un véhicule mis à disposition

Veuillez adresser votre demande avec CV à la
B.P. 238, L-9112 Luxembourg

M 2 „Zehn Kandidaten einladen, um einen einzustellen." Interview mit dem Personaldirektor einer Luxemburger Supermarktkette

... Insgesamt arbeiten bei uns Menschen mit 37 Nationalitäten. Dazu kommen noch 60 Lehrlinge, von denen etwa die Hälfte die Luxemburger Nationalität hat. Mit einem Durchschnittsalter von 37 Jahren sind wir ein sehr junges Unternehmen. Leider meiden uns viele Jugendliche. Neulich habe ich erlebt, wie eine Mutter ihr ungehorsames kleines Kind ausschimpfte und ihm drohte: „Wenn du groß bist, musst du als Verkäuferin arbeiten!" Das zeigt ganz gut die überholte Vorstellung der Leute von einer monotonen, anspruchslosen Tätigkeit. Tatsächlich werden im Handel zunehmend neue Technologien angewandt, die auch entsprechend qualifizierte Mitarbeiter verlangen. Eine Verkäuferin muss bei uns genaue Produktkenntnisse haben, den Einkauf mitplanen und Informatik einsetzen können. Außerdem sind wir mit 230 Berufsbildern breit aufgestellt. Bei uns planen Ingenieure neue Bauten, wir haben eine große Marketingabteilung mit 60 Mitarbeitern, Handwerksmeistern, einen arbeitsmedizinischen Bereich ...

Wir erhalten 8000 spontane Bewerbungen im Jahr; das ist sehr viel. Der Unterschied liegt in der Qualität. Sehen Sie, ich bin ... seit 25 Jahren im Personalbereich. Aufgrund dieser Erfahrung kann ich Ihnen sagen: Heute müssen Sie zehn Kandidaten einladen, um einen einzustellen. Vor zehn Jahren waren von drei geladenen zwei wirklich gut. Das liegt sowohl an der schulischen Ausbildung als auch an der persönlichen Einstellung ..., viele Jugendliche kommen direkt aus der Disco in ein Vorstellungsgespräch – in dementsprechender Aufmachung ...

Wir brauchen pünktliche, zuverlässige Mitarbeiter ... Andere Kandidaten sehen die Aufforderung, ein Piercing abzunehmen, als Eingriff in ihre Persönlichkeitsrechte. Wir haben Hygienevorschriften, die so etwas nicht erlauben. Viele wollen lieber keinen Arbeitsplatz als Einschränkungen ... Spaß ist ein wichtiges Stichwort. Ich will nicht verallgemeinern, es gibt auch welche, die sehr interessiert sind, etwas leisten und ihren Spaß haben. Aber das Gegenteil dominiert. Bei uns kann jedoch nur ein motivierter Mitarbeiter an der Zielvorgabe mitwirken. Wir können ihn schulen, aber der Wille muss vom Mitarbeiter ausgehen. Natürlich finden viele junge Leute auch das frühe Aufstehen und die Samstagsarbeit wenig interessant ...Wir filtern sie mit Eignungstests heraus und planen Probezeiten ein. Aber wichtig ist natürlich das Erspüren der Motivation im Gespräch. Es gibt welche mit schlechtem Schulabschluss, die dankbar sind, hier anfangen zu können, sich gut in den Familienbetrieb eingliedern und die Treue halten. Aber das ist seltener. Wir haben Lehrlinge, die es vom Azubi bis zum Geschäftsleiter gebracht haben. Meist sind das die, die um Weiterbildung bitten, wenn sie merken, dass ihnen Wissen fehlt. Darauf gehen wir gern ein ...

Wir verlangen mindestens ein DAP (CATP). Ideal wäre es, wenn die Jugendlichen schon Praktika gemacht hätten ... Alle verlangen handwerkliches Geschick und Verantwortungsbewusstsein. Wer das nicht mitbringt, wird in Zukunft nur schwer einen Platz finden.

Luxemburger Wort vom 2.11.2007, gekürzt

5.2 Le marché du travail luxembourgeois

M3 Principaux employeurs privés et publics, 2015

Entreprises	Effectif
État	27 249
Group Post Luxembourg	4480
Groupe CFL	4260
Groupe Cactus	4200
Ville de Luxembourg	4123
Groupe ArcelorMittal	4120
Groupe Dussmann Luxembourg	3880
BGL BNP Paribas	3660
Goodyear Dunlop SA	3450
Groupe PricewaterhouseCoopers	2870
Luxair SA	2820
Centre Hospitalier de Luxembourg	2270
Amazon.com	2250
Fondation Hôpitaux Robert Schuman	2240
Groupe Deloitte Luxembourg	2140
Sodexo Luxembourg SA	2030
Centre Hospitalier Emile Mayrisch	1970

STATEC, Le Luxembourg en chiffres 2020

M4 Le marché du travail au Luxembourg, 2018

Population totale	602 000 (Stand: 01.01.2018)
Population active	279 000
• Emploi national	264 500
• Demandes d'emploi non satisfaites	15 300
Frontaliers non résidents	197 000
• France	98 200
• Allemagne	47 200
• Belgique	46 700

STATEC: https://statistiques.public.lu/stat/TableViewer/tableView.aspx?ReportId=12951&IF_Language=fra&MainTheme=2&FldrName=3&RFPath=92 (10/09/2019)

Population active (<> Erwerbsbevölkerung)
Alle Personen im erwerbsfähigen Alter, die dem Arbeitsmarkt zur Verfügung stehen.

M5 Emploi total par secteur, 2014

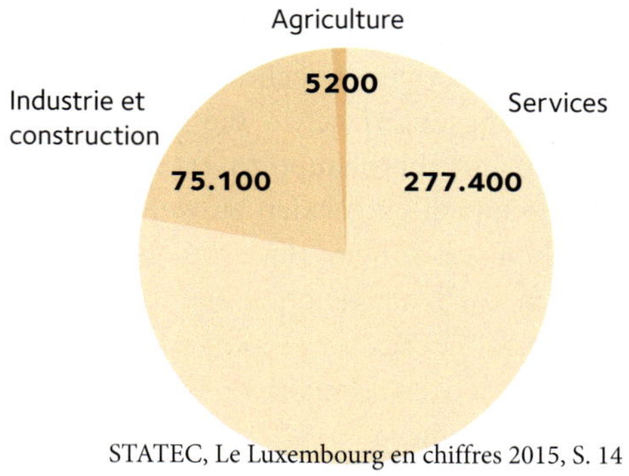

STATEC, Le Luxembourg en chiffres 2015, S. 14

M6

„Zum Ziele einer gerechten Auslese lautet die Prüfungsaufgabe für Sie alle gleich: Klettern Sie auf den Baum!“

1 Stellen Sie in einer Liste die Anforderungen zusammen, die in M1 und M2 gestellt werden.
2 Was können Ausschlusskriterien beim Vorstellungsgespräch sein?
3 Worüber beklagt sich der Personalchef (M2)?
4 Welche Tipps können Sie einem Bewerber geben?
5 In welchen Sektoren arbeiten die meisten Arbeitnehmer?
6 Wer sind die größten Arbeitgeber (M3). Ordnen Sie diese den verschiedenen Wirtschaftsektoren zu.
7 Interpretieren Sie die Karikatur.

5.3 Sich bewerben

M1 Bewerbungsfotos

Bewerben heißt für sich werben. Diese Werbung in eigener Sache beginnt mit den Bewerbungsunterlagen, die überzeugen müssen, um überhaupt zu einem Vorstellungsgespräch eingeladen zu werden. Diese bestehen aus einem Bewerbungsschreiben auf ein Stellenangebot, einem Lebenslauf (<> le CV, Curriculum Vitae) und einer Kopie der letzten Zeugnisse bzw. des Abschlussdiploms.

Im Lebenslauf soll der Arbeitgeber auf einen Blick erkennen, ob Sie die richtigen Voraussetzungen für den gewählten Beruf mitbringen. Er ist der erste Eindruck, den Sie hinterlassen. Der Lebenslauf soll ordentlich, sauber, ohne Fehler und mit einem Passbild versehen sein. Denn wenn schon der Lebenslauf einen schlechten Eindruck macht, ist die Chance, zu einem Einstellungsgespräch eingeladen zu werden, sehr gering.
Der Europass ist ein in der ganzen EU gültiger Lebenslauf. Sie können ihn auf der Webseite www.europass.lu erstellen.

Im Bewerbungsgespräch müssen Sie dann auf viele Details achten: Kleidung, Auftreten, Händedruck, Informationen über die Arbeitsstelle usw. Einerseits sollen Sie nicht in eine Theaterrolle schlüpfen und sich verstellen, andererseits brauchen Sie auch nichts zu Persönliches bzw. Privates preisgeben. Versetzen Sie sich immer in die Lage des Arbeitgebers und fragen Sie sich: Wen würde ich einstellen?

M2 Checkliste Einstellungsgespräch

- Informationen zur Firma sammeln ☐
- Erscheinung: Kleidung … ☐
- Pünktlichkeit ☐
- Begrüßung: Höflichkeit, Händedruck … ☐
- Körpersprache: Blickkontakt, Lächeln, Körperhaltung … ☐
- Interesse zeigen ☐

5.3 À la recherche d'un emploi

M3 Bewerbungsschreiben

Tania BRITO SEQUEIRA
7 rue de Luxembourg
L-4011 ESCH/ALZETTE
Tél.: 56 78 34

Esch/Alzette, le 9 février 2015

Jeans Shop
16, rue des Romains
L-2354 Luxembourg

Demande d'emploi pour le poste d'apprentie-vendeuse

Madame, Monsieur,

À la suite de votre annonce parue dans le journal « Tageblatt » du 7 février 2015, j'ai l'honneur de vous soumettre ma candidature pour le poste d'apprentie-vendeuse dans votre entreprise.

J'ai 17 ans et j'ai toujours aimé le contact avec les gens. Je m'intéresse à la mode et le métier de vendeuse me semble être le bon choix pour mon futur parcours professionnel.

Veuillez trouver ci-joint mon curriculum vitae et les copies de mes derniers bulletins.

Veuillez agréer, Madame, Monsieur, l'expression de mes sentiments très distingués.

Tania BRITO SEQUEIRA

Tania BRITO SEQUEIRA

Annexes
1 curriculum vitae
3 bulletins

Patrick Schmitz
1, rue de l'église
L-1000 Mertert
Handy: 691123987
E-mail: coolio-gansta@fun.lu

20.02.2015

Techonlink
Personalabteilung
Z.H. Tomas Erbe
Postfach 10123
70134 Trier

Bewerbungsschreiben

Sehr geehrte Damen und Herren!
Ich habe erfahren, dass sie Informatikkaufmänner ausbilden. Ich sende ihnen hiermit meine Bewerbung zu. Ich bin flexibel, teamfähig, pünktlich, fleißig, und gewißenhaft
Und habe durch tägliches Computerspielen und Chatten sehr fiele Erfahrungen mit dem Computer gemacht. Auch beim Einbau von Grafikkarten oder beim Chiptunning bin ich fit. Meine anderen Hobbys sind Skaten und mit Freunden abhängen.
Ich bin mir sichre, dass ich ihr Interesse geweckt habe und freue mich auf ein Vorstellungsgespräch Melden Sie sich bitte schnell – ich kann es kaum erwarten.

c.u.

Patrick Schmitz ☺

Anlagern:
ausführlicher tabelarischer Lebenslauf mit tollem Bild
meine letzten beiden Zeugnisse (sind leider nicht so doll!! ☹)
Empfehlungsschreiben vom meinen Kumpels, deren PCs ich aufmotze

M4 Typische Fehler im Bewerbungsschreiben

① Tippfehler und Rechtschreibfehler
② Schlechte Formulierungen und Grammatikfehler
③ Inhaltlich nicht passend zum Berufsprofil
④ Unpersönliche Anrede, wenn der Sachbearbeiter bekannt ist
⑤ Keine Absätze und Leerzeilen
⑥ Verschnörkelter Schrifttyp
⑦ Bewerbungsschreiben in Klarsichthülle
⑧ Fehlende Angaben (Telefonnummer, Bezug auf Anzeige …) oder unpassende Angaben (z. B. unseriöse E-Mail-Adresse)
⑨ Fehlende oder hingeschmierte Unterschrift
⑩ Brief nicht ausreichend frankiert

M5 Checkliste Bewerbungsschreiben

- Verwenden Sie weißes, sauberes Papier ☐
- Erstellen Sie individuelle Bewerbungsschreiben. ☐
- … ☐
- … ☐

1 Welchen Kandidaten würden Sie zu einem Vorstellungsgespräch einladen? Begründen Sie.

2 Werten Sie beide Bewerbungen aus (M3) und ergänzen Sie die Checkliste M5.

3 Besorgen Sie sich Ratgeberbroschüren über Bewerbungen (SPOS, ADEM …) und werten Sie aus, was als wichtig angesehen wird.

4 Bewerben Sie sich auf eine Stellenanzeige: Schreiben Sie eine Bewerbung und einen Lebenslauf.

5 Proben Sie das Vorstellungsgespräch.

5.4 Der Arbeitsvertrag

Der Arbeitsvertrag ist eine Vereinbarung, durch die sich eine Person (der Arbeitnehmer) dazu verpflichtet, einer anderen Person (dem Arbeitgeber) ihre Arbeitskraft gegen Lohn zur Verfügung zu stellen.
Man unterscheidet verschiedene Arten von Arbeitsverträgen:

- Der unbefristete Arbeitsvertrag (<> le contrat à durée indéterminée, CDI) ist von unbegrenzter Dauer.
  Er ist gültig, bis eine der Parteien ihn beendet.
- Der befristete Arbeitsvertrag (<> le contrat à durée déterminée, CDD) ist ein Vertrag, der für eine festgelegte Dauer abgeschlossen wird. Dieser Vertrag endet automatisch mit dem Datum, das im Vertrag vorgesehen ist.
- Beim Leiharbeitsvertrag (<> le contrat de travail intérimaire) schließt der Arbeitnehmer einen Vertrag mit einem Leiharbeitsunternehmen. Der Arbeitnehmer wird dann einem anderen (entleihenden) Unternehmen zur Verfügung gestellt, um dort befristet zu arbeiten. Beide Unternehmen schließen einen Vertrag ab.
- Der Kollektivvertrag (<> le contrat collectif, la convention collective) ist ein Vertrag zwischen einer oder mehreren Gewerkschaften und einem Arbeitgeber (Arbeitgeberverband). Er regelt die Arbeits- und Lohnbedingungen entweder eines einzelnen Betriebes oder eines ganzen Berufszweiges.

M 1 Contrat de travail

Société BATITOUT (1)
Zone Industrielle de Contern
L-1967 Contern

Monsieur Paul Schmit (2)
1, rue de la Chapelle
L-7890 Steinheim

Entre les soussignés,

La Société BATITOUT représenté par M. Josy WELTER, agissant en qualité de Directeur des Ressources Humaines, d'une part,

et

M. Paul SCHMIT, 1, rue de la Chapelle L-7890 Steinheim, d'autre part, est conclu le présent contrat de travail à durée indéterminée.

Monsieur SCHMIT est engagé dans notre société, à partir du 15 avril 2015 (3), en qualité d'installateur-chauffagiste (4). La rémunération mensuelle brute est de 2700,– € (5) versée pour 40 heures par semaine aux horaires suivants: du lundi au vendredi de 8 à 12 heures et de 13 à 17 heures (6).

La période d'essai est de 3 mois du 15 avril au 15 juillet 2015 (7) et la prise de fonction débutera le 15 avril 2015 à 8 heures.

M. SCHMIT s'engage à se conformer aux dispositions du règlement intérieur dont un exemplaire lui a été remis ce jour et devra informer la société de tout changement de situation (adresse, situation de famille ...). Les relations entre les parties seront régies par les dispositions de la convention collective de travail pour le bâtiment (8).

Fait en double exemplaire, à Contern, le 12 avril 2015.

Signature précédée de la mention „lu et approuvé"

Le salarié

lu et approuvé (9)
SCHMIT P [Unterschrift]

Le Directeur des Ressources Humaines

lu et approuvé (10)
WELTER J [Unterschrift]

5.4 Le contrat de travail

M 2 Inhalt des Arbeitsvertrags

Der Arbeitsvertrag muss schriftlich und in doppelter Ausführung erstellt sein: Ein Exemplar ist für den Arbeitnehmer, das andere für den Arbeitgeber bestimmt.

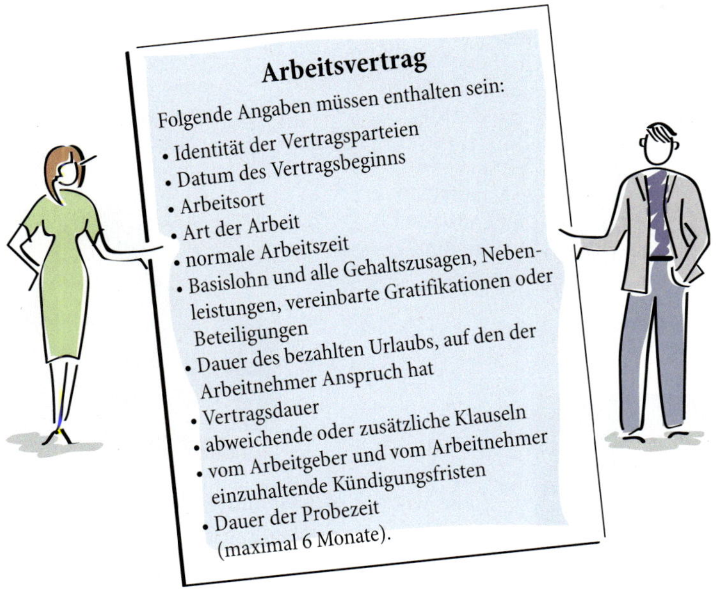

M 3 Der Lehrvertrag (<> le contrat d'apprentissage)

Durch den Lehrvertrag verpflichtet sich der Lehrherr (<> le patron-formateur) einen Lehrling (<> l'apprenti) in seinem Beruf auszubilden.

Der Lehrherr ist z. B. verpflichtet,
- dem Lehrling eine gründliche berufliche Ausbildung zu geben,
- dem Lehrling keine Arbeiten zuzuweisen, die seine körperlichen Kräfte übersteigen,
- den Lehrling in die Schule zu schicken – der Schulbesuch gilt als Arbeitszeit – und ihn zum Ablegen der vorgeschriebenen Prüfungen anzuhalten,
- dem Lehrling eine Lehrlingsentschädigung zu zahlen.

Der Lehrling ist z. B. verpflichtet,
- die Anweisungen des Lehrherrn zu befolgen,
- die Schule regelmäßig zu besuchen und alle Prüfungen abzulegen,
- über die geschäftlichen Angelegenheiten größte Verschwiegenheit zu wahren,
- für alle auf fahrlässige Weise verursachten Schäden aufzukommen.

Die regelmäßige Arbeitszeit des minderjährigen Lehrlings darf grundsätzlich 8 Stunden am Tag und 40 Stunden in der Woche nicht überschreiten. Der Lehrling darf außerdem keine bezahlte Nebenbeschäftigung ausüben.

1 Ordnen Sie die durchnummerierten Informationen aus M1 den einzelnen Punkten in M2 zu.

2 Erläutern Sie die Funktion des Arbeitsvertrags.

3 Bringen Sie ein Exemplar eines Lehrvertrags mit und vergleichen Sie mit M3.

4 Nennen Sie die Unterschiede zwischen einem Arbeitsvertrag und einem Lehrvertrag.

5 Suchen Sie im Internet einen studentischen Arbeitsvertrag (<> le contrat étudiant) und vergleichen Sie ihn mit den anderen Arbeitsverträgen.

5.5 Arbeitsrecht

M 1 Fallbeispiele

Tiago
Der 17-jährige Tiago ist sehr zufrieden mit seinem Ausbildungsplatz. Sein Chef lässt ihm viel Freiraum, solange Tiago auch schon mal die Berufsschule ausfallen lässt, wenn Not am Mann ist. Sein Verdienst ist überdurchschnittlich gut, da er öfters Überstunden macht, die sein Chef ihm „schwarz“ bezahlt.

Claire
Claire (16) hat vor Kurzem eine Lehre als Floristin begonnen. Die Arbeit gefällt ihr gut, die Kollegen sind hilfsbereit und die Chefin ist verständnisvoll. Claire plant eine teure Reise in die USA. Deshalb jobbt sie am Wochenende als Serviererin in einer Kneipe, oft bis 4 Uhr in der Frühe.

Marie-Paule
Die im 5. Monat schwangere Marie-Paule (29) ist Verkäuferin. Sie arbeitet täglich von 8 Uhr bis 17 Uhr. Das Heben der schweren Kartons fällt ihr zunehmend schwerer. Ab nächstem Monat werden neue Schichten eingeführt und es wird für sie schwierig, alle Arzttermine einzuhalten.

Fälle wie die hier Genannten treten so oder ähnlich des Öfteren im Arbeitsalltag auf. Für alle Beteiligten ist es wichtig zu wissen, dass die gesetzlichen Bestimmungen Minimalbedingungen festlegen, die Arbeitgeber und Arbeitnehmer im gegenseitigen Einverständnis verbessern, aber keinesfalls außer Kraft setzen können. Bei Zuwiderhandlungen oder im Konfliktfall kann das Arbeitsgericht eingeschaltet werden, um zwischen Arbeitgeber und Arbeitnehmer zu schlichten.

M 2 Arbeitsbedingungen

Arbeitszeit
Die normale Arbeitszeit eines Arbeitnehmers beträgt 8 Stunden pro Tag und 40 Stunden pro Woche. In verschiedenen Berufen wie z. B. im Hotelgewerbe und Transportwesen sind auch längere Arbeitszeiten erlaubt. Arbeitsstunden, die die normale Arbeitszeit überschreiten, werden als Überstunden bezeichnet.

Ruhezeit
Im Prinzip kann die tägliche Arbeitszeit nur von einer einzigen unbezahlten Ruhezeit unterbrochen werden. Jeder Arbeitnehmer hat für jeden Zeitraum von 24 Stunden Anrecht auf eine Ruhezeit von wenigstens 11 Stunden (ununterbrochen) und für jede Zeitspanne von 7 Tagen auf eine Ruhezeit von wenigstens 44 Stunden (ununterbrochen).

Nachtarbeit
Nachtarbeit ist die Arbeit, die zwischen 10 Uhr abends und 6 Uhr morgens geleistet wird. Die Kollektivverträge sehen Lohnzuschläge von mindestens 15 Prozent des Lohnes für Nachtarbeit vor. Mit besonderer Erlaubnis der Arbeitsinspektion kann die Arbeit um 4 Uhr morgens beginnen.

Urlaub
Der jährliche Urlaub ist auf 26 Arbeitstage festgesetzt; eine Woche entspricht fünf Arbeitstagen. Der Arbeitnehmer darf während des Urlaubs keine bezahlte Arbeit verrichten, sonst verliert er die Urlaubsentschädigung. Der Kollektivurlaub wird gemeinsam zwischen Arbeitgeber und Gewerkschaften ausgehandelt. Die elf gesetzlichen Feiertage gelten für alle Arbeitnehmer und Lehrlinge.

5.5 Le droit du travail

M3 Mutterschutz

Der Mutterschutzurlaub beträgt 4 Monate (8 Wochen vor und 8 Wochen nach der Geburt). Bei Mehrlingsgeburten, bei einer Frühgeburt und für stillende Mütter wird der Urlaub um vier Wochen verlängert. Der Arbeitgeber muss während dieser Zeit den Arbeitsplatz der Frau oder einen gleichwertigen Arbeitsplatz erhalten. Nachtarbeit, Überstunden und Arbeiten, die ein Risiko darstellen oder eine Auswirkung auf die Schwangerschaft oder das Stillen haben könnten, sind verboten. Die schwangere Frau hat Recht auf ein Arbeitsdispens, ohne Gehaltsverlust, um den vorgeburtlichen Arztuntersuchungen nachzukommen. Stillende Mütter haben nach dem Mutterschutzurlaub ein tägliches Anrecht auf zwei bezahlte Pausen von je 45 Minuten zum Stillen ihres Kindes. Der Arbeitgeber kann der Frau, deren Schwangerschaft ihm durch ein ärztliches Attest mitgeteilt wurde, nicht während der Schwangerschaft und während der 12 Wochen nach der Niederkunft kündigen.

M4 Jugendschutz

Die Beschäftigung von Jugendlichen unter 16 Jahren ist verboten. Alle Arbeiten, die ihrer körperlichen Entwicklung nicht entsprechen oder ihrer Gesundheit schaden könnten, sind verboten.
Der Arbeitgeber muss dem Jugendlichen erlauben, am vorgeschriebenen Berufsunterricht teilzunehmen. Die Schulstunden werden als Arbeitsstunden anerkannt und bezahlt. Jugendliche dürfen grundsätzlich keine Überstunden verrichten und sonn- und feiertags nicht arbeiten, außer bei gesetzlich geregelten Ausnahmen (z. B. in Hotels, Restaurants und Krankenhäusern). In diesem Fall hat der Jugendliche Anrecht auf einen Lohnzuschlag von 100 Prozent.
Das Gesetz verbietet in der Regel die Nachtarbeit (von 8 Uhr abends bis 6 Uhr morgens). Ausnahmen sind z. B. in Betrieben mit Fließbandarbeit oder in Hotels möglich. Die Arbeit zwischen Mitternacht und 4 Uhr morgens bleibt in allen Fällen verboten.

M5 Auflösung des Arbeitsverhältnisses

Die Auflösung des Arbeitsvertrags seitens des Arbeitgebers oder des Arbeitnehmers muss entweder per Einschreiben (<> la lettre recommandée) erfolgen oder persönlich überreicht werden. Bestimmte Personen sind unter bestimmten Bedingungen vor Kündigung (<> le licenciement) geschützt:

- die schwangere Frau,
- die Frau oder der Mann im Elternurlaub,
- der Personalvertreter,
- der kranke Arbeitnehmer.

Bei grobem Fehler gilt der Kündigungsschutz nicht.

Wird ein Arbeitsvertrag gekündigt, so müssen die gesetzlichen Fristen eingehalten werden. Beide Parteien können den Arbeitsvertrag fristlos kündigen, falls eine schwerwiegende Verfehlung der anderen Partei vorliegt (z. B. ungerechtfertigtes Fehlen am Arbeitsplatz, wiederholte Verspätung, grober Berufsfehler, Gewalttätigkeit, Diebstahl, Trunkenheit).
Kollektiventlassungen betreffen immer eine Gruppe von Personen in einem bestimmten Unternehmen. Diese Entlassungen haben meist mit einer schlechten finanziellen Lage des Unternehmens zu tun.

1 Erklären Sie, warum der Staat die Arbeitsbedingungen regelt.
2 Nennen Sie die Personen, die vor einer Kündigung geschützt sind. Begründen Sie.
3 Erläutern Sie den Sinn von Mutterschutz und Jugendschutz.
4 Untersuchen Sie in Partnerarbeit die Fallbeispiele auf mögliche Gesetzesverstöße. Was könnten die einzelnen Betroffenen tun?
5 Neben dem gesetzlich festgelegten Urlaub gibt es „congés spéciaux“ und „congés extraordinaires“. Erkundigen Sie sich darüber im Internet (www.itm.lu). Erstellen Sie eine Tabelle und geben Sie jeweils an: Bezeichnung, Zweck, Dauer.

5.6 Am Arbeitsplatz

M 1 Sicherheit am Arbeitsplatz?

Die Arbeitgeber sind gesetzlich für die Gesundheit und die Sicherheit der Arbeitnehmer am Arbeitsplatz verantwortlich. Der Arbeitgeber ernennt einen oder mehrere Sicherheitsbeauftragte (je nach Anzahl der Angestellten und Risikoposten). Sie beraten ihn bei der Unfallvermeidung, kontrollieren das Arbeitsmaterial und überwachen die Einhaltung der Schutzbestimmungen. Auch der Staat kontrolliert und überwacht durch die Gewerbeinspektion die Einhaltung der gesetzlich festgeschriebenen Arbeitsbedingungen.
Die Arbeitsbedingungen und die Arbeitssicherheit beeinflussen in erheblichem Maße das Wohlbefinden der Arbeitnehmer.

M 2 Beschilderung an Baustellen

M 3 Die Gewerbeinspektion (<> l'inspection du travail et des mines)

INSPECTION DU TRAVAIL ET DES MINES

- kontrolliert in allen Betrieben und Unternehmen, ob die Bestimmungen über Arbeitsbedingungen, Arbeitsschutz und Kollektivverträge angewandt werden. Dies betrifft alle Arbeitgeber und Arbeitnehmer außer den öffentlichen Dienst.
- überwacht die Anwendung der gesetzlichen Bestimmungen für Überstunden, Sonntags- und Nachtarbeit, Kinder- und Jugendarbeit, Gleichberechtigung von Mann und Frau …
- informiert und berät.
- leitet die Untersuchung nach einem Arbeitsunfall.
- bringt Verstöße gegen die Arbeitsbestimmungen vor Gericht.

M 4 Plakat des Gesundheitsministeriums

1. Welche Sicherheits- und Gesundheitsbestimmungen gibt es (M2–M4)? Welche weiteren Sicherheitsbestimmungen kennen Sie?
2. Aus welchen Gründen hat wohl der Gesetzgeber die Arbeitgeber für die Sicherheit am Arbeitsplatz verantwortlich und haftbar gemacht?
3. Beschreiben Sie M1. Welche Verantwortung tragen jeweils Arbeitgeber und Arbeitnehmer am Arbeitsplatz?

5.6 Le lieu de travail

M5 Appréciation des conditions de travail en % (pour résidents et frontaliers)

	Satisfait	Non satisfait
Durée du travail	90	10
Aménagement des horaires	90	10
Ambiance avec les collègues	94	6
Ambiance avec la hiérarchie	86	14
Autonomie dans le travail	95	5
Rythme dans le travail	89	11
Perspectives de carrière	67	33
Contenu du travail	92	8
Bruit au travail	81	19
Posture au poste de travail	83	17
Rémunération	81	19
Déplacements domicile-travail	78	22
Possibilité de formation	66	34
Appréciation globale des conditions de travail	**93**	**7**

CEPS/INSTEAD, Vivre au Luxembourg, no. 16/2006, S. 2

M6

M7 Folgen von Konflikten und Mobbing am Arbeitsplatz

Für die Betroffenen:
- Stress
- Depressionszustände
- Phobien
- soziale Ausgrenzung

Für die Betriebe:
Kosten durch:
- höhere Krankenstände
- stärkere Mitarbeiterfluktuation
- Rechtsfolgekosten (Prozesse)

Für die Gesellschaft:
Kosten durch:
- Krankheit
- Arbeitslosigkeit

4 Wie zufrieden sind die Arbeitnehmer in Luxemburg? Welche Faktoren tragen zur Zufriedenheit am Arbeitsplatz bei? Unterscheiden Sie zwischen physischen und psychologischen Faktoren.

5 Welche Missstände werden auf dem Plakat M6 angesprochen?

6 Diskutieren Sie die in M7 angeführten Folgen von Konflikten und Mobbing am Arbeitsplatz. Nennen Sie weitere Folgen für die Betroffenen, die Betriebe und die Gesellschaft.

7 Welche Erfahrungen haben Sie mit Mobbing, Stress und Diskriminierung am Arbeitsplatz oder in der Schule gemacht? Was kann man gegen diese Missstände unternehmen?

5.7 Die Berufsorganisationen

M 1 Karikatur

Die Sozialpartner (Arbeitnehmer, Arbeitgeber, Staat) sind aufeinander angewiesen und bemühen sich deshalb, die wichtigen Fragen und Konflikte im Dialog in der sogenannten Tripartite zu lösen. Da nicht jeder Einzelne an den Diskussionen teilnehmen kann und will, sind Arbeitnehmer (<> le salariat) und Arbeitgeber (<> le patronat) auf verschiedene Art und Weise organisiert.

Obligatorisch gehören alle Arbeitnehmer, aber auch Selbstständige (z. B. Geschäftsleute, Bauern) einer der fünf **Berufskammern** (**<> la chambre professionnelle**) an. Die Arbeitnehmer sind in der Arbeitnehmerkammer oder in der Staatsbeamtenkammer organisiert. Berufskammern des Patronats sind die Handelskammer, die Handwerkskammer und die Landwirtschaftskammer. Die Berufskammern werden alle fünf Jahre von den Mitgliedern gewählt. Die Kammern geben Gutachten zu Gesetzesvorschlägen ab, die ihre Berufe betreffen, und organisieren die Gesellen- und Meisterprüfungen. Sie vertreten außerdem die Interessen ihrer Mitglieder in den Sozialversicherungen.

Um Forderungen und Ideen durchzusetzen, können sich Arbeitgeber zu **Arbeitgeberverbänden** (**<> l'organisation patronale**) und Arbeitnehmer zu Gewerkschaften zusammenschließen. Die Mitgliedschaft ist freiwillig, man entscheidet, ob und welcher Organisation man beitritt.

Die **Gewerkschaften** (**<> le syndicat**) sind in der Zeit der Industrialisierung entstanden. Es gab damals keine Gesetze, durch die Arbeitsbedingungen, Löhne, Arbeitszeiten oder Mitbestimmung der Lohnempfänger geregelt wurden. Die Arbeit der Gewerkschaften wurde bis 1936 sehr erschwert, da Streikende mit Geld- oder Gefängnisstrafen oder Entlassung rechnen mussten. Seit ihrem Bestehen setzen sich Gewerkschaften u. a. für höhere Löhne (durch Kollektivverträge), bessere Arbeitsbedingungen, mehr Mitbestimmung, aber auch für allgemeine gesellschaftliche Veränderungen ein. Die Gewerkschaften vertreten auch die individuellen Interessen ihrer Mitglieder, z. B. durch Rechtsschutz oder Weiterbildungsmaßnahmen.

M 2 Formen der Mitbestimmung

In den Betrieben: Ausschüsse
(<> la délégation)

- In Betrieben mit mehr als 15 Mitarbeitern wählen alle Beschäftigten alle 5 Jahre ihre Delegierten in den Arbeitnehmerausschuss.
- Die Delegierten setzen sich für die Interessen der Betriebsangehörigen ein (Sicherheit, Arbeitsbedingungen, Beschwerden, Lehrlingsausbildung …).

Auf nationaler Ebene: Wirtschafts- und Sozialrat
(<> le conseil économique et social)

- Er besteht aus 39 Mitgliedern, davon sind je 18 Mitglieder Vertreter der Arbeitgeber und der Arbeitnehmer, 3 Mitglieder sind von der Regierung ernannte Experten. Der Wirtschafts- und Sozialrat wird alle 4 Jahre neu ernannt.
- Die Ratsmitglieder haben beratende Aufgaben (Gutachten) und fördern den Dialog zwischen den Sozialpartnern.

5.7 Les organisations professionnelles

M3 Un syndicat informe ses membres

Le syndicat défend vos intérêts
- en négociant des conventions collectives de travail
- comme interlocuteur reconnu des autorités politiques et du patronat
- dans les institutions sociales (caisse nationale de santé et de pension, assurance-accidents et invalidité, caisses des prestations familiales …) ainsi que dans la Chambre des salariés

Le syndicat vous offre protection et des services particuliers
- l'assistance juridique gratuite en matière de droit social
- la protection juridique gratuite en matière de droit du travail
- l'assistance en cas de grève et de lock-out
- l'affiliation à la caisse de décès
- l'octroi d'une allocation aux survivants
- l'allocation d'une bourse aux parents d'étudiants
- des conditions de faveur pour votre épargne-logement

Le syndicat vous informe par
- la distribution gratuite de la revue mensuelle
- son site internet
- des cours de formation gratuits (p.ex. droit du travail)

M4 Beispiele für Luxemburger Gewerkschaften

LCGB

OGB·L

FNCTTFEL Landesverband

M5 Karikatur

1 Wer vertritt jeweils die Interessen der Arbeitnehmer und Arbeitgeber?

2 Welche Argumente gibt es für die Mitgliedschaft in einer Berufsorganisation, z. B. einer Gewerkschaft?

3 Erklären Sie: „Tripartite" und „Sozialdialog".

4 Erläutern Sie die Karikaturen. Welche Grenzen hat der Sozialdialog?

5 Welche Themen werden von den Gewerkschaften angesprochen? (M3)

6 Erkundigen Sie sich über die Angebote unterschiedlicher Gewerkschaften und stellen Sie diese in der Klasse vor.

METHODE Planspiel Lohnverhandlungen

Wer bestimmt den Lohn?

Anders als in vielen Ländern gibt es in Luxemburg eine Mindestlohnregelung, d. h. der Arbeitgeber darf den Arbeitnehmer nicht schlechter bezahlen, als der Mindestlohn es vorschreibt. Für qualifizierte Arbeitnehmer erhöht dieser Mindestlohn sich um 20 Prozent im Vergleich zum Mindestlohn für unqualifizierte Arbeitnehmer. Daneben gibt es für alle Arbeitnehmer eine automatische Lohnanpassung (Index), die die allgemeine Preissteigerung ausgleichen soll.
Wollen die Arbeitnehmer aber einen Lohn, der höher ist, als der gesetzlich vorgeschriebene Mindestlohn, oder bessere Arbeitsbedingungen (z. B. mehr Urlaub als gesetzlich vorgesehen), müssen sie dies mit dem Arbeitgeber aushandeln. Häufig handeln die Gewerkschaften Kollektivverträge für einen ganzen Betrieb oder einen ganzen Sektor aus, z. B. für den Einzelhandel oder für einen Berufszweig. Da die Gewerkschaften in der Regel Tausende von Mitgliedern haben, können sie im Namen von vielen verhandeln und haben eine bessere Verhandlungsposition als ein einzelner Arbeitnehmer. Um ihre Forderungen durchzusetzen, haben sie mehrere Möglichkeiten, von der Verhandlung über die Demonstration bis hin zum Streik.

Führen Sie ein Planspiel zum Thema Lohnverhandlungen durch.

▸ DARUM GEHT ES

Ausgangssituation eines Planspiels ist ein Konflikt. Ziel ist es, eine Lösung des Konflikts zu finden und zu überlegen, wie man dabei vorgehen will. Gespielt wird in kleinen Gruppen. Für ein Planspiel benötigt man eine gute Vorbereitung und mehr Zeit als eine Schulstunde.
Die Situation: Im Betrieb POLLUX S. A. läuft der alte Kollektivvertrag aus. Es kommt nun zu Verhandlungen zwischen Gewerkschaftsvertretern und Arbeitgebervertretern. Hinzu kommt außerdem ein Schlichter.
Das Ziel: das Durchsetzen der gegenseitigen Forderungen ohne Streik und Aussperrung.

▸ SO LÄUFT ES AB

1. Verteilung der Rollen, Gruppenbildung

Bilden Sie vier Gruppen (Gewerkschaft, Betriebsausschuss, Arbeitgeber, Schlichter). Außerdem benötigen Sie einen Spielleiter, der auf die Einhaltung der Spielregeln achtet. Sie können auch Beobachter bestimmen, die sich Notizen über den Verlauf machen.

2. Erarbeitung der Rollen und Durchführung der Verhandlung

Das Planspiel findet in mehreren Runden statt.

- In der ersten Runde treffen sich die Parteien getrennt, um die Sitzungen vorzubereiten. Dabei geht es um die Frage, ob man nachgeben oder es auf einen Streik ankommen lassen soll. Ziel ist es, in der eigenen Gruppe einen Kompromiss zu finden und eine Strategie zu entwickeln, mit der man die andere Seite überzeugen will.
- In der zweiten Runde treffen die Tarifparteien aufeinander. Sie tauschen ihre Argumente aus und versuchen, sich gegenseitig zu überzeugen. Die Spielleitung kann selbstständig oder auf Wunsch einer Gruppe die Verhandlung unterbrechen. Die Gruppen können so ihre Strategien neu überdenken.

3. Konfliktlösung und Auswertung

Das Planspiel soll zu einer Entscheidung führen. Es geht um die Frage: Lohnt sich ein Streik für die Durchsetzung eigener Forderungen oder ist es besser, einen Kompromiss zu suchen? Kommt es nicht zu einer einvernehmlichen Lösung, wird abgestimmt. Jede Gruppe hat eine Stimme, auch die Spielleitung stimmt mit ab.
Und am Schluss nicht vergessen: die Auswertung des Planspiels. Mögliche Fragen wären hierzu:

- Waren die Argumente der Gruppen einleuchtend und überzeugend?
- Was hat den Kompromiss möglich gemacht?
- An welcher Forderung ist ein Kompromiss gescheitert?
- Welche Rolle hat der Machtwille einzelner Personen gespielt?
- Wie wichtig ist es, bei Verhandlungen gut reden zu können?
- Was konnten Sie für künftige Verhandlungen aus dem Spiel lernen?

M 1 Ablauf von Tarifverhandlungen

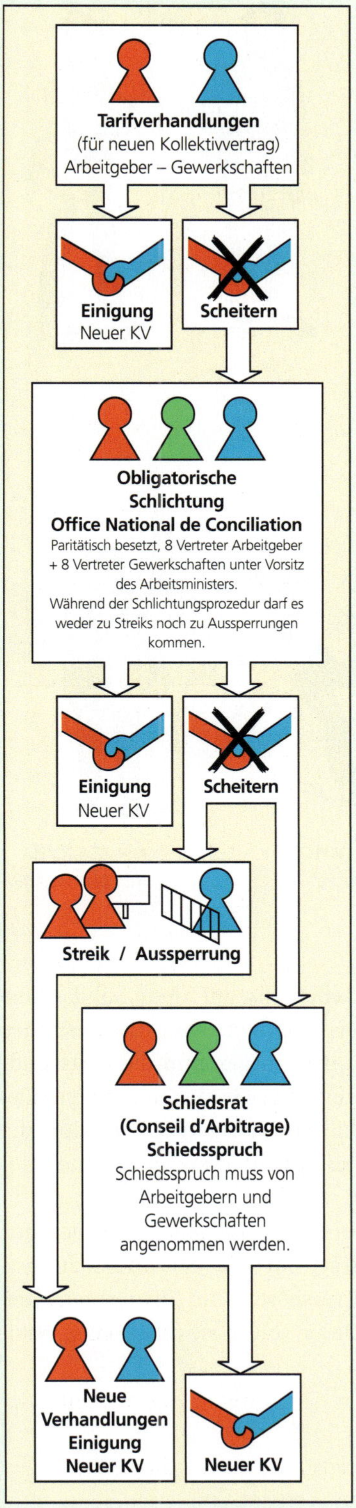

Rollenkarte Betriebsausschuss

- Wir haben Angst um unsere Arbeitsplätze, wollen deshalb nur moderate Lohnforderungen stellen.
- Da es dem Betrieb aber in nächster Zukunft besser gehen könnte, erwarten wir eine Lohnerhöhung von zuerst 2,5 Prozent, dann in einem Jahr noch einmal um 2,5 Prozent.
- Gut wären auch je drei zusätzliche Urlaubstage für ältere Arbeiter und Lehrlinge.

Rollenkarte Gewerkschaft

- Wir verlangen 7,5 Prozent mehr Lohn, zwei zusätzliche Urlaubstage, kürzere Arbeitszeiten, dann ist genug Arbeit für alle da.
- Wir sind für die Beibehaltung der Lohnanpassung durch den Index!
- Unsere Mitglieder erwarten mindestens eine Lohnsteigerung von 5 Prozent.
- Wir haben viele Mitglieder, denn etwa 46 Prozent der Beschäftigten in Luxemburg sind gewerkschaftlich organisiert.
- Wenn es sein muss, werden wir streiken. Allerdings müssen wir dann unseren Mitgliedern ein Streikgeld zahlen; das geht nicht unbegrenzt …

Rollenkarte Arbeitgeber

- Wir fürchten die Konkurrenz auf dem Weltmarkt! In anderen Ländern gibt es keinen Mindestlohn und keinen Index.
- Wir müssen Gewinne erwirtschaften, um die Aktionäre zufriedenzustellen.
- Gewinne sind notwendig, um investieren zu können.
- Wir sind gegen eine automatische Indexanpassung!
- Wir wollen keinen Streik. Dann verdienen wir keinen Euro.
- Wir werden uns nicht durch einen Streik erpressen lassen. Falls notwendig, werden wir die Arbeiter aussperren, so verdienen die Beschäftigten nichts und müssen dann irgendwann nachgeben.

Rollenkarte Schlichter

Der Schlichter (<> le conciliateur) steht zwischen verschiedenen Interessengruppen oder Parteien. Er ist neutral und versucht durch Kompromissvorschläge den Streit oder die Meinungsverschiedenheiten friedlich beizulegen. Die Schlichtung funktioniert nur, wenn alle den Kompromiss akzeptieren.

5.8 Die soziale Sicherung

M 1 Die Sozialversicherungen auf einen Blick

Sozialversicherungskarte
Jeder Versicherte hat eine Versicherungskarte, auf der auch seine Personenkennziffer (<> le matricule) steht. Beim Arztbesuch muss man diese Karte vorweisen. In Europa herrscht freie Arztwahl. Die Kosten der Behandlung im Ausland übernimmt im Wesentlichen die Krankenkasse.

In der luxemburgischen Verfassung sind nicht nur die politischen Rechte und Freiheiten der Bürger garantiert. Es gibt auch eine obligatorische gesetzliche Sozialversicherung. Bei bestimmten Umständen, wie z. B. Krankheit, Unfall, Arbeitslosigkeit, Mutterschaft, Alter oder Invalidität, greift die gesetzliche Sozialversicherung. Daneben bekommen Menschen, die nicht in der Lage sind, sich selbst mit dem Nötigsten zu versorgen, eine finanzielle Grundsicherung. Der Staat ist aber nicht alleiniger Träger des Sozialversicherungswesens.

Es beruht ebenfalls auf dem Solidaritätsprinzip. Das bedeutet, dass die Gesunden für die Kranken sorgen und die wirtschaftlich Stärkeren den Schwächeren helfen. Des Weiteren hilft die jüngere Generation der älteren. Hier spricht man vom Generationenvertrag.
Jeder Erwerbstätige und jedes Unternehmen muss Beiträge in die Sozialversicherung zahlen. Mitversichert sind Ehepartner, Partner und Kinder, sofern sie nicht selbst versichert sind.

1 Inwiefern beruht die soziale Sicherung auf dem Prinzip der Solidarität?
2 Diskutieren Sie die Vor- und Nachteile der obligatorischen Sozialversicherung.

5.8 La protection sociale

M 2 Versicherungen in Luxemburg

Krankenversicherung
(<> l'assurance maladie)

Die Krankenversicherung hilft, die Kosten einer Erkrankung oder einer Mutterschaft zu mindern, indem sie die Ausgaben für Arzt, Medikamente, Krankenhaus, Entbindung usw. ganz oder teilweise zurückbezahlt. Sie übernimmt auch die Lohnfortzahlung bei Krankheit und Mutterschaft. Die Krankenversicherung wird durch Arbeitnehmer und Arbeitgeber finanziert. Beide zahlen je die Hälfte des Beitrags. Der Beitrag des Staates beläuft sich auf 40 Prozent der Gesamtausgaben.

Die Alters- und Invalidenversicherung
(<> l'assurance vieillesse et invalidité)

Um im Alter (normalerweise 65 Jahre) und bei dauernder Arbeitsunfähigkeit (Invalidität) eine Rente zu bekommen, zahlen alle wirtschaftlich Tätigen während ihrer beruflichen Arbeitszeit in die Kasse der Alters- und Invalidenversicherung. Die Rentenhöhe ist abhängig von der Dauer der Versicherungszeit, dem Alter und den gezahlten Beiträgen. In bestimmten Fällen erhalten die Hinterbliebenen nach dem Tod des Versicherten eine Hinterbliebenenrente. Der Beitrag beläuft sich auf 24 Prozent des Bruttolohnes. Der Staat, der Arbeitgeber und der Arbeitnehmer zahlen je 8 Prozent.

Der nationale Solidaritätsfonds
(<> le fonds national de solidarité)

Neben den Sozialversicherungen gibt es auch den nationalen Solidaritätsfonds. Auf dem Solidaritätsprinzip beruhend, garantiert er jedem ein gesetzliches Mindesteinkommen (<> le revenu d'inclusion sociale, REVIS), damit er überleben kann. Er gewährt auch besondere Zuschüsse, wie die Teuerungszulage (<> l'allocation de vie chère) für Geringverdiener. Er wird in der Hauptsache vom Staatshaushalt finanziert.

Die Unfallversicherung
(<> l'assurance accident)

Die Unfallversicherung gewährt nach einem Arbeitsunfall, einem Wegeunfall oder bei einer Berufskrankheit eine Entschädigung für medizinische Kosten, Lohnausfall und für eventuell entstandenen Sachschaden. Sie zahlt im Falle von Invalidität eine Unfallrente sowie eventuell an Witwen oder Witwer und Waisen eine Hinterbliebenenrente. Der Arbeitgeber entrichtet allein die Beiträge.

Die Pflegeversicherung
(<> l'assurance dépendance)

Pflegebedürftig sind die Personen, die für die elementaren täglichen Bedürfnisse Hilfe benötigen. Durch die Pflegeversicherung reduzieren sich die Kosten dieser Hilfe. Das erlaubt den Pflegebedürftigen, so lange wie möglich zu Hause zu bleiben. Die Pflegeversicherung übernimmt ganz oder teilweise die Kosten der Körperpflege, für technische Hilfe (z. B. Rollstuhl) und den Umbau der Wohnung. Die Höhe des Beitrags von 1,40 Prozent wird auf den Bruttolohn berechnet. Der Staat bezahlt 45 Prozent der Gesamtausgaben.

Die Familienzulagen
(<> les prestations familiales)

Der Staat unterstützt Familien mit Kindern. Er zahlt Kindergeld und Geburts- und Mutterschaftszulagen. Daneben gewährt er Ermäßigungen bei der Steuerlast, beim öffentlichen Transport, Bau- und Anschaffungsprämien.

Arbeitslosengeld
(<> les prestations de chômage)

Der Beschäftigungsfonds gleicht den Lohnausfall bei Arbeitslosigkeit aus und finanziert Maßnahmen zur Wiedereingliederung von Arbeitslosen in das Erwerbsleben. Er wird durch Steuergelder finanziert.

3 Welche Versicherung ist zuständig? Begründen Sie Ihre Antwort:

- Herr B. feiert seinen 65. Geburtstag und geht in Rente.
- Frau F., 70 Jahre alt, hat dauerhaft Gehprobleme. Sie kann ohne fremde Hilfe nicht mehr alleine in ihrer Wohnung leben.
- Daniel hat sein Studium beendet, findet aber keine Arbeit.
- Marc M. hat sich bei der Arbeit die Hand verletzt. Die Ärzte wissen noch nicht, ob er vollständig genesen wird.
- Frau S. ist Sekretärin. Sie hat Rückenprobleme. Um wieder arbeiten gehen zu können, macht sie eine Kur.
- Herr P. hat nach vier Jahren sein Arbeitsverhältnis bei der Sparkasse gekündigt.

5.9 Arbeit lohnt sich

M 1

Index (<> l'indice)
Bezeichnet in Luxemburg die automatische Anpassung der Löhne und Gehälter an die Preisentwicklung bzw. an die Inflation. Eine Indexanpassung bedeutet eine Erhöhung sämtlicher Löhne und Gehälter, Renten und Arbeitslosenentschädigungen um 2,5 Prozent. Gegner der automatischen Lohnanpassung argumentieren, dass Luxemburger Unternehmen dadurch an Wettbewerbsfähigkeit verlieren. In Krisenzeiten kann die automatische Lohnanpassung zeitweise ausgesetzt werden.

M 2 Répartition des charges entre l'employeur et le salarié 2015

	Part du salarié	Part de l'employeur
Assurance maladie	• Prestations en espèces: 0,25 % • Prestations en nature : 2,80 %	• Prestations en espèces : 0,25 % • Prestations en nature: 2,80 %
Assurance pension	8,00 %	8,00 %
Assurance dépendance	1,40 %	–
Assurance accident	–	1,10 %
Santé au travail (STM)	–	0,11 %

http://www.guichet.public.lu/entreprises/fr/ressources-humaines/remuneration/cotisations-sociales/payer-cotisations/index.html (18.1.2016)

Was ist ein gerechter Lohn?

Die Antwort auf diese Frage sollte mehrere Aspekte berücksichtigen: Ermöglicht der Lohn die Befriedigung der Grundbedürfnisse wie Essen, Kleiden und Wohnen? Entspricht der Lohn der erbrachten Arbeitsleistung? Sind Löhne in einer Gesellschaft gerecht verteilt? Sorgt er für Chancengerechtigkeit, indem er z. B. Zugang zur Ausbildung gewährleistet? Ganz gewiss aber wird der Lohn von den meisten Menschen auch als Anerkennung für erbrachte Leistung empfunden.

Weil nicht alle diese Fragen immer positiv beantwortet werden können, springt der Staat und damit der Steuerzahler zur Unterstützung des Einzelnen ein. Hierzu zählen Sozialleistungen wie z. B. Kindergeld oder Teuerungszulage. Gleichzeitig legt der Gesetzgeber Mindestlöhne und Grundeinkommen fest, die sich an den Grundbedürfnissen seiner Bürger orientieren. Arbeitslöhne werden in Luxemburg an einen Inflationsindex angepasst. Außerdem können Arbeitgeber und Arbeitnehmer Kollektivverträge aushandeln, in denen beispielsweise auch Zulagen für Überstunden festgelegt werden. Selbstständige (<> l'indépendant) genießen nicht dieselbe Absicherung: Ihr Lohn hängt von den Geschäftsgewinnen ab.

5.9 La rémunération

M3 Lohnzettel

Alphalux S.à r.l.
10, rue du lycée
L-8527 Niederanven

DÉCOMPTE DE RÉMUNÉRATION
PÉRIODE DU 01/11/2015 AU 30/11/2015

Matricule	1969072462413
Date d'entrée	01/03/2010
Classe d'impôt	1
Fonction	Chauffeur

M./Mme/Mlle
SCHILTZ Tun
15, Grand-rue
L-9950 MERSCH

Calcul de la rénumération	
A. Rémunération brute	
heures de travail normal : 184 heures à 14,10€	2594,40€
suppl. pour heures de travail suppl. :	
salaire brut : 24 heures à 14,10€	338,40€
suppl. de salaire : 30% de 338,40€	101,52€
suppl. pour heures de travail de dim. :	
salaire brut : 16 heures à 14,10€	225,60€
suppl. de salaire : 70% de 225,60€	157,92€
Rémunération brute totale :	**3417,84€**
B. Cotisations sociales :	
assurance maladie : 3,05% de 3417,84€ = 104,24€	
assurance pension : 8% de 3417,84€ = 273,43€	−377,67€
C. Exemptions	
suppl. pour heures de travail suppl. : 101,52€	
suppl. pour heures de travail de dim. :157,92€	−259,44€
D. Rémunération imposable	**2780,73€**
Arrondissement au multiple inférieur à 5€	2780,00€
E. Impôt retenu	**−315,20€**
F. Contribution à l'assurance dépendance :	
1,4% de 3417,84€−480,74€ (¼ Sal. soc.min.)	−41,12€
G. Rémunération nette	
Rém. impos. – impôt – ass. dép.	2424,41€
+ suppl. heures suppl.	+259,44€
TOTAL	**2683,85€**

Steuerklasse
(<> **la classe d'impôt**)
In Luxemburg gibt es drei Steuerklassen: für Alleinstehende, für Alleinstehende mit Kindern und für gemeinsam besteuerte Paare. Familien mit Kindern erhalten z. B. eine Steuerermäßigung (Kinderbonus).

Warenkorb
(<> **le panier de référence**)
Zusammenstellung einer möglichst repräsentativen Anzahl verschiedener Güter zur Ermittlung der Inflation und des Preisindex.

1 Diskutieren Sie die Beispiele in M1. Welcher Lohn ist gerecht?

2 Erklären Sie den Unterschied zwischen Brutto- und Nettolohn. Wer zahlt den Bruttolohn? Wie kommt der Nettolohn zustande?

3 Berechnen Sie, wie viel der Arbeitnehmer aus M3 unter Berücksichtigung von M2 den Arbeitgeber insgesamt kostet.

4 Wäre es richtig, eine Einkommensobergrenze festzulegen? Finden Sie Argumente dafür und dagegen.

5.10 Arbeitslosigkeit

Arbeitslosigkeit hat viele Ursachen. Trotz eines wachsenden Arbeitsmarktes ist in Luxemburg tendenziell steigende Arbeitslosigkeit zu beobachten. Grundsätzlich kann sie jeden treffen, den Bauarbeiter wie den Bankangestellten. Die Aussage: „Wer keine Arbeit findet, ist selber schuld“, ist oft falsch. Zur Bekämpfung der Arbeitslosigkeit gibt es viele Möglichkeiten, z.B. Berufsberatung für Jugendliche, staatliche und private Arbeitsvermittlungen oder auch Beschäftigungsinitiativen.
An die meisten Arbeitnehmer stellt der rasante Fortschritt der Technik immer wieder hohe Ansprüche. Eine breite allgemeine berufliche Grundausbildung ist die erste Voraussetzung, um einen Arbeitsplatz zu finden. Aber nur durch Flexibilität und konsequente Weiterbildung kann man auf Dauer erfolgreich sein und seinen Arbeitsplatz sichern. Aus- und Weiterbildungsmöglichkeiten werden vor allem vom Staat, von Berufsorganisationen und Gewerkschaften angeboten.

M1 Arten und Ursachen der Arbeitslosigkeit

Arten	Ursachen, z. B.	Lösungsansätze, z. B.
konjunkturelle Arbeitslosigkeit	Wirtschaftsschwankungen beeinflussen die Nachfrage, die Produktion und den Bedarf an Arbeitskräften, z.B. Bau-, Automobilbranche.	• Jahresarbeitszeitkonto • Lebensarbeitszeitkonto • Kurzarbeit • bei Produktionsspitzen: Zeitarbeitskräfte beschäftigen
strukturelle Arbeitslosigkeit	Rückgang der globalen Wettbewerbsfähigkeit, z.B. Stahl-, Kohle-, Textilindustrie. Verlust der technologischen Wettbewerbsfähigkeit, z.B. Mikrochiptechnologie.	• frühzeitige Ansiedlung von Dienstleistungsunternehmen • Stärkung von Forschung und Entwicklung • Verbesserung der Schul- und Berufsausbildungssysteme
saisonale Arbeitslosigkeit	Jahreszeitliche Einflüsse lassen den Bedarf an Arbeitskräften schwanken, z.B. Bau-, Tourismusbranche, Landwirtschaft.	• Jahresarbeitszeitkonto • Lebensarbeitszeitkonto • Überstunden in Freizeitausgleich umwandeln
Mismatch-Arbeitslosigkeit	Kenntnisse, Fertigkeiten des Arbeitsplatzsuchenden passen nicht mit dem Arbeitsplatzprofil des Arbeitgebers zusammen.	• Qualifizierungsprogramme für Arbeitslose • begleitende betriebsinterne Weiterqualifizierung

M2 Die Agentur für Arbeit

(<> l'Agence pour le développement de l'emploi, ADEM)

Die Agentur für Arbeit ist zuständig für die Stellenvermittlung. Sie hilft einerseits Arbeitssuchenden kostenlos bei der Suche nach einer angemessenen Arbeit, andererseits unterstützt sie die Arbeitgeber bei der Suche nach geeignetem Personal. Freie Arbeitsstellen sowie offene Lehrstellen müssen dort gemeldet werden.

1 Stellen Sie fest, um welche Art von Arbeitslosigkeit es sich bei den unten genannten Beispielen handelt:
Paul H. (25), Kellner im Müllerthal: *„Die Arbeitslosigkeit zwischen Ende Oktober und Weihnachten trifft mich jedes Jahr."*
Jerry A. (57), Fließbandarbeiter; seit 4 Jahren arbeitslos: *„Mit den Jungen kann ich nicht mehr mithalten."*
Jean M. (54), Schweißer, 2 Jahre arbeitslos: *„Meine Firma war der Konkurrenz einfach nicht mehr gewachsen."*
Yasmine A. (18), Näherin; seit Ausbildungsende arbeitslos: *„Obwohl mir alle davon abgeraten haben, erlernte ich diesen Beruf."*
José P. (45), Bankangestellter, seit 6 Monaten arbeitslos: *„Die Wirtschaftskrise hat dazu geführt, dass im Bankensektor Stellen abgebaut wurden."*

5.10 Le chômage

M 3 Wer bekommt Arbeitslosengeld (<> l'indemnité de chômage)**?**

Wichtigste Bedingungen	Dauer	Höhe des Arbeitslosengeldes
• unfreiwillige Arbeitslosigkeit • wenigstens 26 Wochen im Laufe der letzten 12 Monate gearbeitet zu haben • Meldung als Arbeitsuchender bei der ADEM	So lange, wie man die letzten 12 Monate gearbeitet hat. Der letzte Monat wird aufgerundet, d.h.: wenn ein Arbeitnehmer in den letzten 12 Monaten 6 Monate und 20 Tage gearbeitet hat, bekommt er 7 Monate lang Arbeitslosengeld.	80 % des Bruttogehalts der letzten 3 Monate

M 4 Jugendarbeitslosigkeit und Qualifikation

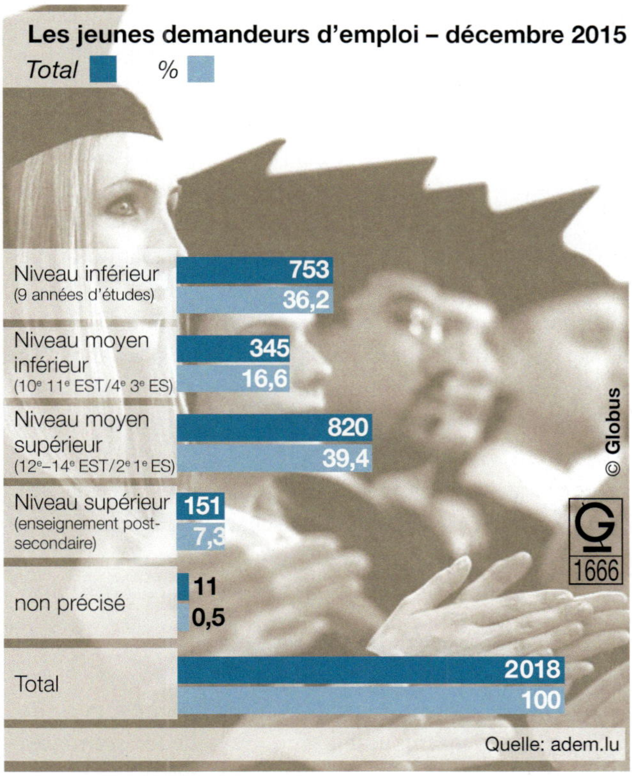

M 5 Private Initiativen und staatliche Maßnahmen können Arbeitslosigkeit verhindern oder beheben

1. Claudine N. wohnt in Diekirch. Ihr wird in einer Bankfiliale in Esch ein Arbeitsplatz angeboten.
2. Eric S., Verkäufer in einem Sportgeschäft, besucht Informatikkurse am Abend.
3. Die Gemeinde Redingen weist preiswerte Gewerbegrundstücke aus, um Anreize zur Industrieansiedlung zu schaffen.
4. Die Firma Construlux kann wegen des andauernden schlechten Wetters ihre Bauarbeiter nicht beschäftigen. Ab der 17. Stunde entschädigt der staatliche Beschäftigungsfonds die Angestellten.
5. In Zusammenarbeit mit der Gemeinde Esch gibt „Eng nei Schaff a.s.b.l." Langzeitarbeitslosen Beschäftigung.
6. Josy M. hat sich nach einem Monat Arbeitslosigkeit bei der Zeitarbeitsfirma Lux Intérim eingetragen.

2 Die ADEM hat neben der Stellenvermittlung viele weitere Aufgaben. Recherchieren Sie diese unter www.adem.public.lu. Finden Sie ebenfalls heraus, unter welchen Bedingungen Jugendliche Arbeitslosenunterstützung erhalten.

3 Untersuchen Sie die Fallbeispiele (M5) und entscheiden Sie, ob es sich um private oder staatliche Initiativen handelt.

4 Ist Arbeitslosigkeit ein Thema, das Sie persönlich beschäftigt? Beziehen Sie Stellung.

5.11 Die Zukunft des Sozialstaats

Der Begriff des Sozialstaats ist eng mit der Vorstellung von einem sozialen Netz verbunden. Dieses soll denjenigen auffangen, der hilfebedürftig ist. Damit das Netz aber nicht reißt, muss es von einer möglichst großen Zahl von Menschen getragen werden. Mit anderen Worten: Jeder Euro, den der Sozialstaat ausgibt, muss auch von Steuer- und Beitragszahlern eingezahlt werden. Stimmt das Verhältnis zwischen Einnahmen und Ausgaben nicht mehr, dann kann der Sozialstaat in der Form, wie wir ihn zurzeit kennen, nicht überleben. Wenn wir also über die Finanzierbarkeit von Sozialleistungen nachdenken, dann müssen unsere Gedanken weit in die Zukunft reichen.

M1 Rentenzahler 2050

M2 „Luxemburger leben immer länger"

Luxemburg befindet sich auf europäischer Ebene im Spitzenfeld, was die Lebenserwartung angeht. So werden Frauen im Schnitt 84,3 Jahre alt, während die Männer ein Alter von durchschnittlich 79,5 Jahren erreichen. Dies geht aus den neuesten Zahlen des Statec hervor. … Die Statistiken belegen, dass [die Lebenserwartung] sich bei den Männern seit den Jahren 1972/1974 um 12,2 Jahre erhöht hat, während die Frauen lediglich um 9,8 Jahre älter wurden.

Diese Steigerung soll mehrere Ursachen haben, darunter die Fortschritte in der Medizin, die bessere Lebenshygiene oder auch die Verbesserung der Arbeitsbedingungen. Hinzu kommt, dass der aktuelle Lebensstil der Frauen sich immer mehr demjenigen der Männerwelt nähert. Als Beispiele nennt das Statec unter anderem das Berufsleben sowie den Konsum von Tabak und Alkohol. Bedingt dadurch rücken der Abstand zwischen der Lebenserwartung von Frauen und Männern immer näher zusammen. …

Artikel veröffentlicht am 7.11.2013 auf www.wort.lu (18.1.2016)

M3 Les étrangers ont sauvé la sécu

Conférence du président de la Caisse nationale d'assurance pension (CNAP), Robert Kieffer

Le président de la CNAP a expliqué lors d'une conférence-débat que si le système de sécurité sociale luxembourgeois est „très confortable et agréable, c'est uniquement grâce à la croissance extraordinaire de l'emploi des travailleurs étrangers. Sans eux, le régime de pension serait aujourd'hui en faillite, les cotisations pour l'assurance maladie bien plus élevées, et l'assurance dépendance née en 1999 n'aurait jamais vu le jour". Ces trente dernières années, l'emploi a plus que doublé (120 %) au Luxembourg. „On constate que cette augmentation de l'emploi total est presque intégralement imputable aux travailleurs immigrés résidant dans le pays et aux frontaliers." … „En l'absence de cette croissance, le régime général d'assurance pension n'aurait plus été viable dès 1991: les dépenses auraient dépassé les recettes, en 1988, notre réserve aurait été totalement vidée, en 1999, les cotisants n'auraient plus été assez nombreux et en 2008, on aurait été face à un déficit de 8 milliards d'euros, or un déficit n'est pas envisageable dans un système par répartition."

Article publié le 14 mars 2012 sur www.wort.lu (18.1.2016)

5.11 L'avenir de l'État-providence

M4 Soziales Netz der Zukunft?

M5 Hätten Sie's gewusst?

- In Deutschland gibt es erst seit 2015 ein Gesetz zur Regelung eines allgemeinen Mindestlohns.
- In Dänemark hängt die Zahlung von Arbeitslosenunterstützung von der Bereitschaft des Arbeitssuchenden ab, bei einem Jobangebot umzuziehen.
- Durch Obamas Gesundheitsreform ist die Rate der Unversicherten in den USA von 20,3 % (2013) auf 12,3 % (2015) gesunken.
- In den Niederlanden wird das Renteneintrittsalter auf 67 Jahre angehoben.
- In Luxemburg hat die Krankenkasse im Jahr 2013 Leistungen in Höhe von 2.465.300.000 Euro erbracht.
- In einigen Ländern gelten Raucher als Risikopatienten und müssen erhöhte Krankenkassenbeiträge zahlen.

M6 Defizit und Überschuss

Den Einnahmen in Höhe von 2,38 Milliarden Euro standen im vergangenen Jahr Ausgaben in Höhe von 2,4 Milliarden Euro gegenüber, woraus sich ein laufendes Defizit in Höhe von 22 Millionen Euro ergibt. Bei der Haushaltsaufstellung für das vergangene Jahr war der Vorstand der Gesundheitskasse noch von einem Defizit von lediglich 2,4 Millionen Euro ausgegangen.
Dank der in den vergangenen Jahren erwirtschafteten Rücklagen schließt die Krankenversicherung das vergangene Geschäftsjahr mit einem Gesamtüberschuss in Höhe von 114 Millionen Euro ab. Dazu kommt noch die rechtlich vorgeschriebene Mindestreserve in Höhe von 180 Millionen Euro, sodass sich die Gesamtrücklagen auf 295 Millionen Euro belaufen.

Artikel vom 26.6.2014 veröffentlicht auf www.wort.lu (18.1.2016)

M7 Pflegefall im Alter?

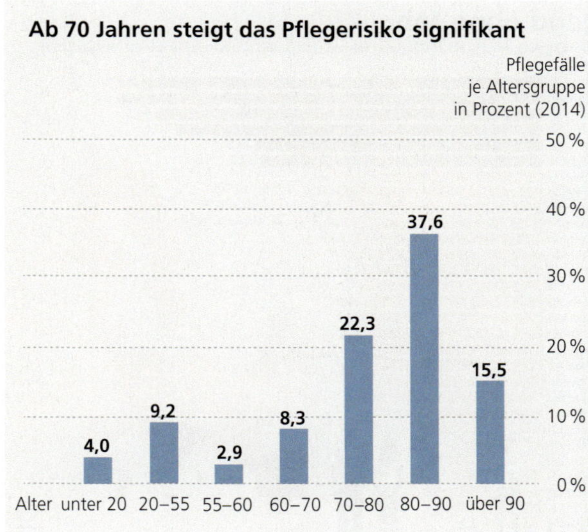

Bundesministerium für Gesundheit

M8 Karikatur

1 Erklären Sie die Karikatur M1 mithilfe des Zeitungsartikels M2.

2 Wieso ist ein wachsender Arbeitsmarkt so wichtig für die Luxemburger Sozialversicherung?

3 Wie erklärt sich laut M6 das Defizit in der Gesundheitskasse?

4 Durch welche Maßnahmen kann der Sozialstaat zukünftig gesichert werden? Erstellen Sie eine Liste mit Ihren Vorschlägen.

5 Erläutern Sie M8. Sind Sie mit der Aussage der Karikatur einverstanden?

METHODE Kritischer Umgang mit Statistiken

Keine Berichte vom Arbeitsmarkt, keine Nachrichtensendung und keine Zeitung, ohne dass die Informationen durch Zahlen, Statistiken und Schaubilder veranschaulicht würden. Doch ist denen immer zu trauen? Und wie werden diese Zahlen in Statistiken und Schaubildern verarbeitet? Wie sehr Statistiken in die Irre führen können, wollen wir an zwei Beispielen zeigen.

Beispiel Jugendarbeitslosigkeit

Unterschiedliche Definitionen ergeben unterschiedliche Statistiken. Das Beispiel der Jugendarbeitslosigkeit zeigt, dass sich hinter ein und demselben Begriff ganz verschiedene Definitionen verbergen können. Sie kann auf der Grundlage aller Jugendlichen zwischen 16 und 26 Jahren errechnet werden.

Wenn also von ca. 60 000 Jugendlichen, 3000 Arbeit suchen, entspricht dies 5 Prozent. Der von der OECD und von der Europäischen Statistikbehörde verwendete Begriff ist anders definiert. Hier wird die Zahl der Arbeitssuchenden in Verbindung gesetzt zu den Jugendlichen, die bereits arbeiten. In der genannten Altersklasse arbeiten etwa 15 000 Personen. Wenn also 3000 Personen Arbeit suchen, entspricht das 20 Prozent. Auch der Begriff „Jugendliche" kann verschieden definiert werden (15–24 Jahre bzw. 16–26 Jahre).

M 1 Jugend ohne Job

M 2 Zahl der Arbeitslosen in Luxemburg steigt weiter an

Le nombre de demandeurs d'emploi résidents disponibles inscrits à l'ADEM s'établit à 15 668 au 31 juillet 2019. Sur un an, cela constitue une hausse de 406 personnes, soit de 2.7%. Le taux de chômage, corrigé des variations saisonnières, calculé par le STATEC, s'établit à 5.5%.

Le nombre de demandeurs d'emploi non-résidents disponibles inscrits à l'ADEM est de 2 457 au 31 juillet 2019, soit une baisse de 7.9% par rapport à juillet 2018.

Dans le courant du mois de juillet 2019, l'ADEM a ouvert 2 605 nouveaux dossiers de demandeurs d'emploi résidents, soit une hausse de 15.1% par rapport à juillet 2018. En outre, 473 nouveaux dossiers de demandeurs d'emploi non-résidents ont été ouverts, ce qui correspond à une hausse de 124% par rapport à juillet 2018. En parallèle, on observe une hausse des clôtures de dossiers. Cette hausse des mouvements d'entrée et de sortie s'explique par une procédure d'inscription facilitée, mise en place depuis la fin de l'année 2018.

Le nombre de bénéficiaires d'une mesure pour l'emploi s'établit à 4 044 au 31 juillet 2019. Sur un an, cela représente une baisse de 127 personnes, soit de 3.0%.

Au cours du mois de juillet 2019, les employeurs ont déclaré 3 914 postes vacants à l'ADEM, soit 302 postes ou 8.4% de plus qu'en juillet 2018.

Quelle: https://adem.public.lu/fr/actualites/adem/2019/08/Chiffres-cles-2019-07.html

1 Vergleichen Sie die Jugendarbeitslosigkeit in Luxemburg mit anderen Industriestaaten in M1.
Was stellen Sie fest?

2 Erklären Sie in eigenen Worten, wie dieser Prozentsatz zustande kommt.

3 Auf der Internetseite des Luxemburger Arbeitsamts (M2) stehen die Zahlen der Arbeitssuchenden im Juli 2019.
Was fällt Ihnen hier auf?

▸ DARUM GEHT ES

Die unterschiedliche grafische Darstellung von Zahlen suggeriert verschiedene Aussagen. Wie Sie kritisch mit Statistiken umgehen, dabei hilft Ihnen folgendes methodische Vorgehen.

▸ SO LÄUFT ES AB

1. Beschreibung

Thema, räumliche und zeitliche Zuordnung, Art des Diagramms, absolute oder Prozentzahlen, Besonderheiten oder Auffälligkeiten, Höchst- Tiefst-, oder Durchschnittswerte, zeitliche Entwicklung, Quelle (Eurostat, Statec, OECD …).

2. Interpretation

- Werden absolute oder relative Zahlen (Prozentzahlen) verwendet? Bei Prozentangaben ist die Angabe der Basis wichtig, auf die sich der Prozentwert bezieht. Beispiel: Zwei Schüler stellen sich zur Fahrprüfung, einer fällt durch, somit haben 50 Prozent die Fahrprüfung nicht bestanden.
- Wie werden die Zahlen dargestellt?: Welche Diagrammart? Welche Skalierung (X- und Y-Achse)? Beginnt sie bei 0? Wie sind die Abstände zwischen den einzelnen Abschnitten?
- Was steckt hinter den Begriffen wie z. B. „Arbeitslosigkeit", „Sozialbeiträge"?
- Wie lassen sich die dargestellten Entwicklungen erklären? Was resultiert daraus?
- Welche Informationen fehlen und warum?
- Soll die Grafik etwas beschreiben, erklären oder suggerieren? Wem nützt oder schadet die Statistik?

3. Schlussfolgerung

Stimmt der Eindruck, den die Statistik hinterlässt, mit den Fakten überein?

4 Analysieren Sie die Diagramme M3 a, b und M4 a–c anhand der oben beschriebenen methodischen Schritte. Beachten Sie dabei auch folgende Punkte:
- Vergleichen Sie die Liniendiagramme M3 a, b. Haben beide die gleiche Wirkung? Erklären Sie.
- Warum bleibt der Prozentsatz in M4b 2009 bis 2011 konstant, wo sich doch die Zahlen ändern?

M 3a

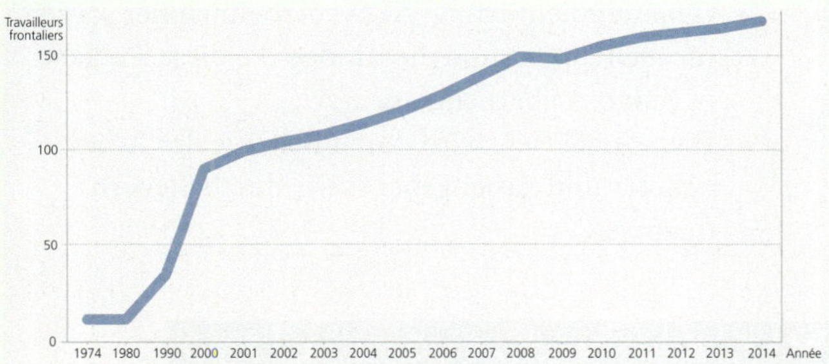

M 3b

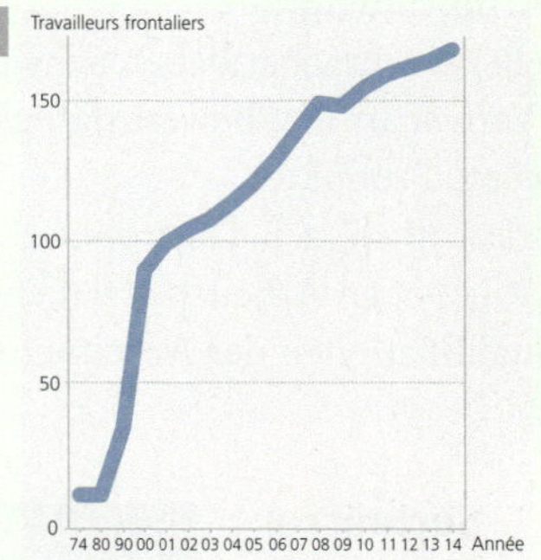

Travailleurs frontaliers occupés au Luxembourg (en 1000 personnes) 1974–2014

M 4a Demandes d'emploi non satisfaites

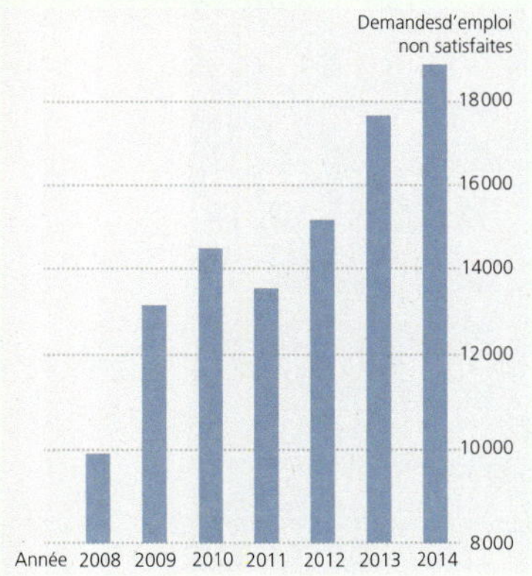

M 4b Taux de chômage

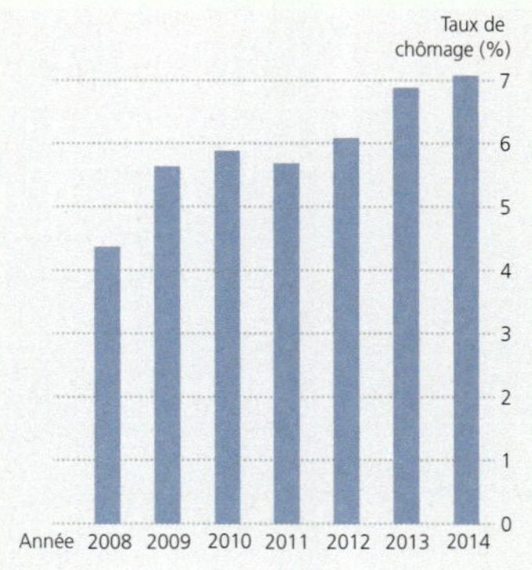

M 4c Demandes d'emploi non satisfaites 2008–2014

Année	Demandes d'emploi non satisfaites*	Taux de chômage
2008	9 916	4.4
2009	13 228	5.7
2010	14 409	5.8
2011	13 494	5.7
2012	14 966	6.1
2013	17 213	6.9
2014	18 323	7.1

* Moyennes annuelles calculées à partir de données mensuelles.

ADEM, STATEC

5.12 Das Wichtigste auf einen Blick

Hauptakteure der Arbeitswelt
- Arbeitnehmer: Stellt auf Grundlage eines Vertrags und gegen Lohn seine Arbeitskraft zur Verfügung
- Arbeitgeber: beschäftigt Arbeitnehmer
- Staat und EU: regeln den Arbeitsmarkt mittels Gesetzen

Berufsorganisationen
- Gewerkschaften vertreten die Interessen der Arbeitnehmer gegenüber den Arbeitgebern und der Politik
- Patronatsverbände vertreten die Interessen der Arbeitgeber
- Berufskammern vertreten die Interessen eines Berufstandes gegenüber dem Staat und erstellen Gutachten zu Gesetzesvorschlägen. Sie sind vom Gesetz vorgesehen und die Mitgliedschaft ist obligatorisch im Gegensatz zu Gewerkschaften und Patronatsverbänden

Formen der Arbeitslosigkeit
- konjunkturell: bei wirtschaftlichen Schwankungen
- strukturell: Verlust an Wettbewerbsfähigkeit (hohe Löhne, schlechte Produkte)
- saisonal: jahreszeitlich (z. B. Gastronomie, Weinbau)
- Mismatch: Angebot an Arbeitsplätzen entspricht nicht den Qualifikationen der Arbeitnehmer

Arbeitsrecht
- Das Gesetz legt Minimalbedingungen fest: Mindestlohn, Arbeitsbedingungen (Arbeitszeit, Urlaub, Sicherheit am Arbeitsplatz), Kündigungsschutz
- Kollektivvertrag: gilt für ganze Branchen oder für große Betriebe
- Individueller Arbeitsvertrag (CDI, CDD): zwischen dem Arbeitnehmer und seinem Arbeitgeber
- Die Gewerbeinspektion überprüft die Einhaltung der gesetzlichen Vorschriften und die Arbeitsbedingungen, kontrolliert die Sicherheit am Arbeitsplatz. Verstöße werden gerichtlich verfolgt

Die soziale Sicherung
- In Luxemburg ist im Prinzip jeder in folgenden Fällen abgesichert: Krankheit, Mutterschaft, Arbeitsunfall, Berufskrankheit, Invalidität, Alter, Todesfall des Haupternährers, Arbeitslosigkeit, Kinder, Armut
- Solidaritätsprinzip: Gesunde sorgen für Kranke, wirtschaftlich Starke für Schwächere
- Generationenvertrag: Aktive Arbeitnehmer sorgen für die Rentner und die Kinder, die diese Aufgabe in Zukunft übernehmen
- Das soziale Netz wird durch Beiträge der Arbeitnehmer und Arbeitgeber sowie durch Steuern finanziert

Suchrätsel:
Was ist bei einem Bewerbungsgespräch zu beachten? Gesucht werden vier Begriffe (waagerecht, senkrecht).

P	W	U	U	N	M	I	K	L	I	E	F	G	J	L	L	O
Ü	H	J	K	L	R	T	Z	U	U	R	E	S	W	Q	C	I
N	E	D	F	G	H	Z	R	E	E	S	E	T	F	E	C	U
K	Ö	R	P	E	R	S	P	R	A	C	H	E	V	W	V	U
T	S	D	F	G	H	J	K	E	T	E	R	Q	B	E	B	K
L	E	R	T	Z	U	I	I	F	Z	I	T	A	N	R	N	L
I	N	T	E	R	E	S	S	E	U	N	Z	S	J	T	M	O
C	E	R	T	F	G	H	Z	R	I	U	U	D	H	Z	T	I
H	S	D	D	F	G	G	T	T	O	N	I	F	G	O	G	U
K	W	E	R	T	G	B	H	B	E	G	R	Ü	ß	U	N	G
E	Y	X	C	V	F	D	S	G	O	R	J	G	F	I	U	T
I	W	E	R	F	D	S	S	H	L	T	K	H	R	U	Z	R
T	E	D	C	V	F	R	C	J	N	Z	L	J	E	T	T	D

5.12 En bref

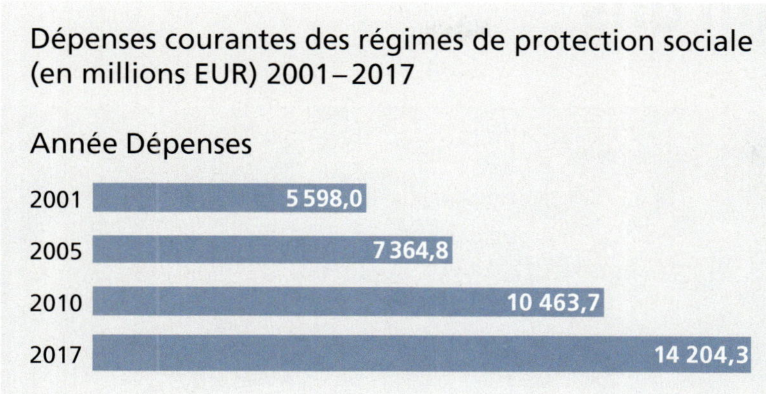

STATEC

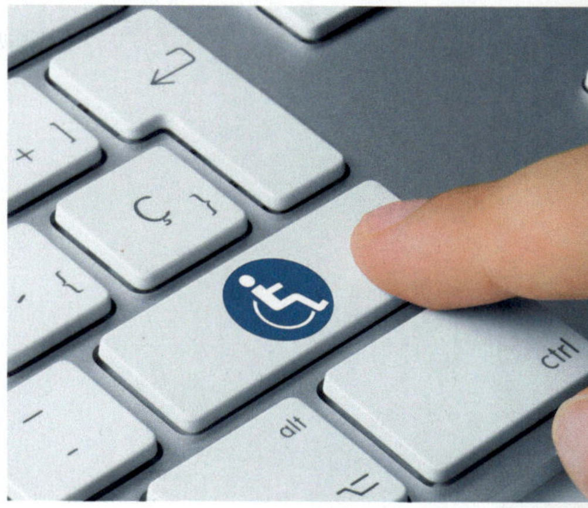

Sachkompetenz (<> maîtriser des savoirs)

1 Welcher der drei Wirtschaftssektoren bietet in Luxemburg die meisten Arbeitsplätze?
2 Nennen Sie wesentliche Inhalte des Arbeitsvertrags.
3 Welche gegenseitigen Verpflichtungen bestehen zwischen Lehrherrn und Lehrling?
4 Erklären Sie den Unterschied zwischen einem CDI, einem CDD und einem Kollektivvertrag.
5 Welche Funktionen haben die Gewerkschaften?
6 Wie vertreten Arbeitgeber ihre Interessen gegenüber Arbeitnehmer und Staat?
7 Zählen Sie Namen, Aufgaben und die jeweilige Finanzierungsart der Sozialversicherungen auf.
8 Erklären Sie die Aufgaben der Gewerbeinspektion.
9 Welche Formen der Arbeitslosigkeit gibt es?

Methodenkompetenz (<> utiliser des méthodes)

10 Spielen Sie ein Vorstellungsgespräch nach.
11 Untersuchen Sie die Statistik. Nennen Sie mögliche Gründe für die dargestellte Entwicklung.

Urteils- und Handlungskompetenz (<> juger et agir)

12 Wie könnte die Arbeitswelt in 100 Jahren aussehen? Beschreiben Sie.
13 Beurteilen Sie die Vor- und Nachteile eines Mindestlohns und eines Maximallohns.
14 Erstellen Sie ein Anforderungsprofil für den Beruf, den Sie ausüben möchten.
15 Formulieren Sie eine Stellenausschreibung (Qualifikation, Kompetenzen, Diplome).
16 Diskutieren Sie die Aussage „Arbeitslosigkeit ist meist selbstverschuldet“.

6 Die Welt um uns

Kirchberg 2015

Kirchberg 1972

Le monde autour de nous

Luxemburgs Bevölkerung ist in den letzten vier Jahrzehnten von 359 000 (1975) auf über 613 900 (01.01.2019) angestiegen und sie wird – nach Prognosen von Wissenschaftlern – weiter wachsen. Grund dafür ist die dynamische wirtschaftliche Entwicklung des Landes.
Menschen verbrauchen die Ressourcen ihrer Umwelt (z. B. Landschaft, Wasser), verändern die Landschaft und produzieren Abfälle und Abwässer. Durch die wachsende Mobilität wird der Verkehr dichter und der öffentliche Personentransport stärker belastet. Bürger und Politiker müssen sich diesen Herausforderungen stellen und die Zukunft nachhaltig planen – auch aus Rücksicht auf die nachfolgenden Generationen.

1 Beschreiben Sie die Fotos. Wie hat sich der Kirchberg in den letzten Jahrzehnten verändert?

2 Warum greifen Menschen in ihre Umwelt ein? Erklären Sie.

KOMPETENZEN AUF EINEN BLICK

Sachkompetenz
(<> maîtriser des savoirs)
- Wissen, wie der Raum in Luxemburg vom Menschen genutzt wird und wie der Mensch die Umwelt verändert
- Unterschiedliche Regionen des Landes benennen
- Herausforderungen Luxemburgs beschreiben: Natur- und Klimaschutz, Wasserkonsum, Müllbeseitigung
- Verstehen, dass die Probleme Luxemburgs auch global auftreten, und deshalb globale Lösungen erfordern
- Das Prinzip der Nachhaltigkeit verstehen

Methodenkompetenz
(<> utiliser des méthodes)
- Thematische Karten lesen und auswerten
- In einer Zukunftswerkstatt gemeinsam Problemlösungen für eine nachhaltige Zukunft entwickeln

Urteils- und Handlungskompetenz
(<> juger et agir)
- Verstehen, dass jeder Einzelne Ressourcen verbraucht, die nur begrenzt zur Verfügung stehen
- Erkennen, wie man lokal handeln kann, um einen Beitrag zum weltweiten Umwelt- und Klimaschutz zu leisten
- Den Zusammenhang zwischen menschlichem Verhalten und Umweltbelastungen beurteilen

6.1 Ein Land – viele Landschaften

Trotz seiner kleinen Fläche von 2586 km^2 ist Luxemburg reich an verschiedenen Landschaften; deren natürliche Gegebenheiten wurden und werden durch menschliche Eingriffe verändert. Die Ansiedlung von Menschen wurde durch natürliche Faktoren beeinflusst: sauberes Wasser, fruchtbare Böden, gemäßigtes Klima, Rohstoffvorkommen und eine günstige Verkehrslage.

Die Landschaft befindet sich in einer ständigen Entwicklung, denn der Mensch greift in die Natur ein, um sie für seine Zwecke zu nutzen. Der Bau von Wohnungen und Häusern, von Straßen und Autobahnen, von Betrieben und Industriezonen verbraucht große Flächen und verändert die Landschaft.

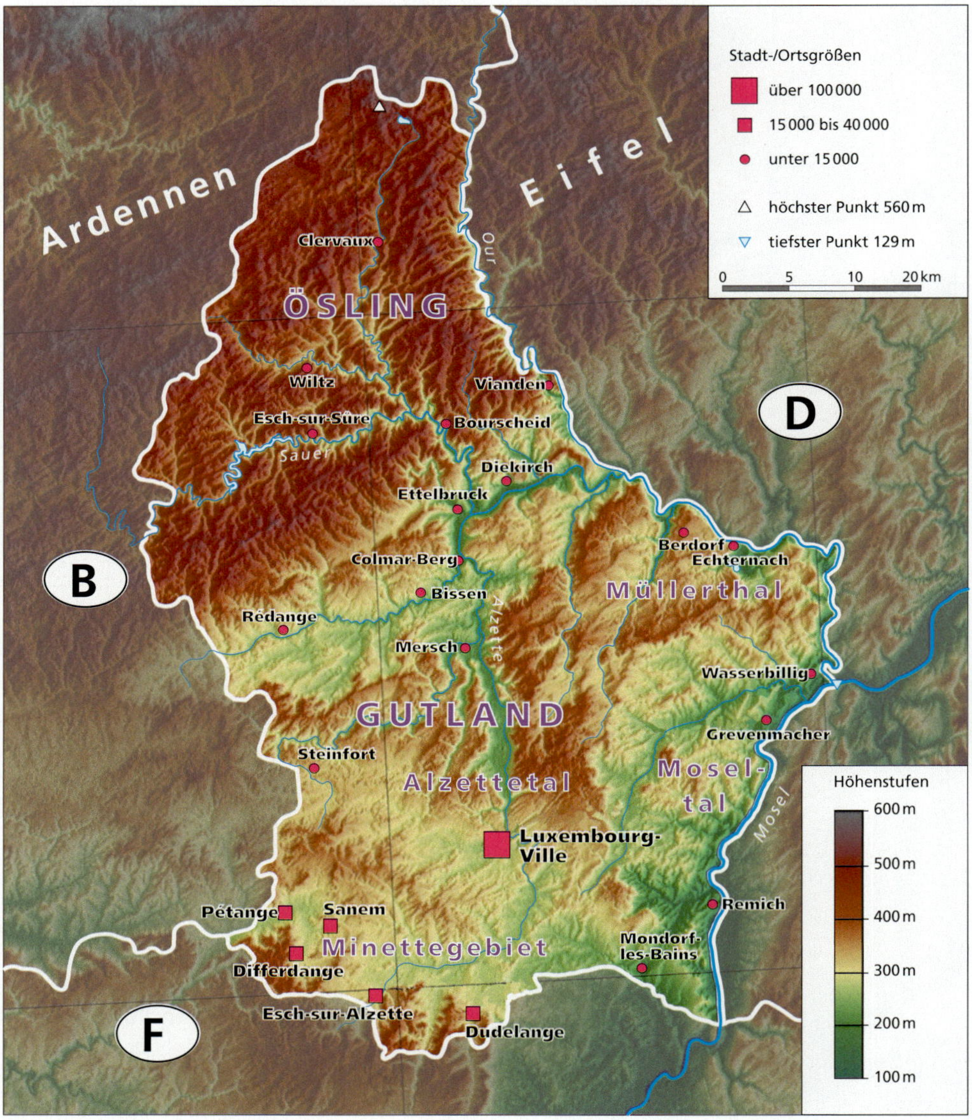

M1 Landschaften Luxemburgs
Der größte Teil des Landes nimmt das Gutland ein. Dazu gehört das Müllerthal, das Minettegebiet, das Moseltal sowie das Alzettetal mit der Hauptstadt.

6.1 Un pays – beaucoup de paysages

1

2

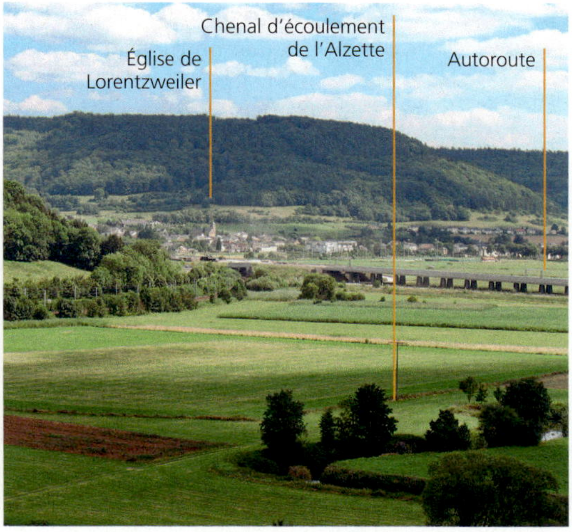

3

4

M2

1 Landschaft des Ösling. Das Dorf liegt auf der Anhöhe. Es gibt enge, bewaldete Täler. In den Tälern befinden sich Feuchtgebiete. Typisch ist die Landwirtschaft.

2 Landschaft im Alzettetal. Die Ortschaft befindet sich am Fuß des Waldes. Die Landschaft ist durch eine starke Bebauung entlang der Hauptverkehrsachse in Richtung Hauptstadt gekennzeichnet.

3 Minettelandschaft. Typisch sind die dichte Besiedlung und zahlreiche Industriezonen. Die Stahlindustrie ist immer noch in einem Strukturwandel begriffen. Bis in die 1980er-Jahre wurde hier Eisenerz (Minette) gefördert.

4 Landschaft des Moseltals: Entlang der Route du Vin ist sie vom Weinbau geprägt. Sie ist einer der touristischen Anziehungspunkte.

1 Benennen Sie die Regionen Luxemburgs und geben Sie die jeweiligen Hauptmerkmale an. Sie können die Informationen im Atlas oder im Internet recherchieren.

2 Suchen Sie für die unterschiedlichen Landschaften aus M2 jeweils drei Merkmale.

3 Erklären Sie mithilfe der Abbildungen dieser Doppelseite, wie der Mensch in die Natur eingegriffen und sie für seine Zwecke verändert hat.

4 Welche natürlichen Faktoren haben die Entwicklung des Landes beeinflusst? Warum leben z. B. die meisten Bewohner Luxemburgs im Zentrum und im Süden des Landes? Wo würden Sie leben wollen?

6.2 Eine Stadt verändert ihr Gesicht

Differdingen ist heute nach der Hauptstadt Luxemburg und nach Esch-Alzette die drittgrößte Stadt Luxemburgs. Im 18. Jahrhundert war Differdingen ein kleines Dorf, das hauptsächlich von der Landwirtschaft lebte. Ende des 19. Jahrhunderts entwickelte sich im Süden des Landes die Eisenindustrie und Differdingen wuchs zu einer Stadt, in der Tausende Luxemburger und Immigranten Arbeit fanden. In den 1970er-Jahren verlor der Industriestandort an Bedeutung. Fabriken und Gruben mussten schließen. Dieser wirtschaftliche Wandel – wie an vielen anderen Orten in Luxemburg – brachte auch eine neue Nutzung des Raums mit sich, so werden z. B. ehemalige Grubengelände als Naturschutz- und Freizeitgebiete genutzt. Auch das Stadtbild hat sich verändert.

M 1 Differdingen im 18. Jahrhundert und heute

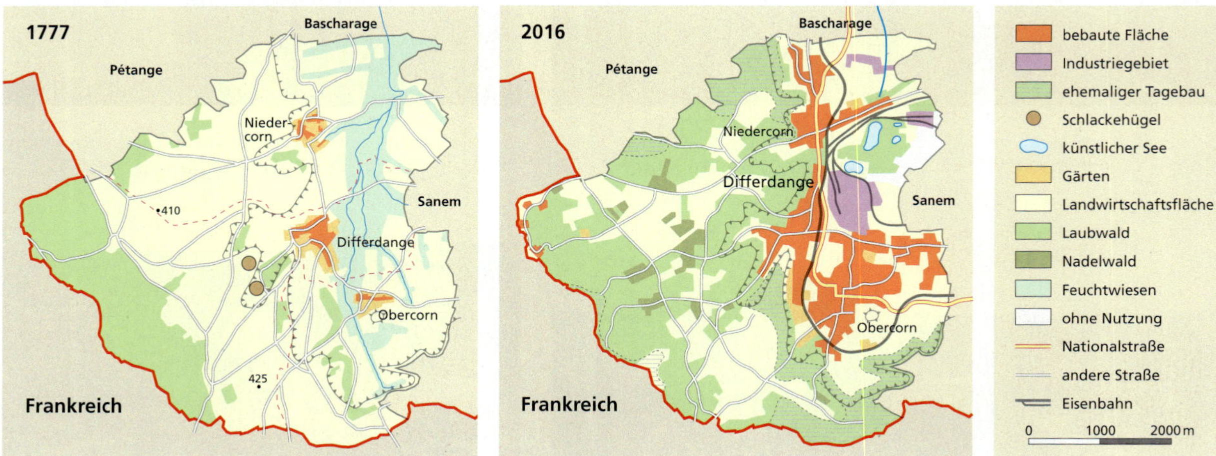

M 2 Drahtseilbahn zum Transport des Eisenerzes bei Differdingen, 1960

6.2 Une ville en mutation

M3 Früher – heute. Die Collage verdeutlicht, wie sich eine Straße im Laufe von 100 Jahren veränderte.

M4 Die Bevölkerungsentwicklung Differdingens im nationalen Vergleich

	Differdingen (Fläche 22,18 km²)	Luxemburg (Fläche 2586 km²)
1851	2175	194719
1900	8756	236125
1960	17637	314889
1981	16712	364606
2008	20400	483800
2015	24304	563000

M5 Differdingen präsentiert sich im Internet

Differdingen 2030: Von der „Stadt des Eisens" zum Zentrum der Kreativwirtschaft!
Bedingt durch die Industrialisierung und die Entwicklung der Hüttenindustrie im 20. Jahrhundert entwickelte sich Differdingen schnell zu einer modernen und lebendigen Stadt. Nach Jahren einer wirtschaftlichen Rezession infolge der Stahlkrise präsentiert sich Differdingen heute als dynamische und aktive Stadt. In den letzten Jahren konnten bereits viele Projekte geplant und umgesetzt werden. Diese Projekte betreffen hauptsächlich die Bereiche Kreativwirtschaft, Stadtplanung, Bildung, Soziales, Umwelt, Kultur, Handel, Freizeit und Tourismus. …

Quelle: https://www.differdange.lu/developpement-urbain/le-developpement-de-la-ville/

1 Vergleichen Sie die Stadtpläne Differdingens (M1) anhand folgender Leitfragen:
- **a)** Wo befindet sich das historische Zentrum der Gemeinde Differdingen?
- **b)** Aus welchen Stadt-/Ortsteilen besteht Differdingen heute?
- **c)** Vergleichen Sie die Nutzung des Raums im 18. Jh. mit der Nutzung heute (Landwirtschaft, Industrie usw.).
- **d)** Wie hat sich die Ortschaft Differdingen entwickelt?

2
- **a)** Erstellen Sie ein Diagramm zur Bevölkerungsentwicklung der Gemeinde Differdingen von 1851 bis heute. Was stellen Sie fest?
- **b)** Suchen Sie mögliche Erklärungen für das Bevölkerungswachstum bzw. den -rückgang.
- **c)** Ermitteln Sie die Veränderung der Bevölkerungsdichte (Einwohner/km²).
- **d)** Vergleichen Sie die Ergebnisse mit den Zahlen für ganz Luxemburg.

3 Welches Image gibt sich Differdingen 2030 (M5)?

4 Untersuchen Sie andere Städte und Gemeinden Luxemburgs, die im Laufe des 20. Jahrhunderts ihr Gesicht verändert haben. Stellen Sie die Ursachen und die Folgen dieser Entwicklung fest.

6.3 Raum- und Landesplanung

Neubaugebiet in Niederfeulen bei Ettelbrück

Pit Schmit wohnt in Bissen und fährt täglich nach Luxemburg-Stadt, um dort seine Ausbildung am Lycée technique de Bonnevoie zu machen. Sein Vater arbeitet auf dem Kirchberg, seine Mutter in Diekirch.

Beispiele wie diese gibt es unzählige. Jeden Tag sind Zehntausende Pendler (<> le navetteur) unterwegs, viele im Auto. Außerdem kommen täglich Grenzgänger (<> le frontalier) nach Luxemburg.

Im Sinne einer nachhaltigen Entwicklung muss die nationale Landesplanung dem Bevölkerungswachstum und den sich daraus ergebenden Herausforderungen in der Verkehrs- und Umweltplanung Rechnung tragen. Dazu wurde beispielsweise ein Integratives Verkehrs- und Landesplanungskonzept (IVL) entworfen. Auch die Gemeinden müssen in einem Flächennutzungsplan (<> Plan d'aménagement général, PAG) die Siedlungsentwicklung festlegen.

M1 Die Flächennutzung in Luxemburg

	1972	1990	2000	2015
	in Prozent			
Gesamtfläche	**100.0**	**100.0**	**100.0**	**100.0**
Ackerbau- und Waldfläche	93.2	91.8	87.4	85.3
Bebaute Fläche	3.1	4.3	8.1	9.7
Straßen- und Eisenbahnnetz usw.	3.2	3.4	3.9	4.4
Wasserläufe und Wasserflächen	0.5	0.5	0.6	0.6

STATEC

M2 Die Handlungsfelder der Raumplanung

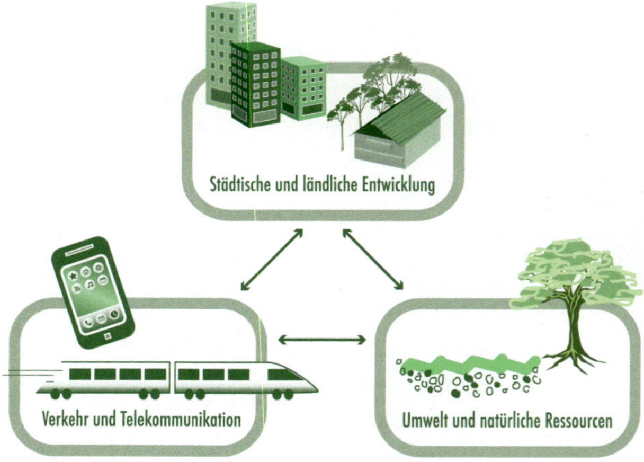

nachhaltige Entwicklung
(<> le dévoloppement durable)
Eine Entwicklung ist nachhaltig, wenn auf die nachfolgenden Generationen Rücksicht genommen wird. Auch sie brauchen Rohstoffe, Bodenschätze (z. B. Erdöl, Kohle). Es gilt der Leitsatz, dass nicht mehr verbraucht werden soll, als nachwachsen kann. Außerdem soll die Umwelt nicht durch Fabrikabgase, Schmutzwasser oder Gifte geschädigt werden.

M3 Beispiel eines kommunalen PAG

Der PAG (Plan d'aménagement général) gibt der Kommune die Möglichkeit, selbst Verantwortung zu übernehmen und selbst die Regeln und Leitlinien für eine harmonische Siedlungsentwicklung zu bestimmen.

Das Gemeindegebiet wird in verschiedene Zonen eingeteilt: Siedlungsgebiete, Verkehrsflächen (Gleise ...), landwirtschaftliche Zonen und Waldgebiete, wobei Letztere 395,69 ha ausmachen. Im PAG werden die Nutzungen der unterschiedlichen Flächen verbindlich definiert, womit der PAG ein wesentliches Steuerungsinstrument für die nachhaltige Gemeindeentwicklung darstellt. Im PAG werden unter anderem folgende Zonen (= Flächen die unterschiedlich genutzt werden) dargestellt: Wohnzone hoher Dichte, Wohnzone mittlerer Dichte, Wohnzone geringer Dichte, Zone für öffentliche Einrichtungen, Grünzone und Zone für Freizeit, Sport und Tourismus, Zone leichter Industrie, Überschwemmungszone.

www.walfer.lu/commune-de-walferdange_Pag.74-3.html (15. 02. 2012), gekürzt

6.3 L'aménagement du territoire

M4 Thematische Karte zur räumlichen Entwicklung in Luxemburg, 2014

thematische Karte
(<> **la carte thématique**)
Dieser Kartentyp behandelt immer ein spezielles Thema. Nahezu alles, was räumlich verbreitet ist, lässt sich hier darstellen. So gibt es z. B. thematische Karten zur Bevölkerungsdichte, zur Wirtschaft oder zum Luftverkehr.

1 Wie veränderte sich die Flächennutzung in Luxemburg in den letzten 40 Jahren? Nennen Sie mögliche Ursachen dafür.

2 Was versteht man unter „Raumplanung"? Suchen Sie Beispiele für verantwortungsvolles, nachhaltiges Handeln (M3).

3 Werten Sie die thematische Karte (M4) aus:

a) Welche Vor- und Nachteile hat der Wohnort der Familie Schmit?

b) Welche Verkehrsmittel kann Familie Schmit benutzen, um zur Arbeit bzw. zur Schule zu kommen?

c) Wo befindet sich die „urbane Wachstumszone"? Lokalisieren Sie die Ballungsgebiete und Dienstleistungszentren.

d) Welche Verkehrsachsen werden von den Grenzgängern vor allem genutzt?

e) In welchen Regionen des Landes liegen die Schwerpunkte der wirtschaftlichen Entwicklung?

f) Fassen Sie zusammen, welchen Zusammenhang es zwischen wirtschaftlichen Schwerpunkten, Verkehrsachsen und grenzüberschreitenden Verflechtungen gibt.

6.4 Die Herausforderung Mobilität

Mobilität ist ein Grundbedürfnis der Menschen und unverzichtbare Voraussetzung für die Entwicklung eines Landes. Das Auto bleibt trotz steigender Kosten (Kauf, Unterhalt) weiterhin das am meisten benutzte Verkehrsmittel, auch im Zurücklegen von Kurzstrecken (2–5 km). In Anbetracht des immer dichter werdenden Individualverkehrs, des Stauaufkommens und der Umweltbelastungen nimmt das Interesse am öffentlichen Transport zu. Politiker, Staat und Gemeinden wollen Alternativen zum Individualverkehr fördern. So sollen vor allem das Schienennetz ausgebaut, die Busverbindungen optimiert und überregionale Angebote für Grenzgänger verbessert werden.

M1 Nutzung „sanfter Mobilitätsformen" (Bus, Zug, Fahrrad, zu Fuß gehen) der Jugendlichen der Abschlussklassen

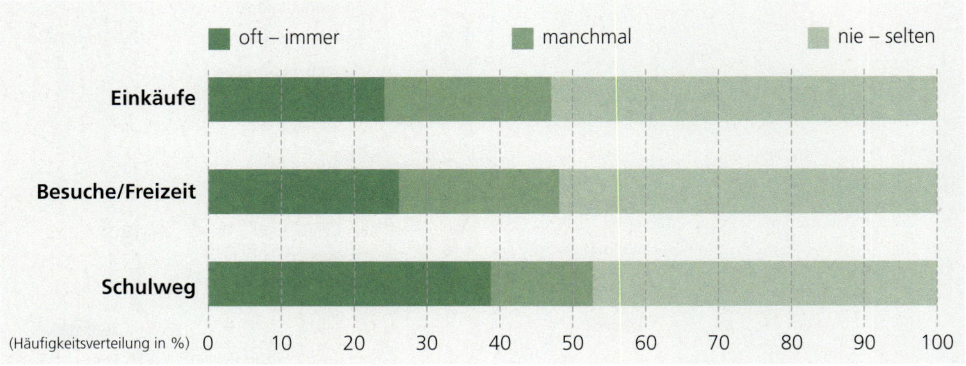

Théid Faber/Thomas Boll, Nachhaltige Entwicklung aus der Sicht von Jugendlichen, Université de Luxemburg, 2010, S. 44

M2 Werbung für den öffentlichen Transport

M3 „Rent a bike"

6.4 Le problème de la mobilité

M4 Évolution du volume de trafic (trajets par jour)

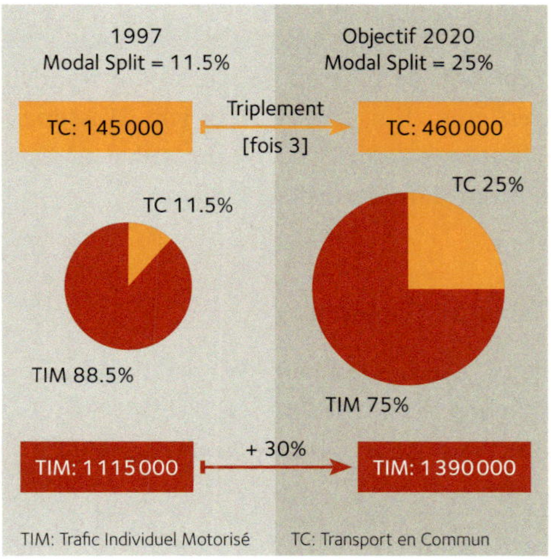

http://www.route2020.lu/introduction/; Administration des Ponts et Chaussées, 2007

M6 Wussten Sie schon?

- Umweltfreundliche Pkws und auch E-Bikes werden staatlich subventioniert.
- Luxemburg hat das dichteste Fahrzeugaufkommen/Kopf in Europa: 787 Pkws/1000 Einwohner (2015).
- Luxemburg gilt als einer der stärksten Verursacher von $C0_2$/Kopf: 20,9 t (2011).
- Der Großteil des in Luxemburg verkauften Kraftstoffes wird außerhalb des Staatsgebietes verbraucht.
- Die Einnahmen des Staates auf Kraftstoff machten 2014 ungefähr 7,5 % der gesamten luxemburgischen Steuereinnahmen aus (1043 Milliarden Euro).
- Luxemburg ist das erste Land in Europa, das den kostenfreien, öffentlichen Transport eingeführt hat.

M5 Der ganz normale Wahnsinn

Fast nichts geht mehr. Ein Autofahrer flucht, ein anderer hupt wie wild. Es ist Freitagnachmittag und auf der A3 staut sich die Pendlerkarawane ins Wochenende. Wenige Meter zuvor floss die kilometerlange Blechlawine noch wenigstens wie ein zäher Lavastrom über die Grenze nach Frankreich. Doch nun legt der Rückstau auf der Düdelinger Autobahn die Ausfahrt Luxemburg-Süd lahm. … Ein Unfall und es würde gar nichts mehr gehen. …

In der Folge von Staus kommt es zu erhöhten Schadstoffemissionen, auch der wirtschaftliche Schaden ist beträchtlich. Allerdings sind Berechnungen wie die des ADAC, dass durch Straßenverkehrsstaus ein Schaden durch Arbeitszeitverluste in Höhe von bis zu 100 Milliarden Euro im Nachbarland entsteht, kaum verifizierbar. Zudem liegen entsprechende Daten über Luxemburg nicht vor. Richtig ist aber, dass durch Staus etwa ein Fünftel des Jahresverbrauchs an Kraftstoff verloren geht. … Für manche Fahrer besteht … Lebensgefahr, denn das Risiko eines Herzinfarkts ist für die Verkehrsteilnehmer im Stau um ein Dreifaches höher als sonst. Der Stresslevel eines Autofahrers entspricht laut Untersuchungen ungefähr dem gleichen Wert, den ein Polizist entwickelt, der einer Horde Hooligans gegenübersteht. …

Stephan Kunzmann, Der ganz normale Wahnsinn, Revue, Nr. 40/2010, S. 20–24 (gekürzt)

1 Beschreiben und erklären Sie das Mobilitätsverhalten der Jugendlichen (M1). Vergleichen Sie mit Ihrem Verhalten.

2 Beschreiben Sie, wie sich der öffentliche Transport und der Straßenverkehr in den letzten Jahren verändert haben (M4–M6). Stellen Sie Vermutungen über die Ursachen dieser Entwicklung an.

3 Welche Auswirkungen haben Staus auf Mensch und Umwelt?

4 Ist die staatliche Subvention von umweltfreundlichen Pkws ein Widerspruch zum öffentlichen Transport? Begründen Sie.

5 Diskutieren Sie, ob der Luxemburger Benzinpreis dem der Nachbarländer angepasst werden soll. Welche Folgen hätte dies möglicherweise auf Wirtschaft und Umwelt?

6.5 Die Herausforderung Wasser

Mehr als die Hälfte des Trinkwassers wird in Luxemburg im Haushalt benutzt. Wasser verbrauchen auch Landwirtschaft und Industrie. So kommt es in Luxemburg, mitten in Europa, regelmäßig zu Problemen bei der Wasserversorgung. Das merkt man z. B. im Sommer, wenn es verboten wird, Autos zu waschen. Ursachen für Wasserknappheit sind: sinkende Grundwasserpegel, ein steigender Wasserverbrauch – bedingt durch eine wachsende Bevölkerung und einen höheren Pro-Kopf-Verbrauch oder langanhaltende Trockenheit. Ein weiteres Problem ist die Qualität des Wassers. Viele Gewässer in Luxemburg sind stark verschmutzt, da es an modernen Kläranlagen fehlt. Für die Trinkwasserversorgung und die Abwässerentsorgung müssen Staat und Gemeinden viel Geld investieren: Ein großes Netz von Wasserleitungen, Kanalisation sowie Aufbereitungsanlagen muss ständig erweitert und modernisiert werden.

M1 Der Staudamm von Esch-Sauer (links) und die Kläranlage Bleesbréck (rechts)

Mit einem Fassungsvermögen von 60 Millionen m³ ist er das wichtigste Trinkwasserreservoir Luxemburgs: Die SEBES (= Syndicat des Eaux du Barrage d'Esch-sur-Sûre) sichert die Wasserversorgung von 80 000 Menschen und liefert täglich 100 000 m³ Wasser, das ist ein Drittel des täglichen Wasserbedarfs. In Bleesbréck können die Abwässer von 100 000 Menschen geklärt werden.

M2 Wasser in Gefahr

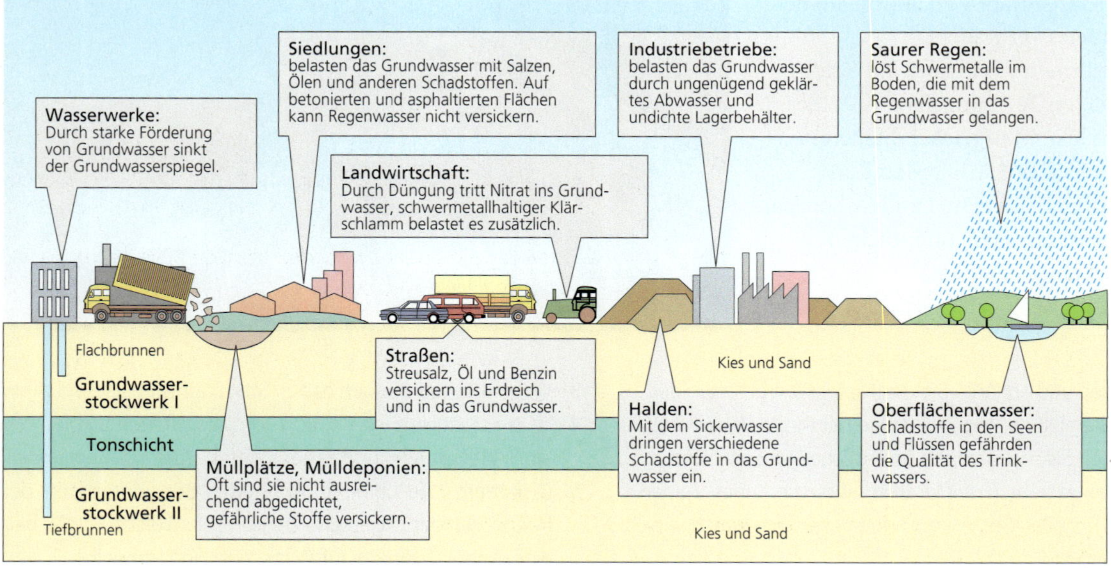

6.5 Le défi de l'eau

M3 Der Wasserverbrauch in Luxemburg

Der aktuelle Gesamtverbrauch in Luxemburg (Privathaushalte, Industrie, Landwirtschaft) beläuft sich auf 250 Liter pro Kopf und Tag. Im Vergleich dazu: Der Pro-Kopf-Verbrauch lag in Luxemburg um 1900 bei 10 bis 20 Litern am Tag.

Unser Wasserverbrauch im Haushalt

Der durchschnittliche Pro-Kopf-Verbrauch der luxemburgischen Wohnbevölkerung liegt bei ca. 137 Litern pro Tag. Rechnet man die Grenzgänger hinzu, so liegt der tägliche Wasserverbrauch pro Kopf bei 150 Litern.

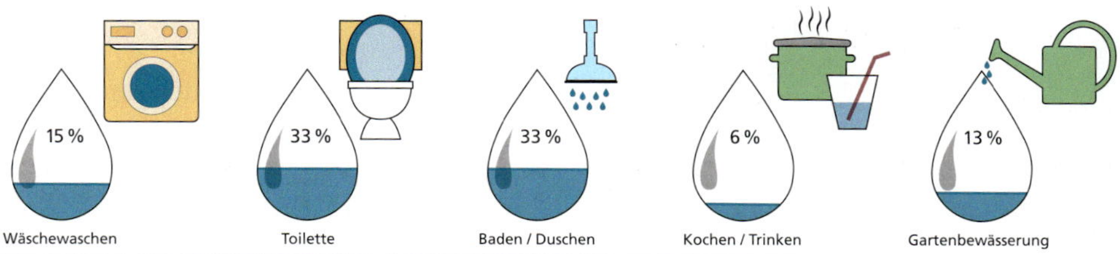

Nach: Eist Waasser. Administration de la gestion de l'eau – Gouvernement du Grand-Duché du Luxembourg, Luxembourg 2013, S. 53; http://www.statistiques.public.lu/fr/publications/thematique/territoire-environnement/eist-wasser/PDFeistwaasserok.pdf (22.04.2016)

M4 Was ist virtuelles Wasser?

Unser Konsum lässt andere Regionen dieser Erde verdorren. Denn nicht nur die Tomate, die wir essen, muss bewässert werden, auch die Baumwolle für die Kleidung, die wir tragen. Bei fast jedem Produktionsprozess wird Wasser eingesetzt, zum Beispiel bei der Herstellung von Wein (960 Liter pro Liter), Milch (1000 Liter pro Liter), Kartoffelchips (4500 Liter pro Kilo). Absoluter Wasserschlucker ist Rindfleisch (15 000 Liter pro Kilo). Rechnet man dieses „virtuelle Wasser" mit ein, schnellt der durchschnittliche Wasserbedarf in unseren Haushalten von 160 Liter pro Einwohner und Tag ganz schnell nach oben, bis auf 4 000 Liter am Tag. Seinen persönlichen Wasserverbrauch kann jeder errechnen unter www.waterfootprint.org. Revue Nr. 28 vom 08.07.2009, S. 19

M5 Der Wasserpreis in Luxemburg

KOSTENDECKENDER WASSERPREIS: Zwei Gemeinden im Vergleich

	WINTGER *(NORDEN)*	SCHIFFLINGEN *(SÜDEN)*
Fläche	11 368 ha	771 ha
Einwohner	3 800	9 000
Gesamtlänge Wasserleitungsnetz	77 km	50 km
Gesamtlänge Kanalnetz	53 km	32 km
Aktueller Wasserpreis (Haushalte)	2,50 €/Fuder + 60 € Fixkosten/Jahr	2,25 €/Fuder + 21,60 € Fixkosten/Jahr
Aktueller Abwasserpreis (Haushalte)	2,20 €/Fuder + 75 € Fixkosten/Jahr	1,75 €/Fuder + 50 € Fixkosten/Jahr
Berechneter kostendeckender Wasserpreis (Haushalte)	3,98 €/Fuder (variable und fixe Kosten)	2,35 €/Fuder (variable und fixe Kosten)
Berechneter kostendeckender Abwasserpreis (Haushalte)	5,35 €/Fuder (variable und fixe Kosten)	1,99 €/Fuder (variable und fixe Kosten)
Ist der aktuelle (Ab)-Wasserpreis kostendeckend?	Nein	Ja
Durchschnittlicher Wasserverbrauch / 4-Personen-Haushalt	189 Fuder / Jahr	212 Fuder / Jahr
Eingekaufte Wassermenge (2009)	246 000 Fuder	641 000 Fuder

Grafik: Michèle Zeyen

Luxemburger Wort vom 22. März 2011

1. Erklären Sie die Bedeutung des Wassers für Haushalt, Landwirtschaft und Industrie.
2. Woher stammt unser Wasser?
3. Nennen Sie die Ursachen für die Probleme bei der Wasserversorgung.
4. Welche Folgen hat die Verschmutzung der Gewässer und des Grundwassers für die Trinkwasserversorgung des Landes?
5. Wie kann man die Steigerung des Wasserverbrauchs in den letzten 100 Jahren erklären?
6. Erstellen Sie ein Wochenprotokoll, in dem Sie Ihren persönlichen Wasserverbrauch aufzeichnen (vgl. M3). Vergleichen Sie mit dem durchschnittlichen Pro-Kopf-Verbrauch in Luxemburg. Wie könnten Sie persönlich Ihren Wasserverbrauch senken?
7. Wie könnte man die unterschiedlichen Wasserpreise in Luxemburg erklären (M5)? Vergleichen Sie dazu z. B. die Einwohnerzahlen oder die Länge der Wassernetze der beiden Gemeinden.

6.6 Die Herausforderung Müll

M1 Mülltrennung

Luxemburg gehört zu den Spitzenreitern bei der Produktion von Müll (<> les déchets). Drei interkommunale Syndikate kümmern sich um die Abfallbeseitigung vor unserer Haustür. Nur 47 Prozent des Abfalls werden in Luxemburg recycelt, d.h. wiederverwertet. Der Rest landet auf der Deponie oder in der Müllverbrennungsanlage.
Die Müllkette endet aber nicht in unserem Land – viele giftige Stoffe müssen zur Weiterverarbeitung beziehungsweise Endlagerung ins Ausland exportiert werden.

M2

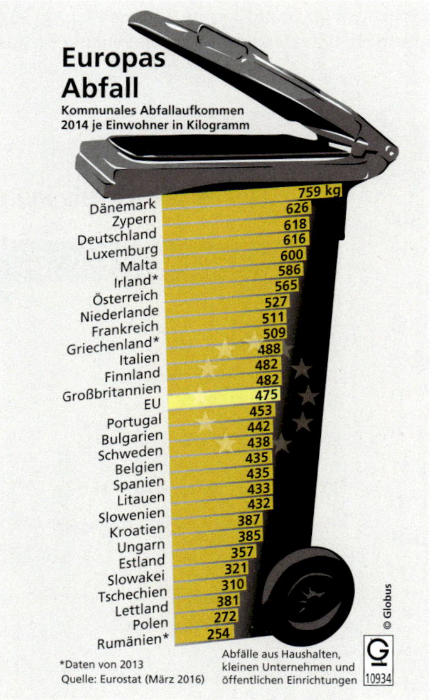

M3 Zusammensetzung des Hausmülls, 2009/10 (Kanton Redange und Wiltz)

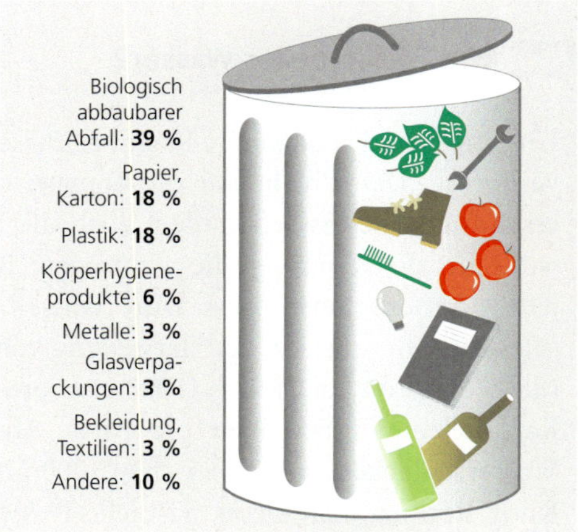

M4 Évolution des ordures ménagères et assimilées

année	2000	2013
total en tonnes	187 720	177 397
habitants	436 300	543 200
kg/habitant	430.3	326.5
traitées par		
SIDOR	125 992	132 019
SIDEC	41 600	18 131
SIGRE	20 128	27 247

STATEC

M5 Einsammeln von Wertstoffen

In Tonnen	2010	2013
Glas	54 674	44 226
Papier und Karton	84 235	83 498
Kunststoffe	17 269	18 302
Kleider und Textilien	3451	3724
Holz	76 794	65 254
Elektronikabfälle	7632	5267
Reifen und Kautschuk	8585	7477
Verpackungsmaterial (Plastik, Metall)	4926	6617
Kühlschränke (Stück)	19 885	18 803

STATEC

6.6 Le problème des déchets

M6 Ist Recycling nur die zweitbeste Lösung?

Recycling bedeutet, aus Wertstoffen neue Materialien zu erzeugen, aus denen dieselben oder neue Produkte hergestellt werden können. Dazu müssen immer Energie und teilweise auch neue Rohstoffe eingesetzt werden. Altes Glas wird eingeschmolzen und zu neuen Flaschen verarbeitet, aus alten Zeitungen entstehen neue Schulhefte, aus PET-Flaschen werden wieder Plastikflaschen. Oft handelt es sich aber nicht um ein wirkliches Recycling.

Da Kunststoffe meist Mischprodukte sind, dürfen sie oft nicht mehr für den ursprünglichen Zweck verwendet werden. Es wird also „downgecycelt". Aus Getränkedosen entstehen minderwertigere Produkte wie Draht oder Baustahl. Mit fortschreitender Anzahl der Wiederverwertungszyklen verschlechtert sich so die Qualität und man muss vermehrt neue Rohstoffe zugeben. Oft haben downgecycelte Produkte eine geringe Lebensdauer, landen auf dem Müll und werden anschließend verbrannt.

Recycling ist sinnvoll, darf aber kein Freifahrtschein sein, um Einwegverpackungen und verschwenderisches Verhalten zu legitimieren. Müll vermeiden steht als Umweltschutz vor dem Recycling.

M7 Entwicklungsländer bekommen giftigen Elektromüll

Der Elektroschrott unserer Gesellschaft landet auf dem Müll. Recyclingunternehmen zerlegen und sortieren ihn gegen Geld. Ihre Arbeit ist gesetzlich streng geregelt, denn viele Bestandteile von Computern, Kühlschränken oder Ähnlichem sind hochgiftig, wie Asbest, Quecksilber, Blei. Besonders verseuchte Geräte müssen auch besonders aufwendig recycelt werden. Und das kostet. Doch es geht auch einfacher. Weg mit dem Giftmüll in die Dritte Welt. Allein in Nigerias Hauptstadt Lagos landen jeden Monat etwa 500 Container mit Computern und Monitoren. Hier sind die Gesetze weniger streng und Arbeitskräfte billig. Schutzkleidung, Filter und Umweltschutz sind weitgehend unbekannt. Viele Computer werden achtlos verbrannt und vergiften vor allem die Kinder, aber auch Ziegen und Hühner, die der Bevölkerung als Nahrung dienen. Ein schmutziges Geschäft. Dabei ist die Ausfuhr von Elektromüll ausdrücklich verboten. Nur der Handel mit funktionsfähigen Geräten ist legal. Aber die Grenze zwischen Schrott und erlaubter Handelsware ist fließend. Das nutzen skrupellose Händler aus. Der Recycler kassiert Geld für die Annahme der Geräte und spart sich die Entsorgung. Der weite Weg nach Afrika tut dem Geschäft keinen Abbruch.

www.zdf.de, frontal 21: Sendung vom 17. 01. 2006, von Peter Moers und Frank Papenbrook

1 Vergleichen Sie das Müllaufkommen Luxemburgs mit dem anderer Länder. Führen Sie mögliche Gründe für die Unterschiede an.

2 Was geschieht mit Luxemburgs Müll? Welche Rolle spielen Recyclingcenter und Valorlux?

3 Welche Langzeitfolgen entstehen durch die wachsenden Müllberge?

4 Untersuchen Sie die Zusammensetzung Ihres Hausmülls. Was könnte wiederverwertet werden? Wie kann man Hausmüll vermeiden?

5 Inwiefern kann man behaupten, dass das Einsammeln von Wertstoffen ein Erfolg ist? Informieren Sie sich, was anschließend mit den Wertstoffen passiert.

6 Erstellen Sie ein Schaubild zum Thema „Wege des Mülls".

6.7 Die Erde kommt ins Schwitzen

Wissenschaftler haben festgestellt, dass sich die Erdoberfläche langsam, aber sicher erwärmt. Bis zum Jahre 2100 sagen sie eine weitere durchschnittliche Erwärmung von mindestens 1,4 bis maximal 5,8 Grad Celsius voraus. Obwohl diese Zahlen aus Luxemburger Sicht zunächst nicht beängstigend wirken, sind die Konsequenzen für das Weltklima und das Leben auf unserer Erde gravierend.

M1

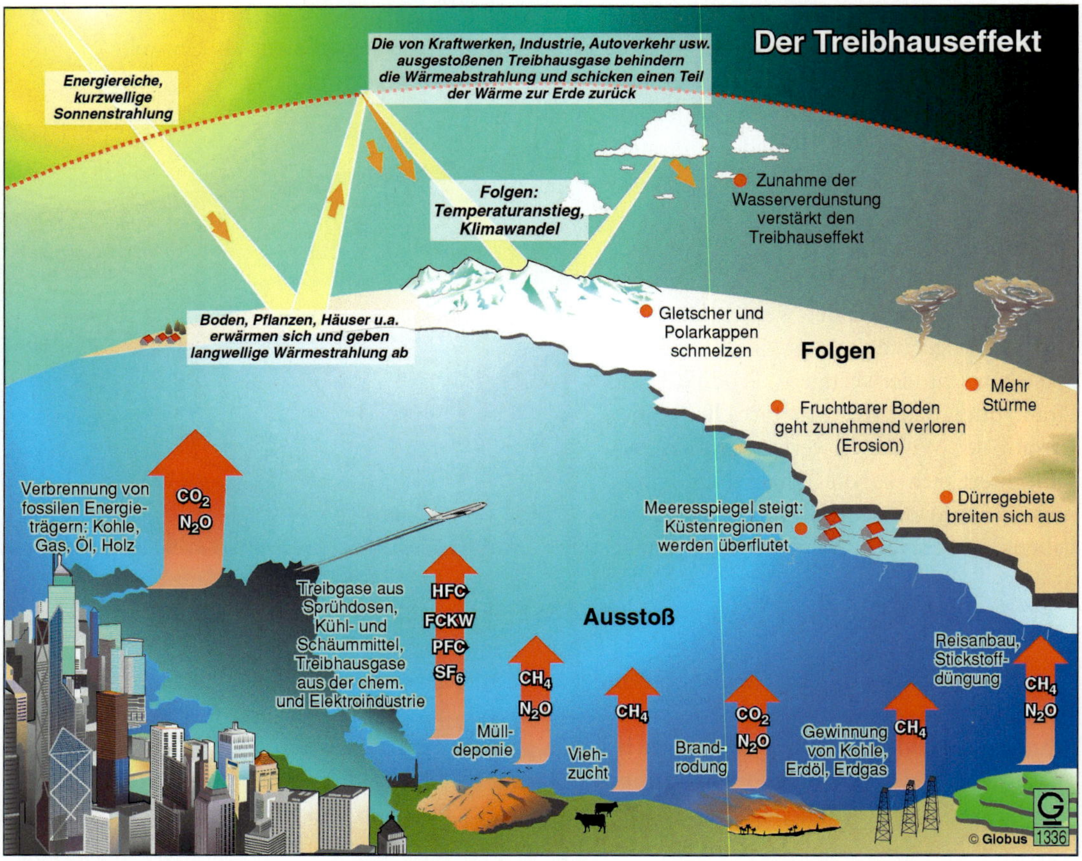

Globale Erwärmung und ihre Folgen

Nach Meinung der meisten Wissenschaftler ist die Erderwärmung von uns Menschen verursacht. Durch die Verbrennung von Benzin, Öl und Gas und anderen Stoffen entstehen schädliche Gase. So verschlimmert sich der sogenannte Treibhauseffekt. Denn wie das Glas in einem Treibhaus verhindern Gase in hohen Luftschichten, dass zu viel Wärme von der Erde in den eiskalten Weltraum abgegeben wird. Eigentlich ist es für uns auf der Erde wichtig, dass nicht alle Wärme in den Weltraum entweicht, denn sonst wäre die Temperatur auf der Erde ständig minus 33 Grad. Aber: Etwas Wärme muss abstrahlen können, damit hier die Temperatur für die Menschen erträglich ist. Weil aber die Treibhausgase durch die Schadstoffe immer undurchlässiger geworden sind, kann nicht genug Wärme entweichen, und deshalb wird es auf der Erde immer wärmer.
Die Folgen dieser Veränderung sind katastrophal. Gletscher und Polkappen schmelzen, der Meeresspiegel steigt und Küstengebiete werden überschwemmt. Das Klima verändert sich. Dies hat Auswirkungen auf die Gesundheit der Menschen und auf die Landwirtschaft.

6.7 Le réchauffement climatique

M2 Verursacher von Treibhausgasen in Luxemburg 2013

Sektor	CO_2 (eq) [kt]	%
Verkehr	6298,17	56,53
Industrie	2353,42	21,12
Haushalte	1648,35	14,79
Landwirtschaft	734,08	6,59
Übriges	108,15	0,97
Insgesamt	**11 142,19**	**100,00**

kt = 1000 t; eq = Schadstoffe equivalent zu CO_2

Ministère du Développement durable et des Infrastructures, Administration de l'environnement, Luxembourg 2015

M3 Karikatur

„... DIE MACHEN SICH DOCH GRAD SELBST EINEN!“

M4 Der ökologische Fußabdruck von Luxemburg im Vergleich, 2008

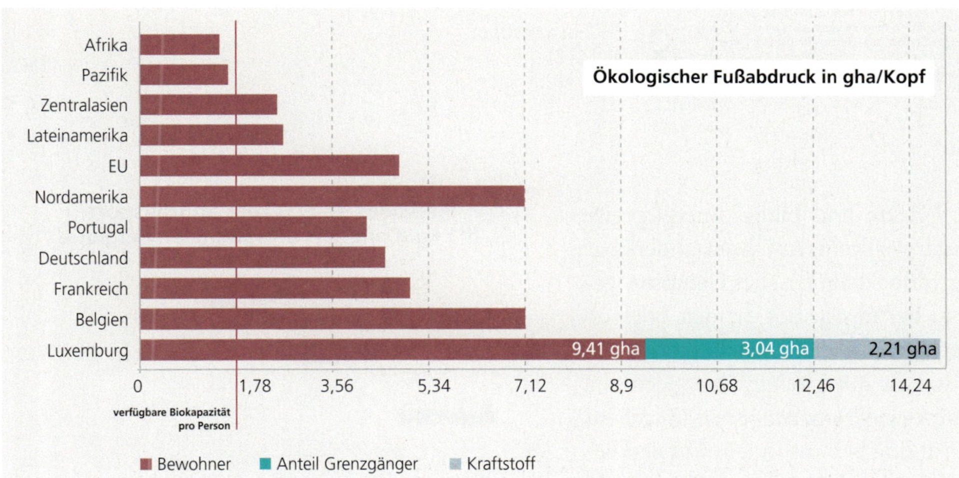

Als Biokapazität wird die Belastungsgrenze der Natur bezeichnet, um alle konsumierbaren Ressourcen herzustellen und Abfälle aufzunehmen. Mit dem ökologischen Fußabdruck sind die Spuren gemeint, die der Mensch auf der Erde hinterlässt. Er wird berechnet auf Grundlage der Fläche, die erforderlich ist, um seinen gesamten Bedarf (Unterkunft, Nahrung, Mobilität und Abfallaufkommen und CO_2-Emissionen) zu decken. Er wird in globalen Hektar pro Person ausgedrückt (gha/P.)

1 Beschreiben Sie Ursachen und Folgen des Treibhauseffektes.

2 Erklären Sie anhand von M2, wer die größten Verursacher des CO_2-Ausstoßes in Luxemburg sind.

3 Erläutern Sie den Zusammenhang zwischen Energieverbrauch und Klimaerwärmung.

4 Was ist der „ökologische Fußabdruck" und wie wird er errechnet?

5 Vergleichen Sie den ökologischen Fußabdruck Luxemburgs mit dem anderer Länder (M4). Nennen Sie mögliche Gründe dafür. Was könnte man ändern?

6.8 „Think global ...“

Anhand von drei Beispielen zur CO_2-Erzeugung im Alltag können wir unsere Gewohnheiten auf ihre Umweltverträglichkeit hin überprüfen. Ganz nach dem Motto „Think global, act local“.

M 1 Reiselust der Luxemburger

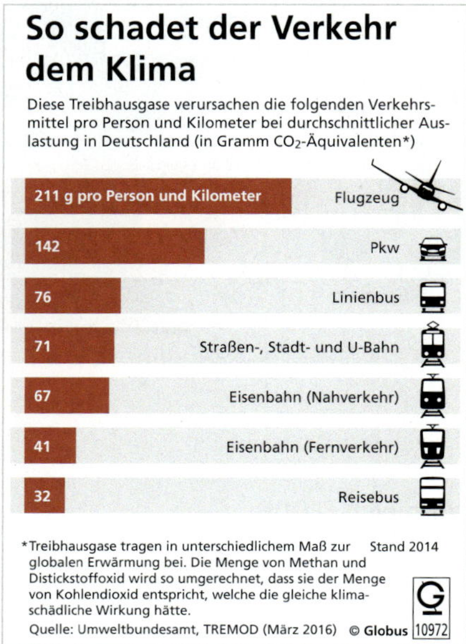

Les voyages des Luxembourgeois en 2013/2014

En 2013, près de 83 % de la population luxembourgeoise ont effectué au moins un voyage de loisirs d'au moins une nuitée. Dans l'ensemble, 1.4 millions de voyages ont été entrepris dont seulement quelques 4 % au Grand-Duché. Les motifs du voyage varient fortement en fonction de la période de l'année, de la destination et des voyageurs. Le principal motif des voyages de loisirs était la détente, suivie par la visite de la famille/d'amis. Parmi ces voyageurs, 54 % préféraient l'automobile et 32 % l'avion aux bus et trains. Quant aux voyages d'affaires, presque la moitié (48 %) a opté pour l'avion, 20 % pour le train et le bus et, enfin, un peu plus d'un tiers des voyageurs a pris la voiture.

STATEC

M 2 Obst und Gemüse

Die Globalisierung der Märkte und billige Energiepreise machen möglich, was noch vor wenigen Jahren undenkbar war. Das ganze Jahr über verlockt ein frisches Gemüseangebot zum Kauf, egal ob es bei uns gerade schneit oder ob warme Temperaturen herrschen. Die Bereitstellung von Gemüse außerhalb der Saison ist mit großem Energieeinsatz verbunden. Sommergemüse wie Tomaten [oder] Zucchetti ..., die im Winter und Frühling bei uns in den Regalen liegen, werden entweder über weite Distanzen transportiert oder im beheizten Gewächshaus herangezogen. Dafür muss Erdöl in Form von Benzin, Kerosin, Diesel oder Heizöl verbrannt werden. Das dabei entstehende CO_2 ist hauptverantwortlich für die weltweite Klimaveränderung.
Saisonale Freilandprodukte, regionale oder inländische Produkte müssen nur über kurze Strecken transportiert werden. Die biologische Produktion nimmt Rücksicht auf natürliche Kreisläufe und kommt ohne chemisch-synthetische Dünger und Pflanzenschutzmittel aus.

Patrick Hofstetter, WWF-Klimatipps, September 2003, zit. nach: http://assets.wwf.ch/downloads/klimatippsdklein.pdf (gekürzt)

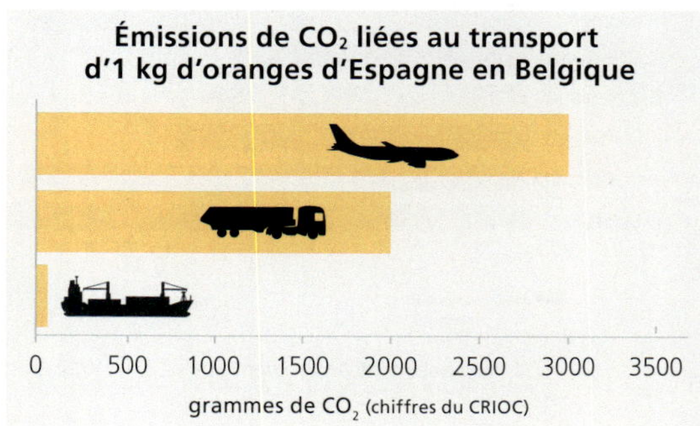

1 kg de fraises d'Israël, importé par avion, acheté en mars nécessite 4,9 litres de pétrole.

1 kg de fraises de Suisse acheté en juin nécessite 0,2 litres de pétrole.

6.8 „Think global ...“

M3 Fleischkonsum

Die Luxemburger essen im Durchschnitt 136 Kilo Fleisch pro Jahr und haben damit den weltweit höchsten Fleischverbrauch. In den USA werden nur 122 Kilo pro Person gegessen und in der Mongolei, wo Fleisch das Hauptnahrungsmittel ist, etwa 70 Kilo.

Die Weltfleischproduktion lag 2004 bei 258 Millionen Tonnen, 1950 waren es noch 44 Millionen. 18 Milliarden Tiere werden jährlich gemästet und der größte Teil von ihnen landet als Fast Food auf den Tellern. Für so viel Fleisch werden Unmengen an Getreide an Tiere verfüttert. Gleichzeitig leiden eine Milliarde Menschen an Unterernährung und alle drei Sekunden stirbt ein Mensch an den Folgen des Hungers. Die Tierhaltung trägt auch zu Verschmutzung durch Überdüngung und Verschwendung des Wassers bei. Während 40 Prozent der Weltbevölkerung keinen Zugang zu sauberem Wasser haben, werden allein für ein 1 Kilo Rindfleisch 15 000 Liter Wasser verbraucht. Rund um den Globus werden jede Minute mindestens 38 Fußballfelder Regenwald gerodet. Der größte Teil wird vernichtet, um Flächen für Weiden oder den Anbau von Futtermitteln zu schaffen. 20 Prozent des Amazonasregenwaldes sind in den letzten 40 Jahren für Sojaanbau gefällt worden. Ohne die grüne Lunge (CO_2-Speicher) des Planeten können wir aber auf Dauer nicht überleben. Die Tierhaltung ist für ein Fünftel der globalen Treibhausgase zuständig. Auch die Entstehung von Tierseuchen wie BSE, Vogel- und Schweinegrippe werden durch den hohen Fleischkonsum und die Massentierhaltung begünstigt.

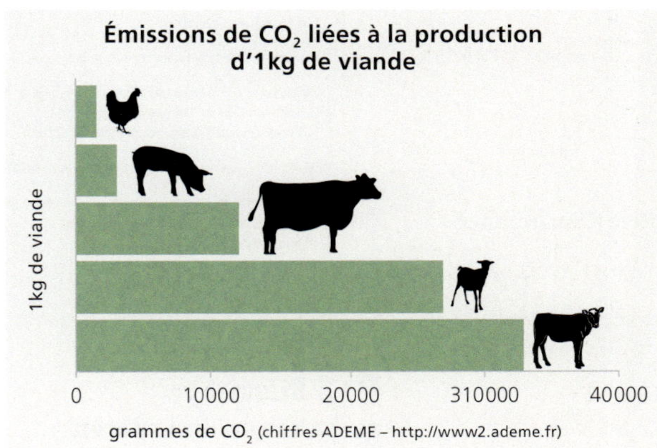

1 Welche Verkehrsmittel sind relativ umweltfreundlich und warum?

2 Ein Jugendlicher fliegt mit dem Billigflieger nach Barcelona zum Fußball: Berechnen Sie den CO_2-Ausstoß für die Strecke Luxemburg-Barcelona (1152 km) mit dem Flugzeug und dem Pkw.

3 Erläutern Sie den Zusammenhang zwischen Reiselust und Klimawandel.

4 Erklären Sie die Begriffe: saisonal, regional, Bio-Produkte. Inwiefern belasten Erdbeeren aus Ländern wie z. B. Israel unsere Umwelt?

5 Welche Umweltbelastungen ergeben sich aus der Produktion von Fleisch?

6 Informieren Sie sich über die Massentierhaltung. Erläutern Sie anschließend „Umweltschutz ist auch Tierschutz“.

7 Erstellen Sie anhand der Beispiele eine Liste mit Tipps zum Klimaschutz.

6.9 „... act local!"

Jeder Mensch belastet die Umwelt. Er verbraucht Wasser, verschmutzt die Luft, verursacht Müll und erzeugt direkt oder indirekt CO_2: durch den Einsatz von Energie, die er für Geräte und Maschinen nutzt, durch die Teilnahme am Verkehr, durch die Herstellung und Verwendung von Nahrungsmitteln und Konsumgütern mit den dazugehörigen Verpackungen. Jeder kann also seine persönliche Umweltbilanz positiv beeinflussen.

M 1 Klimarechner

Online können Sie Ihren Anteil am CO_2-Ausstoß berechnen und Ihr Verhalten dementsprechend ändern (www.klimaktiv.de/article330_0.html).

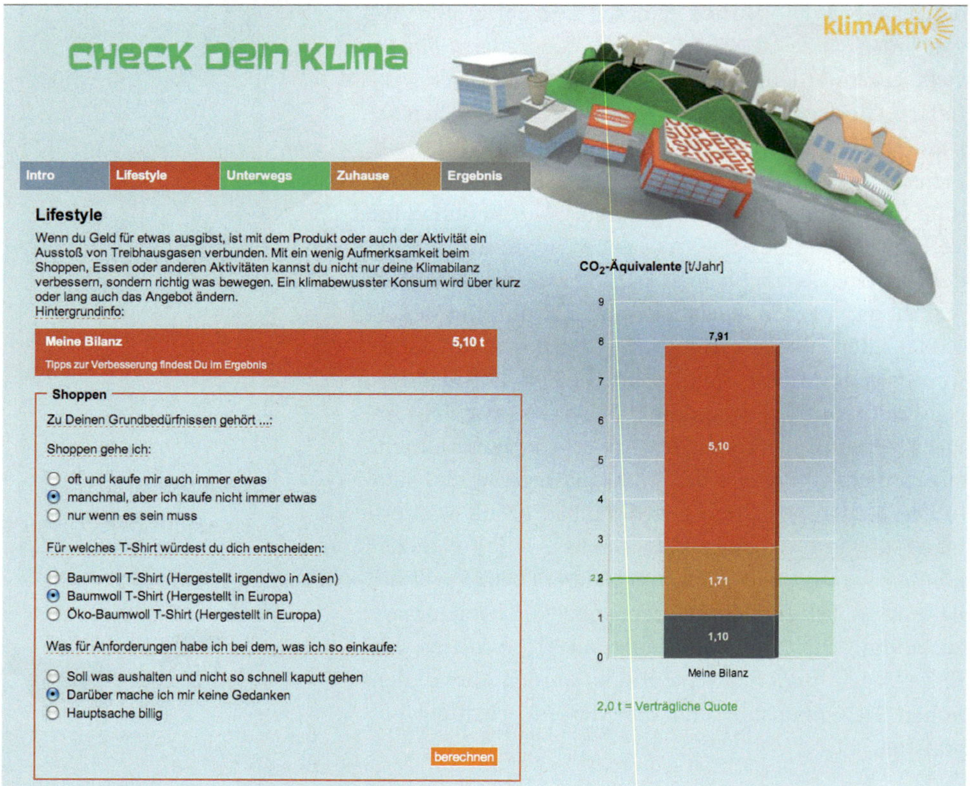

Weitere Klimarechner:

http://www.ecogood.de

www.mein-fussabdruck.at

M 2 Stand-by: ausschalten und sparen

Gerade ältere Fernsehgeräte, DVD- und Blu-ray-Player oder Hi-Fi-Anlagen können im Stand-by-Betrieb einen hohen Stromverbrauch haben. Es lohnt sich daher, diese Geräte nach dem Ausschalten komplett vom Stromnetz zu trennen.

Deutsche Energie-Agentur (dena), Broschüre: Strom sparen im Haushalt, Berlin 2015

M 3

Privatpersonen erhalten finanzielle Hilfen bei energetischer Sanierung bestehender Gebäude und bei energieeffizienten Neubauten.

PRIMe House - Gutt fir eis Ëmwelt, gutt fir äre Portmonni, gutt fir nei Aarbechtsplazen

PRIMe House

6.9 „... act local!"

M4 Alle sind gefragt

Checkliste für den Haushalt	
· Zimmertemperatur begrenzen (Flur und Schlafzimmer 18 °C, Wohnräume 20 °C, Badezimmer 21 °C)	☐
· in Abständen kurz, aber kräftig lüften	☐
· unnötige Beleuchtung ausschalten	☐
· besonders für Dauerbeleuchtung Energiesparlampen benutzen	☐
· Stand-by-Schaltungen für Elektrogeräte mit Fernbedienung (z. B. TV, Stereoanlage) stets ausschalten	☐
· Kühlschrank stets geschlossen halten, keine warmen Lebensmittel hineinstellen	☐
· beim Kochen kleinstmögliche Topfgröße auf passender Herdplatte nutzen, Wassermengen begrenzen	☐
· kleine Speisemengen in der Mikrowelle wärmen	☐
· beim Backen Vorheizzeiten abkürzen	☐
· nur volle Waschmaschinen oder Geschirrspüler einschalten, Spartasten benutzen	☐
· duschen statt baden	☐
· Warmwasserspeichergeräte bei mehrtägiger Abwesenheit ausschalten	☐
· mit Fahrrad, Bus oder Bahn zur Schule fahren	☐
· Kurztrips im Flugzeug vermeiden	☐
· den Fleischkonsum einschränken	☐
· Saisongemüse und -obst kaufen	☐

M5 Europäisches Energielabel für Kühlschränke

Auf einen Blick können Strom- und Wasserverbrauch verschiedener Geräte verglichen werden. Dies hilft dem Verbraucher eine Kaufentscheidung zu treffen und so Geld und Energie zu sparen.

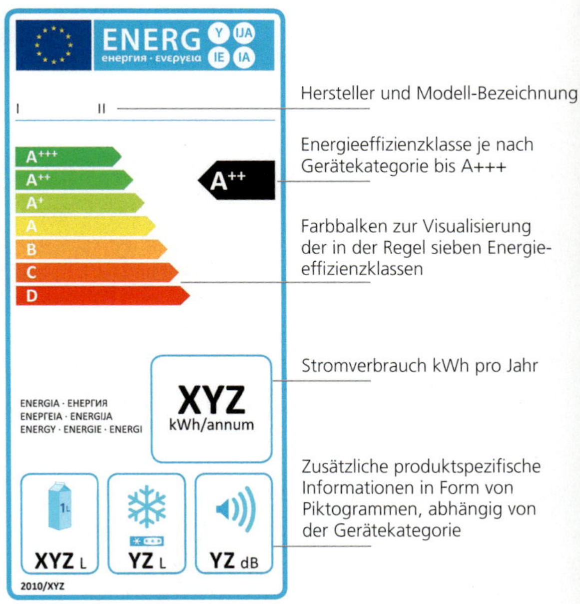

M6

Auf dieser Internetseite stellt das Umweltministerium in Zusammenarbeit mit verschiedenen Umweltorganisationen umwelt- und ressourcenschonende Produkte vor:

www.oekotopten.lu

M7

Ich hab mir eben einen Baum im Garten-Center besorgt, um meine CO_2-Bilanz zu verbessern ... Jetzt muss ich wieder hinfahren und noch einen kaufen!

1. Erstellen Sie Ihre persönliche CO_2-Bilanz und vergleichen Sie Ihr Ergebnis mit denen Ihrer Mitschüler. Was stellen Sie fest?
2. In welchen Bereichen könnten Sie sich vorstellen, Ihr Verhalten zu ändern, um Ihre Klimabilanz zu verbessern?
3. Besprechen Sie in der Klasse, wie Sie Ihre Mitschüler auf die Problematik des erhöhten CO_2-Verbrauchs aufmerksam machen könnten.

6.10 Umwelt kennt keine Grenzen

Folgen des Klimawandels

Nordamerika

- Stärkere Hitzewellen
- Mehr Waldbrände
- Häufigere und heftigere Sturmfluten

Afrika

- Gefahr von Hungersnöten wegen geringerer Ernteerträge und Ausdehnung der Wüsten
- Zunahme des Wassermangels
- Gefahr von Überflutung küstennaher Regionen, Gefahr von Malaria und Cholera

Lateinamerika

- Überschwemmungsgefahr für große Städte
- Regenwald verringert sich stark
- Stärkere Dürreperioden und geringere Ernteerträge

Polargebiete (Antarktis)

- Schmelzen des größten Gletschers der Erde
- Weltweiter Anstieg des Meeresspiegels
- Bedrohter Lebensraum für Menschen und Tiere

1 Teilen Sie die Klasse in Gruppen ein.

a) Wählen Sie je eine Region und tragen Sie Informationen über die dortigen Folgen des Klimawandels zusammen.

b) Recherchieren Sie im Internet weitere Informationen zur gewählten Region.

c) Suchen Sie aktuelle Nachrichten über Klimaschäden in einem ausgewählten Gebiet.

d) Erstellen Sie eine Wandzeitung zum Thema.

6.10 L’environnement – un enjeu global

Europa

- Mehr extreme Hitzewellen und Dürreperioden
- Häufiger Hochwasser und Überschwemmungen
- Abschmelzen der alpinen Gletscher
- Sommer-Tourismus am Mittelmeer gefährdet

Insel-Staaten im Pazifik

- Sturmfluten bedrohen Menschen, Ernteerträge und die Infrastruktur
- Trinkwasser gefährdet
- Tourismus als Einnahmequelle gefährdet

Asien

- Gletscherschmelze im Himalaya und Gefahr von Sturzfluten
- Überschwemmungsgefahr für Millionenstädte in den Deltas großer Flüsse
- Zunahme des Wassermangels

Australien

- Verschärfter Wassermangel
- Stärkere Überflutungen
- Korallenriffe und Artenvielfalt bedroht

2 „Umwelt kennt keine Grenzen.“ Erläutern Sie diese Aussage anhand der Abbildungen.

3 Welche Umweltprobleme müssen aus Ihrer Sicht möglichst rasch gelöst werden? Begründen Sie Ihre Meinung.

4 Warum ist es so schwierig, Umweltstandards und internationale Abkommen zur Umweltpolitik durchzusetzen?

METHODE Zukunftswerkstatt

M 1 Arbeitsgruppe der Zukunftswerkstatt

▸ DARUM GEHT ES

Globale Umweltprobleme sind die Herausforderungen von heute und von morgen. Pessimistisch in die Zukunft zu schauen und die Hände in den Schoß zu legen, nützt aber nichts. Eine Diskussion, wie wir in Zukunft leben und wie wir die Zukunft gestalten wollen, ist notwendig. Die Zukunftswerkstatt ist eine Methode, um eben diese Diskussion über die Zukunft mit alternativen Ideen, Fantasien, Visionen, aber auch mit konkreten Vorschlägen und umsetzbaren Maßnahmen zu bereichern. Sie ist also eine Methode, um neue kreative Ideen für bestehende Probleme zu entwickeln. Ziel ist es, die gesellschaftliche Entwicklung in Richtung einer gewünschten und gewollten Zukunft zu beeinflussen.
Organisieren Sie nun eine Zukunftswerkstatt zum Thema „Energieversorgung von morgen“.

▸ SO LÄUFT ES AB

1. Vorbereitung

- Legen Sie einen Zeitplan fest (mehrere Schulstunden oder einen Schultag) und statten Sie den Werkstattraum mit Karteikarten, Stiften, Magnet- oder Pinnwand aus.
- Tragen Sie Informationen zur derzeitigen Energieversorgung zusammen: Woher stammt unsere Energie? Was sagen die einzelnen Parteien zur Energiepolitik? …

2. Ergebnisse zusammentragen und bewerten

- Tragen Sie im Partner- oder Gruppengespräch zusammen, was Ihnen an der derzeitigen Energiepolitik nicht gefällt. Halten Sie jeweils Ihre Ideen in einem kurzen Satz auf Karteikarten fest, der folgendermaßen beginnen kann: „Die Gesellschaft …“, „Die Wirtschaft …“, „Die Natur …“ usw.
- Ordnen Sie nun die einzelnen Karteikarten im Klassenverband nach ähnlichen Problembereichen und gestalten Sie daraus eine Mindmap „Probleme“.
- Nach einer kurzen Erläuterung zu allen Problemfeldern entscheiden Sie sich, welches Problemfeld Sie am meisten interessiert und an welchem Sie aktiv mitarbeiten wollen.

3. Entwickeln Sie Fantasie

- Nun gilt es, jeden einzelnen Kritikpunkt des ausgewählten Problembereichs in eine positive Aussage umzuwandeln. Dazu formuliert jede Arbeitsgruppe zu jedem Kritikpunkt eine positive Aussage und schreibt diese auf eine Karteikarte (z. B. Kritikpunkt: „Atomanlagen sind gefährlich.“ Positive Aussage: „Atomstrom ist sauber.“). In dieser Phase kommt es auf Ihre Fantasie an. Alle Lösungen sollen gelten.
- Gestalten Sie jetzt eine Mindmap mit den Lösungsansätzen. Diese sollte optisch neben die Mindmap „Probleme“ gestellt werden.
- Präsentieren Sie nun Ihre Fantasielösungen Ihren Mitschülern.

4. Verwirklichen Sie Ihre Ideen

- Nehmen Sie die Problemkarten und die dazu passende Alternativlösung der beiden Mindmaps und verbinden Sie diese. Kehren Sie jetzt in die Realität zurück, überprüfen Sie, wie sich Ihre Ideen in die Wirklichkeit umsetzen ließen.
- Jede Arbeitsgruppe soll nun zu einem Lösungsbereich konkrete Anweisungen für ein verbessertes Energieverhalten suchen: Konkrete Ideen und Schritte zur Umsetzung sollen festgelegt werden, ein Handlungsplan soll entwickelt werden.
- Ergebnisse werden im Klassenverband präsentiert, geklärt, akzeptiert sowie in einem Maßnahmenkatalog festgehalten.

5. Nachbereitung der Zukunftswerkstatt

- Der Maßnahmenkatalog wird allen Teilnehmern zugänglich gemacht und weiter verbreitet (an andere Mitschüler, die Gemeinden, die Presse …).
- Die Zukunftswerkstatt kann durch ein konkretes Veränderungsprojekt nachbereitet werden.
- Die Teilnehmer sollten auch darüber nachdenken, wie die Arbeitsweise der Gruppe funktioniert hat. Sowohl positive wie negative Erkenntnisse sind anzusprechen.

	Mix national
Énergie écolienne	4.2 %
Énergie hydroélectrique	51.1 %
Énergie solaire	1.2 %
Biomasse, biogaz, gaz de stations d'épuration d'eaux usées, gaz de décharge	1.3 %
Énergies renouvelables diverses / non-identif.	0.1 %
Houille	5.1 %
Lignite	4.1 %
Gaz naturel	12.7 %
Cogéneration à haut rendement	3.3 %
Énergies fossiles diverses / non-identif.	6.9 %
Énergie nucléaire	9.6 %
Énergies diverses / non-identif.	0.4 %

M2 L'électricité et ses sources (mix national luxembourgeois pour l'année 2013)

M3 Cartoon

6.11 Das Wichtigste auf einen Blick

Regionen Luxemburgs

- Verschiedene Naturräume: Ösling und Gutland (Minette, Müllerthal, Alzettetal)
- Räume werden vom Menschen genutzt und verändert: Verwaltungs- und Dienstleistungszentren, Landwirtschaft und Weinbau, Freizeit und Tourismus, Industrie und Gewerbe, Wohnen

Raum- und Landesplanung

- Bevölkerungswachstum/Flächenverbrauch macht Landesplanung notwendig
- Staat und Gemeinden erstellen Leitlinien für eine harmonische Siedlungsentwicklung (IVL, PAG)
- Aspekte der Landesplanung: die wirtschaftliche Entwicklung, Wohngebiete, lokaler und grenzüberschreitender Pendlerverkehr, Freizeit, Kulturangebote und Naturschutz

Nachhaltigkeit

- Prinzip, demzufolge nicht mehr Natur verbraucht werden darf als nachwachsen und sich regenerieren kann
- Herausforderungen an Politik und Bürger sind: Wasserversorgung und Wasserqualität, Müllentsorgung, Energieversorgung, Mobilität/Verkehrsaufkommen, CO_2-Emissionen …

Globale Erwärmung

- Ursachen: Freisetzung von CO_2 durch den Verbrauch fossiler Energieträger wie Kohle, Gas, Öl zur Gewinnung von Strom, zum Heizen, für die Industrie und im Verkehr
- Folgen: Hitzewellen und Trockenheit, Überschwemmungen und Verlust von Land, extreme Wetterlagen, Schmelzen der Polkappen und Gletscher
- Was tun?:
  - Eigenes Verbraucherverhalten hinterfragen
  - umweltfreundlicher konsumieren
  - weniger Energie verbrauchen
  - auf umweltfreundliche Energie wie Wasser, Sonne und Wind zurückgreifen

„Ich jedenfalls verleihe nie wieder etwas!"

6.11 En bref

Sachkompetenz (<> maîtriser des savoirs)

1. Tragen Sie die Namen der verschiedenen Naturräume und Ballungsgebiete mit ihren Hauptmerkmalen in die Karte ein.
2. Erklären Sie folgende Begriffe: Raum- und Landesplanung, Mobilität, Treibhauseffekt, Nachhaltigkeit.
3. Zählen Sie Maßnahmen auf, um im Privaten die Umwelt zu schützen.
4. Erklären Sie den Zusammenhang zwischen wirtschaftlichem Wachstum und Umweltverschmutzung.

Methodenkompetenz (<> utiliser des méthodes)

5. Erstellen Sie eine thematische Karte zum Thema Müllentsorgung.
6. Entwerfen Sie ein auf Luxemburg bezogenes Zukunftsszenario zum Thema „Umwelt und Umweltschutz".

Urteils- und Handlungskompetenz (<> juger et agir)

7. Erläutern Sie den Slogan „Think global, act local".
8. Erläutern Sie die im Songtext angesprochenen Umweltprobleme. Welche Aussage möchte die Gruppe wohl vermitteln? Bewerten Sie diese kritisch.

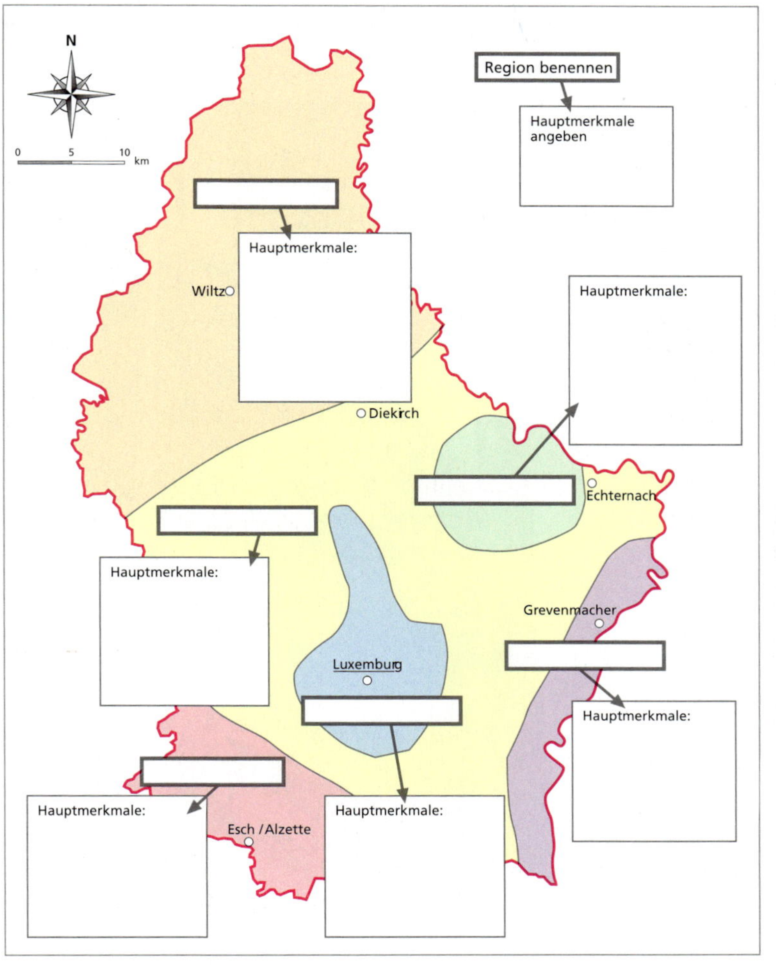

7 Identität und Geschichte

Den Dag vun der oppener Dier (Songtext der Gruppe De Läb von 2011 aus dem Album Stëbslong)

Et wor eemol en Haus mat enger schéiner Façade,
mat engem klenge Virgaart, mat moofe Schäiner um Bam.
„Pëtz mech mol!“, mee erwäscht sinn ech net aus deem Dram.
Eng gëlle Fra sot: “Kommt eran!”, a mär si gaang.

Et wor ee klengt Haus mat ville koloréierten Zëmmeren,
mee dee groe Schleier wollt hier Faarwen um Blénken hënneren.
D’Ambiance am Ënneren, déi wuar nawell e bësse latzeg,
well ouni Kommunikatioun ginn déi grellsten Téin och blatzeg.

De groe Schleier hat sech wéi e Film op meng Haut geluet
an op eemol hunn ech e Gefill vu Sécherheet verspuert.
Si gouf zur Sucht, déi Alldag a Liewe kontrolléiert,
alles ass liberal, mee näischt ass toleréiert.

Eng unzéiend Kraaft, wou dëse Schleier hat,
Friemer wuaren Alldag op Besuch an owes nees op der Heemfahrt.
Mee d’Heemechtssprooch gouf net oft geschwat,
do huet e roude Léiw de rout-wäiss-bloe Fändel verbrannt am Gaart.

Mär wëlle bleiwe wat mer sinn … mee wat si mer iwwerhaapt?

Ee Privileg, deen een an dësem Haus ka genéissen,
datt een haut um Menu zwou Sproochen am Pass ka begréissen.
Hei schaffen déi mannst fir e sou genannten Hongerloun,
Als Dessert gëtt et schliisslech en 13. Mount.

Mee eppes un deem Schleier wuar ons schleierhaft.
D’Fro wuar, firwat ee just als Fifi fir sou deier schafft.
Vum Schäi bedrunn, dëst wuar net d’Gerechtegkeet!

Identité et histoire

E grousse Kuch wuar do, mee d'Stécker goufen net gerecht gedeelt.

Als Bewunner beschränks de dech op dat Materiellt;
du weess zwar net, wat dobausse leeft, mee de Fernseh ass d'Fënster zur Welt.
Do koum eng statesch Figur fir d'Symbolik vun dësem Haus,
elo fille mer eis doheem, well de Fändel hänkt eraus.

3 Mol Lëtzebuerg, wéi fréier ënnert de Brongen.
Mär hunn zesumme gehal, dat huet och deemools gutt geklongen. An eis Nonno'en an de Minen, ouni sie wier d'Haus mol net gebaut,
Respekt aus déifster Broscht, gëllt hinnen och nach haut.

Mär wëlle bleiwe wat mer sinn … mee wat si mer iwwerhaapt?

„Mär wëlle bleiwe wat mer sinn, mee wat si mer iwwerhaapt?", so heißt es im Songtext der Luxemburger Gruppe De Läb. Die nationale Identität, d.h. die Merkmale, durch die man sich von anderen Nationen unterscheidet, ist schwer zu definieren. Sie ist oft nicht greifbar. So fühlt man sich z.B. mehr als Luxemburger, wenn man sich im Ausland aufhält.
Die Menschen in unserer Gesellschaft besitzen ganz unterschiedliche Identitäten. Ein Blick zurück auf die Geschichte Luxemburgs, dessen Staatsgründung und Symbole, aber auch die Bevölkerungsentwicklung und deren Zusammensetzung helfen zu verstehen, was die Luxemburger Identität ausmacht.

1 Woher stammt der Satz „Mär wëlle bleiwe wat mer sinn"? Ermitteln Sie seine Bedeutung.

2 Erstellen Sie eine Liste mit Luxemburger Eigenschaften, die im Lied thematisiert werden. Welche Symbole und typische Ereignisse werden erwähnt? Handelt es sich um einen kritischen Text? Begründen Sie Ihre Antwort.

3 Kann man die Frage „Wat si mer iwwerhaapt?" eigentlich beantworten?

KOMPETENZEN AUF EINEN BLICK

Sachkompetenz (<> maîtriser des savoirs)
- Die wichtigsten historischen (geschichtlichen) Entwicklungen Luxemburgs kennen
- Verstehen, dass es, je nach Herkunft oder Lebenserfahrungen, unterschiedliche Identitäten gibt
- Die Begriffe Nation, Staatsbürgerschaft, Migration, Integration, Wohlstandsgesellschaft erklären

Methodenkompetenz (<> utiliser des méthodes)
- Eine Bevölkerungspyramide lesen und auswerten

Urteils- und Handlungskompetenz
(<> juger et agir)
- Die Begriffe Nation und Identität kritisch hinterfragen können
- Sich selbst als Mitglied der Luxemburger Gesellschaft definieren können

7.1 Typisch Luxemburg

M 1

Auf die Frage, was typisch ist für Luxemburg, antwortet man gerne mit Klischees. So wie Baguettes klischeehaft für Frankreich stehen, verbinden viele auch mit Luxemburg und seinen Bewohnern Klischees, d. h. Gewohnheiten und Eigenschaften, die aber nicht immer der Wahrheit entsprechen.

Auch Symbole, wie der Eiffelturm oder die Marseillaise für Frankreich, können für ein Land stehen. In Luxemburg gibt es vier gesetzlich festgelegte nationale Symbole: Nationalfeiertag, Wappen und Fahne, Nationalhymne. Sie sind seit 1993 vor nicht genehmigtem Gebrauch geschützt.

M 2 Klischees über Luxemburger

Alle Luxemburger sind reich.
Alle Luxemburger fahren teure Autos.
Luxemburger sind keine Stimmungskanonen.
Bier ist Kult in Luxemburg.
Der typische Luxemburger hat immer die Hände in den Taschen.

M 3 Lëtzebuerg ass ...

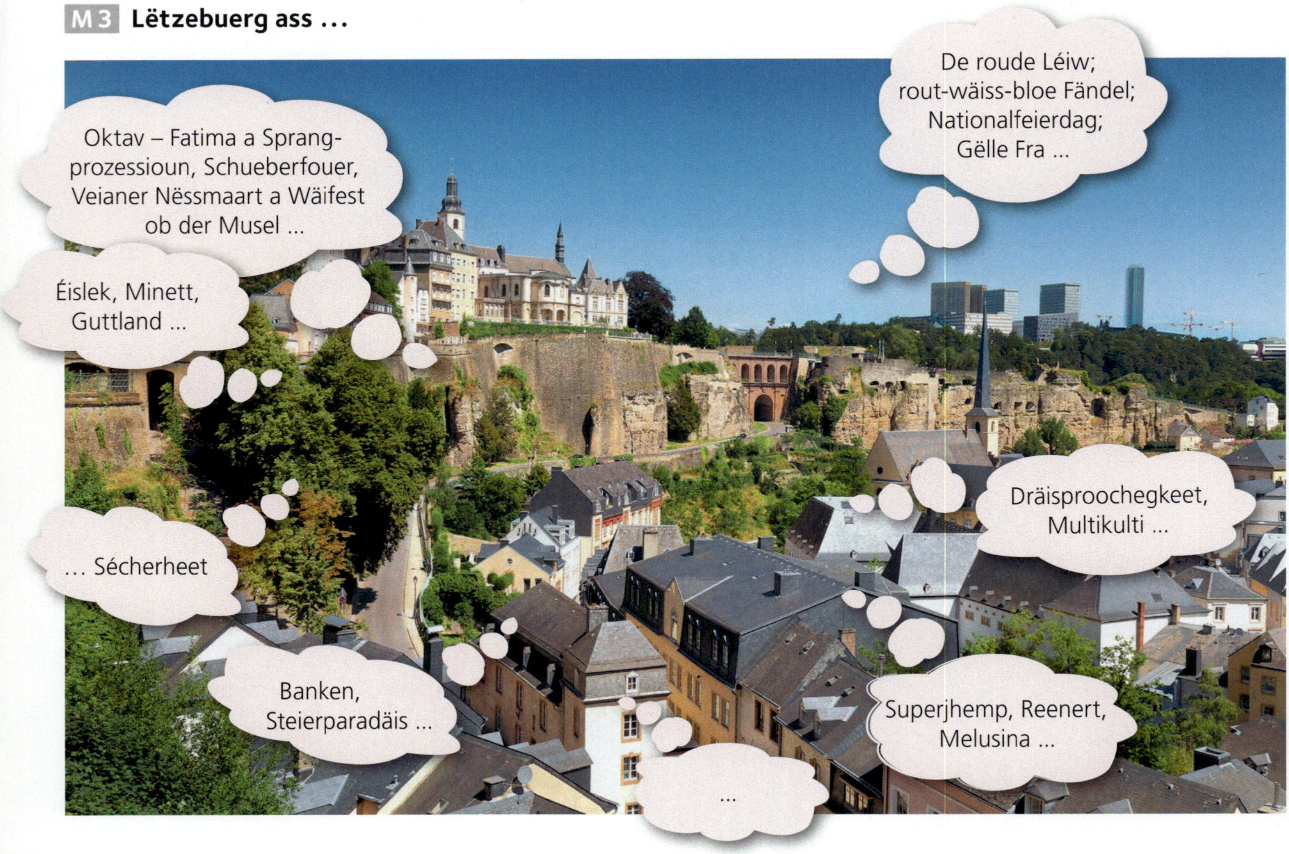

7.1 Typiquement luxembourgeois

M4 Die nationalen Symbole

Nationalfeiertag: 23. Juni
Seit dem 18. Jahrhundert ist es in Luxemburg Tradition, den Geburtstag des Staatsoberhauptes zu feiern. Zur Zeit von Großherzogin Charlotte (1919 – 1964) fand dieses Fest jeweils im Winter statt, nämlich am 23. Januar, dem Geburtstag der Großherzogin. Wegen der klimatisch ungünstigen Jahreszeit wurde 1961 beschlossen, die öffentliche Feier des Geburtstages, also den Nationalfeiertag, auf den 23. Juni zu verlegen.

Wappen und Fahne für Luxemburg
Das Wappen Luxemburgs stammt ursprünglich aus dem Mittelalter (13. Jh.). Hauptelement ist ein roter doppelschweifiger Löwe mit Krone und Zunge in Gold auf neunmal geteiltem Feld von Silber und Blau. Das Wappen wird heute offiziell von Armee und Polizei genutzt und inoffiziell bei sportlichen Veranstaltungen.

Die Farben der Luxemburger Fahne (Trikolore) wurden 1845 festgelegt. Wappen gelten traditionell als Zeichen von Herrschern, Fahnen hingegen stehen eher für die Macht von Staat und Volk.

Nationalhymne
Besteht aus der ersten und vierten Strophe des Liedes „Ons Heemecht“ (1864) von Michel Lentz (Text) und Jean-Antoine Zinnen (Musik). „Ons Heemecht“ konkurrierte lange mit dem „Feierwon“ von Michel Lentz (Musik und Text), verfasst 1859.

M5 Ons Heemecht

Wou d'Uelzecht duerech d'Wisen zéit,
Duerch d'Fielsen d'Sauer brécht.
Wou d'Rief laanscht d'Musel dofteg bléit,
Den Himmel Wäin ons mécht.
Dat ass onst Land, fir dat mir géif,
Heinidden alles won.
Onst Heemechtsland, dat mir sou déif
An onsen Hierzer dron.

O Du do uewen, deem seng Hand
Duerch d'Welt d'Natioune leet.
Behitt Du d'Lëtzebuerger Land
Vru friemem Joch a Leed!
Du hues ons all als Kanner schonn,
de fräie Geescht jo ginn.
Looss viru blénken d'Fräiheetssonn
déi mir sou laang gesinn.

M6 De Feierwon

De Feierwon deen ass bereet,
E päift duerch d'Loft a fort e geet,
Am Dauschen iwwer d'Strooss vun Eisen,
An hie geet stolz den Noper weisen,
Dat mir nun och de Wee hu fonnt,
Zum éiweg grousse Vëlkerbond,

Kommt hier aus Frankräich, Belgie, Preisen,
Mir wëllen iech ons Heemecht weisen,
Frot dir no alle Säiten hin,
Mir wëlle bleiwe wat mir sinn.
Frot dir no alle Säiten hin,
Wéi mir esou zefridde sinn.

1 Was trifft Ihrer Meinung nach auf Luxemburger zu (M2)? Finden Sie weitere Beispiele. Erstellen Sie eine Liste mit Klischees über andere Nationalitäten. Erklären Sie.

2 Ergänzen Sie M3 um weitere Sprechblasen über Luxemburger Eigenschaften aus Gastronomie, Geschichte, Wirtschaft, Literatur, Mode, Kultur …

3 Untersuchen Sie die Texte (M5, M6) nach folgenden Gesichtspunkten: Symbole, Bilder, Gefühle, Bezug zur Religion, Fortschritt …

4 Vermuten Sie, warum sich wohl „Ons Heemecht“ als Nationalhymne durchgesetzt hat. Vergleichen Sie anschließend den Text der luxemburgischen Hymne mit Texten anderer Nationalhymnen.

7.2 Nation und Nationalität

Patriotismus
(<> **le patriotisme**)
Bezeichnet die Liebe zur Heimat. Nationalismus ist falsch verstandener Patriotismus, der nur die eigene Nation gelten lässt und andere Nationen abwertet. Er ist oft verbunden mit Überheblichkeit und Arroganz gegenüber Menschen anderer Nationalität und führt häufig zu Fremdenfeindlichkeit (<> la xénophobie).

M1 Der Luxemburger Pass weist seinen Besitzer als Luxemburger und EU-Bürger aus

Unter Nation versteht man eine Gemeinschaft von Menschen, gekennzeichnet:

- durch den Willen zusammenzuleben,
- durch eine gemeinsame Kultur (Geschichte, Sprache, Religion, Werte),
- durch den Willen, sich von anderen Nationen zu unterscheiden.

Je nach Nation oder Zeitgeist können diese Merkmale unterschiedlich ausgeprägt und wichtig erscheinen. So besitzt z. B. die Schweizer Nation keine gemeinsame Sprache.
Die Staatsbürgerschaft (<> la nationalité) ist das rechtliche und politische Band zwischen einer Einzelperson und einem Staat. Der Ausweis (<> la carte d'identité) oder der Pass (<> le passeport) beweisen diese Zugehörigkeit. Die Verfassung und Gesetze sehen für die luxemburgischen Staatsbürger eine Reihe von bürgerlichen und politischen Rechten vor.
Die Regierung hat durch das Gesetz vom 23. Oktober 2008 die doppelte Staatsbürgerschaft eingeführt mit dem Ziel, die in Luxemburg lebenden Ausländer stärker zu integrieren.

M2

M3 Wie wird man Luxemburger?

Durch Abstammung (<> la filiation):

- Ein Kind, dessen Vater oder Mutter Luxemburger ist (Abstammungsrecht <> le droit du sang). Das gilt auch für Adoptivkinder.
- Ein Kind von Nicht-Luxemburgern, das in Luxemburg geboren wurde, und wo ein Elternteil schon in Luxemburg geboren wurde.
- Eine Person, die vor dem 1. Januar 1920 in Luxemburg geboren wurde (Bodenprinzip <> le droit du sol).

Durch Einbürgerung (<> la naturalisation):

- Nach dem 18. Lebensjahr kann man als Nicht-Luxemburger einen Einbürgerungsantrag bei der Gemeinde stellen. Der Antragsteller muss seit sieben Jahren wohnhaft in Luxemburg sein, er muss eine der offiziellen Sprachen (Französisch, Luxemburgisch, Deutsch) ausreichend beherrschen, einen luxemburgischen Sprachentest bestehen, einen Staatsbürgerkundekurs besuchen und er muss strafrechtlich unbescholten sein.
- Auch um die doppelte Staatsbürgerschaft zu erwerben, muss der Kandidat in einer Prüfung Luxemburgischkenntnisse nachweisen und Staatsbürgerkurse belegen. Die Behörden des Herkunftslandes müssen der doppelten Staatsangehörigkeit zustimmen.

7.2 Nation et nationalité

M 4 Luxemburg und seine Sprache

Wussten Sie schon, dass das Luxemburgische erst seit ...

- 1912 in den Schulen unterrichtet wird.
- dem Ende des Zweiten Weltkriegs sich als Parlamentssprache durchsetzt.
- 1964 eine offizielle Schreibweise hat.
- 1984 als offizielle Landessprache in der Verfassung verankert ist.
- 1996 als Sprache in der Rede zur Lage der Nation benutzt wird.

Inzwischen wird Luxemburgisch von mehr als 400.000 Menschen gesprochen.

Pass der luxemburgischen Sprache

Familienname
Westmoselfränkischer Dialekt

Vorname
Lëtzebuergesch

Visa
- Deutschland (saarländisches Platt)
- Frankreich (Diedenhofener Platt)
- Belgien (Mundarten der Grenzregion)

Besondere Kennzeichen
Zahlreiche Fremd- und Lehnwörter
- aus dem Deutschen: Wirtschaft, Kino usw.
- aus dem Englischen: weekend, back office usw.
- aus dem Französischen: plus ou moins, à peu près usw.

M 5 Stellungnahmen zur Luxemburger Sprache

„Luxemburgisch ist ein wichtiger Teil der Integration. Wer diese Sprache nicht lernt, schließt sich selbst aus einem Teil des Arbeitsmarktes und aus der gesellschaftlichen Diskussion aus. Das muss verhindert werden."

Premierminister Xavier Bettel, in: tageblatt.lu vom 10.2.2015 (22.1.2016)

„Et ass wichteg, fir drun ze erënneren, datt mir keen dräisproochegt Land sinn, esou wéi d'Belsch, d'Schwäiz oder Kanada méisproocheg sinn. Mir sinn en eesproochegt Land, dat aus historeschen, politeschen a praktesche Grënn niewent eiser Nationalsprooch och nach Däitsch a Franséisch benotzt.
... an dësem Land muss et nach vill méi selbstverständlech ginn, datt iwwerall Lëtzebuergesch geschwat, verstanen a geschriwwe gëtt."

Fernand Kartheiser, Interpellation sur la langue luxembourgeoise à la Chambre des députés, 27.11.2014 (www.chamber.lu 22.1.2016)

„Was als Luxemburger Identität verstanden wird, hat sich geändert und ändert sich weiter. War früher die Geschichte ein wichtiger Bezugspunkt, so wird heute die Luxemburger Sprache als das Haupterkennungsmerkmal betrachtet."

Historiker Pit Péporté, 3.4.2010 (http://www.wort.lu/de/view/wie-nationale-identitaet-entsteht-4f61db6de4b0860580ab20ee, 16.05.2012)

„La langue est sûrement un facteur d'intégration parce qu'elle est d'abord un instrument de communication. Elle peut être une barrière et une cause de discrimination, surtout au niveau de l'école. Trop d'enfants issus de l'immigration échouent dans leur parcours scolaire et risquent ainsi de connaître d'énormes difficultés au niveau de leur insertion professionnelle ...
Pour les jeunes de cette génération, elle est le véhicule normal de communication. Elle est la langue des SMS et des e-mails et de tout autre message dont notre génération n'aurait même pas osé rêver ... C'est un véhicule qui avance avec d'autant plus de légèreté que nous ne le surchargeons pas de fantasmes identitaires qui simplifient à outrance une situation linguistique luxembourgeoise bien plus complexe."

Nicolas Schmit, Ministre du Travail, de l'Emploi et de l'Immigration; extrait d'un discours prononcé le 18 novembre 2009 à l'occasion du 30e anniversaire de l'ASTI, forum 292, p. 4–5.

1 Versuchen Sie zu definieren, was man unter einer Nation versteht.
2 Erklären Sie in eigenen Worten den Unterschied zwischen Patriotismus und Nationalismus.
3 Erläutern Sie die Karikatur in M2.
4 Erstellen Sie eine Pro- und Kontraliste zur doppelten Staatsbürgerschaft.
5 Nehmen Sie kritisch Stellung zu den Aussagen in M5.
6 Führen Sie eine Diskussion zum Thema: Mehrsprachigkeit in Luxemburg – wann brauchen Sie welche Sprache?

7.3 Der Staat Luxemburg entsteht

M1 Mehr als 2000 Jahre Geschichte

	[Antike]
bis 1. Jh. v. Chr.	keltische Besiedlung
ab 1. Jh. v. Chr.	Teil des Römischen Reiches
	[Mittelalter]
698	Klostergründung in Echternach durch Willibrord
um 963	Graf Siegfried erwirbt die Burg Lucilinburhuc
1244	Freiheitsbrief der Gräfin Ermesinde für die Stadt Luxemburg
1340	Gründung der Schobermesse durch Johann den Blinden
1354	Luxemburg wird Herzogtum
	[Neuzeit bis heute]
ab 1506	abwechselnd Teil der Spanischen Niederlande, des Französischen Königreichs sowie der Österreichischen Niederlande
1795	Teil des französischen Département des Forêts
1815	Wiener Kongress: Luxemburg wird Großherzogtum und gehört dem König der Niederlande aus der Dynastie Oranien-Nassau
1839	Londoner Kongress
1848	erste Verfassung
1867	Londoner Kongress beschließt Neutralität Luxemburgs (Festung wird abgerissen)
1890	Dynastie der Nassau-Weilburg
1914–1918	Deutschland besetzt Luxemburg (Erster Weltkrieg)
1919	Einführung des allgemeinen Wahlrechts; Referendum über die wirtschaftliche und politische Zukunft
1940–1944	Deutschland besetzt und annektiert Luxemburg (Zweiter Weltkrieg)
1945	Beitritt zur UNO
1951	Beginn der europäischen Integration
2002	Einführung der gemeinsamen europäischen Währung (Euro)
2014	Feier des 175. Jahrestags der Unabhängigkeit
2019	Luxemburg begeht 100 Jahre Demokratie (allgemeines Wahlrecht)

Bis zum 19. Jahrhundert war Luxemburg kein eigenständiger Staat. In dieser Zeit unterstand es den europäischen Monarchen Frankreichs, Spaniens oder auch Österreichs.
Die Staatsgründung fand in mehreren Etappen (1815, 1839, 1867, 1890) statt, doch als das eigentliche „Geburtsdatum" gilt das Jahr 1839. Entscheidungen über die Zukunft des Landes trafen bis zum Ersten Weltkrieg die europäischen Großmächte und entsprachen damit nicht dem Willen der Mehrheit der Bewohner. Nach dem Ersten Weltkrieg verstärkte sich das Nationalgefühl der Luxemburger, die an ihrer Unabhängigkeit festhielten und sich mit Nachdruck gegen Annexionsversuche der Nachbarstaaten zur Wehr setzten. Nach dem Ende des Zweiten Weltkriegs wurde die Unabhängigkeit Luxemburgs nicht mehr infrage gestellt.

7.3 La naissance de l'État luxembourgeois

M2 Ein kleines Großherzogtum: die territoriale Entwicklung Luxemburgs

1659: Der südliche Teil des Herzogtums kommt zu Frankreich (Pyrenäenfriede).
1815: Der östliche Teil fällt an das Königreich Preußen (Wiener Kongress).
1839: Der westliche Teil geht an das Königreich Belgien (Londoner Vertrag).

M3 Man kann 1839 als das Geburtsdatum Luxemburgs bezeichnen, weil es ...

- seine territoriale Einheit erhält (Grenzen sind bis heute unverändert).
- die sprachliche Einheit erreicht (nach dem Wegfall des französischsprachigen Landesteils wird nur noch Luxemburgisch gesprochen).
- es eine eigene Regierung mit eigener Verwaltung, Währung usw. erhält.

M4 Ein seltsames Gebilde: der rechtliche Status des Landes im 19. Jahrhundert

1815: Personalunion mit den Niederlanden, d.h. der König der Niederlande ist gleichzeitig Großherzog von Luxemburg (bis 1890).
1815: Bis 1867 ist Luxemburg Teil des Deutschen Bundes und hat deshalb preußische Truppen in der Bundesfestung in der Hauptstadt.
1842: Luxemburg wird Teil des deutschen Zollvereins, einer Zollunion der deutschen Staaten (bis 1918).
1867: Die europäischen Großmächte beschließen, dass Luxemburg neutral ist, die Festung wird abgerissen, das Land hat keine Armee mehr (bis 1944).

M5 Der Name „Luxemburg"

- Mittelalter: „Lucilinburhuc" = „kleine Burg", gemeint war die Burg auf dem Bockfelsen, deren Ursprünge auf die römische Zeit zurückgehen.
- Daraus wurde „Luxemburg", die Bezeichnung für die Hauptstadt und das Land.
- Luxemburg war Grafschaft bis 1354, Herzogtum bis 1815, seitdem Großherzogtum.

1 Wer fällte bis zum Ersten Weltkrieg die Entscheidungen über die Zukunft Luxemburgs?

2 Das Jahr 1839 gilt als das Geburtsjahr Luxemburgs. Könnte man sich auch ein anderes Jahr oder Ereignis vorstellen? Begründen Sie.

3 Wann war die Unabhängigkeit des Landes im Laufe des 20. Jahrhunderts bedroht?

4 Welches Ereignis aus der Geschichte Luxemburgs scheint Ihnen am wichtigsten? Recherchieren Sie Informationen zu diesem Ereignis und stellen Sie die Ergebnisse vor.

5 Kann man Luxemburg als ein „Zufallsprodukt" der Geschichte bezeichnen? Begründen Sie.

7.4 Wirtschaftliche und gesellschaftliche Entwicklung

M1 Landwirtschaft in Luxemburg, um 1900

Vom Agrarland zum Industriestaat

Zu Beginn des 19. Jahrhunderts war Luxemburg ein armes und rückständiges Agrarland. Die meisten Luxemburger lebten von der Landwirtschaft. Es gab häufig Missernten und Hungersnöte. Viele Familien verließen daher ihre Heimat und suchten als Auswanderer eine neue Existenz in Amerika.

Mit der Industrialisierung ab den 1870er-Jahren begann sich die wirtschaftliche Lage des Landes zu verbessern: Der Bau von Eisenbahnlinien schuf die notwendigen Verbindungen zu den Nachbarländern, wichtige Rohstoffe wie z. B. Kohle konnten jetzt importiert und fertige Produkte exportiert werden. Davon profitierte auch die Stahlindustrie (<> la sidérurgie), die der wichtigste Wirtschaftssektor Luxemburgs wurde. Nun brauchte man Fachleute sowie Arbeitskräfte aus den Nachbarstaaten und Südeuropa (Italien). Aus einem Auswanderungsland wurde ein Einwanderungsland.

M2 Der Greyträger, ein Produkt von Weltruf aus Differdingen, 1911

M3 Stahlarbeiter in Esch-Belval, 1950er-Jahre

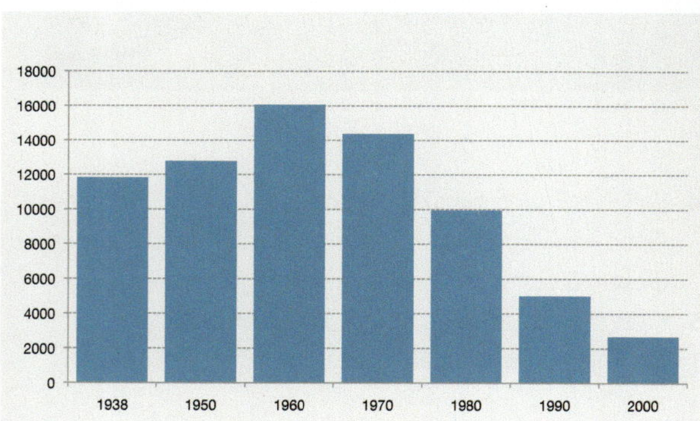

STATEC

M4 Zahl der in der Schwerindustrie in Luxemburg beschäftigten Arbeiter

7.4 L'évolution économique et sociale

Die Entwicklung zur Dienstleistungsgesellschaft
Nach dem Zweiten Weltkrieg blieb die Schwerindustrie lange der wichtigste industrielle Sektor, bis in den 1970er-Jahren eine internationale Stahlkrise zu einem massiven Stellenabbau in der Minette-Region führte.
In den letzten Jahrzehnten des 20. Jahrhunderts verlor die Industrie nach und nach an Bedeutung, während im Dienstleistungssektor (Handel, Finanzen, Versicherungen) immer mehr Arbeitsplätze entstanden. Der Agrarsektor erlebte ebenfalls einen Strukturwandel; die Betriebe wurden zwar größer, aber die Zahl der Beschäftigten ging zurück (1947: 35 000, 2014: 5000).
Die Bevölkerung des Landes wuchs beträchtlich (von 236 000 zu Beginn des 20. Jahrhunderts auf 613 894 am 31.12.2018), bedingt durch eine steigende Zuwanderung von Arbeitskräften. Einwanderer aus Südeuropa (u. a. Portugal) ermöglichten Wachstum und Wohlstand.
Der Ausländeranteil an der Wohnbevölkerung beträgt heute 47 Prozent. Etwa 190 000 Grenzpendler (<> le frontalier) kommen täglich nach Luxemburg. Die ausländischen Arbeitnehmer sind aus der aktiven Bevölkerung nicht mehr wegzudenken und tragen erheblich zur Finanzierung der Sozialversicherungen bei.
Zu Beginn des 21. Jahrhunderts muss sich der Wirtschaftsstandort Luxemburg neuen Herausforderungen stellen, z. B. durch Schaffung von neuen Arbeitsplätzen im Logistik- oder IT-Bereich.

M5 Banken am Boulevard Royal

M7 Spitzentechnologie in Betzdorf

M6 Grenzpendler nach Luxemburg

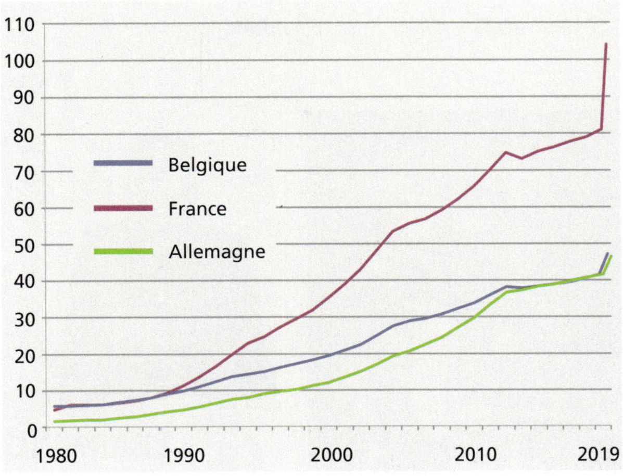

STATEC

1 Untersuchen Sie M4. Beschreiben Sie die Entwicklung der Beschäftigtenzahl in der Schwerindustrie. Was stellen Sie fest? Wie kann man die Entwicklung erklären?
2 Wie haben sich die drei Wirtschaftssektoren in Luxemburg seit dem 19. Jahrhundert entwickelt?
3 Inwiefern kann man sagen, dass Luxemburg heute eine von Dienstleistungen geprägte Wirtschaft hat?
4 Welche Auswirkungen hat die wirtschaftliche Entwicklung der letzten Jahrzehnte auf die Gesellschaft Luxemburgs?

7.5 Entwicklung zur Demokratie

Heute ist Luxemburg eine parlamentarische Monarchie. Der Großherzog ist zwar Staatsoberhaupt, aber im Mittelpunkt des Staates steht das gewählte Parlament. In der Verfassung sind wichtige demokratische Prinzipien festgelegt wie Freiheit und Gleichheit aller Bürger sowie das allgemeine Wahlrecht.
Bis 1918/19 aber war Luxemburg keine Demokratie nach heutigem Verständnis. In der ersten Hälfte des 19. Jahrhunderts regierten die König-Großherzöge weitgehend absolutistisch, d. h. es gab bis 1848 keine Verfassung, die ihre Macht einschränkte.
Das sogenannte Zensuswahlrecht galt bis 1918: Dies bedeutete, dass nur reiche Luxemburger Männer das passive und aktive Wahlrecht besaßen. Frauen und Ausländer hatten kein Wahlrecht. Seit 1919 durften Frauen wählen.

Politische Parteien entstanden erst zu Beginn des 20. Jahrhunderts, als auch die Gewerkschaften sich zunehmend für die Rechte der Arbeiter und Angestellten einsetzten. Bis 1936 waren Streiks strafbar, es drohten Geld- und Gefängnisstrafen.
Nach dem Zweiten Weltkrieg kam es zu einer weiteren Demokratisierung der Luxemburger Gesellschaft. In den 1970er-Jahren wurden Männer und Frauen rechtlich gleichgestellt, das Wahlalter wurde auf 18 herabgesetzt; in den 1990er-Jahren führte Luxemburg das Ausländerwahlrecht bei den Gemeindewahlen ein.
2015 waren die Luxemburger Wähler dazu aufgerufen, in einem Referendum darüber abzustimmen, ob künftig auch Ausländer das nationale Parlament mitwählen dürfen. Die rund 245 000 Wahlberechtigten lehnten den Vorschlag der Regierung mit 78,02 Prozent ab.

M1 Wahlberechtigte bei Nationalwahlen in Luxemburg vor und nach der Einführung des allgemeinen Wahlrechts

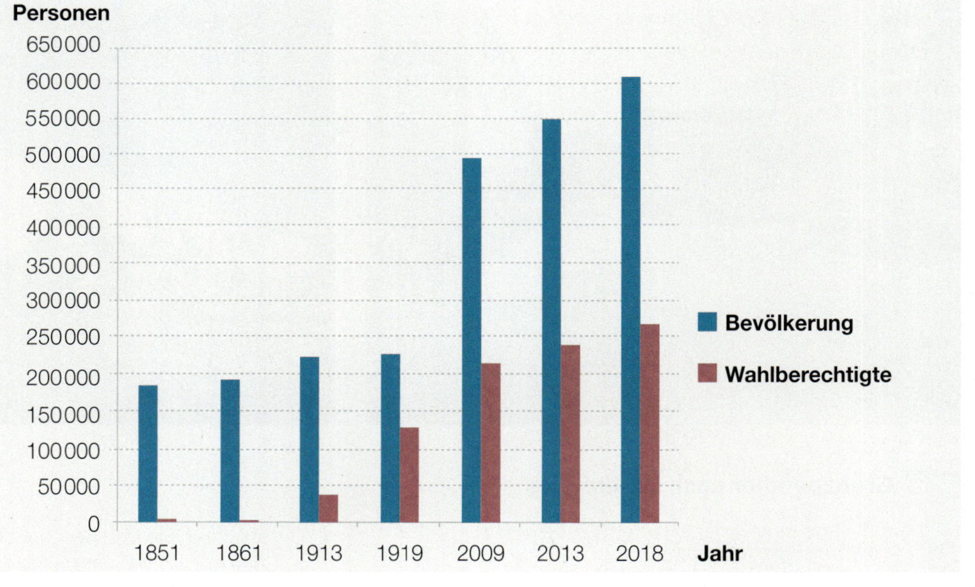

STATEC

M2 Politiker in den 1950er-Jahren und heute

7.5 Vers un État démocratique

Demokratie – keine Selbstverständlichkeit

Das Ende des Ersten Weltkriegs war gleichbedeutend mit dem Beginn einer neuen Epoche. Trotz zunehmender Demokratisierung blieb Luxemburg nicht von innenpolitischen Problemen verschont. Ein erstes Mal geriet die Luxemburger Demokratie ins Wanken, als in den 1930er-Jahren viele Politiker in der Kommunistischen Partei eine Gefahr sahen. 1934 wurden zwei kommunistische Lehrer entlassen und die Wahl von zwei Abgeordneten der Kommunistischen Partei für ungültig erklärt. Per Gesetz sollten 1937 die KPL sowie auch Gruppierungen und Vereine aufgelöst werden, die durch Gewalttaten und Drohungen die Verfassung und Gesetze Luxemburgs ändern wollten. Die Luxemburger lehnten dieses sogenannte „Maulkorbgesetz" jedoch 1937 in einem Referendum mit 50,67 Prozent ab.
Ab 1933 wurden vereinzelt ausländerfeindliche und antidemokratische Ideen verbreitet. In Luxemburg lebende Deutsche gründeten eine Landesgruppe der NSDAP, die bald 800 Mitglieder hatte. Die meisten Luxemburger lehnten diese extremen Ideen ab und zeigten ihre Sympathien für die Demokratie.
Nach 1945 spielten extreme Gruppierungen keine Rolle im politischen Leben Luxemburgs, auch wenn es immer wieder zu fremdenfeindlichen und rassistischen Äußerungen kommt.

M3 Rassismus und Fremdenfeindlichkeit vor dem Zweiten Weltkrieg im Luxemburger Volksblatt, 23. November 1938

Luxemburg allen andern Ländern weit voraus! – Eine bedenkliche Ehre!

Wem sagt es nichts, dass ausgerechnet das kleinste Land Europas bei weitem den höchsten Fremdenindex hat?

Gibt diese Erscheinung nicht jenem doppelt zu bedenken, der weiß, dass wir in Bezug auf den Geburtenindex ungefähr am Schluss sämtlicher Völker marschieren?

Wäre es nicht ein Verbrechen am Volke, es noch mehr überfremden zu lassen und kann jemand von uns verlangen, dass wir weitere Fremde ins Land lassen?

Müssen wir nicht im Gegenteil fordern, dass die andern Länder unsern Fremdenindex erreichen, ehe wir weitere Fremde ins Land lassen und haben wir nicht gegenüber dem Luxemburger Volke die unabweisbare Pflicht, den Fremdenindex so abzubauen, dass er nicht mehr so erschreckend weit wie bisher über allen anderen liegt?

M4 Bericht vom Januar 2011 auf der Internetseite von „Grenzgänger.lu" über Ausländerfeindlichkeit

In den Flugblättern, die offenbar derzeit in Luxemburg kursieren, werden Franzosen, Portugiesen und Jugoslawen beschuldigt, das Großherzogtum auszunutzen, zu verunreinigen und zu belasten. Unterzeichnet von Pierre Peters, ... [dem] Gründer der nationalistischen Bewegung Luxemburg „National Bewegong", greifen diese Flyer sämtliche „ausländischen" Bewohner des Landes an: „Wegen der Ausländer werden wir immer ärmer und müssen immer mehr zahlen. Die Steuern steigen in die Höhe und die Ausländer belasten das Land."
Fremdenfeindliche Aussagen wie diese sind auf den Flugblättern zu lesen mitsamt der Aufforderung an die Portugiesen, Franzosen und Jugoslawen, das Großherzogtum zu verlassen. ...
Am Dienstag sind nun zwei Wohnsitze von Pierre Peters durchsucht worden, so der stellvertretende Staatsanwalt Georges Oswald am Dienstag zu Télé Lëtzebuerg. Vergangenen Sommer hatte die Polizei bereits die Internetseite von Pierre Peters im Visier. Hauptvorwurf von Seiten der Staatsanwaltschaft war Anstiftung zum Fremdenhass.

http://www.diegrenzgaenger.lu/index.php?p=edito&id=4725 (05.07.2012)

1 Fassen Sie in einer Tabelle zusammen, wie Luxemburg im Laufe des 20. Jahrhunderts immer demokratischer wurde.
2 Wie entwickelte sich die Zahl der wahlberechtigten Bürger im Verhältnis zur Gesamtbevölkerung (M1)?
3 Sollte eine antidemokratische Partei in einer Demokratie verboten werden? Nehmen Sie Stellung. Beziehen Sie sich auch auf das „Maulkorbgesetz".
4 Ist die Demokratie auch heute noch gefährdet? Suchen Sie aktuelle Beispiele.
5 Männer und Frauen sind in Luxemburg seit 1974 gleichberechtigt. Trotzdem sind nur ein Viertel der Abgeordneten Frauen. Diskutieren Sie, wie man diese Situation verändern könnte.
6 Welche fremdenfeindlichen Vorurteile benutzt der Nationalist in M4? Finden Sie Gegenargumente.

7.6 Luxemburg und seine Nachbarn

Bedrohung von außen

Nach 1839 war die Existenz Luxemburgs wiederholt bedroht. Dies lag vor allem an der strategischen Lage des Landes zwischen Deutschland und Frankreich. In der Stadt Luxemburg befand sich eine der modernsten Festungsanlagen Europas. Da Luxemburg seit 1815 dem Deutschen Bund angehörte, wurde die Festung von Truppen des Staatenbundes genutzt. Die Garnisonsbesatzung wurde mehrheitlich von Preußen gestellt. 1867 war der niederländische König, in dessen Privatbesitz sich das Großherzogtum befand, bereit, das Großherzogtum an Frankreich zu verkaufen. Das führte zu einem Konflikt zwischen Frankreich und Preußen. Nur eine Konferenz in London konnte einen Krieg verhindern. Luxemburg wurde neutral, die Festung abgerissen.

Im Ersten Weltkrieg (1914–1918) war Luxemburg von deutschen Truppen besetzt. Hätte Deutschland den Krieg gewonnen, wäre das Land annektiert worden. Selbst nach der deutschen Niederlage blieb die Lage Luxemburgs prekär: So gab es in Belgien Bestrebungen, Luxemburg zu annektieren. 1919 sprachen sich in einem Referendum über 75 Prozent der Luxemburger für die regierende Großherzogin und damit für die Eigenständigkeit des Landes aus.

1940 wurde Luxemburg wieder von Deutschland besetzt und dem Deutschen Reich angegliedert. Zwar gab es einige tausend Luxemburger, die mit den Nationalsozialisten kollaborierten, aber die große Mehrheit war für Unabhängigkeit und Demokratie. Im September 1944 wurde Luxemburg von US-Truppen befreit.

M1 Festungsanlage in Luxemburg, 2012

Die Überreste der Festung gehören zum Weltkulturerbe der UNO.

M2 Die Krise von 1867, Karikatur

M3 Einmarsch deutscher Truppen in Luxemburg 1914 und 1940

7.6 Le Luxembourg et ses voisins

Luxemburg als gleichberechtigter Partner in Europa und der Welt

Nach dem Zweiten Weltkrieg setzte sich die Überzeugung durch, dass alle Staaten kooperieren müssen, um zukünftige Kriege zu verhindern. Für Luxemburg bedeutete dies, nicht länger neutral zu bleiben, sondern sich an internationalen Organisationen zu beteiligen. Darüber hinaus war man als kleines Land darauf angewiesen, in wirtschaftlicher, politischer und militärischer Hinsicht mit anderen europäischen Staaten zusammenzuarbeiten. In den internationalen Organisationen, die nach 1945 geschaffen wurden, ist Luxemburg heute ein gleichberechtigter Partner. Dies bringt auch Verpflichtungen mit sich, wie z. B. die Entsendung von UNO-Blauhelmen in Krisengebiete.

Bereits 1945 war Luxemburg der neu gegründeten Organisation der Vereinten Nationen (UNO) beigetreten. Aus der 1921 gegründeten Union économique belgo-luxembourgeoise entstand 1944 die Benelux-Zollunion. 1949 war Luxemburg eines der Gründungsmitglieder der NATO (North Atlantic Treaty Organization), einem militärischen Verteidigungsbündnis. Auf europäischer Ebene gehörte das Land zu den Unterzeichnern der Montanunion (1951), aus der die Europäische Wirtschaftsgemeinschaft (Römische Verträge, 1957) entstand, die Vorläuferorganisation der heutigen Europäischen Union (EU).

1 Durch welche internationalen Krisen wurde die Unabhängigkeit des Großherzogtums Luxemburg bedroht?
2 Untersuchen Sie das Plakat M4. Welche Botschaft will es vermitteln?
3 Erklären Sie, warum Luxemburg sich in internationalen Organisationen (wie UNO, NATO, EU) engagiert.
4 Recherchieren Sie, wie die Luxemburger auf die verschiedenen Bedrohungen reagierten.

M4 „Europa geeint für Fortschritt und Frieden"

M5 Der Luxemburger Premierminister mit der deutschen Bundeskanzlerin, 2015

7.7 1940 – 1944: Unabhängigkeit in Gefahr

Am 10. Mai 1940 besetzten deutsche Truppen das neutrale Luxemburg. Das Staatsoberhaupt und die Regierung gingen ins Exil. Nach wenigen Wochen übernahm der nationalsozialistische Gauleiter Gustav Simon die Macht. Als Chef der Zivilverwaltung erhielt er von Hitler den Auftrag, Luxemburg „Heim ins Reich" zu holen: Luxemburg sollte dauerhaft Teil des Deutschen Reiches werden. Die von Luxemburger Kollaborateuren gegründete Volksdeutsche Bewegung trat für die Annexion ein und unterstützte die Eindeutschung. Die Mehrheit der Luxemburger war mit dieser Germanisierungspolitik nicht einverstanden, viele leisteten Widerstand (<> la résistance). 1941 scheiterte der Versuch, eine Volkszählung zu einer prodeutschen Abstimmung zu machen. Als 1942 die ersten Luxemburger gezwungen wurden, in die deutsche Armee einzutreten, kam es zu einer landesweiten Streikbewegung. Die Nationalsozialisten ließen 21 Streikende hinrichten, Hunderte kamen in Gefängnisse oder Konzentrationslager. Von über 10 000 Zwangsrekrutierten (<> l'enrôlé de force) entzogen sich etwa 3500 junge Männer unter Einsatz ihres Lebens dem Wehrdienst. Viele Familien wurden in den Osten umgesiedelt.

Terrormaßnahmen richteten sich auch gegen die jüdische Bevölkerung. Die Juden wurden ausgeraubt, entrechtet und vertrieben. Ab Oktober 1941 begannen die Deportationen ins besetzte Polen, wo über 1200 Juden aus Luxemburg in Lagern wie Auschwitz ermordet wurden. Im September 1944 befreiten US-Truppen das Land. Während der letzten deutschen Offensive in den Ardennen im Winter 1944/1945 kam es zu massiven Zerstörungen im Norden und Osten Luxemburgs.

M 1 Die Folgen der deutschen Besetzung 1940/1942: ❶ Maßnahmen zur Zerschlagung des Luxemburger Staates, ❷ Propagandaplakat der VdB (1940), ❸ Antisemitisches (judenfeindliches) Plakat, ❹ Nationalsozialistische Kundgebung in Luxemburg-Stadt: Gauleiter Simon mit dem Luxemburger VdB-Leiter Kratzenberg

- Verbot der Luxemburger Parteien
- Gründung der „Volksdeutschen Bewegung (VdB) durch deutschfreundliche Luxemburger
- Verbot der Gewerkschaften
- Einführung der Nürnberger Rassengesetze
- Auflösung der Abgeordnetenkammer und des Staatsrates
- Presse unter deutscher Kontrolle
- Einführung der Reichsmark als alleinige Währung

❶

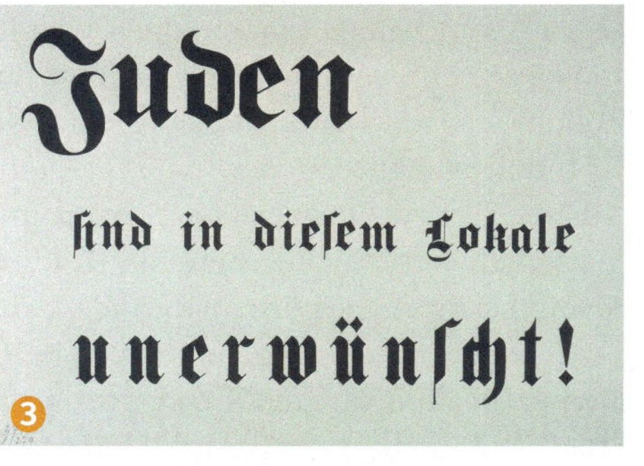

❸

❷

❹

7.7 1940 –1944: L'indépendance en danger

M 2 **Widerstand gegen die Nationalsozialisten:** ❶ Bei der Volkszählung von 1941 mussten Luxemburger Fragen nach Muttersprache und Volkszugehörigkeit (Nationalität) beantworten. ❷ Patriotische Postkarte einer Luxemburger Widerstandsorganisation. ❸ Die Streikbewegung gegen die Einführung der Wehrpflicht wurde 1942 blutig niedergeschlagen.

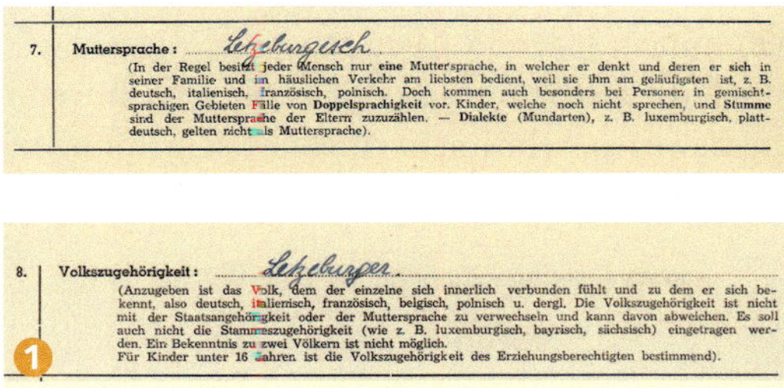
7. Muttersprache: Letzebuergesch
(In der Regel besitzt jeder Mensch nur eine Muttersprache, in welcher er denkt und deren er sich in seiner Familie und im häuslichen Verkehr am liebsten bedient, weil sie ihm am geläufigsten ist, z. B. deutsch, italienisch, französisch, polnisch. Doch kommen auch besonders bei Personen in gemischtsprachigen Gebieten Fälle von Doppelsprachigkeit vor. Kinder, welche noch nicht sprechen, und Stumme sind der Muttersprache der Eltern zuzuzählen. — Dialekte (Mundarten), z. B. luxemburgisch, plattdeutsch, gelten nicht als Muttersprache).

8. Volkszugehörigkeit: Letzebuerger
(Anzugeben ist das Volk, dem der einzelne sich innerlich verbunden fühlt und zu dem er sich bekennt, also deutsch, italienisch, französisch, belgisch, polnisch u. dergl. Die Volkszugehörigkeit ist nicht mit der Staatsangehörigkeit oder der Muttersprache zu verwechseln und kann davon abweichen. Es soll auch nicht die Stammeszugehörigkeit (wie z. B. luxemburgisch, bayrisch, sächsisch) eingetragen werden. Ein Bekenntnis zu zwei Völkern ist nicht möglich.
Für Kinder unter 16 Jahren ist die Volkszugehörigkeit des Erziehungsberechtigten bestimmend).

❶

❷

BEKANNTMACHUNG!

DAS
STANDGERICHT
hat wegen Gefährdung des deutschen Aufbauwerkes in Luxemburg durch aufrührerischen Streik im Kriege folgende Personen zum Tode verurteilt:

KONS, Nikolaus Johann, Postunterinspektor, Luxemburg
MEIERS, Karl, Lehrer, Wilz
EWEN, Josef, Lehrer, Wilz
BRÜCK, Alfred, Lehrer, Wilz
LOMMEL, Cölestin, Lehrer, Wilz
WEETS, Alfons, Dreher, Differdingen
SCHNEIDER, Johann Peter, Werkzeugschlosser, Differdingen
TOUSSAINT, Ernst, Tiefofenarbeiter, Differdingen
BETZ, Nikolaus, Werkzeugschlosser, Kahler

Die Urteile wurden heute um 4.30 Uhr durch Erschiessen vollstreckt.

…mburg, den 3. September 1942.

Der Vorsitzer des Standgerichts.

❸

M 3 **Erinnerung an die Opfer des Zweiten Weltkriegs** ❶ Schüler bei Ausstellungsbesuch anlässlich des Holocaust-Gedenktages (27. Januar), ❷ Hinzerter Kreuz auf dem Cimetière Notre-Dame, ❸ Mahnmal für die deportierten Juden in Fünfbrunnen

❶

❷

❸

1 Welche Maßnahmen zerstörten während der Besatzungsjahre Unabhängigkeit und Demokratie? Welche Grundrechte der Luxemburger Verfassung wurden von den Nationalsozialisten nicht mehr respektiert?
2 Nennen Sie Formen des Widerstandes von 1940 bis 1944. Welche Risiken ging die Bevölkerung dabei ein?
3 Wie wird in Ihrem Heimatort an die Opfer des Zweiten Weltkriegs erinnert?
4 Erstellen Sie eine Zeitleiste, die die wichtigsten Ereignisse aus den Jahren 1939 bis 1945 enthält.
5 Diskutieren Sie über den Sinn von Gedenkveranstaltungen 70 Jahre nach dem Ende des Zweiten Weltkriegs.

7.8 Auswandern – Einwandern

Luxemburger sein heißt nicht, dass man Luxemburger Vorfahren haben oder in Luxemburg geboren sein muss. In Luxemburg gibt es viele Menschen, deren Familien eingewandert sind. Sie haben einen sogenannten Migrationshintergrund, und täglich kommen neue Einwohner in Luxemburg an, andere wiederum verlassen das Land.
In den letzten Jahrzehnten hat die Zahl der Menschen, die über Grenzen gehen, um hier zu arbeiten und zu leben, weltweit ständig zugenommen. Jeder 35. Mensch ist ein Migrant.
Seine Heimat zu verlassen ist eine der schwersten Entscheidungen des Lebens, auch wenn die Gründe, die jemanden zur Auswanderung bewegen, sehr unterschiedlich sein können.

M 1 Aussagen zur Einwanderung

7.8 La migration

M2 Zuwanderung nach Luxemburg: Wer darf rein?

Während es für EU-Bürger einfach ist, eine Aufenthaltserlaubnis in Luxemburg zu bekommen, müssen Bürger aus Drittstaaten sie beantragen. Dabei müssen sie den Grund ihres Aufenthalts angeben, wie zum Beispiel Arbeit, Studium oder Familiennachzug. Die Aufenthaltserlaubnis wird regelmäßig erneuert. Nach fünf Jahren kann man (als Drittstaatler) einen „Daueraufenthalt“ erhalten, der entsprechende Aufenthaltstitel ist jedoch befristet auf fünf Jahre.

In Luxemburg kommen aber auch regelmäßig Menschen an, die Asyl beantragen. Als Flüchtlinge werden nur Menschen anerkannt, die sich außerhalb ihres Landes aufhalten und berechtigte Furcht haben müssen, wegen ihrer Religion, Nationalität, politischen Gesinnung oder Zugehörigkeit zu einer bestimmten Gruppe verfolgt zu werden. Wirtschaftliche Not, Naturkatastrophen oder Armut werden nicht als Fluchtgründe im Sinne des internationalen Asylrechts anerkannt. Die meisten Anfragen werden abgelehnt und die Asylbewerber werden abgeschoben oder in ihr Heimatland zurückgeführt.

M3 Zuwanderung in Luxemburg nach Herkunft

	2000	2005	2010	2018
EU (B, Fr, D, It, NL, Sp, P)	7390	8747	10199	5410
andere europäische Staaten	3305	4077	4520	3279
nicht europäische Staaten	993	1507	2176	2680
Total	**11765**	**14397**	**16962**	**11369**

M4 Asylanträge in Luxemburg 2011–2018

	Zahl der Personen
2011	2171
2012	2057
2013	1070
2014	1091
2015	2447
2016	2036
2017	2318
2018	2206

Ministère des Affaires étrangères

M5 Asylanträge nach Herkunftsland

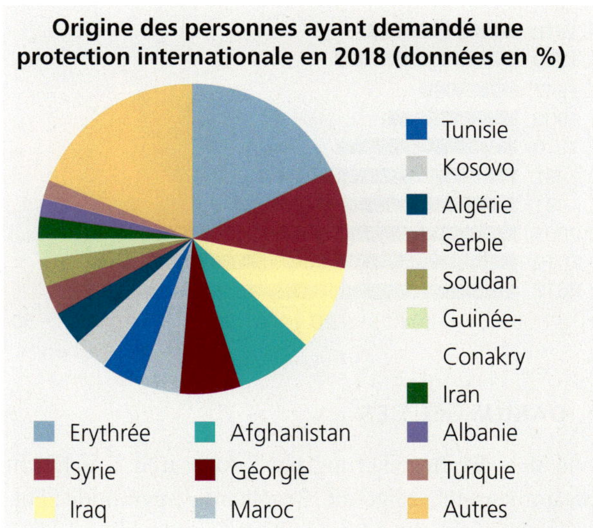

Ministère des Affaires étrangères

1 Würden Sie umziehen oder gar auswandern, um nach Ihrer Ausbildung berufstätig sein zu können? Diskutieren Sie in Zweierteams.

2 Welche Gründe haben Menschen, nach Luxemburg einzuwandern (vgl. M1)? Erstellen Sie dazu eine Tabelle nach folgendem Muster:

Druckfaktoren der Auswanderung (Push-Faktoren)	Sogfaktoren der Auswanderung (Pull-Faktoren)
...	...

3 Informieren Sie sich darüber, wie manche Länder (z. B. die Schweiz, Kanada oder die USA) den Zustrom von Ausländern regeln. Vergleichen Sie diese Gesetze mit den bei uns geltenden Gesetzen.

4 Was ist der Unterschied zwischen einem Asylanten, einem Flüchtling und einem Einwanderer?

5 Wie würde Luxemburg wohl heute ohne die Zuwanderung der letzten 50 Jahre aussehen? Diskutieren Sie.

METHODE Bevölkerungspyramide lesen und auswerten

Bevölkerungsentwicklung

Unter Bevölkerung versteht man die Gesamtheit aller Einwohner eines Landes – vom Neugeborenen bis zum Greis. Ihre Zahl, aber auch ihre Zusammensetzung ändert sich ständig. Hatte Luxemburg zu Beginn des letzten Jahrhunderts noch etwa 200 000 Einwohner, so waren es 1960 schon 314 889. Heute ist die Marke von einer halben Million Einwohnern überschritten. Ihre Zahl wird nach Schätzung der Statistikbehörde STATEC bis 2060 auf über 730 000 steigen. Gründe für diese Entwicklung gibt es viele: Menschen werden älter, weil die gesundheitliche Versorgung sich im Laufe der Zeit verbessert hat, und so steigt die Gesamtbevölkerung, obwohl Familien heute oft weniger Kinder haben als noch zu Beginn des Jahrhunderts. Insbesondere im Falle Luxemburgs hat die Einwanderung einen großen Anteil an der Bevölkerungsentwicklung. So macht der Anteil der Nicht-Luxemburger im Jahr 2015 etwa 46 Prozent aus.

M 1 Part des étrangers dans la population totale 1910–2019 en %

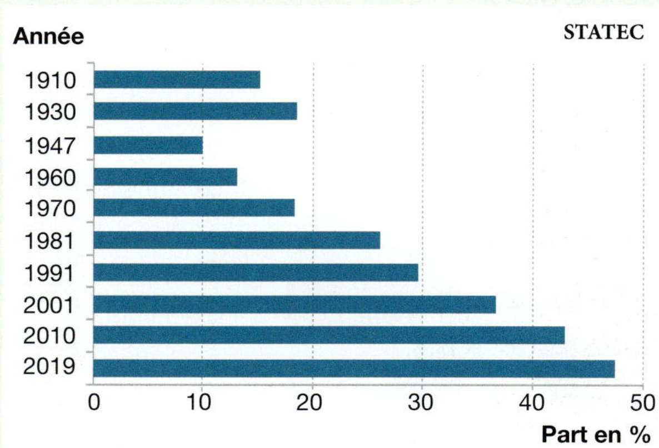

M 2

▸ DARUM GEHT ES

Wie sich die Bevölkerung nach Alter und Geschlecht zusammensetzt, zeigt die Bevölkerungspyramide. Folgende Schritte sollen dabei helfen, eine Bevölkerungspyramide zu lesen und auszuwerten.

▸ SO LÄUFT ES AB

1. Informationen lesen
- Welches Jahr ist dargestellt?
- Wie viele Jahre umfasst eine Altersklasse?
- Welchen Anteil an der Bevölkerung macht jede Altersklasse aus?

2. Informationen auswerten
- Wie verteilt sich die Bevölkerung über die verschiedenen Jahrgänge?
- Welche Altersklassen sind stark, welche schwach vertreten?
- Welches Bild ergibt die Bevölkerungspyramide insgesamt?

3. Analysieren
- Welche Zusatzinformationen gibt es?
- Welche möglichen Erklärungen gibt es für die Beobachtungen?
- Wie wird sich die Bevölkerung in der Zukunft entwickeln?
- Welche möglichen Konsequenzen hat dies für unsere Gesellschaft? (Beispielsweise für Sozialversicherungen, Arbeitsmarkt, Schulpolitik, Freizeitangebote etc.)
- Welchen Einfluss haben Einwanderungszahlen (siehe M1) auf die Bevölkerungspyramide?
- Wie sähe die Pyramide wahrscheinlich ohne Immigration aus?

M 3 Bevölkerungspyramiden Luxemburgs im Vergleich 1910, 1960, 2015 und 2060

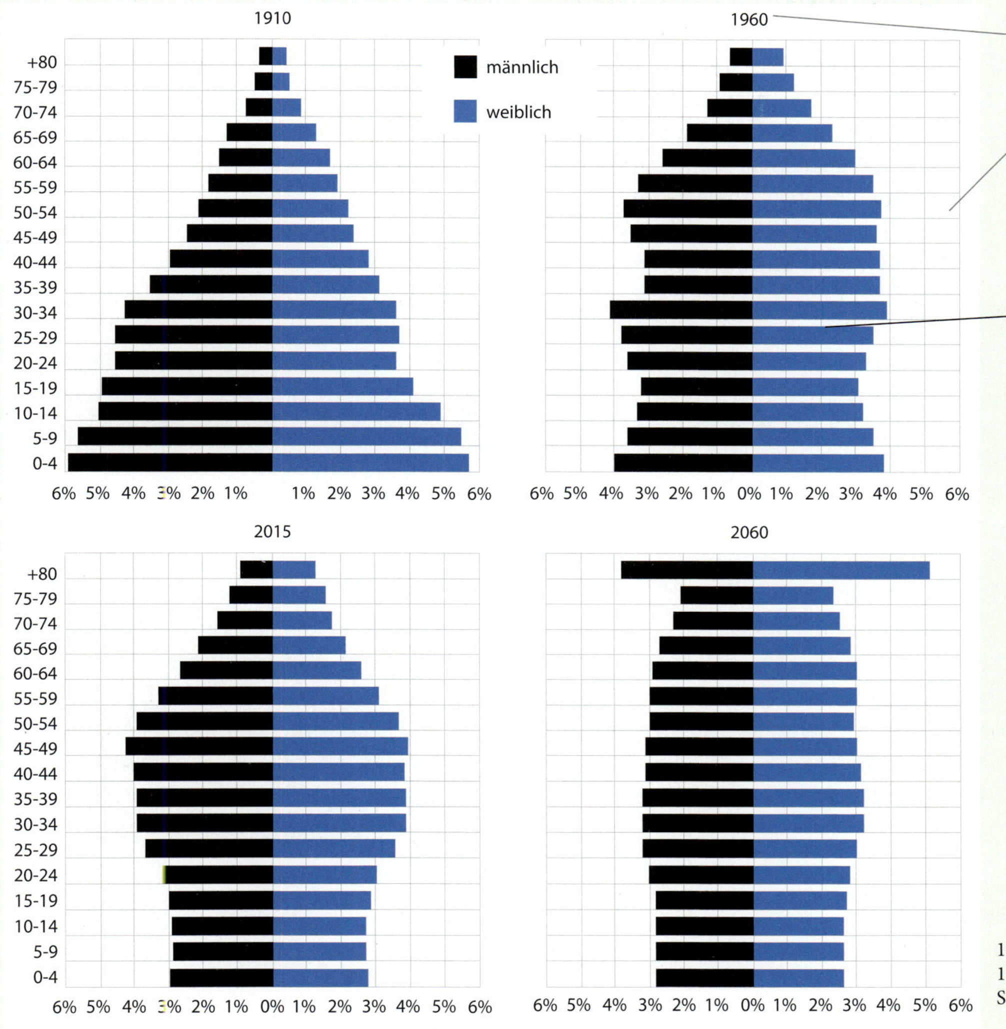

Jahreszahl

Altersklassen (hier: von jeweils fünf Jahren)

Anteil der verschiedenen Altersklassen an der Gesamtbevölkerung nach Alter und Geschlecht

Lesebeispiel: Im Jahr 1910 waren 5,9 % der luxemburgischen Bevölkerung männlich und weniger als 5 Jahre alt.

1910: Office de Statistique, 1938; 1960: Eurostat; 2009: STATEC; 2060: Eurostat

Grundformen der Bevölkerungsdiagramme

Pyramidenform

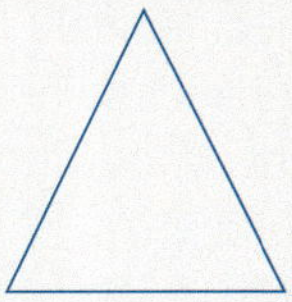

Die Pyramide steht für eine wachsende Bevölkerung. Jeder neugeborene Jahrgang ist größer als der vorhergehende.

Bienenstockform

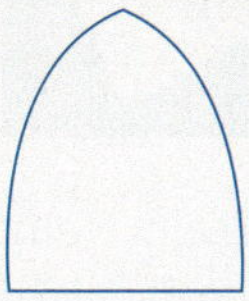

Die Bienenstockform gibt eine stabile Bevölkerungszahl wieder. Jeder neugeborene Jahrgang ist etwa so groß wie der vorherige. Jedes Paar bringt ca. 2,1 Kinder zur Welt.

Urnenform

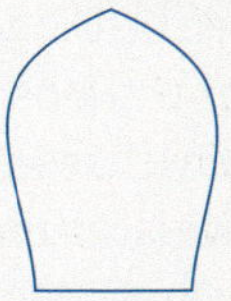

Die Urnenform steht für einen Überhang älterer Menschen. Gleichzeitig nehmen die jüngeren Jahrgänge jeweils von Jahr zu Jahr ab. Viele Industriestaaten weisen diese Form der Altersstruktur auf. Dieses Phänomen wird meist als Überalterung bezeichnet.

7.9 Ein Land – viele Kulturen

In Luxemburg leben Menschen aus mehr als 170 Nationen. Dabei hat jeder Einwanderer seine persönliche Geschichte zu erzählen und bringt seine kulturellen Gewohnheiten mit. Ob so verschiedene Menschen miteinander oder nur nebeneinander leben, hängt letztendlich von jedem Einzelnen ab. Allerdings unternehmen der Staat und die Gemeinden einiges, um Menschen zu helfen, sich in Luxemburg zu integrieren, zum Beispiel werden Sprachkurse angeboten und Kinder und Jugendliche in ihrer Schullaufbahn unterstützt. Durch das Ausländerwahlrecht und die doppelte Staatsbürgerschaft will man die Einwanderer auch politisch integrieren.

M 1 Wir sind Luxemburger

Lucy Molitor

In unserer Klasse bin ich die Einzige, die zu Hause Englisch und Luxemburgisch spricht, weil mein Vater aus Mamer stammt, meine Mutter aber aus Kanada, wo sich die beiden im Studium kennengelernt haben. Ich liebe Kanada, die Natur dort und das leckere Essen. Wenn meine kanadischen Cousins zu Besuch kommen, sind sie immer begeistert, dass man innerhalb von ein paar Quadratkilometern vier verschiedene Länder besuchen kann mit Orten, die fast 2000 Jahre alt sind. Obwohl ich mir gut vorstellen kann, mal eine Zeitlang in Kanada zu leben, hänge ich doch an meinen Freunden und meiner Familie hier.

Adnan Drašković

Luxemburg ist nicht mein Geburtsland, wurde aber zu meinem Heimatland seit meine Familie und ich in den 90er-Jahren als Bürgerkriegsflüchtlinge hier Zuflucht gefunden haben. Meinen bosnischen Landsleuten sind damals schreckliche Dinge passiert. Viele wurden aus ihren Dörfern vertrieben. Die Männer mussten in einen Krieg, den ich nie verstanden habe. Warum mussten Serben, Kroaten und Bosnier aufeinander schießen, wo sie doch vorher friedlich im vereinten Jugoslawien zusammengelebt haben? Frieden und Sicherheit sind die kostbarsten Dinge und deshalb schätze ich mich glücklich, in diesem friedlichen Teil Europas leben zu dürfen.

Stéphane Rodrigues

Am 23. Juni 2001 wurde ich in Luxemburg geboren. Meine älteren Geschwister sind noch in Portugal zur Welt gekommen. Mein Bruder hat die ersten Grundschuljahre sogar noch in unserem Heimatdorf nicht weit von Guimarães, im Norden Portugals verbracht. Oft habe ich mich gefragt, warum meine Eltern ihre Heimat verlassen haben, da mein Vater in Portugal Arbeit hatte. Meine Eltern sagen, dass sie nach Luxemburg kamen, weil hier die Einkommensmöglichkeiten besser seien. Obwohl ich natürlich an dem Heimatdorf meiner Eltern hänge, weil wir jedes Jahr dort unseren Sommerurlaub verbringen, weiß ich nicht so richtig, wo meine Heimat ist.

Claudia Monti

Meine Name ist zwar italienisch, ich bin aber Luxemburgerin. Mein Urgroßvater väterlicherseits ist als Arbeitsimmigrant zu Beginn des letzten Jahrhunderts ins Minette gekommen und hat mit einer kleinen Unterbrechung hier auch sein ganzes Leben verbracht. Mütterlicherseits stamme ich aus der Moselgegend, wo meine Familie diesseits und jenseits der Mosel Weinberge besitzt. Nach Italien habe ich praktisch keine familiären Verbindungen mehr. Für mich ist Italien einfach nur ein schönes Urlaubsland.

7.9 Un pays multiculturel

M 2

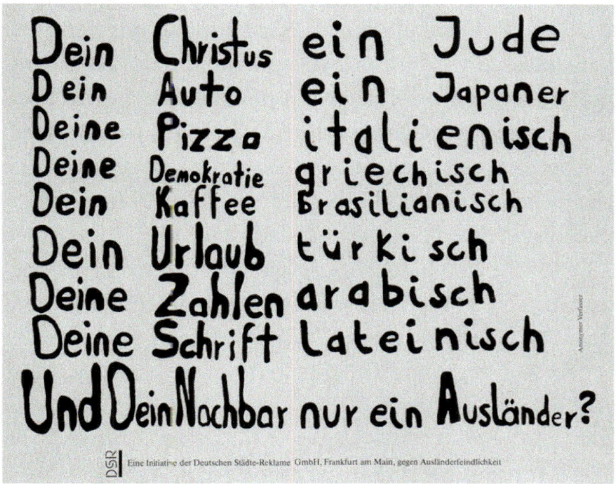

M 3 Eheschließungen in Luxemburg nach Nationalitäten 1994 – 2008

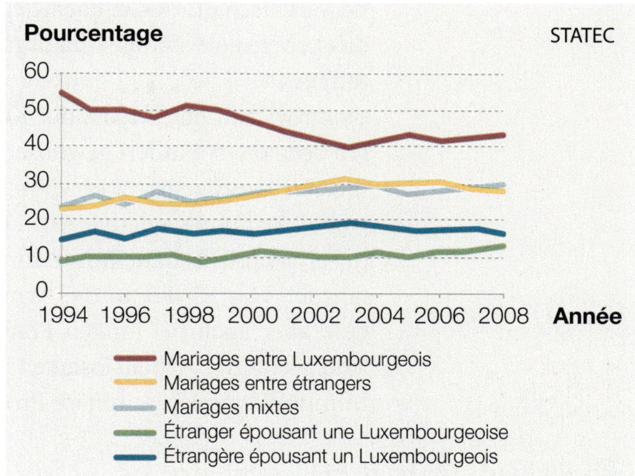

M 4 Härtetest für Multikulti

Die aktuelle Migrationswelle hat eine ganz andere Qualität als die des vergangenen Jahrhunderts: Die EU-Bürger, die es heute nach Luxemburg zieht, sind durchwegs hochqualifiziert. Doch beliebter macht sie das nicht unbedingt. Denn sie konkurrieren nicht nur um gut bezahlte Arbeitsplätze, sondern auch um solche, die weit unter ihrer Qualifikation liegen. Die 700 bis 800 Euro im Monat, die sie in Portugal oder Italien verdienen könnten, sind auch dann noch locker drin. ...

Noch steht das Multikulti-Modell Luxemburg, aber die Frage nach der Tragfähigkeit des Systems wird immer offensichtlicher. Die Ersten, die die wachsende Nervosität der Bevölkerung zu spüren bekommen, sind die Migranten aus Drittländern, die oft vorschnell als illegale Asylanten abgestempelt werden.

Wie groß die Akzeptanz der neuen EU-Einwanderer sein wird, ist derzeit schwer abzuschätzen. Dass das, was uns von der Politik jahrzehntelang als erfolgreiche Integration verkauft wurde, bei genauerem Hinsehen nur ein mehr oder weniger harmonisches Nebeneinander war, ist dabei nicht unbedingt die beste Ausgangsbasis. ...

Léon Marx, Tageblatt vom 18. November 2011

1 Lesen Sie sich die Kurzbiografien in M1 durch. Erstellen Sie Ihre persönliche Kurzbiografie und vergleichen Sie.

2 Warum spricht man heutzutage in den meisten europäischen Ländern von Multikulti-Gesellschaften? Klären Sie den Begriff.

3 Finden Sie weitere Beispiele für kulturelle Einflüsse als die in M2 genannten. Denken Sie dabei auch an Ihre Freizeitgewohnheiten.

4 Untersuchen Sie M3. Welche Auswirkung hat das Heiratsverhalten auf die kulturelle Vielfalt Luxemburgs?

5 Welche Fragen wirft die Migration laut M4 auf?

6 „Integration heißt nicht völlige Anpassung." Erläutern Sie diese Aussage.

7.10 Luxemburg – eine Wohlstandsgesellschaft?

Wohlstandsgesellschaft

Der Begriff der Wohlstandsgesellschaft entstand in den 1960er-Jahren und bezeichnet eine Gesellschaft, deren überwiegender Teil Möglichkeiten zum Konsum hat, die weit über das Lebensnotwendige hinausgehen. Gemessen wird unser Konsum anhand des Kaufkraftindexes (<> l'index du pouvoir d'achat), der sich im vergangenen Jahrhundert enorm positiv entwickelt hat, sodass der Konsum über unsere Grundbedürfnisse hinaus für die meisten selbstverständlich geworden ist. Allerdings ist auch heute noch ein nicht geringer Teil unserer Gesellschaft von wirtschaftlichen und sozialen Problemen und Armut betroffen – wobei Armut als relative Armut verstanden wird, gemessen am Durchschnittseinkommen unserer Gesellschaft. Immerhin 16,4 Prozent der Bevölkerung galten 2014 als armutsgefährdet. Das Risiko, in die Armut abzurutschen, liegt besonders hoch bei Alleinerziehenden, aber auch bei jungen Frauen und bei Kindern unter 17 Jahren. Die Gründe hierfür sind vielfältig: Arbeitslosigkeit, mangelnde Integrationsmöglichkeit bei Ausländern, hohe Immobilienpreise, familiäre Probleme, Drogenkonsum.

M1 Einkaufszentrum in Luxemburg

M2 Inneneinrichtung armer Leute, 1954

M3 Entwicklung der Konsumausgaben der Luxemburger Haushalte

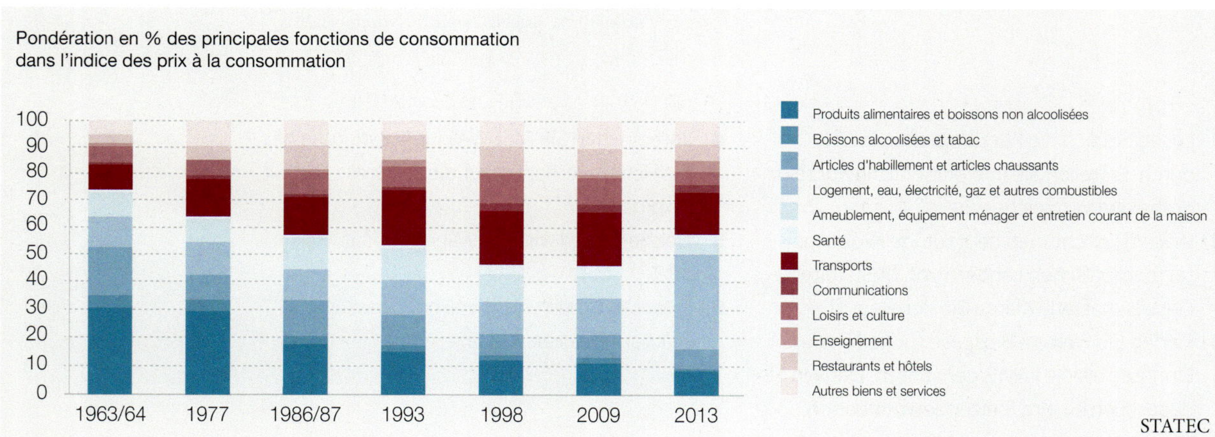

7.10 Le Luxembourg – une société d'abondance?

M4 Bericht einer Online-Zeitung vom 19. April 2010

„Cent Buttek" offiziell seiner Bestimmung übergeben

Obwohl bereits seit einigen Monaten in Betrieb, wurde der „Cent Buttek" in Bettemburg am Donnerstagabend offiziell seiner Bestimmung übergeben. Der Laden ... greift Bedürftigen unter die Arme, die sich den Einkauf in herkömmlichen Geschäften nicht leisten können. ...

Getreu dem Leitsatz „Jeder soll helfen, wie er kann, und sich so einbringen, wie er will", heiße es, gegen die versteckte Armut im Land vorzugehen. ...

Aktuell werden 44 Familien der Gemeinden Bettemburg, Düdelingen, Kayl und Frisingen unterstützt. Insgesamt handelt es sich um 113 Personen, davon sind 40 Prozent Kinder.

Der Gedanke, der dem Laden zugrunde liegt, ist jener der „Tafel": Lebensmittel, die ansonsten weggeworfen würden, werden in den Geschäften abgeholt und für einen geringen Preis an Bedürftige weitergegeben.

Die eingesammelten Lebensmittel müssen qualitativ einwandfrei sein. Einziger Unterschied zu einem Einkauf im Supermarkt sind die wesentlich kürzeren Haltbarkeitsdaten der Produkte. Indem die Lebensmittel nicht verschenkt, sondern verkauft werden, erreicht man einerseits, dass die Käufer die Waren als einen Wert anerkennen und dass andererseits die Würde desjenigen, der die Lebensmittel bekommt, gewahrt bleibt, da er für seine Einkäufe zahlt. Einkaufen kann hier, wer vom Sozialamt der Gemeinde eingeschrieben ist oder von einer karitativen Einrichtung ... anerkannt ist.

Der „Cent Buttek" wird von Bäckereien, Supermärkten und kleineren Läden unterstützt. Die Vereinigung ohne Gewinnzweck funktioniert durch Spenden. Jegliche Form der Hilfe, sei es als ehrenamtlicher Helfer oder auch als Spender, ist willkommen.

http://www.mywort.lu/bettembourg/news/1026611.html (2.2.2016)

1 Formulieren Sie in eigenen Worten, was man unter einer Wohlstandsgesellschaft versteht.

2 Unterscheiden Sie zwischen Grund- und Luxusbedürfnissen. Nennen Sie Beispiele.

3 Wie haben sich laut M3 die Anteile von Grund- und Luxusartikeln bei den Konsumausgaben entwickelt?

4 Stellen Sie Vermutungen darüber an, wie die Verteilung von Grund- und Luxusartikeln am Gesamtkonsum eines Luxemburger Haushaltes zu Beginn des 20. Jahrhunderts aussah.

5 Zählen Sie die Bevölkerungsgruppen auf, die in Luxemburg besonders von Armut betroffen sind.

6 Welche Gründe für Armut gab es früher, welche gibt es heute?

7 Durch welche Maßnahmen lassen sich die Folgen von Armut abmildern?

8 Wie könnte man Ihrer Meinung nach das Armutsrisiko vermindern?

7.11 Das Wichtigste auf einen Blick

Luxemburger Nation
- Symbole: Nationalfeiertag, Wappen, Fahne, Nationalhymne
- Merkmale Nation: Gemeinschaft von Menschen, mit dem Willen zusammenzuleben; gemeinsame Kultur (Geschichte, Sprache, Religion und Werte)
- Staatsbürgerschaft: durch Abstammung, durch Einbürgerung, Möglichkeit der doppelten Staatsbürgerschaft

Luxemburger Gesellschaft heute
- Einwanderungsland
- Kulturelle Vielfalt
- Wohlstandsgesellschaft mit Schattenseiten
- Überalterung

Luxemburger Geschichte
- Staatsgründung in mehreren Etappen (1815, 1839, 1867)
- Unabhängigkeit in Gefahr (1867, 1919, 1940 – 45)
- Entwicklung vom neutralen Staat zum gleichberechtigten Partner
- Entwicklung vom Agrarland zum Industriestaat und zur Dienstleistungsgesellschaft
- Entwicklung zur Demokratie mit allgemeinem Wahlrecht

	1981	1991	2001	2011	2013	2014	2019
Population totale	364,6	384,4	439,5	512,4	537,0	549,7	613,9
Luxembourgeois	268,8	271,4	277,2	291,9	298,2	300,8	322,4
Étrangers (x1000)	95,8	113,0	162,3	220,5	238,8	248,9	291,5
dont: Portugais	29,3	39,1	58,7	82,4	88,2	90,8	95,5
Italiens	22,3	19,5	19,0	18,1	18,3	18,8	22,5
Français	11,9	13,0	20,0	31,5	35,2	37,1	46,9
Belges	7,9	10,1	14,8	16,9	17,6	18,1	20,0
Allemands	8,9	8,8	10,1	12,0	12,4	12,7	13,0
Britanniques	2,0	3,2	4,3	5,5	5,7	5,9	5,8
Néerlandais	2,9	3,5	3,7	3,9	3,9	4,0	4,2
Autres UE	10,6	6,6	9,2	21,5	24,8	27,0	38,2
Autres	...	9,2	22,5	28,7	32,7	34,5	45,4
Étrangers en %	26,3	29,4	36,9	43,0	44,5	45,3	47,5

STATEC

Aus einem Reiseführer über Luxemburg:

„Er [der Luxemburger] ist ein widersprüchliches Wesen: er unterliegt dem Minderwertigkeitsgefühl der kleinen Zahl, der Einflusslosigkeit … Er ist stolz auf seine Unabhängigkeit, seine Eigenheiten und auf die Möglichkeit, auf verschiedene Karten zu setzen. Oft schwankt er zwischen einem starken Selbsterhaltungstrieb und dem resignierten Gefühl, trotz allem zum Verschwinden verurteilt zu sein.“

Jul Christophory, Luxemburg, DuMont Reisetaschenbuch, 3. Auflage, Köln 2001

7.11 En bref

Sachkompetenz (<> maîtriser des savoirs)

1 Nennen Sie die offiziellen Symbole Luxemburgs.

2 Wie wird man Luxemburger?

3 Erklären Sie folgende Begriffe: Nation, Migration, Wohlstandsgesellschaft, Asylant.

4 Welche Bedeutung haben folgende Jahreszahlen für die Geschichte Luxemburgs: 1839, 1867, 1919, 1940, 1951.

5 Erläutern Sie, worauf der Wohlstand Luxemburgs beruht.

6 Zeigen Sie anhand von zwei Beispielen, wann und wie die Luxemburger Demokratie in Gefahr war.

7 In welchen internationalen Organisationen ist Luxemburg Mitglied?

Methodenkompetenz (<> utiliser des méthodes)

8 Erstellen Sie eine Ausländerstatistik Ihrer Klasse bzw. Ihrer Schule.

9 Vergleichen Sie die Luxemburger Bevölkerungspyramide mit der anderer Staaten (z. B. Entwicklungsländer).

Urteils- und Handlungskompetenz (<> juger et agir)

10 Erstellen Sie eine Mindmap zu Ihrer Identität.

11 Versuchen Sie die Frage zu beantworten: „Wat si mer iwwerhaapt"?

12 Diskutieren Sie: „Sollen Wirtschaftsflüchtlinge bedingungslos in Luxemburg wohnen dürfen?"

13 Ist die Luxemburger Gesellschaft Ihrer Meinung nach eine ausländerfreundliche Gesellschaft?

14 Nehmen Sie Stellung zu Jul Christophorys Beschreibung des Luxemburgers.

8 Der Staat, in dem wir leben

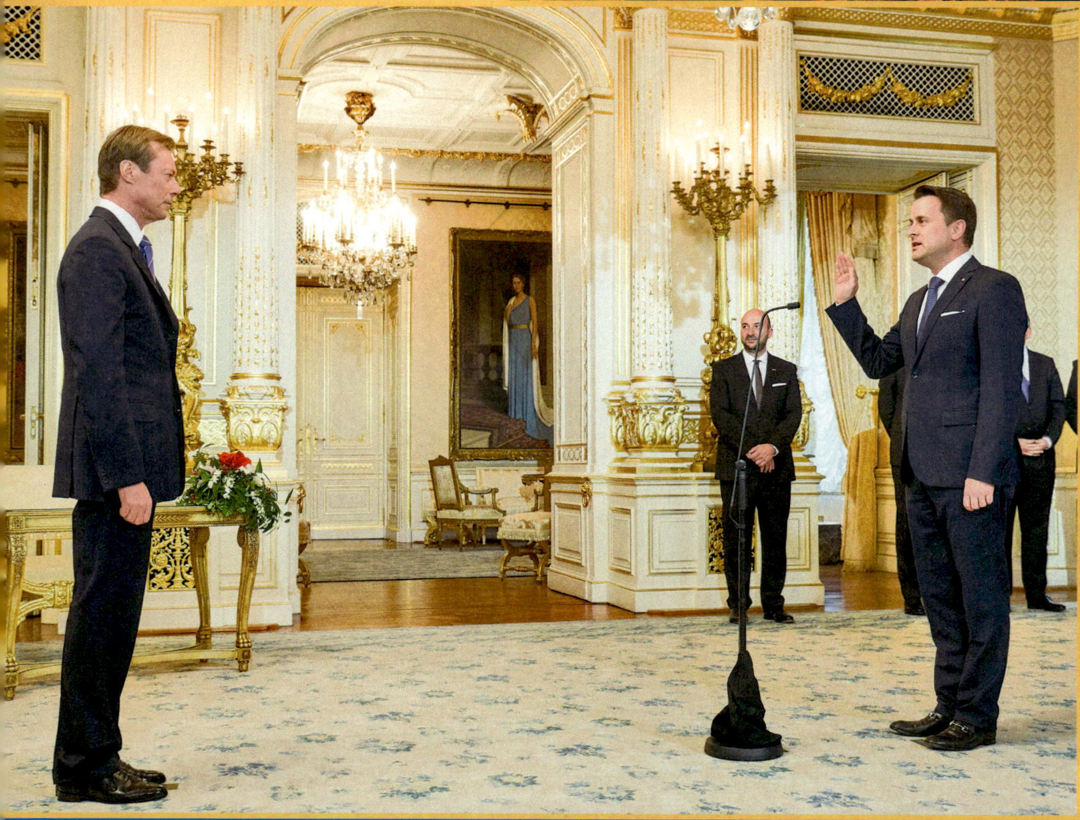

L'État luxembourgeois

Ein Staat besteht aus einer Gemeinschaft von Menschen, die in einem abgegrenzten Gebiet nach gemeinsamen Regeln leben. Meistens ist ein Staat über einen längeren Zeitraum gewachsen; bestimmte Symbole, wie z. B. eine Flagge oder eine Nationalhymne, aber auch eine eigene Sprache vermitteln seinen Einwohnern das Gefühl der Zusammengehörigkeit. Alle Bürger unterliegen den Gesetzen des Staates, jeder hat Rechte (z. B. Meinungsfreiheit) und Pflichten (z. B. Steuern zahlen). Luxemburger und Nicht-Luxemburger haben aber nicht genau die gleichen Rechte. So dürfen Ausländer z. B. nicht bei den Parlamentswahlen wählen.
Ein Staat hat außerdem eine bestimmte Herrschafts- und Regierungsform. In Luxemburg ist das die parlamentarische Demokratie, in der das Volk seine Vertreter in das Parlament wählt. Da Luxemburg gleichzeitig eine Monarchie ist (wir haben einen Großherzog), spricht man von einer konstitutionellen Monarchie.

1 Versuchen Sie, Elemente einer Definition des Staates mit den Abbildungen links in Verbindung zu bringen.

2 Nennen Sie noch andere Beispiele, die den Luxemburger Staat illustrieren könnten.

KOMPETENZEN AUF EINEN BLICK

Sachkompetenz
(<> maîtriser des savoirs)

- Die Begriffe „Staat“ und „Demokratie“ verstehen
- Die Staatsform Luxemburgs benennen und erklären
- Die drei Gewalten aufzählen und ihre Aufgaben beschreiben
- Den Ablauf von Wahlen erklären
- Den Weg eines Gesetzes nachvollziehen

Methodenkompetenz
(<> utiliser des méthodes)

- Wahlplakate untersuchen und auswerten

Urteils- und Handlungskompetenz
(<> juger et agir)

- Partei- und Wahlprogramme untersuchen und bewerten
- Entscheidungsprozesse anhand von konkreten Beispielen nachvollziehen
- Beteiligungsmöglichkeiten des Bürgers beurteilen

8.1 Wer hat die Macht im Staat?

M 1 Die Gewaltenteilung in Luxemburg

Gesetzgebende Gewalt
⇔ le pouvoir législatif
Chambre des Députés

- macht die Gesetze
- kontrolliert die Regierung

Ausführende Gewalt
⇔ le pouvoir exécutif
Regierung

- bestimmt die Richtlinien der Politik
- schlägt Gesetze vor
- Verwaltung (z.B. Finanzbehörde) führt die Gesetze aus

Rechtsprechende Gewalt
⇔ le pouvoir judiciaire
Gerichte

- interpretiert Gesetze
- beurteilt, ob gegen Gesetze verstoßen wird

Verbände
⇔ les associations

ACL OGB·L

Vereinigungen, die versuchen, die Interessen ihrer Mitglieder in den politischen Entscheidungsprozess einzubringen (Lobbyisten).

Parteien
⇔ les partis politiques

Piraten | Déi Lénk | LSAP | Déi Gréng | DP | CSV | ADR

In den Parteien finden sich Menschen mit gemeinsamen Interessen und gleichen politischen Zielen zusammen. Sie werben bei den Wählerinnen und Wählern um die Wahlstimmen.
Im Allgemeinen werden Mitglieder der Parteien als Abgeordnete in die Chambre des Députés gewählt.

Medien
⇔ les médias

Als „vierte Gewalt" in der demokratischen Gesellschaft informieren Medien die Bürger und kontrollieren Politiker.

Die Wählerinnen und Wähler bestimmen alle fünf Jahre, wer die Macht im Staat – auf Zeit – ausüben soll. Dazu wählen sie die 60 Abgeordneten der Chambre des Députés.

8.1 Qui détient le pouvoir?

M2 Die Verfassung von 1848 gilt als die erste Verfassung Luxemburgs. Damals durften nur diejenigen wählen, die über eine bestimmte Menge Geld verfügten (Zensuswahl); Frauen durften nicht wählen. Die Todesstrafe war erlaubt. Seither wurde die Verfassung mehrmals überarbeitet.

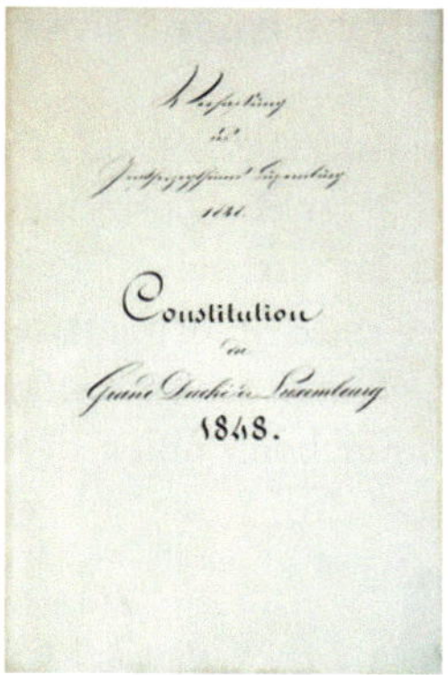

Die demokratischen Grundlagen des Luxemburger Staates

In der Verfassung Luxemburgs sind die demokratischen Grundlagen des Staates festgelegt. Deshalb spricht man auch von einem Grundgesetz. Eine Demokratie setzt voraus, dass die Macht beim Volk liegt, Gewaltenteilung besteht und die Menschenrechte befolgt werden.
Gewaltenteilung (<> la séparation des pouvoirs) bedeutet, dass nicht eine Person, Partei oder Gruppe allein bestimmt, sondern dass sich verschiedene Institutionen die Macht im Staat teilen. Sie beschränken und kontrollieren sich gegenseitig.
Die Legislative ist die gesetzgebende Gewalt. Das Parlament, in Luxemburg die Chambre des Députés, entscheidet darüber, ob ein Gesetzesvorschlag angenommen und zum Gesetz wird. Die Exekutive ist die ausführende Gewalt. Sie liegt bei der Regierung (<> le gouvernement), die sich aus verschiedenen Ministern zusammensetzt. Zur Exekutive gehören auch die Mitarbeiter der Staatsverwaltung und die Polizei. Sie setzen die Gesetze in die Realität um. Die Judikative ist die rechtsprechende Gewalt. Sie beurteilt, ob gegen Gesetze verstoßen wurde, richtet in Streitfällen und legt Strafen fest.

1 Beschreiben Sie M1. Erläutern Sie die Beziehungen zwischen den einzelnen Institutionen.
2 Nennen Sie die Grundlagen eines demokratischen Staates.
3 Welche Organe und Institutionen aus M1 finden sich in den in M3 genannten Verfassungsartikeln wieder? Ordnen Sie zu.
4 Untersuchen Sie die aktuelle Verfassung (M3). An welchen Artikeln erkennt man, dass die Macht beim Volk liegt?
5 Warum ist laut Montesquieu die Gewaltenteilung so wichtig? (M4)

M3 Auszüge aus der Verfassung Luxemburgs von 2013. Sie zählt 121 Artikel in 13 Kapiteln.

Art. 1er. Le Grand-Duché de Luxembourg est un État démocratique, libre, indépendant et indivisible.
Art. 32. La puissance souveraine réside dans la Nation. Le Grand-Duc l'exerce conformément à la présente Constitution et aux lois du pays.
Art. 32bis. Les partis politiques concourent à la formation de la volonté populaire et à l'expression du suffrage universel. Ils expriment le pluralisme démocratique.
Art. 33. Le Grand-Duc est le chef de l'État, symbole de son unité et garant de l'indépendance nationale. Il exerce le pouvoir exécutif conformément à la Constitution et aux lois du pays.
Art. 46. L'assentiment de la Chambre des Députés est requis pour toute loi.
Art. 49. La justice est rendue au nom du Grand-Duc par les cours et tribunaux.
Art. 49bis. L'exercice d'attributions réservées par la Constitution aux pouvoirs législatif, exécutif et judiciaire peut être temporairement dévolu par traité à des institutions de droit international.
Art. 50. La Chambre des Députés représente le pays.

La Constitution du Grand-Duché de Luxembourg, Luxembourg 2013

M4 Charles de Montesquieu (1689–1755) schrieb 1748 in seinem Buch „Vom Geist der Gesetze":

Wenn die gesetzgebende Gewalt mit der ausführenden in einer Person … vereinigt ist, dann gibt es keine Freiheit, weil man fürchten kann, derselbe Monarch … werde tyrannische Gesetze geben, um sie tyrannisch zu vollziehen. Es gibt auch keine Freiheit, wenn die richterliche Gewalt nicht von der gesetzgebenden und von der ausführenden Gewalt getrennt ist.

(übersetzt und vereinfacht)

6 Inwiefern war die Verfassung von 1848 nicht wirklich demokratisch?
7 Erklären Sie Art. 49bis. Stellen Sie Vermutungen darüber an, welche Konsequenzen dieser Artikel für die Luxemburger Gesetzgebung hat.
8 Versuchen Sie die Frage „Wer hat die Macht im Staat?" zu beantworten.

8.2 Wahlen

M 2 **Der Wahlgang**

M 1 Die Aufgabe eines Bürgers

Politik ist wie ein Fußballspiel. Die Politiker, das sind die Spieler, die Normalbürger die Zuschauer. Welche Kompetenz muss der Zuschauer denn nun haben? Er muss wissen, worum es bei dem Spiel geht, er muss informiert sein, er muss die Regeln kennen. Wenn die Politiker schlecht oder falsch bzw. gegen die Regeln spielen, kann er bei Wahlen dafür sorgen, dass die Mannschaft ausgewechselt wird.

Zit. nach Wilhelm Hennis: Das Modell des Bürgers, in: Gesellschaft – Staat – Erziehung, 7/1957, S. 330 ff.

Das Wahlsystem

Alle volljährigen Luxemburger Staatsbürger besitzen das Wahlrecht. Seit 1919 gilt das allgemeine Wahlrecht (<> le suffrage universel) für Männer und Frauen. Ausländer dürfen an den Gemeindewahlen teilnehmen, jedoch nicht an den Wahlen zum Parlament. Die Legislativwahlen, die „Chamberwalen", finden alle fünf Jahre statt. Unser Land ist dazu in vier Wahlbezirke eingeteilt. Durch diese Einteilung erreicht man, dass alle Gegenden des Landes, auch die nicht so dicht bevölkerten, Vertreter in der Kammer haben. Die Zahl der Abgeordneten (<> le député) ist von der Verfassung auf 60 festgelegt.

Vor den Wahlen stellen Parteien oder Gruppierungen Listen mit Kandidaten auf, deren Anzahl die Zahl der zu wählenden Abgeordneten in ihrem Bezirk nicht überschreiten darf.

Jeder Wähler hat so viele Stimmen, wie Abgeordnete im Bezirk sind. Wohnt man also im Norden, hat man neun Stimmen zu verteilen. Diese kann man einer Partei geben, indem man den Kreis über der Liste schwärzt. Es ist aber auch möglich, die Kreuzchen an verschiedene Kandidaten verschiedener Listen zu vergeben (panaschieren). Ein Kandidat kann dann maximal zwei Stimmen erhalten.

M 3
Die Wahlgrundsätze

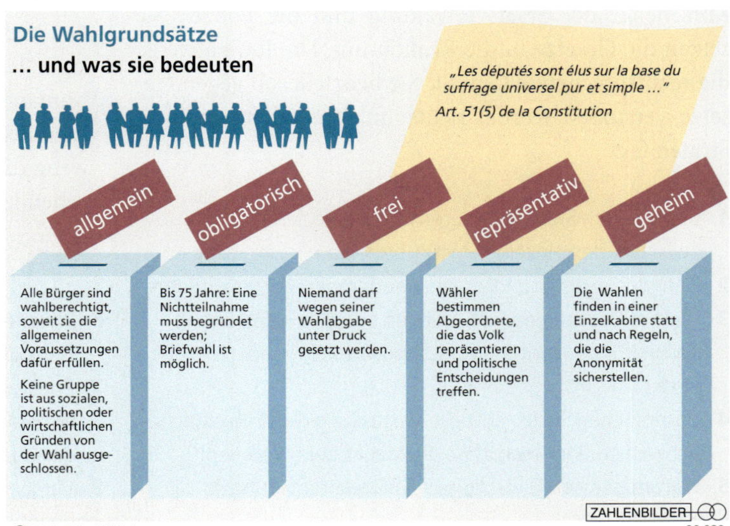

8.2 Les élections

M4 Die Wahlbezirke mit der Zahl der Abgeordneten

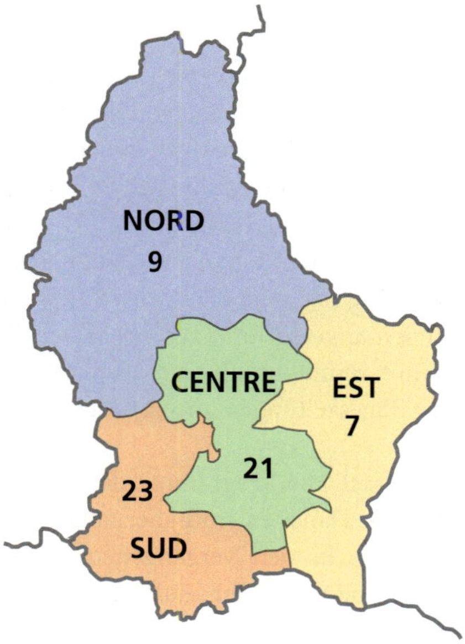

M6 Der Wahlzettel

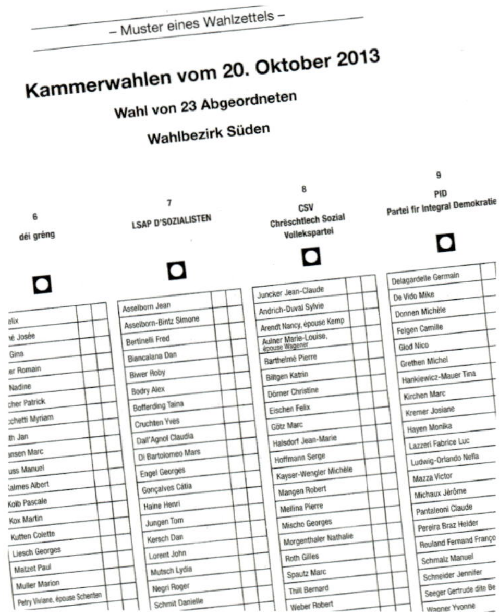

– Muster eines Wahlzettels –

Kammerwahlen vom 20. Oktober 2013

Wahl von 23 Abgeordneten

Wahlbezirk Süden

6 déi gréng:
elix
ié Josée
Gina
er Romain
Nadine
cher Patrick
chetti Myriam
th Jan
nsen Marc
uss Manuel
almes Albert
Kolb Pascale
Kox Martin
Kutten Colette
Liesch Georges
Matzet Paul
Muller Marion
Petry Viviane, épouse Schenten

7 LSAP D'SOZIALISTEN:
Asselborn Jean
Asselborn-Bintz Simone
Bertinelli Fred
Biancalana Dan
Biwer Roby
Bodry Alex
Bofferding Taina
Cruchten Yves
Dall'Agnol Claudia
Di Bartolomeo Mars
Engel Georges
Gonçalves Cátia
Haine Henri
Jungen Tom
Kersch Dan
Lorent John
Mutsch Lydia
Negri Roger
Schmit Danielle

8 CSV Chrëschtlech Sozial Vollekspartei:
Juncker Jean-Claude
Andrich-Duval Sylvie
Arendt Nancy, épouse Kemp
Aulner Marie-Louise, épouse Wagener
Barthelmé Pierre
Biltgen Katrin
Dörner Christine
Eischen Felix
Götz Marc
Halsdorf Jean-Marie
Hoffmann Serge
Kayser-Wengler Michèle
Mangen Robert
Mellina Pierre
Mischo Georges
Morgenthaler Nathalie
Roth Gilles
Spautz Marc
Thill Bernard
Weber Robert

9 PID Partei fir Integral Demokratie:
Delagardelle Germain
De Vido Mike
Donnen Michèle
Felgen Camille
Glod Nico
Grethen Michel
Hankiewicz-Mauer Tina
Kirchen Marc
Kremer Josiane
Hayen Monika
Lazzeri Fabrice Luc
Ludwig-Orlando Nella
Mazza Victor
Michaux Jérôme
Pantaleoni Claude
Pereira Braz Helder
Reuland Fernand Franço
Schmalz Manuel
Schneider Jennifer
Seeger Gertrude dite Be
Wagner Yvonne

Die Briefwahl (<> le vote par correspondance)
Damit Wähler, die im Ausland wohnen oder aus beruflichen oder gesundheitlichen Gründen am Tag der Wahlen nicht in ihrer Gemeinde sind, auch wählen können, gibt es die Briefwahl. Diese muss spätestens 30 Tage vor den Wahlen schriftlich beim Bürgermeister angefragt werden.

M5 Das Wahlrecht

Für das aktive (wählen gehen) und das passive Wahlrecht (gewählt werden) benötigt man folgende Voraussetzungen:

- Luxemburger Staatsangehörigkeit
- Am Wahltag 18 Jahre alt sein
- Die zivilen und politischen Rechte haben
- Für das passive Wahlrecht: seinen Wohnsitz in Luxemburg haben

Das Wahlresultat und die Verteilung der Sitze

Das Auszählen der Wahlzettel erfolgt nach Schließung der Wahllokale. Nachdem alle abgegebenen Stimmen in einem Wahlbezirk zusammengezählt sind, erfolgt die Sitzverteilung. Jede Liste erhält proportional so viele Sitze, wie sie Stimmen erhalten hat. Innerhalb der Liste erhalten jene Kandidaten einen Sitz, die individuell die meisten Stimmen bekommen haben. Die Abgeordneten sind für eine Legislaturperiode von fünf Jahren gewählt.
Parteien, die im Vergleich zu den vorigen Wahlen Sitze hinzugewonnen haben, gelten als Wahlgewinner.

Referendum (<> le référendum)
Bei wichtigen Entscheidungen, wie etwa einer Änderung der Verfassung, kann die Regierung eine Volksbefragung durchführen. Das Resultat ist gesetzlich nicht bindend. Referenden auf nationaler Ebene sind selten.

1. Erklären Sie den Ablauf der Wahlen.
2. Warum kann der Wähler im Wahlbezirk Norden nur neun Abgeordnete wählen, während der Wähler im Süden 23 Stimmen zu verteilen hat?
3. Warum muss der Wahlzettel anonym bleiben?
4. Erklären Sie den Vergleich aus M1: „Politik ist wie ein Fußballspiel".
5. Ausländer dürfen an den Legislativwahlen nicht teilnehmen. Führen Sie eine Pro-Kontra-Debatte zum Thema „Ausländerwahlrecht".
6. Informieren Sie sich, ob Bürger mit der doppelten Staatsangehörigkeit in zwei Staaten wählen dürfen. Nehmen Sie Stellung.
7. Welche Eigenschaften muss ein Kandidat oder eine Partei haben, damit sie Ihre Stimme verdienen?
8. Sollte es öfters Referenden geben, bei denen das Volk befragt wird? Was spricht dafür, was dagegen?

8.3 Die Parteien

Rechts und links
Diese Begriffe bezogen sich ursprünglich auf eine Sitzordnung im Parlament. Schon in der französischen Nationalversammlung von 1789 wurde zwischen linken und rechten Gruppierungen unterschieden. Aus der Sicht des Parlamentspräsidenten saßen links die Fortschrittlichen, die die Gesellschaft damals zum Teil radikal verändern wollten. In der Mitte saßen die freiheitlich-liberalen und auf der rechten Seite im Parlament die konservativen Gruppierungen.

Nicht alle Bürger haben dieselben Vorstellungen, was die Gestaltung der Zukunft ihres Landes angeht. Um ihre gemeinsamen politischen Auffassungen und Ziele verwirklichen zu können, schließen sich Bürger in Parteien zusammen. Die Mitglieder einer Partei sind überzeugt, dass sie zusammen mehr erreichen, als wenn jeder für sich arbeitet. Jede Partei versucht, auch andere Menschen von ihrem Programm zu überzeugen. Alle Parteien wollen gewählt werden, denn die Partei mit den meisten Stimmen kann die zukünftige Politik des Landes bestimmen.

Die Parteien sind für das Funktionieren eines demokratischen Staates unerlässlich. Die Meinungsbildung in einem Staat wird in hohem Maße von den politischen Parteien angeregt und geführt. Über die Medien stellen die Parteien ihre Standpunkte dar. Typisch für Luxemburg sind die parteinahen Tageszeitungen, die zur Meinungsbildung beitragen.

In den letzten Jahrzehnten haben sich die Programme der großen Parteien immer stärker angeglichen. Daneben sind aber auch neue Parteien entstanden. Auch hat sich in den vergangenen Jahren gezeigt, dass im Wahlkampf Personen und ihr Auftreten in der Öffentlichkeit eine größere Rolle spielen als die Inhalte ihrer Wahlprogramme.

Die Parteien finanzieren sich über Mitgliedsbeiträge, Spenden und staatliche Subventionen.

M1 Aufgaben und Funktionen einer Partei

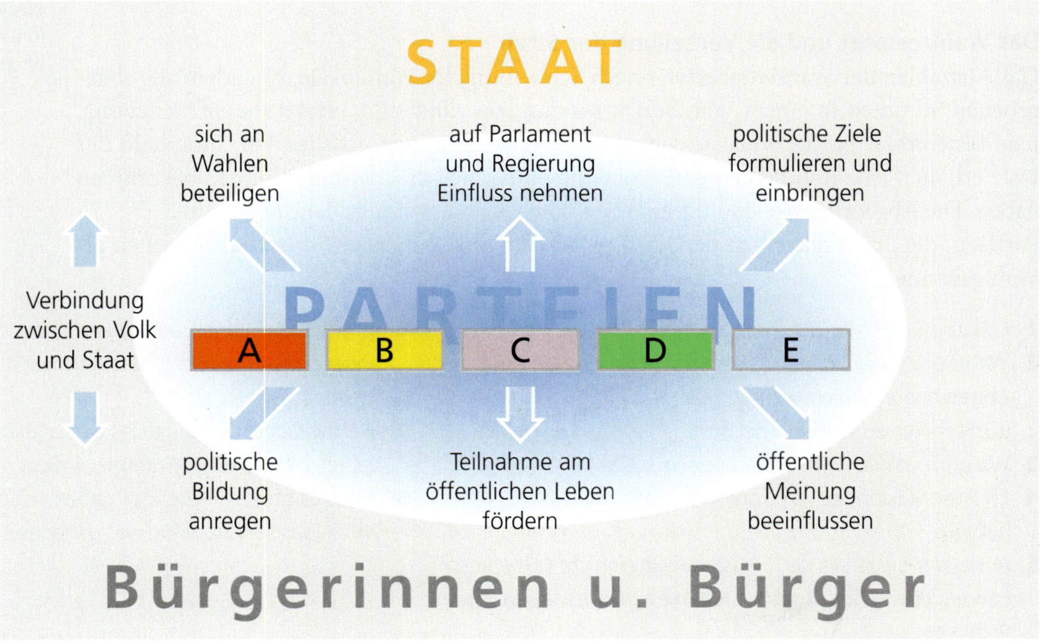

8.3 Les partis politiques

M2 In Luxemburg herrscht Parteienpluralismus, das heißt, dass an den Wahlen immer eine Vielzahl von Parteien beteiligt sind. Außerdem haben sich die meisten Parteien im Laufe der Zeit zu Volksparteien gewandelt, die die Wähler aller gesellschaftlichen Schichten mit ihrem Programm erreichen wollen.

Parteiname	Historischer Überblick	Jugend-organisation
Chrëschtlech Sozial Vollekspartei (www.csv.lu)	Wurde 1914 als Rechtspartei gegründet, seit 1945 CSV	CSJ
Lëtzebuerger Sozialistesch Arbechterpartei (www.lsap.lu)	1917 gegründet, 1924 Luxemburger Arbeiterpartei; seit Ende des Zweiten Weltkriegs LSAP	JSL
Demokratesch Partei (www.dp.lu)	Seit 1904 als Liberale Liga gegründet. Nach dem Zweiten Weltkrieg schließen sich die patriotischen und demokratischen Resistenzbewegungen der Partei an; seit 1954 DP.	JDL
Déi Gréng (www.greng.lu)	Die Partei wurde in den 1980er-Jahren aus verschiedenen Umweltschutzbewegungen und Bürgerinitiativen gegründet.	Déi jonk Gréng
Alternativ Demokratesch Reformpartei (www.adr.lu)	1987 als „Aktiounskomitee 5/6 Pensioun fir Jiddfereen" gegründet. Daraus entstand im Laufe der Jahre die heutige Partei. Von 1992 bis 2006 unter der Bezeichnung „Aktiounskomitee fir Demokratie a Rentegerechtigkeet".	adrenalin, déi jonk adr
Déi Lénk (www.dei-lenk.lu)	1999 gegründet u.a. mit Unterstützung von nei Lenk und der KPL, die sich 2004 aus déi Lenk zurückgezogen hat	Déi jonk Lénk
Kommunistesch Partei Lëtzebuerg (www.kp-l.org)	1921 aus der Spaltung mit der sozialistischen Partei entstanden	JCL
piratepartei (www.piratepartei.lu)	2009 gegründet als Teil einer weltweiten Bewegung, die sich verstärkt mit Fragen der Internetnutzung beschäftigt.	Jonk Piraten

M3 Wussten Sie schon, dass ...

- man nicht Mitglied einer Partei sein muss, um wählbar zu sein?
- auch Listen mit weniger Kandidaten als zu verteilende Sitze erlaubt sind?
- eine Partei erst finanzielle Unterstützung vom Staat erhält, wenn sie zwei Prozent der Stimmen in allen Wahlbezirken erreicht?
- eine Partei keine anonymen Spenden annehmen darf?
- Firmen eine Partei nicht unterstützen dürfen?

1 Welchen Zweck erfüllen die politischen Parteien?
2 Warum unterstützt der Staat die Parteien?
3 Kann eine Demokratie ohne Parteien funktionieren? Begründen Sie Ihre Antwort.
4 Warum haben sich die meisten Parteien zu Volksparteien gewandelt, die Mitglieder aller gesellschaftlichen Schichten vereinen?
5 Sollte es in Luxemburg mehr bzw. weniger Parteien geben? Sammeln Sie Argumente.
6 Rufen Sie die Internetseiten der verschiedenen Parteien auf und vergleichen Sie die angesprochenen Themenbereiche wie zum Beispiel Umwelt, Bildung, Arbeitslosigkeit etc. Mit welcher Partei können Sie sich am ehesten identifizieren? Argumentieren Sie.

8.4 Der Wahlkampf

Immer wieder spannend: Wer bekommt bei einer Wahl die meisten Stimmen? Jede Partei hofft natürlich, dass sich möglichst viele Menschen für sie entscheiden. Deshalb versuchen Politiker die Wähler von sich und ihren Ideen zu überzeugen. Wahlkampf (<> la campagne électorale) ist vor allem Werbung. Viele Parteien beauftragen auch Werbeagenturen für die Planung des Wahlkampfs.

Meinungsumfragen wie das sogenannte Politbarometer geben die Stimmung der Bevölkerung wieder oder liefern Aussagen über das Vertrauen, das Parteien oder Personen geschenkt wird.

M1 Sources d'information aux législatives en 2013 en %

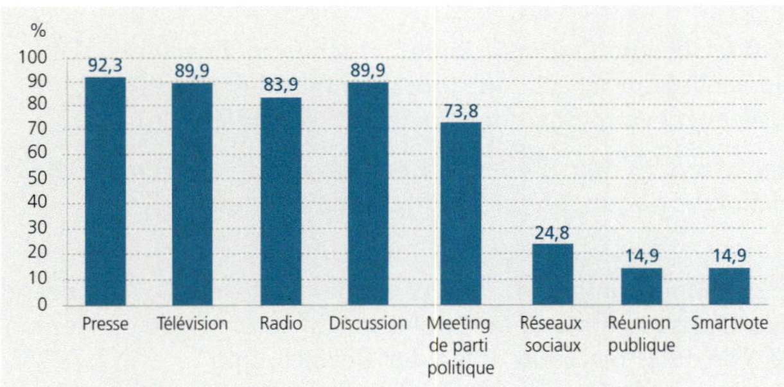

X. Carpentier-Tanguy, P. Dumont, R. Kies, A. Spreitzer et P. Poirier (dir.), Les élections législatives et européennes 2013 et européennes de 2014 au Grand-Duché de Luxembourg, Luxembourg 2015 p. 286

M3 Wussten Sie schon, dass ...

- ein Kandidat keine Getränke oder Geld im Vorfeld von Wahlen anbieten darf?
- ein Kandidat keinen Wähler zu Hause aufsuchen darf?
- ein Monat vor den Wahlen keine Umfrageergebnisse publiziert werden dürfen?
- nur Parteien, die wenigstens einen Sitz erhalten haben, vom Staat finanziell für ihren Wahlkampf entschädigt werden?

M2 Parteien und Politiker im Wahlkampf

Zielsetzung

- Wähler von der Politik überzeugen
- Stimmenmehrheit erringen
- Stamm-, Wechsel- und Neuwähler erreichen
- Politische Macht ausbauen oder Regierungsmacht übernehmen

Strategien

- Medienwahlkampf: Wahlplakate, TV, Radio, Printmedien, Internet, soziale Netzwerke
- Präsenzwahlkampf: Wahlkundgebungen, Infostände, direkte Bürgerkontakte, Verteilen von Werbegeschenken (Kugelschreiber, Luftballons ...)
- Programmwahlkampf: Parteiprogramm, Wahlversprechen zu bestimmten Themen

M4

»Bitte sehr – unser Entwurf für das optimale Politiker-Profil in Wahlkampfzeiten!«

1. Welche Ziele werden mit dem Wahlkampf verfolgt und über welche Mittel verfügen Politiker und Parteien? (M2)
2. Erläutern Sie M1. Welche Informationsquellen nutzen Wähler vorwiegend für ihre Wahlentscheidung?
3. Erläutern Sie die Karikatur. Erstellen Sie eine Liste mit Strategien, auf die Werbefachleute zurückgreifen.
4. Wahlkampf: Politshow oder Entscheidungshilfe für Wähler? Diskutieren Sie.

METHODE Wahlplakate untersuchen

▸ DARUM GEHT ES

Wahlplakate kombinieren Bilder mit kurzen einprägsamen Texten (Slogans). Politik lässt sich aber nicht auf die Slogans von Wahlplakaten verkürzen. Letztlich sind Wahlplakate nichts anderes als Werbeflächen, die es genau zu analysieren gilt. Die nachfolgende Methode soll Ihnen helfen, Wahlplakate zu untersuchen.

▸ SO LÄUFT ES AB

1. Äußere Merkmale
- Welche Partei wirbt um die Wähler? Was ist das Thema des Plakats?

2. Beschreibung
- Wer oder was ist dargestellt? Werden Symbole verwendet?
- Wie umfangreich ist der Text (Schlagwörter, Sätze)?
- Wie verhalten sich Größe und Proportionen der Bild- und Textelemente zueinander? Welche Perspektive wird gewählt? Welche Haltung nehmen die Personen ein?
- Welche Farben dominieren? Welche werden symbolhaft gebraucht? Wie werden die Farbkontraste eingesetzt?

3. Interpretation und zusammenfassende Beurteilung
- An welche Zielgruppe innerhalb der gesamten Wählerschaft richtet sich das Plakat? Woran erkennt man dies?
- Welche politischen und gesellschaftlichen Einstellungen gibt das Plakat wieder?
- Was sind Aussage und Intention des Plakats? Wie stellt sich die Partei selbst, wie die Konkurrenz dar?
- Welche Ängste oder Hoffnungen sollen beim Adressaten angesprochen werden? Wie tragen Bildaufbau und Gestaltung dazu bei?
- Wirkung auf den Wähler: Würden Sie aufgrund dieses Plakats die Partei wählen? Begründen Sie Ihre Antwort.

4. Für Experten
- Was steht im Parteiprogramm zu dem auf dem Plakat abgebildeten Thema? Vergleichen Sie Programm und Plakat. Wie stand die Partei bisher (in der letzten Legislaturperiode) zu diesem Thema?

8.5 Die Abgeordnetenkammer

M 1 Session plénière de la Chambre des Députés

1 *gouvernement*
2 *président*
3 *tribune*
4 *députés de la majorité*
5 *députés de l'opposition*
6 *caméras*
7 *orateur*

In Luxemburg wird das Parlament als Abgeordnetenkammer bezeichnet. Sie hat ihren Sitz am „Krautmaart" in der Hauptstadt. Sie hat die Legislative inne, d.h. die gesetzgebende Gewalt. Hier wird über Gesetzesvorschläge diskutiert und abgestimmt. Die Vorschläge kommen meistens von der Regierung, können aber auch vom Parlament eingebracht werden.

Die 60 Mitglieder des Luxemburger Parlaments nennt man Abgeordnete. Da sie im Normalfall alle fünf Jahre von allen wahlberechtigten Bürgern des Landes gewählt werden, bezeichnet man sie auch als Volksvertreter.

Die Kammer kann nur Entscheidungen treffen, wenn die Mehrheit der Abgeordneten anwesend ist. Ein Gesetz kann nur angenommen werden, wenn die Mehrheit der anwesenden Abgeordneten mit Ja stimmt.

Die Debatten sind öffentlich. Jeder hat die Möglichkeit, als Zuschauer an den öffentlichen Sitzungen teilzunehmen. Die Sitzungen werden über das parlamentseigene Fernsehen übertragen, die Sitzungsberichte werden außerdem gedruckt und gratis verteilt.

Ein Großteil der Arbeit findet in den sogenannten Parlamentskommissionen statt, die sich aus Vertretern der einzelnen Parteien zusammensetzen (z.B. Commission de l'Éducation Nationale et de la Formation professionnelle, Commission des Affaires étrangères, Commission des Finances et du budget). Hier werden die Parlamentssitzungen vorbereitet, die Texte von Gesetzesvorschlägen diskutiert sowie Änderungen vorgeschlagen.

M 2 Das Parlament kontrolliert die Regierung

Politische Kontrolle §§§

- Die Regierung braucht das Vertrauen der Abgeordnetenkammer, d.h. die Mehrheit der Abgeordneten
- Die Abgeordneten dürfen Fragen an die Regierung stellen, die von den zuständigen Ministern beantwortet werden müssen (<> la question parlementaire)
- Das Parlament kann Untersuchungskommissionen einrichten

Finanzkontrolle €€€

- Das Parlament gibt die Zustimmung zum Budget (Haushaltsrecht)
- Das Parlament kontrolliert die Ausgaben von Staat und Regierung (Finanzkontrolle)

8.5 La Chambre des Députés

M3 Composition de la Chambre (depuis les élections de 2018)

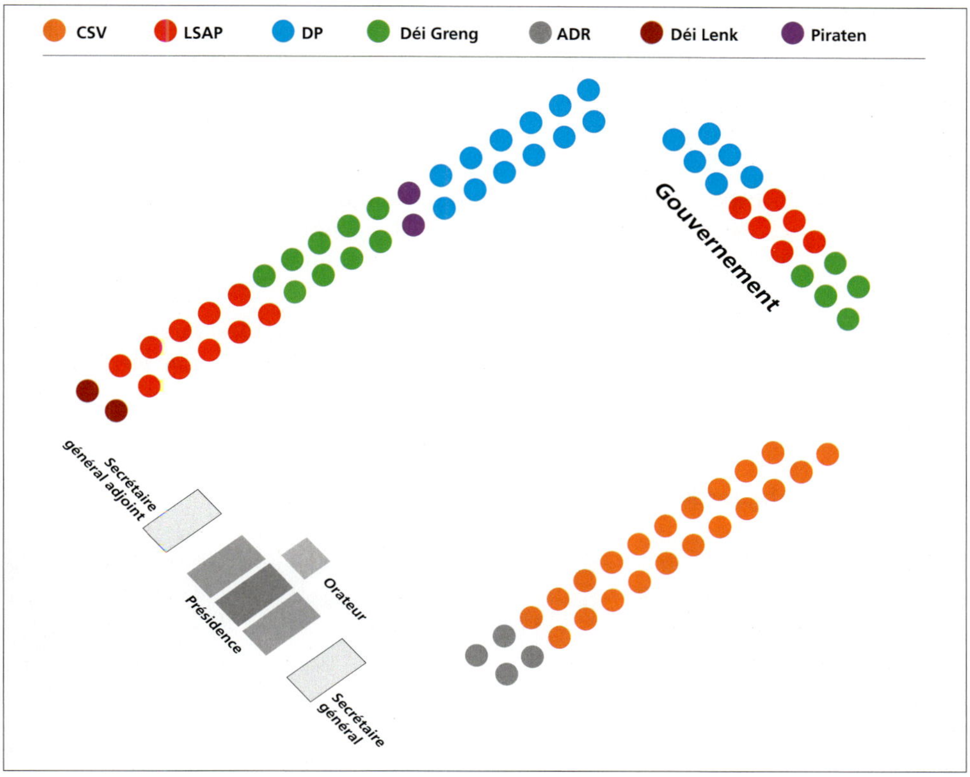

Fraktion
(<> le groupe politique)
Eine Fraktion im Parlament wird gebildet aus mindestens fünf Abgeordneten derselben Partei. Sie hat bestimmte Vorteile, z. B. mehr Redezeit bei Debatten.

Petition
(<> la pétition)
Eine Petition ist die Bitte oder Beschwerde eines Einzelnen oder einer Gruppe von Einzelpersonen an das Parlament, um eine Entscheidung entweder zu ihren Gunsten oder für eine bestimmte Sache zu fordern.

Legislaturperiode
(<> Législature)
Wahlperiode, d. h. die Zeit zwischen zwei Wahlen. Sie beträgt bei Kammerwahlen in Luxemburg normalerweise 5 Jahre. Verliert die Regierung die Unterstützung der Mehrheitsparteien, so kann die Kammer aufgelöst werden.

M4 Die politische Zusammensetzung der Chambre des Députés nach den Wahlen von 2009, 2013 und 2018

Nach den Wahlen kommt es durch Verhandlungen zur Bildung einer Regierung, die das Vertrauen einer Mehrheit von Abgeordneten braucht, um Abstimmungsmehrheiten in der „Chamber" zu erreichen. Werden sich zwei oder mehrere Parteien einig, so bilden sie eine Koalition. Die Abgeordneten, die nicht zu den Mehrheitsparteien gehören, bilden die Opposition.

	2009	2013	2018
CSV	26	23	21
LSAP	13	13	10
DP	9	13	12
Déi Gréng	7	6	9
ADR	4	3	4
Déi Lénk	1	2	2
Piraten			2

1 Fassen Sie die Aufgaben und Rechte der Abgeordnetenkammer zusammen.

2 Vergleichen Sie das Foto M1 mit dem Schema M3. Ordnen Sie die Zahlen aus M1 dem Schema M3 zu.

3 Wie können Sie als Bürger und Wähler auf politische Entscheidungen der Abgeordnetenkammer Einfluss nehmen?

4 Eine Regierung muss immer die Mehrheit der Abgeordneten (also mindestens 31) hinter sich haben. Welche Parteien hätten nach den letzten Wahlen folglich eine Regierungskoalition bilden können?

5 Kontaktieren Sie einen Abgeordneten Ihres Wahlbezirks und organisieren Sie einen Besuch in der Abgeordnetenkammer. Benutzen Sie die Methode der Expertenbefragung.

8.6 Aus dem Alltag eines Abgeordneten

Die persönliche Situation des Abgeordneten

Damit jeder – unabhängig von seinem Einkommen – ein Abgeordnetenmandat annehmen kann, werden die Abgeordneten von ihrer normalen Arbeit freigestellt (ausgenommen Freischaffende) und erhalten eine Abgeordnetenentschädigung, eine sogenannte Diät. Damit soll sichergestellt werden, dass der Abgeordnete unabhängig ist und nur nach seinem Gewissen entscheiden kann.

Aber obwohl jeder Abgeordnete seine Entscheidungen nach eigenem Gewissen fällt, unterliegt er einer gewissen „Fraktionsdisziplin" (Fraktionszwang), d. h. der Abgeordnete stimmt in der Regel wie seine Parteikollegen ab.

Der Abgeordnete hat politische Immunität: Er kann für seine geäußerte Meinung oder wegen einer Abstimmung nicht angeklagt werden. In allen anderen Fällen ist er den Bürgern gleichgestellt, z. B. muss er sich an den Code de la Route halten.

M 1 Aus dem Alltag verschiedener Abgeordneten

8.6 Le quotidien d'un député

M 2 Ein fiktives Beispiel: Abgeordnete und Bürgermeisterin (<> le député-maire) Jeanne Muller: 44 Jahre alt, Abgeordnete des Bezirks Süden, seit 25 Jahren Mitglied ihrer Partei; Bürgermeisterin einer Südgemeinde. Beruf: Angestellte

Woche vom 14. bis 20. November

MO	DO
8.00 h Korrespondenz erledigen / Wochenablauf checken	9.00 h Kommissionssitzung
11.00 h Question parlementaire vorbereiten (Thema: Schulreform)	15.00 h Plenarsitzung
14.00 h Treffen mit Gewerkschaftsvertretern	18.00 h Treffen mit Unternehmern aus der Gemeinde
16.00 h Rede schreiben zum Thema „Jugendarbeitslosigkeit"	20.30 h Wahlkampfveranstaltung
19.00 h Gemeinderatssitzung	

DI	FR
9.00 h Besprechung des Gesetzesprojekts Nr. 2345	10.00 h internationales Treffen mit Abgeordneten aus Frankreich, Belgien und Deutschland (Thema Großregion)
9.30 h Fraktionssitzung	13.00 h Arbeitsessen
12.30 h Mittagessen mit Journalisten	15.00 h Sitzung des Schöffenrats
15.00 h Chambersitzung (Plenarsitzung)	17.00 h Hochzeit
19.30 h Parteiversammlung	

MI	SA / SO
vormittags E-Mails von Wählern aus Wahlbezirk lesen und beantworten; Dokumente zu anschließendem Treffen durcharbeiten	**SA** 15.00 h Ehrung des ältesten Bürgers der Gemeinde
12.30 h Mittagessen mit dem Parteipräsidenten	20.00 h Konzert im Centre Culturel
14.15 h Empfang einer Schulklasse (Chamber), Diskussionsrunde zum Thema Jugendpolitik	**SO** Fußballfest / Quetschefest
15.00 h Chambersitzung (Plenarsitzung)	
19.00 h Einweihung des Centre culturel; anschließend Empfang	

1. Warum sind Unabhängigkeit und Immunität für die Abgeordneten wichtig?
2. Stehen Unabhängigkeit und Fraktionsdisziplin im Widerspruch zueinander?
3. Ermitteln Sie, wie viele Stunden die Abgeordnete Jeanne Müller an einem Wochentag/in einer Woche zu arbeiten hat.
4. Nennen Sie die Aufgaben eines Abgeordneten. Unterscheiden Sie zwischen der eigentlichen Parlamentsarbeit und Tätigkeiten, die außerhalb der Abgeordnetenkammer liegen.
5. Wann und wo hat der Wähler am ehesten die Möglichkeit, „seinen" Abgeordneten zu treffen und mit ihm zu sprechen?

8.7 Die Regierung

M 1 Das Regierungsviertel

Die Regierungsbildung

Die Regierung wird in der Regel nach Wahlen neu gebildet. Der Wahlsieger, meist der Vertreter der stärksten Partei, erhält den Auftrag, eine neue Regierung zu bilden. Diese Regierung muss das Vertrauen der Abgeordneten haben, d. h. über eine Mehrheit von mindestens 31 Abgeordneten verfügen. Falls eine Partei allein keine absolute Mehrheit hat, muss eine Koalition gebildet werden. Das bedeutet, dass sich zwei oder mehr Parteien für eine bestimmte Zeit zusammenschließen, um eine Mehrheit im Parlament zu haben. Sie einigen sich dann auf ein gemeinsames Regierungsprogramm.
Verfügt die Regierung nicht mehr über das Vertrauen der Abgeordnetenkammer (d. h. sie hat keine Mehrheit mehr), muss sie zurücktreten. Es kommt dann zu einer Neubildung der Regierung oder zu Neuwahlen.

Zusammensetzung und Aufgaben der Regierung

Die Regierung setzt sich aus mehreren Ministern zusammen. Der Regierungschef wird in Luxemburg als Premierminister oder auch als Staatsminister bezeichnet.
Zu den Aufgaben der Regierung gehört die Ausführung der Gesetze, die von der Legislative beschlossen wurden. Hat die Chambre des Députés mit einem Gesetz z. B. den Bau einer Autobahn oder den Neubau einer Schule beschlossen, so sorgen der zuständige Minister und seine Mitarbeiter dafür, dass die Aufträge verteilt und die Bauarbeiten mit dem festgelegten Budget auch durchgeführt werden.
Neben den Aufgaben der Exekutive hat die Regierung auch das Recht, Gesetze vorzuschlagen. Über die Gesetze entscheidet aber allein die Chambre des Députés.
In Luxemburg werden Regierungsmitglieder und der Regierungschef nicht (direkt) gewählt. Minister sind deshalb keine Abgeordneten, sie müssen auch vorher nicht gewählt worden sein. Da es eine strenge Trennung zwischen den Gewalten gibt, sind bestimmte Tätigkeiten, wie die des Richters, des Polizisten oder auch des Abgeordneten, mit der Funktion des Ministers unvereinbar.

8.7 Le gouvernement

M2 Aus der Luxemburger Verfassung

Art. 77. Le Grand-Duc nomme et révoque les membres du Gouvernement.
Art. 78. Les membres du Gouvernement sont responsables.
Art. 80. Les membres du Gouvernement ont entrée dans la Chambre et doivent être entendus quand ils le demandent. La Chambre peut demander leur présence.

La Constitution du Grand-Duché de Luxembourg, Luxembourg 2013

M3 So arbeitet die Regierung

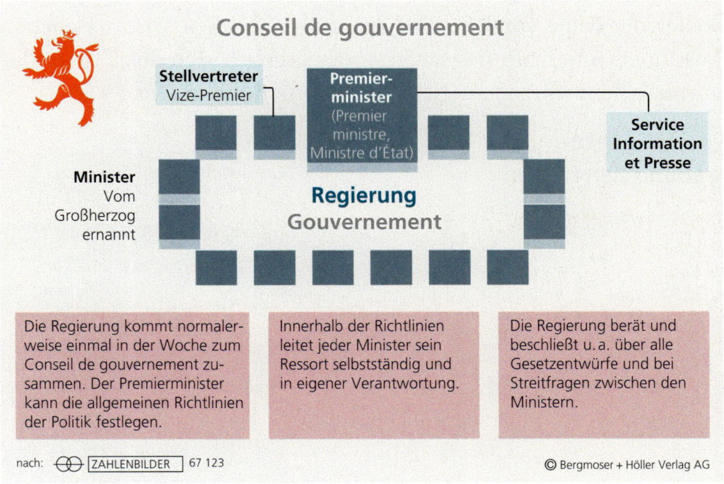

M4 Die Minister regieren.

Die Regierung wird von einem Premierminister und weiteren Ministern gebildet. Sie werden lt. Verfassung vom Großherzog bestimmt. Sie haben gleichzeitig auch die parlamentarische Mehrheit, was dem demokratischen Prinzip entspricht.
Die Minister tragen Verantwortung und müssen ihre Entscheidungen vor der Abgeordnetenkammer rechtfertigen.
Die Regierung erlässt Ausführungsbestimmungen (arrêtés, règlements), damit die Gesetze ausgeführt werden können. Die Minister verfügen darüber hinaus über zahlreiche Mittel, die sie für ihre Arbeit benötigen:

- **Finanzen, Budget:** für öffentliche Bauten (z. B. Straßen, öffentliche Gebäude), Bezahlung der Beamten (z. B. Bezahlung der Lehrer in öffentlichen Schulen, damit der Schulbesuch gratis ist).
- **Beamte, Verwaltungen, Ministerien,** die alle notwendigen Aufgaben ausführen, z. B. die Steuerverwaltung.
- **Polizei,** die für die Sicherung der öffentlichen Ruhe und Ordnung sorgt.

M5 Karikatur

1 Fassen Sie die wichtigsten Aufgaben der Regierung in Stichworten zusammen.

2 Stellen Sie schematisch dar, wie eine Regierung gebildet wird. Benutzen Sie die folgenden Begriffe: Wahlen, Koalition, Ernennung, Vertrauen, Mehrheit.

3 Führen Sie eine Internetrecherche zum Thema „Unsere Regierung" durch und erstellen Sie eine Mindmap oder eine Tabelle nach den Merkmalen: Ressort, Name und Parteizugehörigkeit.

4 Finden Sie heraus, welche Persönlichkeiten seit 1945 das Amt des Regierungschefs innehatten und schreiben Sie eine Kurzbiografie (Lebensdaten, Partei, politische Ziele und Erfolge ...).

5 Erstellen Sie eine Prioritätenliste mit aktuellen politischen Problemen, die aus Ihrer Sicht möglichst rasch gelöst werden müssen, und legen Sie fest, welches Ministerium hierfür zuständig ist.

6 „Der Regierungschef sollte direkt vom Volk gewählt werden." Nehmen Sie Stellung zu dieser Aussage.

7 Erklären Sie, warum das Finanzministerium ein sehr wichtiges Ressort ist.

8.8 Die Gesetzgebung

Gesetze (<> la loi) sind die Spielregeln einer Gesellschaft, sie regeln so das Miteinander. Gesetze sind entweder die Folge von öffentlichen und politischen Diskussionen innerhalb des Staates oder ergeben sich aus europäischen Vorgaben (EU) und internationalen Verpflichtungen (z.B. UNO, WHO). Das Gesetzgebungsverfahren beginnt mit einer Initiative, darauf folgt eine Debatte. Schließlich kommt es zur Abstimmung und die Prozedur endet mit der Inkraftsetzung der Gesetze.

M1 Gesetzgebungsverfahren

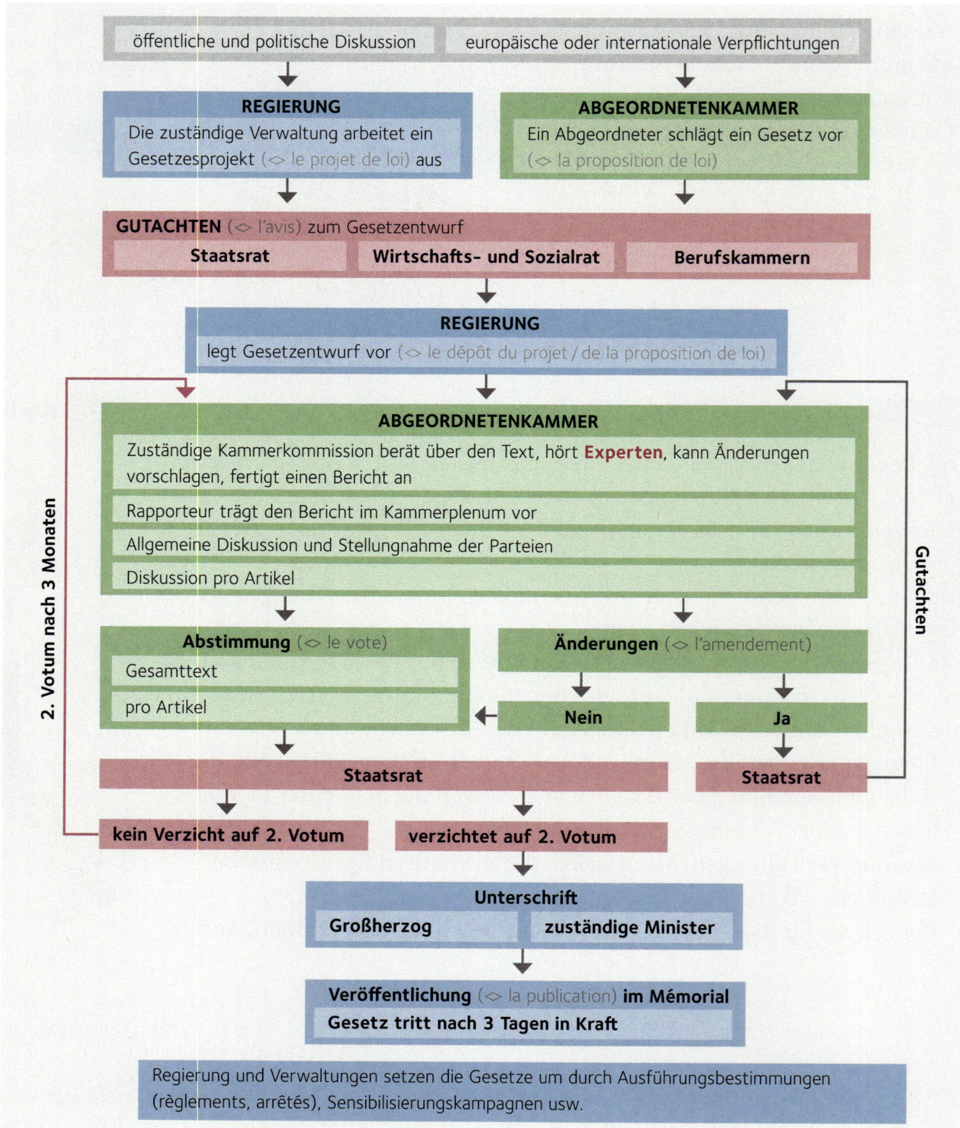

1 Lesen Sie das Schema:
- Wer besitzt die Gesetzesinitiative?
- Wer muss Gutachten zu Gesetzestexten ausarbeiten?
- Wer deponiert einen Gesetzestext in der Abgeordnetenkammer?
- Wo wird über ein Gesetzestext debattiert?
- Was geschieht, wenn ein Änderungsantrag gestellt wird?
- Wer unterschreibt die Gesetze?
- Wann muss ein Gesetz veröffentlicht werden?
- Unterteilen Sie den Gesetzgebungsprozess in folgende Bereiche: 1. Initiative, 2. Diskussion und Abstimmung, 3. Inkraftsetzung.

2 Erklären Sie sich in Partnerarbeit die wesentlichen Schritte des Gesetzgebungsprozesses.

8.8 La procédure législative

M2 Das Gebäude des Staatsrates

Die Rolle des Staatsrates im Gesetzgebungsverfahren

Der Staatsrat (<> le Conseil d'État) besteht aus 21 Mitgliedern, die formal vom Großherzog ernannt und entlassen werden, und zwar abwechselnd auf Vorschlag der Regierung, der Abgeordnetenkammer und des Staatsrates selbst.

In Gutachten prüft der Staatsrat, ob die Textentwürfe verfassungskonform sind, nicht gegen internationale Vereinbarungen oder die allgemeinen Rechtsprinzipien verstoßen.

- Seine Gutachten sind obligatorisch zu allen Gesetzesentwürfen und Gesetzesvorlagen wie auch zu Änderungsanträgen.
- Er begutachtet die großherzoglichen Verordnungen.
- Er entscheidet über die Freistellung von der zweiten verfassungsmäßigen Abstimmung, die frühestens drei Monate nach der ersten Abstimmung der Abgeordnetenkammer erfolgen sollte.

M3 Parcours de la loi antitabac

Discussion publique années 1990	
26.05.2003	Directive de l'Union européenne 2003/33/CE relative à la publicité et au parrainage en faveur des produits du tabac
08.06.2005	Ratification de la Convention cadre de l'Organisation Mondiale de Santé (OMS) (signature le 16.06.2003)
31.01.2006	Dépôt du projet de loi (N° 5533) par le ministre de la Santé, projet plus ambitieux que la directive
02.05.2006	Avis du Conseil d'État Quatre avis des chambres professionnelles Avis supplémentaires (1) du Collège médical, (2) de l'Union luxembourgeoise des consommateurs, (3) de la Fondation Luxembourgeoise contre le Cancer, (4) de l'Association des Médecins et Médecins dentistes, (5) du Conseil de la Presse
22.06.2006	Amendements adoptés par la Commission de la Santé et de la Sécurité sociale
04.07.2006	Avis complémentaire du Conseil d'État
05.07.2006	Rapport de la Commission de santé
13.07.2006	Premier vote constitutionnel (vote positif: oui 32; non 2; abstention 20)
14.07.2006	Dispense du second vote constitutionnel par le Conseil d'État
11.08.2006	Loi signée par les cinq ministres de la Santé, du Travail, de la Fonction publique, de l'Intérieur et de la Justice et le Grand-Duc Henri
01.09.2006	Publication au Mémorial A n°154, en page 2726

Das neue Antitabak-Gesetz vom 18. Juli 2013 verbietet seit 2014 das Rauchen in Kneipen und Diskotheken, wenn nicht spezielle Raucherräume ausgewiesen sind.

3 Welche Rolle spielt der Staatsrat im Gesetzgebungsverfahren?

4 Über welchen Zeitraum erstreckte sich die Ausarbeitung des Antitabakgesetzes? Welche Rolle spielten dabei internationale oder europäische Institutionen (M3)?

5 Aus welchen Gründen haben die einzelnen Institutionen und Interessengruppen zu diesem Gesetzesvorschlag ein Gutachten verfasst (M3)?

8.9 Die Justiz – die dritte Macht

M 1 Justitia, die Göttin der Gerechtigkeit

M 2 Die Gewaltenteilung

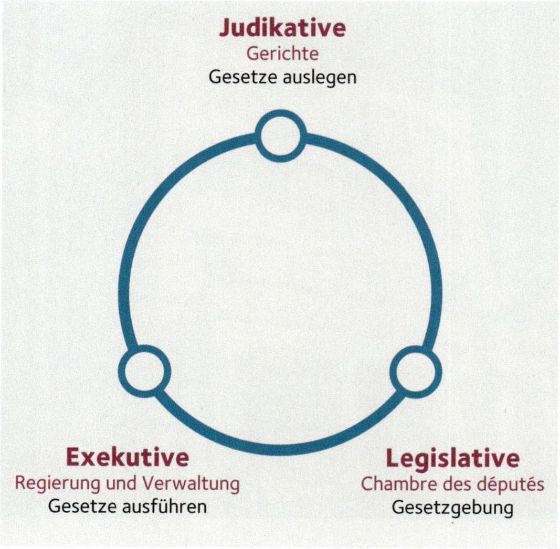

Wir leben in einem Rechtsstaat

Luxemburg ist ein Rechtsstaat, in dem gewählte Vertreter des Volkes Gesetze beschließen und staatliche Institutionen dafür sorgen, dass dem Recht Geltung verschafft wird. Dabei ist der Staat selbst an Gesetze gebunden. In einem Rechtsstaat steht nichts und niemand über dem Gesetz. Ein Polizist, ein Richter oder ein Verwaltungsbeamter darf nur solche Maßnahmen anordnen, die ihm die Gesetze erlauben. Diese Ordnung ist in der Luxemburger Verfassung, der „Constitution" festgelegt. Keiner darf sich selbst Recht verschaffen, er muss sich immer an die dafür vorgesehenen staatlichen Instanzen wenden.
Wenn jemandem Schaden zugefügt wird, oder wenn sich jemand ungerecht behandelt fühlt, kann er sein Recht einklagen. Laut Verfassung ist es Aufgabe der Judikative zu überprüfen, ob gegen Gesetze verstoßen wird und in Konflikten Schiedsrichter zu sein. Die richterliche Gewalt wird von den Gerichten (<> le tribunal) ausgeübt. Dort sorgen Richter (<> le juge) dafür, dass Verstöße gegen die Gesetze nach bestimmten Regeln bestraft werden. Kläger und Angeklagte können sich von einem Anwalt (<> l'avocat) vertreten lassen.

Unabhängigkeit der Gerichte

Damit die Gewaltenteilung gewährleistet ist, sind die Richter unabhängig und auf Lebenszeit ernannt. Kein Politiker, keine Behörde darf ihnen Weisungen erteilen oder versuchen, Einfluss auf den Ausgang eines Prozesses zu nehmen. Ferner dürfen sie nicht politisch aktiv sein. Die Richter sind an die Gesetze gebunden, so dürfen sie z. B. keine Strafe verhängen, die nicht im Gesetz vorgesehen ist.

1 Warum wird die Göttin der Gerechtigkeit mit verbundenen Augen, Schwert und Waage dargestellt?
2 Fassen Sie die Aufgaben der Gerichte zusammen.
3 Welche Regelungen garantieren die Unabhängigkeit der Richter?

8.9 Le pouvoir judiciaire

M3

Verfassungsgericht

Urteil am 19. März 2010

Richter entscheiden über Verfassungsmäßigkeit von Artikel 422

Das Verfassungsgericht hat sich am Freitagnachmittag mit dem Zugunglück von Zoufftgen befasst. Dabei geht es um die Rechtmäßigkeit des Artikels 422 des Strafgesetzbuches, der bei einer fahrlässigen Tötung im Kontext eines Zugunglücks höhere Strafen vorsieht als bei einem Unglück mit einem anderen öffentlichen Transportmittel.

Die Verteidigung eines der Angeklagten betonte in der Verhandlung am Freitagnachmittag, dass dieses Gesetz schlicht verfassungswidrig sei. Laut Verfassung müssten alle Menschen vor dem Gesetz gleich sein. Der Artikel 422 benachteilige Zugführer gegenüber Busfahrern und Schifffahrtskapitänen. … Dem widersprach in der Verhandlung am Freitag die Staatsanwaltschaft. Das Ziel strengerer Strafen sei eindeutig eine höhere Sicherheit im Zugverkehr. Der Gesetzgeber habe die Korrelation zwischen höherem Gefahrenpotenzial und höherem Strafmaß ganz bewusst eingeführt.

Wort.lu vom 29.01.2010

Das Verfassungsgericht (<> la Cour Constitutionnelle)
Dieses Gericht befindet, wie sein Name schon sagt, über die Verfassungskonformität der Gesetze, d.h. es prüft, ob ein Gesetz mit dem Grundgesetz übereinstimmt.

M4 Wussten Sie schon, dass …

- vor dem geschriebenen Recht nach Gebräuchen und Tradition entschieden wurde?
- die Formel „Auge um Auge, Zahn um Zahn" mehr als 4000 Jahre alt ist?
- die Römer die ersten waren, die ein flächendeckendes Justizsystem einrichteten?
- im Mittelalter der König Gesetzgeber und Richter zugleich war?
- lange Zeit die Strafen für die gleiche Tat regional ganz unterschiedlich ausfallen konnten? Von der Geldbuße über Kerker bis hin zur Todesstrafe war alles möglich.
- erst unter Kaiser Napoléon, Anfang des 19. Jahrhunderts, die vielen lokalen Gesetzgebungen, auch in Luxemburg, durch eine einheitliche ersetzt wurden (Code Napoléon)?
- es heute keine verlässlichen Angaben gibt über die Zahl der Menschen, die wegen ihrer Meinung in Gefangenschaft sind? (Amnesty International nennt 48 Staaten, in denen es solche Gefangene gibt.)

M5 Ist die Unabhängigkeit der Gerichte bedroht?

Die Justiz an der Leine? – Karikatur

Demonstranten vor einem Gericht in den USA
Nach Michael Jacksons Tod stand sein Arzt unter Anklage, Mitschuld am Tod seines Patienten zu haben.

4 Erklären Sie die Aufgabe des Verfassungsgerichts.
5 Untersuchen Sie den Zeitungsartikel M3. Um welches Grundrecht geht es? Fassen Sie die gegensätzlichen Argumente zusammen. Stimmen Sie dem Urteil des Verfassungsgerichts zu?
6 Die Bilder in M5 stellen die Unabhängigkeit der Richter infrage. Erläutern Sie, inwiefern.
7 Welche Konsequenzen hätte es für unsere Gesellschaft, wenn Bürger Selbstjustiz üben würden?
8 Nehmen Sie Stellung zu folgender Aussage: „Ein Staat ohne Justiz ist keine Demokratie."

8.10 Das Staatsoberhaupt

M1 Aufgaben des Großherzogs

Mandons et ordonnons que la présente loi soit insérée au Mémorial pour être exécutée et observée par tous que la chose concerne.

Le Ministre de l'Éducation nationale, de l'Enfance et de la Jeunesse,
Claude Meisch

Palais de Luxembourg, le 26 février 2016.
Henri

Doc. parl. 6818; sess. ord. 2014-2015 et sess. ord. 2015-2016.

Der Großherzog ist das Staatsoberhaupt Luxemburgs. Während in einer Republik das Staatsoberhaupt von den Bürgern gewählt wird, ist in einer Monarchie das Amt erblich.

In einer konstitutionellen Monarchie sind die Aufgaben des Staatsoberhauptes durch die Verfassung geregelt. Bis auf wenige traditionelle Vorrechte sind die Rechte des Luxemburger Staatschefs stark beschränkt. So verfügt der Großherzog heute nicht mehr über eine wirkliche politische Macht, sondern hat weitgehend repräsentative Aufgaben. Durch seine Unterschrift werden die Gesetze in Kraft gesetzt, die von der Chambre des Députés beschlossen wurden. Er kann diese Inkraftsetzung im Prinzip nicht verweigern.

Das Staatsoberhaupt ist der Vertreter aller Bürger des Landes und er repräsentiert die Nation nach außen (z. B. bei Staatsbesuchen) und innen (z. B. bei nationalen Feierlichkeiten). Folglich steht er auch über den Parteien und hält sich aus der Politik heraus. Da der Großherzog keine politische Verantwortung übernimmt, müssen sämtliche Amtshandlungen durch die Unterschrift des zuständigen Ministers abgesegnet werden.

8.10 Le Chef d'État

M2 Extrait de la Constitution luxembourgeoise

Art. 4. La personne du Grand-Duc est inviolable.
Art. 33. Le Grand-Duc est le chef de l'État, symbole de son unité et garant de l'indépendance nationale. Il exerce le pouvoir exécutif conformément à la Constitution et aux lois du pays.
Art. 34. Le Grand-Duc promulgue les lois dans les trois mois du vote de la Chambre.
Art. 36. Le Grand-Duc prend les règlements et arrêtés nécessaires pour l'exécution des lois.
Art. 37. Le Grand-Duc fait les traités. Les traités n'auront d'effet avant d'avoir été approuvés par la loi … Le Grand-Duc commande la force armée; il déclare la guerre et la cessation de la guerre après y avoir été autorisé par un vote de la Chambre …
Art. 38. Le Grand-Duc a le droit de remettre ou de réduire les peines prononcées par les juges …
Art. 44. Le Palais Grand-Ducal à Luxembourg et le Château de Berg sont réservés à l'habitation du Grand-Duc.
Art. 45. Les dispositions du Grand-Duc doivent être contresignées par un membre du Gouvernement responsable. La Constitution du Grand-Duché de Luxembourg, Luxembourg 2013

M3 Der Eid des Großherzogs (Art. 5) vor der Abgeordnetenkammer:

Je jure d'observer la Constitution et les lois du Grand-Duché de Luxembourg, de maintenir l'indépendance nationale et l'intégrité du territoire ainsi que les libertés publiques et individuelles.

M4 Droits régaliens

Der Großherzog hat einige traditionelle Vorrechte, die man „droits régaliens" nennt. Zu den wichtigsten Vorrechten gehört das Gnadenrecht. Das bedeutet, dass das Staatsoberhaupt von Richtern verhängte Strafen abmildern oder ganz aufheben kann. Der Großherzog tut dies nur auf Empfehlung der „Commission de grâce" und nach einem Bericht der Polizei. Jeder, der zu einer Strafe verurteilt wurde, hat das Recht, ein Gnadengesuch an das Staatsoberhaupt zu richten. Andere Vorrechte sind das Münzrecht sowie das Recht, Orden, Auszeichnungen oder Adelstitel zu verleihen.

M5 Häufig gestellte Fragen zum Thema Großherzog

- *Darf der Großherzog das Land Luxemburg verkaufen?* Nein, in der Verfassung ist die Unteilbarkeit und Unverkäuflichkeit des Landes verankert.
- *Wem gehören die Schlösser des Staatsoberhauptes?* Die Schlösser in Luxemburg und Berg gehören dem Staat, werden dem Großherzog zur Verfügung gestellt, können aber nicht verkauft werden.
- *Wird der Großherzog eigentlich bezahlt?* Das Staatsoberhaupt enthält eine feste Entschädigung, die im Staatsbudget festgelegt wird.
- *Muss der Staatschef ein Mann sein?* Nein, seit 2011 sind Jungen und Mädchen in der Thronfolge gleichberechtigt.
- *Nimmt er an den Wahlen teil?* Da er über den Parteien steht und sich aus der Politik heraushält, verzichtet das Staatsoberhaupt auf sein Wahlrecht.

1 Beschreiben Sie, auch mithilfe von M1, die Aufgaben des Großherzogs

2 Was ist der wichtigste Unterschied zwischen einer Republik und einer Monarchie?

3 Erklären Sie den Begriff der konstitutionellen Monarchie.

4 Erläutern Sie, wie die Verfassung die Rechte des Staatsoberhaupts beschränkt (M2). Welche Bedeutung hat der Eid, den der Großherzog ablegen muss (M3)? Warum findet die Eidesleistung vor der Abgeordnetenkammer statt?

5 Laut Artikel 4 der Verfassung ist die Person des Großherzogs unantastbar, d. h. er kann für seine Amtshandlungen strafrechtlich nicht belangt werden. Inwiefern wird diese Bestimmung durch Artikel 5 (M3) eingeschränkt?

6 Diskutieren Sie, ob im 21. Jahrhundert eine Monarchie noch zeitgemäß ist.

8.11 Medien und Verbände

M 1 Pressekonferenz im Staatsministerium

Politische Aufgaben der Medien

Der Ausdruck „vierte Gewalt" hebt die besondere Bedeutung der Massenmedien für die demokratische Gesellschaft hervor. Sie machen politische Entscheidungen durchschaubar, indem sie die Bürgerinnen und Bürger informieren und politische Zusammenhänge erklären. Und sie üben eine wichtige Funktion aus, indem sie Politiker kontrollieren, Machtmissbrauch, Ämterwillkür und Korruption aufdecken.
Um eine vielfältige Presselandschaft zu garantieren, unterstützt der Luxemburger Staat finanziell Zeitungen, ohne jedoch Einfluss auf Presseinhalte zu nehmen. Würde diese finanzielle Hilfe wegfallen, dann könnten einige Zeitungen nicht überleben.
Politikerinnen und Politiker versuchen vor allem in den Massenmedien, in Zeitungen, Radio, Fernsehen und in zunehmendem Maße auch im Internet präsent zu sein. Viele Medienkonsumenten interessiert an den Politikern mehr ihr Aussehen oder ihre Hobbys als ihre politischen Aussagen. Kritiker befürchten, dass Politik in den Massenmedien zur reinen Unterhaltung verkommt.

1. Welchen Behauptungen in M1 stimmen Sie zu? Begründen Sie.
2. Erklären Sie den Begriff „vierte Gewalt". Was ist damit gemeint?
3. Was ist Ihrer Meinung nach wichtig für einen erfolgreichen Auftritt eines Politikers in den Massenmedien? Unterscheiden Sie zwischen Fernsehen, Internet, Radio und Zeitung.
4. Diskutieren Sie folgende Aussage: „Gutes Aussehen ist für Politiker allemal wichtiger als ein kluger Kopf."

8.11 Médias et associations

Um bestimmte Ziele oder Interessen gegenüber einer Verwaltung oder gegenüber der Politik durchzusetzen, schließen sich Personen oder Gruppen zusammen. Diese sind umso stärker, je mehr Personen oder wirtschaftliches Gewicht sie repräsentieren.
Zu den Interessenverbänden gehören etwa Umweltorganisationen oder Sportverbände, aber auch Gewerkschaften und Arbeitgebervereinigungen. Alle Interessenverbände versuchen auch gegenüber Entscheidungsträgern im Parlament und in den Regierungen ihre Meinung vorzubringen. Das nennt man Lobbyarbeit. Dagegen entstehen Bürgerinitiativen meist zur Verfolgung eines konkreten Ziels, wie zum Beispiel den Bau einer Umgehungsstraße. Ist das Ziel erreicht, lösen sich diese Initiativen meist wieder auf.

M2 Ausgewählte Verbände und Bürgerinitiativen

Bürgerinitiative
(<> le comité d'action)
Zusammenschluss von Bürgern zur Durchsetzung eines bestimmten Ziels, in der Regel lokal organisiert, parteiunabhängig und zeitlich begrenzt.

M3 Lobbyisten

5 Um welche Art Interessenverbände handelt es sich in M2? Informieren Sie sich im Internet über deren Ziele und Interessen.
6 Beschreiben und erklären Sie die Karikatur M3.
7 Analysieren Sie M4. Was möchte die „Fondation Cancer" mit der Veröffentlichung ihrer Studie erreichen?
8 Diskutieren Sie: Was spricht für und was spricht gegen Interessenverbände?
9 Nennen Sie Bürgerinitiativen, die es in Luxemburg oder in Ihrer Umgebung gibt. Recherchieren Sie deren Ziele und Methoden.

M4 Der Tabakkonsum in Luxemburg

Die Bilanz ist ernüchternd. Laut „Fondation Cancer" ist die Zahl der Raucher in Luxemburg kaum zurückgegangen. Die Studie, die sich aufs Jahr 2010 bezieht, ... belegt, dass 24 Prozent der Bevölkerung in Luxemburg raucht. In den Jahren zuvor (2009 bis 2006) lag der Wert jeweils bei 25 Prozent.
Der Studie zufolge greifen mehr Männer (27 Prozent) zum Glimmstengel als Frauen (20 Prozent). Überdurchschnittlich viel geraucht wird bei 25- bis 34-Jährigen (30 Prozent) und bei den 18- bis 24-Jährigen (29 Prozent). Ein positiver Aspekt ist, dass die Mehrheit (54 Prozent) der Raucher mit dem Qualmen aufhören möchte. 17 Prozent möchten seltener zur Zigarette greifen. Den harten Kern bilden 28 Prozent der Rauchen. Für sie kommt das Aufhören nicht in Frage. Was das Passivrauchen betrifft, so geht aus der Studie hervor, dass 80 Prozent der Bevölkerung sich beim Einatmen von blauem Dunst belästigt fühlt. Sogar 58 Prozent der Raucher nervt der eigene Zigarettenqualm.

www.tageblatt.lu/wissen/gesundheit/story/14917254 vom 27. Mai 2011 (10.7.2012)

8.12 Das Wichtigste auf einen Blick

Staatsform Luxemburgs
- Parlamentarische Demokratie
- Konstitutionelle Monarchie

Das Staatsoberhaupt – der Großherzog
- vertritt das Land und dessen Bürger nach innen und nach außen
- setzt durch seine Unterschrift die Gesetze in Kraft
- hat in der Hauptsache repräsentative Aufgaben
- verfügt über bestimmte, traditionelle Vorrechte, z. B. Gnadenrecht

Legislative – die Abgeordnetenkammer
- 60 Abgeordnete; werden alle fünf Jahre gewählt
- Parlament beschließt Gesetze, kontrolliert die Arbeit der Regierung und die Ausgaben des Staates
- Abgeordnete (Deputierte, Parlamentarier) besitzen politische Immunität, entscheiden nur nach ihrem Gewissen; sie werden für ihre Tätigkeit bezahlt
- Sitzungen sind öffentlich

Exekutive – die Regierung
- besteht aus Premierminister (Regierungschef) und Ministern
- sorgt für die Ausführung der Gesetze
- muss das Vertrauen der Mehrheit der Abgeordneten haben
- Eine Koalitionsregierung wird von mehreren Parteien unterstützt, die eine Koalition gebildet haben

Judikative – die Gerichte
- prüfen, ob gegen ein Gesetz verstoßen wurde und bestrafen gegebenenfalls den Schuldigen
- entscheiden in Streitfällen
- Es gibt verschiedene Gerichte für verschiedene Zuständigkeitsbereiche
- Das Verfassungsgericht überprüft, ob Gesetze verfassungskonform sind

Parteien und Chamberwahlen
- Parteienpluralismus
- Luxemburger über 18 Jahre wählen alle fünf Jahre die Abgeordneten
- Wahlen sind allgemein, frei und obligatorisch
- Parteien erstellen Kandidatenlisten
- Wahlkampf ist Werbung für Politiker oder Parteien

Gesetzgebungsverfahren
- Initiative: Regierung oder Abgeordnetenkammer
- Gutachten erstellt u. a. der Staatsrat
- Diskussion und Abstimmung durch die Abgeordneten
- Unterschrift und Inkraftsetzung durch den Großherzog und die zuständigen Minister
- Veröffentlichung im Mémorial

8.12 En bref

Sachkompetenz (<> maîtriser des savoirs)

1 Erklären Sie folgende Begriffe: Staat, Demokratie und Verfassung.
2 Nennen Sie die wichtigsten Institutionen des Luxemburger Staates.
3 Beschreiben Sie den Ablauf der Chamberwahlen.
4 Fassen Sie zusammen, welche Grundprinzipien durch die Luxemburger Verfassung geregelt sind.
5 Warum werden die Medien als vierte Gewalt im Staat bezeichnet?
6 Welche Beteiligungsmöglichkeiten hat der Bürger in einer repräsentativen Demokratie?

Methodenkompetenz (<> utiliser des méthodes)

7 Analysieren Sie das Wahlplakat.
8 Führen Sie ein Interview mit einem Abgeordneten durch.
9 Erstellen Sie ein Schema zur Gewaltenteilung.

Urteils- und Handlungskompetenz (<> juger et agir)

10 Laut Eurobarometer (August 2011) vertrauen 77 Prozent der Befragten in Luxemburg der Regierung, 62 Prozent dem Parlament. Wie erklären Sie sich diesen Unterschied? Finden Sie sich in diesen Angaben wieder?
11 Sie kandidieren für das „Comité des élèves". Erstellen Sie ein Wahlprogramm und gestalten Sie ein Wahlplakat.
12 Verfassen Sie eine Petition und reichen Sie diese ein.
13 Interessenverbände – Störfaktor einer am Gemeinwohl ausgerichteten Politik oder notwendige Erweiterung politischer Teilhabe? Begründen Sie.

Karikaturen zum Thema Politik und Medien

9 Leben in einem Rechtsstaat

1 Der Code de la Route legt Regeln für den Straßenverkehr fest, z. B. Geschwindigkeitsbegrenzungen.

2 Das Gesetz verbietet das Rauchen in öffentlichen Gebäuden (z. B. Schulen) und an öffentlichen Orten (z. B. Restaurants, Cafés).

3 In Luxemburg gilt die Schulpflicht von 4 bis 16 Jahre. Sie umfasst 11 Jahre Unterricht.

4 Das Gesetz schützt Autoren und Künstler durch das Verbot, illegal Musik oder Filme aus dem Internet herunterzuladen.

5 Angestellte haben ein Anrecht auf Urlaub und Ruhezeiten, deshalb dürfen Geschäfte in der Regel nicht unbegrenzt geöffnet haben.

6 Gemeinden erheben jährlich eine Hundesteuer von mindestens 10 Euro. Auch gibt es Gesetze gegen Tierquälerei.

Vivre dans un État de droit

7 Das Anbringen von Graffiti auf privatem oder öffentlichem Eigentum gilt als Sachbeschädigung.
8 Es ist verboten, Abfälle auf den Boden zu werfen oder in der Natur zu entsorgen.
9 Das Gesetz regelt die Rechte und Pflichten des Mieters einer Wohnung.

Das Recht ist ein System von Regeln, die für alle gleichermaßen gelten. Dabei zählt der Grundsatz „Unkenntnis schützt vor Strafe nicht". Durch Gesetze soll das Zusammenleben so organisiert werden, dass keine Konflikte entstehen oder Streitigkeiten friedlich beigelegt werden. Gesetze und Bestimmungen werden vom Staat bzw. den Gemeinden festgelegt. Werden Verhaltensregeln nicht eingehalten, so hat nur der Staat das Recht, Sanktionen durchzusetzen. Dies bedeutet, dass die Justiz die Aufgabe hat, Gesetzesverstöße festzustellen und gegebenenfalls zu bestrafen.

1 Beschreiben Sie das große Foto. Was wird alles durch Gesetze und Reglements bestimmt? Suchen Sie noch andere Beispiele, wo der Staat oder die Gemeinden Regeln festlegen.

2 Überlegen Sie, wie eine Gesellschaft ohne Recht und Gesetz aussehen würde.

KOMPETENZEN AUF EINEN BLICK

Sachkompetenz (<> maîtriser des savoirs)
- Erklären, inwiefern Luxemburg ein Rechtsstaat ist
- Die einzelnen Bereiche des Rechts kennen und Fallbeispiele zuordnen
- Rechtsinstanzen kennen und Gerichtsorte benennen können
- Erläutern, wie sich die Rechtsstellung je nach Alter ändert
- Wichtige Grundsätze beim Abschluss eines Vertrags kennen

Methodenkompetenz (<> utiliser des méthodes)
- Einen Besuch beim Bezirksgericht planen und durchführen
- Ein Interview mit einem Experten führen, auswerten und die Ergebnisse präsentieren

Urteils- und Handlungskompetenz (<> juger et agir)
- Über die Notwendigkeit und Gerechtigkeit von Strafen diskutieren
- In der Lage sein, sich bei rechtlichen Fragen Informationen und gegebenenfalls Hilfe zu besorgen

9.1 Der Rechtsstaat

In einem Rechtsstaat unterliegt alles, was der Staat und seine Institutionen tun, den Regeln der Verfassung und den Gesetzen. Die Bürger sollen sich darauf verlassen können, dass ihre Rechte vom Staat geschützt werden. Der Gegensatz zum Rechtsstaat ist eine Diktatur.

M1 „So ist das im Rechtsstaat."

1 Es darf kein Gesetz gemacht werden, wonach Menschen mit blauen Augen weniger Steuern zahlen müssen als Menschen mit grauen.

2 Wenn der neue Bürgermeister feststellt, dass für Hunde in der Gemeinde nur 10 Euro Steuern erhoben werden, kann er nicht einfach von Bellos Herrchen 20 Euro verlangen. Erst muss der Gemeinderat darüber abstimmen.

3 Polizisten dürfen nicht einfach rumballern, sondern kriegen ein Verfahren an den Hals, wenn sie die Vorschriften verletzen.

4 Auf Verlangen des Direktors müssen Polizisten einen schulpflichtigen Schüler, der dauernd schwänzt, zu Hause abholen. Aber das tun sie nicht mit gezogener Pistole und sie legen ihm auch keine Handschellen an.

PZ, Nr.15. HG.: Bundeszentrale für politische Bildung. Bonn, S. 7 ff.

M2 Grundsätze des Rechtsstaats

A. Rechtsverbindlichkeit: Jeder Bürger, aber auch jede staatliche Einrichtung muss sich dem Recht unterordnen und die Gesetze beachten.

B. Rechtsgleichheit: Alle Menschen sind vor dem Gesetz gleich. Niemand darf bevorzugt oder benachteiligt werden.

C. Rechtssicherheit: Jeder Bürger muss sich auf die Gültigkeit des Rechts verlassen können und wissen, was erlaubt und verboten ist. Gesetze sollen möglichst klar und widerspruchslos formuliert sein. Jeder darf nur auf der Grundlage eines Gesetzes bestraft werden.

D. Gebot der Verhältnismäßigkeit: Bei der Rechtsprechung müssen die Lebensumstände des Einzelnen berücksichtigt werden, z. B. Einkommensverhältnisse bei der Festsetzung der Höhe von Geldstrafen. Ein leichtes Vergehen darf nicht so schwer bestraft werden wie ein schweres.

E. Rechtsweggarantie: Jeder Bürger, der sich in seinen Rechten verletzt sieht, kann sich an ein Gericht wenden.

F. Unabhängigkeit der Richter: Richter sind in ihren Entscheidungen nur an das Gesetz gebunden. Kein Politiker, keine Behörde darf ihnen Weisungen erteilen oder versuchen, Einfluss auf den Ausgang eines Prozesses zu nehmen.

G. Bindung der Gesetze an die Verfassung: Die Abgeordneten der Chamber machen die Gesetze, aber sie müssen sich dabei an die Verfassung halten. Sie können also z. B. nicht die Todesstrafe per Gesetz einführen. Das wäre nicht mit der Verfassung vereinbar.

9.1 L'État de droit

M 3 Aufgaben des Rechts

Der Rechtsstaat sichert den inneren Frieden

- Rechtsstreitigkeiten werden – wenn nötig – durch Gerichte geregelt.
- Die Anwendung von Gewalt ist außer in Notwehrsituationen nur staatlichen Stellen (z. B. der Polizei) erlaubt (Gewaltmonopol des Staates).

Der Rechtsstaat regelt das Miteinander seiner Bürger

Gesetzgeber und Gerichte müssen auf bestehende und sich verändernde gesellschaftliche Rahmenbedingungen reagieren, z. B.:

- Das Arbeitsgesetz sichert die Rechte von Arbeitnehmern und Arbeitgebern;
- Bildungsgesetze sorgen für Chancengleichheit.

Der Rechtsstaat schützt seine Bürger

- Gesetzgeber, Exekutive und Rechtsprechung sind zur Einhaltung der Menschenwürde verpflichtet.
- Die Freiheit eines Bürgers hat dort ihre Grenzen, wo die Freiheit eines anderen eingeschränkt wird, z. B. das Recht auf freie Meinungsäußerung wird durch den Anspruch auf persönliche Unversehrtheit eingeschränkt. Beleidigungen, Mobbing oder üble Nachrede sind somit strafbar.
- Solange man als Angeklagter nicht rechtskräftig verurteilt ist, gilt die Unschuldsvermutung. (<> la présomption d'innocence).

Darf die Polizei …

- … Gewalt anwenden? Nur zur Selbstverteidigung und zum Schutz dritter Personen.
- … das Vorweisen der Identitätskarte verlangen? Es reicht, seinen Namen, sein Alter und seinen Wohnort zu nennen.
- … Alkohol- und Drogenkontrollen durchführen? Auf Anweisung der Staatsanwaltschaft, auf Verdacht oder Hinweis durch Dritte, bei Verkehrsunfällen mit Verletzten.
- … in eine Wohnung eindringen? Nur mit Durchsuchungsbefehl oder wenn ein Täter auf frischer Tat ertappt wird.

1 Erläutern Sie, was die Beispiele in M1 Ihrer Meinung nach mit Recht im Staat zu tun haben.

2 Ordnen Sie die Beispiele in M1 den Grundsätzen des Rechtsstaates (M2) zu.

3 Erklären Sie die Zeichnung aus M3.

4 „Das staatliche Gewaltmonopol verhindert die Herrschaft des Stärkeren." Erklären Sie diese Aussage in eigenen Worten.

5 Schreiben Sie einen Lexikonartikel zum Thema „Unrechtsstaat". Nennen Sie Beispiele.

9.2 Die Bereiche des Rechts

Das Recht lässt sich in zwei große Bereiche einteilen: das Privatrecht und das öffentliche Recht.

Im **Privatrecht** geht es unter anderem um Streitfragen zwischen Personen. Privatpersonen sind vor Gericht gleichberechtigt. Ein unabhängiges Gericht entscheidet, wer wem Schaden zugefügt hat und wer welchen Schadensersatz leisten muss. Anzeige wird nicht vom Staat, sondern von privater Seite erstattet.

Das **öffentliche Recht** regelt das Verhältnis zwischen Bürger und Staat. Es geht dabei um den Ausgleich zwischen den Interessen des Einzelnen und dem Interesse der Gemeinschaft (Gemeinwohl).

Man unterscheidet verschiedene Rechtsfälle, welche jeweils einer anderen Prozedur unterliegen. Die Fälle sind oft kompliziert und können unter mehrere Rechtsbereiche fallen. Wenn zum Beispiel jemand eine Geschwindigkeitsübertretung begeht und dabei jemanden verletzt, so wird er strafrechtlich verfolgt. Will der Verletzte jedoch Schadensersatz, so kann er den Raser auch auf materiellen und/oder moralischen Schadensersatz verklagen.

M1 Verschiedene Rechtsfälle

Strafrecht	Straftaten	z.B. Verstoß gegen die Straßenverkehrsordnung, üble Nachrede, Tierquälerei, Diebstahl, Mord
Zivilrecht	Streitfälle zwischen Privatpersonen	z.B. unbezahlte Rechnungen, Schadensersatzfragen, Streit um Besitzfragen bei Scheidungen, Mietstreitigkeiten, Erbschaftsfälle
Handelsrecht	Streitfälle zwischen Händlern sowie zwischen Kunden und Händlern	z.B. Vertragsbruch, unlauterer Wettbewerb, Konkurs
Arbeits- und Sozialrecht	Arbeitsverhältnisse, Sozialversicherungen	z.B. Kündigungen, Urlaubsanspruch, Diskriminierung, Recht auf Sozialhilfe
Verwaltungsrecht	Klagen von Einzelbürgern gegen den Staat	z.B. Anspruch auf eine Baugenehmigung
Verfassungsrecht	Widersprüche zwischen Gesetzen und Verfassung	z.B. Wahrung der Grundrechte

M2 Je nach Schwere des Falls, spricht man im Strafrecht von …

- Übertretungen (<> la contravention): leichte Verstöße gegen die Verkehrsordnung, Ruhestörung usw. Das Polizeigericht kann grundsätzlich Geldbußen bis 250 Euro verhängen.
- Vergehen (<> le délit): Diebstahl, Betrug, Tierquälerei, schwere Vergehen gegen den Code de la Route, Körperverletzung usw. Die Strafkammer beim Bezirksgericht kann grundsätzlich Haftstrafen bis zu fünf Jahren und Geldbußen ab 251 Euro verhängen.
- Verbrechen (<> le crime): Totschlag, Mord, Raub, Brandstiftung usw. Die Kriminalkammer des Bezirksgerichts kann grundsätzlich Haftstrafen von über fünf Jahren aussprechen. Seit Abschaffung der Todesstrafe im Jahre 1979 liegt die Höchststrafe bei lebenslanger Haft.

9.2 Les branches du droit

M 3 Justiz im Alltag

WEIN

Durstiger Mann überfällt Supermarkt

MARTELANGE/RAMBROUCH – Am Donnerstagnachmittag kam es in Martelange-Rambrouch zu einem Überfall auf einen Weinfachhandel in einem Supermarkt. Der Räuber entwendete mehrere Weinflaschen und flüchtete.

Tageblatt.lu vom 19. April 2012 (10.05.2012)

La police a verbalisé 122 excès de vitesse en juin

LUXEMBOURG – La police grand-ducale a procédé à 327 contrôles routiers au mois de juin et dressé une contravention à 248 automobilistes. Les fonctionnaires ... ont distribué aux automobilistes un dépliant rappelant le nouveau barème du permis à points.

L'essentiel online vom 26. Juni 2015 (28.02.2016)

Faillite Imprimerie Faber: « 75 salariés sur le carreau »

MERSCH – La grande majorité des 75 salariés, licenciés de fait suite à la faillite, ont assisté à une réunion d'information de l'OGBL quant aux formalités à remplir pour toutes les indemnités.

wort.lu vom 3. November 2015 (05.02.2016)

Lëtzebuerg

Zwei Unfälle, jeweils Alkohol im Spiel

Ein Autofahrer war ins Schleudern geraten und überschlug sich mit seinem Fahrzeug

(jw) – In der Nacht zum Samstag ist bei zwei Unfällen in der Region Mersch eine Person verletzt worden. Laut Polizeibericht war jeweils zuviel Alkohol im Spiel. Der erste Unfall ereignete sich gegen 3.45 Uhr auf der A7 bei Colmar-Berg auf Höhe der Wildbrücke.

wort.lu vom 4. März 2012 (10.05.2012)

Auseinandersetzung inmitten der Avenue de la Gare

Zwei Schwerverletzte bei Messerangriff

Viel Blut ist am Dienstagabend bei einem Messerangriff in der hauptstädtischen Avenue de la Gare geflossen. Zwei Personen mussten notoperiert werden. Eine dritte erlitt leichtere Schnittwunden.

Kurz nach 18.30 Uhr war es vor einer Gaststätte im mittleren Teil der Avenue de la Gare zu einer Auseinandersetzung zwischen mehreren Personen gekommen. Einer der Beteiligten zog laut Polizei ein Messer und stach wild um sich. Zwei Opfer erlitten derart schwere Schnittverletzungen, dass sie notoperiert werden mussten. Beide sind inzwischen außer Lebensgefahr. Ein dritter Mann erlitt leichte Verletzungen.

Die Umstände der blutigen Auseinandersetzung sind noch nicht geklärt. Gefahndet wird vorliegenden Informationen zufolge nach einem dunkelhäutigen Mann, der nach dem Streit die Flucht ergriffen hatte und entkommen konnte. Die Kriminalpolizei ermittelt. ...

Luxemburger Wort vom 4. Februar 2016

1 Um wessen Interessen geht es beim Privatrecht? Inwiefern unterscheidet es sich vom öffentlichen Recht?

2 Nennen Sie jeweils Beispiele aus den Bereichen des öffentlichen Rechts und des Privatrechts.

3 Entscheiden Sie, zu welchem Rechtsbereich die dargestellten Fälle gehören (M3). Diskutieren Sie, wie ein Gericht vermutlich diese Fälle entscheiden würde. Wenn Sie einen Gerichtsbesuch planen, dann können Sie auch den Richter nach seiner Einschätzung fragen.

4 Suchen Sie weitere Zeitungsmeldungen und ordnen Sie diese den Rechtsfällen zu.

9.3 Die Rechtsprechung

M 1 Die Cité judiciaire in Luxemburg-Stadt

Ein Ladendieb soll vor Gericht gebracht werden. Ein Vertragsbrecher soll Schadensersatz zahlen. Ein Bürger klagt eine höhere Rente ein. Welches Gericht ist jeweils zuständig, und wo befindet es sich? Rechtsprechung heißt, dass Gerichte Urteile nach geltendem Recht sprechen. Sie verhängen Strafen, entscheiden in Streitfällen. Wenn jemand mit dem Urteil nicht einverstanden ist, kann er dagegen vorgehen. Das nennt man in Berufung gehen; man spricht von einem Berufungsprozess (<> le procès d'appel). Dies geschieht in der nächsten Instanz der Gerichtshierarchie.
Neben den nationalen Gerichten sind in speziellen Fällen europäische Gerichte zuständig z. B. der Europäische Gerichtshof für Menschenrechte in Straßburg (bei Verstößen gegen die Menschenrechte) oder der Europäische Gerichtshof in Luxemburg (bei Verstößen gegen EU-Recht).

M 2 Dort wird Recht gesprochen

Man kann sich nicht aussuchen, wo man vor Gericht kommt. Generell gilt:

- Bei privaten Streitfällen ist der Wohnort des Beklagten ausschlaggebend,
- in Strafprozessen ist der Ort der Tat ausschlaggebend.

Die Friedensgerichte
Sie befinden sich auf der untersten Ebene der Gerichtshierarchie. Sie sind für Angelegenheiten von geringerer Bedeutung zuständig.

Die Bezirksgerichte
Sie sind für alle anderen Straf- und Zivilprozesse zuständig. Im Rahmen von Berufungsverfahren bestimmen sie über Angelegenheiten, die von den Friedensgerichten entschieden wurden.

M 3 Welches Gericht ist zuständig?

a) Julie S. wurde fristlos die Wohnung auf dem Limpertsberg gekündigt. Einen Grund hat ihr die Vermieterin nicht genannt.
b) Jean P. wurde beim Einbruch in Düdelingen auf frischer Tat ertappt.
c) Christophe wurde mit 65 km / h in Mersch erwischt.
d) Herr Martin ist mit seinem Steuerbescheid nicht einverstanden.
e) Herr und Frau Schmit lassen sich scheiden. Ihr letzter Wohnort war Diekirch.
f) Zwei Nachbarn streiten sich in Echternach um den Grenzverlauf ihrer Grundstücke.
g) José wurde wegen einer schweren Verfehlung (<> faute grave) entlassen. Er ist nicht einverstanden. Sein Arbeitsplatz befand sich in Hesperingen.
h) Marie ist mit dem Urteil des Polizeigerichts Esch / Alzette nicht einverstanden.

9.3 Les juridictions

M 4 Verschiedene Gerichte in Luxemburg

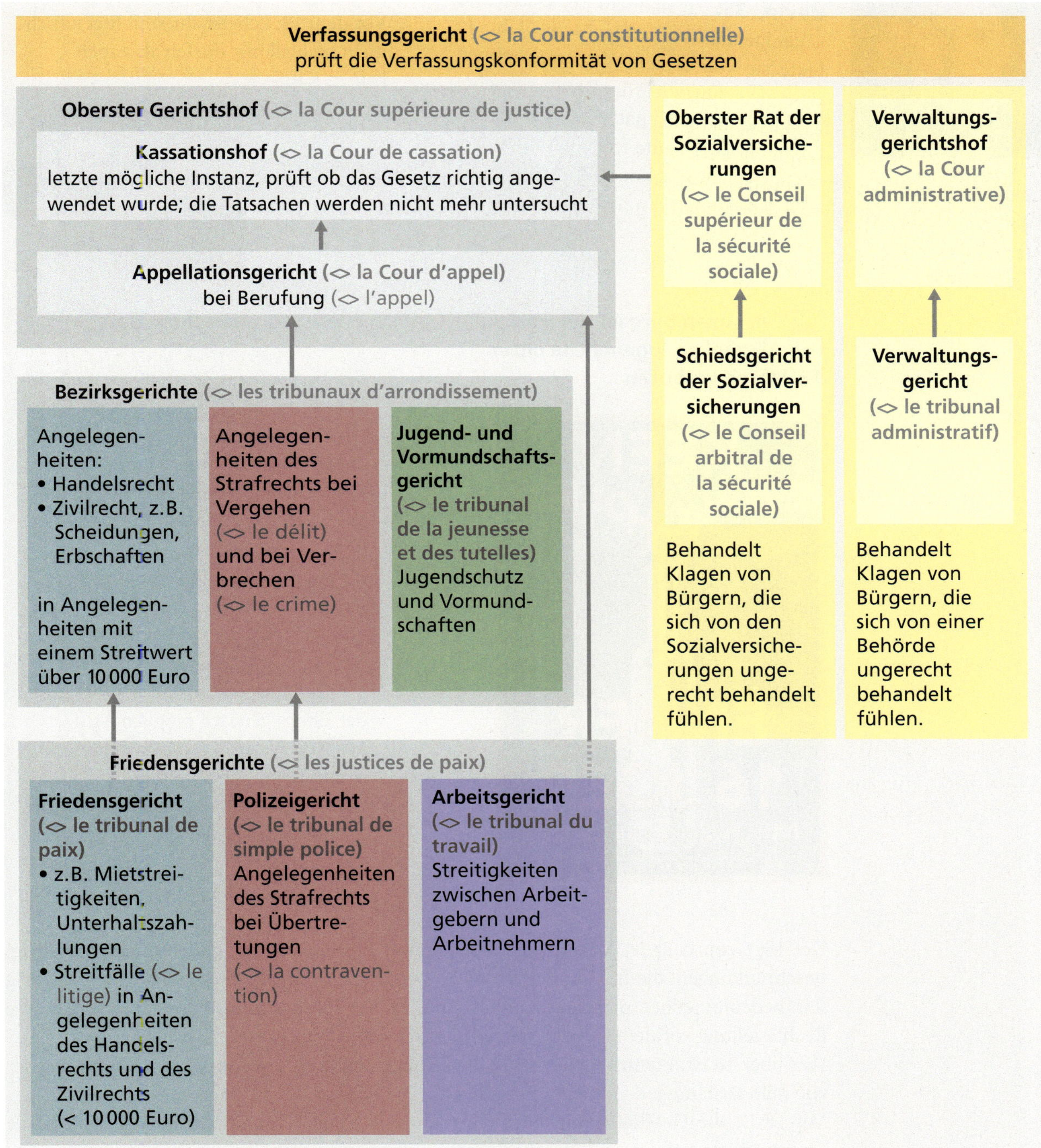

1 Fassen Sie die Rolle der Gerichte zusammen.

2 Was ist der Unterschied zwischen dem Friedensgericht und dem Bezirksgericht?

3 Wie erklären Sie sich, dass in Berufungsprozessen ein anderes Urteil zustande kommen kann?

9.4 Endlich 18!

M 1

Kevin, 35: Zu meinem 18. Geburtstag schenkte mir mein Opa seine Uhr. Er hatte sie von seinem Vater bekommen, als er großjährig wurde. Da war er schon 21. Lieber hätte ich natürlich ein Auto bekommen, aber heute freue ich mich über sein Geschenk. Der 18. Geburtstag war schon toll. Anstoßen mit der Famile, danach Party mit Freunden. Endlich fühlte ich mich frei und erwachsen.

M 2 Autokauf erst mit 18

Vor dem 18. Lebensjahr sind Jugendliche nicht rechtsfähig, dürfen also auch keinen Kaufvertrag für ein Auto unterschreiben.

M 3 In Luxemburg ist der Verkauf von Alkohol an Jugendliche unter 16 Jahren verboten

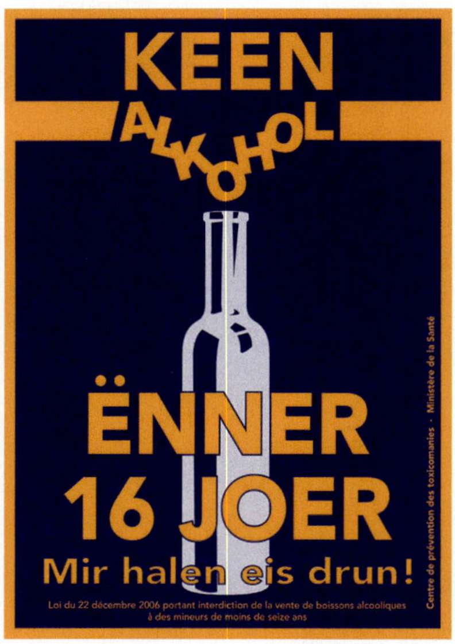

M 4 Wussten Sie schon, dass …

- der Verkauf von Zigaretten an Jugendliche unter 16 Jahren verboten ist?
- ein Gesetz in Ausarbeitung ist, das Piercen und Tätowieren unter 18 nur mit Erlaubnis der Eltern ermöglicht?
- es erst ab 16 erlaubt ist, in Gaststätten oder Discos zu gehen? Unter 16 ist dies nur in Begleitung eines Erziehungsberechtigen möglich.
- von zu Hause auszuziehen und alleine oder mit Freunden zu wohnen bei Minderjährigen nur mit Einwilligung der Eltern generell möglich ist? Den Mietvertag müssen die Erziehungsberechtigten unterschreiben.
- Eltern für die Schäden haften, die ihre Kinder verursachen? Denn die Eltern sind an die vom Gesetz vorgegebene Aufsichtspflicht gebunden.

Der 18. Geburtstag ist für alle Jugendliche etwas Besonderes: Sie sind endlich großjährig! Beschränkungen, die für Minderjährige (<> le mineur) gelten, fallen nun weg. Großjährig sein bedeutet jedoch nicht nur, endlich Auto fahren zu dürfen, sondern auch eine andere Rechtsstellung vor dem Gesetz: Man wird strafmündig (<> la responsabilité pénale).
Wer über 18 ist, kommt nicht mehr vor das Jugendgericht, sondern wird als Erwachsener von dem zuständigen Gericht verurteilt.
Mit 18 ist die Geschäftsfähigkeit nicht mehr beschränkt. Man kann nicht nur normale Kaufgeschäfte tätigen, sondern auch Verträge unterschreiben.
Die Rechtsfähigkeit bedeutet die Übernahme von Rechten und Pflichten. Diese beginnt bei der Geburt, wenn der Mensch den Schutz der Grundrechte genießt. Kinder können auch schon Eigentum erben, allerdings üben die Eltern die Rechte der Kinder in deren Interessen aus.

9.4 Enfin majeur!

M5 Rechtsstellung nach Altersstufen

4 Jahre	Beginn der Schulpflicht
10 Jahre	Man darf mit dem Fahrrad auf der Straße fahren.
12 Jahre	Mit der Erlaubnis der Eltern darf man ein Konto eröffnen.
15 Jahre	Jugendliche dürfen eine Lehre beginnen, einen Ferienjob annehmen.
16 Jahre	Nach 11 Jahren Unterricht, Ende der Schulpflicht. Man darf den Führerschein der Klassen A1 und A3 machen, der Besuch von Gaststätten ist nun ohne Begleitung berechtigter Personen erlaubt.
17 Jahre	Fahrerlaubnis (Conduite accompagnée)
18 Jahre	Volljährigkeit, Führerschein, Schadensersatzpflicht, volle Geschäftsfähigkeit, Strafmündigkeit, Ehemündigkeit, aktives und passives Wahlrecht

M6 Was kann schon groß passieren?

- Bruno (16) wird zum wiederholten Male beim Verkaufen von Marihuana erwischt. Mit dem Erlös finanziert er sich seinen Eigenkonsum, denn Bruno nimmt schon seit drei Jahren nebst Alkohol regelmäßig Drogen ein. Der Jugendrichter ordnet eine Drogentherapie an und verhängt 40 Sozialstunden, die er in einem Altersheim ableisten kann. Falls Bruno wieder auffällig werden sollte oder er dem Urteil nicht nachkommt, kann eine Erziehungsmaßnahme, z. B. die Einweisung in ein Erziehungsheim, erfolgen.
- Mike (17) und Jenny (14) sind seit Kurzem ein Paar. Mike lebt seit zwei Jahren bei seiner Großmutter und ist mehrmals mit dem Gesetz in Konflikt geraten. Wegen Ladendiebstahl, Sachbeschädigung und Schlägereien stand er schon zweimal vor Gericht. Durch den Einfluss des neuen Freundes macht Jenny regelmäßig blau. An einem dieser Tage werden die beiden beim Einbruch erwischt. Da Mike polizeibekannt ist und seine Großmutter schon länger mit der Erziehung überfordert ist, entscheidet der Richter, dass Mike von nun an in ein Erziehungsheim kommt. Da Jenny noch nie straffällig wurde und eigentlich aus einer stabilen Familie stammt, wird sie vom Jugendrichter verwarnt, denn die Eltern haben sie seit dem Vorfall unter Hausarrest gestellt; seitdem besucht sie auch die Schule wieder regelmäßig.

1 Beurteilen Sie mithilfe der Übersicht (M5) folgende Fälle:
a) Frank, 17 Jahre, interessiert sich für die Arbeit des Gemeinderats. Darf er sich wählen lassen?
b) Andy, 15 Jahre, kauft ein Fahrrad für 1000 Euro. Mit dem Händler vereinbart er eine Ratenzahlung (80 Euro pro Monat).
c) Lena, 13 Jahre, nimmt in den Sommerferien einen Job als Bedienung in einem Café an.
d) Marc, 5 Jahre, verkauft Guido ohne das Wissen seiner Eltern für zwei Euro seine neue Spielekonsole.
e) Michel, 16 Jahre, Schatzmeister des FC Rammeldang, hat den Erlös der Geldtombola im Kasino verspielt.

2 Erklären Sie folgende Begriffe in eigenen Worten: Rechtsfähigkeit, Geschäftsfähigkeit, Strafmündigkeit.

3 Warum werden im Recht verschiedene Altersstufen unterschieden?

4 Diskutieren Sie, ob die Justiz strenger gegen straffällige Jugendliche vorgehen soll (M6).

5 Bilden Sie zwei Gruppen und führen Sie eine Diskussion durch. Die erste Gruppe argumentiert für die Großjährigkeit mit 16, die andere Gruppe will die Großjährigkeit auf 21 heraufsetzen.

9.5 Das Gerichtsverfahren
Le procès

Der Ablauf eines Gerichtsprozesses

Ein Gerichtsverfahren läuft nach streng festgelegten Regeln ab, die für jeden gleich sind. In einem Strafprozess werden Menschen vom Staat angeklagt, weil sie gegen Gesetze verstoßen haben. Im Fall eines Vergehens oder Verbrechens (z. B. Diebstahl, Drogendelikt, Körperverletzung) ordnet die Staatsanwaltschaft eine Untersuchung an. Der Untersuchungsrichter (<> le juge d'instruction) sammelt Beweise für die Schuld bzw. die Unschuld eines Beschuldigten. Falls Fluchtgefahr besteht, kann der Untersuchungsrichter Untersuchungshaft (<> la détention préventive) anordnen. Reichen die Beweise aus, wird Anklage erhoben und es kommt zum Gerichtsprozess.

Der Prozess findet normalerweise in einer öffentlichen Sitzung statt. Der Staatsanwalt vertritt die Anklage. Der Angeklagte wird von einem Rechtsanwalt verteidigt. Dieser versucht die Unschuld seines Mandanten zu beweisen oder mildernde Umstände geltend zu machen. Nach Anhörung des Angeklagten, der Zeugen und Experten folgen die Plädoyers der Verteidigung, gegebenenfalls des Anwalts des Geschädigten (Zivilpartei) und zum Schluss des Staatsanwaltes. Die Richter ziehen sich zurück, beraten sich und verkünden das Urteil. Sie legen die Strafe und eventuell die Entschädigung fest, die an die Zivilpartei zu zahlen ist. Bis zur Urteilsverkündung gilt jeder Angeklagte als unschuldig. Bestehen Zweifel an der Schuld des Angeklagten, so muss er freigesprochen werden.

Casier judiciaire
Verurteilungen werden in das Strafregister eingeschrieben. Ein Auszug daraus (<> **l'extrait du casier judiciaire**) muss bei bestimmten Gelegenheiten (z. B. Arbeitssuche, Führerscheinantrag) vorgelegt werden.

M 1 Wie teuer sind Gerichtsprozesse?

Beispiel: J. M. war im Sommer 2015 an einer Schlägerei beteiligt, bei der er einem anderen zwei Zähne ausgeschlagen hat. J. M. ist geständig. Folgende Kosten könnten auf ihn zukommen:

Gerichtskosten:	200 Euro
Anwaltskosten:	1 500 Euro
Geldstrafe:	1 000 Euro
Schadensersatz:	3 000 Euro
Expertisen (Gutachten):	1 000 Euro
Gesamtkosten:	**6 700 Euro**

M 2 Gerichtssaal

1 3 Juges/3 Richter
2 Greffier/Gerichtsschreiber
3 Avocat de l'accusé/Anwalt des Angeklagten
4 Avocat de la partie civile/Anwalt des Nebenklägers
5 Témoins/Zeugen
6 Procureur d'État/Staatsanwalt
7 Accusé/Angeklagter

METHODE Expertenbefragung

▸ **DARUM GEHT ES**

Das Expertengespräch ist eine direkte und oft einprägsame Art der Informationsgewinnung.

▸ **SO LÄUFT ES AB**

1. Vorbereitung
- Legen Sie fest, wen Sie befragen wollen (Richter, Staatsanwalt, Anwalt).
- Stellen Sie fest, welche Rolle der Experte in einem Gerichtsprozess spielt.
- Sammeln Sie Fragen, zu denen Sie diesen Experten befragen wollen.

2. Planung und Durchführung
- Informieren Sie sich, wer sich für die Expertenbefragung eignen könnte. Nehmen Sie Kontakt zu dieser Person auf, erläutern Sie Ihr Anliegen und vereinbaren Sie, falls möglich, einen Termin und einen Ort für die Befragung.
- Legen Sie fest, wer die Gesprächsleitung hat und welche Fragen in welcher Reihenfolge gestellt werden. Überlegen Sie sich, wie Sie die Antworten festhalten wollen (z. B. schriftliche Notizen, Tonaufzeichnungsgerät).
- Führen Sie die Befragung durch.

3. Auswertung und Präsentation der Ergebnisse
- Werten Sie die Befragung aus und stellen Sie die Ergebnisse in einer Präsentation dar (z. B. Steckbrief, Erstellen eines „Fachwörterbuchs“).

Gerichtsgebäude in Diekirch

M 3 Beispiele zur Vorbereitung einer Expertenbefragung

Notizen zur Vorbereitung

1. Im Telefonbuch bzw. im Internet Adressen suchen und herausfinden, wer alles beim Bezirksgericht tätig ist.
2. Tageszeitungen durchsehen und Artikel zu aktuellen Gerichtsprozessen sammeln.
3. Brainstorming zum Thema „Richten und Strafen“: Gerichtssendungen, Unterschiede zwischen Luxemburger und amerikanischen Gerichten usw.

Der Experte kann helfen, wichtige juristische Begriffe zu erklären. Erkundigen Sie sich nach:

Assistance judiciaire
Service d'accueil et d'information juridique
Casier judiciaire
Appel
Sursis
…

1 Suchen Sie Erklärungen zu folgenden Begriffen: der Richter, der Untersuchungsrichter, die Staatsanwaltschaft, die Untersuchungshaft, die Verteidigung, die Unschuldsvermutung. Wie lautet jeweils die französische Bezeichnung?

2 Stellen Sie mithilfe von M2 fest, wer alles an einem Gerichtsprozess beteiligt ist. Wer hat welche Rolle im Gerichtssaal?

3 Stellen Sie den Ablauf eines Gerichtsverfahrens in einem Pfeilschema dar.

4 Vermuten Sie, warum Gerichtsprozesse in der Regel öffentlich sein müssen.

5 Erklären Sie, warum jeder Angeklagte als unschuldig gilt, bis seine Schuld vom Gericht festgestellt wird.

9.6 Jugendkriminalität

M 1

Karikatur: G. Mester

Karikatur: Plaßmann

Karikatur: Plaßmann

M 2 Jugendkriminalität nach Art der Straftaten.

Als Jugendliche werden in der Analyse Täter, die jünger als 25 Jahre sind (< 25), bezeichnet. 2014 wurden also 106 Einbrüche von Tätern bis 24 Jahre verübt, das entspricht 37,6 % aller Einbrüche.

Groupes de catégories (avec tentatives)	**2010 auteurs < 25 (%)**	**2012 auteurs < 25 (%)**	**2014 auteurs < 25 (%)**
vols avec violence	116 (64,1)	125 (49,8)	143 (52,2)
cambriolages	140 (59,3)	73 (32,4)	106 (37,6)
vols liés aux véhicules	97 (56,4)	54 (40,9)	70 (51,9)
autres vols	851 (44,4)	831 (38,6)	883 (38,7)
affaires de vandalisme	599 (49,0)	552 (38,4)	505 (34,3)
violences envers les personnes	1242 (32,0)	1543 (27,3)	1573 (24,4)
atteintes aux mœurs	67 (25,9)	74 (24,4)	104 (30,2)
affaires de stupéfiants	1850 (52,7)	1898 (52,3)	2491 (45,7)
divers	262 (54,1)	157 (37,1)	174 (40,2)
Total:	**5224 (44,0)**	**5307 (37,4)**	**6049 (35,4)**

Rapport d'activité 2014 de la Police grand-ducale (www.police.public.lu (28.2.2016)

9.6 La délinquance juvénile

Erziehung kommt vor Bestrafung

Wer eine schwerwiegende Verfehlung begangen hat, muss sich dafür verantworten – das gilt für Jugendliche nicht anders als für Erwachsene. Das Gesetz sieht für minderjährige Täter ein besonderes Verfahren vor, in dem der Erziehungsgedanke Vorrang hat und die Bestrafung des Schuldigen nur eine Nebenrolle spielt. Grundlage in Luxemburg ist das Jugendschutzgesetz von 1992.

M 3 Jugendschutzgesetz in Luxemburg

Schutzmaßnahmen
- Unterbringung bei einer Pflegefamilie (<> le placement)
- Unterbringung in einem Centre socio-éducatif (z.B. Dreiborn für Jungen, Schrassig für Mädchen) oder einer therapeutischen Institution (<> la mesure de garde)
- Verhängen spezieller Auflagen, z.B. Drogenberatung, Anti-Agressions-Training, Drogentherapie

Verwarnung (<> la réprimande)

Sozialstunden (<> les œuvres philantropiques), z.B. 40 bis 120 Stunden in einem Altersheim

Fahrverbot (bei Verkehrsdelikten)

Freiheitsentzug
Der Jugendrichter hat auch die Möglichkeit, den Fall dem Bezirksgericht zu übergeben. Dort wird der Minderjährige dann wie ein Erwachsener behandelt und kann auch zu einer Gefängnisstrafe verurteilt werden.

Besonderheiten
Die Sitzungen des Jugendgerichts (<> le tribunal de la jeunesse) sind nicht öffentlich.
Die vom Jugendgericht verhängten Maßnahmen kommen nicht ins Strafregister.

1 Erfahrung mit Kriminalität: Erzählen Sie, ob – und in welcher Form – Sie Erfahrungen mit Kriminalität gemacht haben. Wer ist bereits Zeuge von Straftaten geworden, wer Opfer?

2 Warum werden Jugendliche kriminell? Werten Sie die Karikaturen in M1 aus und nehmen Sie Stellung zu den Aussagen der Karikaturen.

3 Erklären Sie mithilfe von M2 das Ausmaß der Jugendkriminalität in Luxemburg.

4 Warum gibt es ein besonderes Jugendschutzgesetz, das auch auf jugendliche Straftäter anwendbar ist?

5 Bei der Bestrafung von jugendlichen Straftätern hat das Jugendgericht verschiedene Sanktionsmöglichkeiten. Zählen Sie diese auf. Welche grundsätzliche Zielsetzung soll jeweils mit dieser Sanktion verfolgt werden? Beurteilen Sie die mögliche Wirkung dieser Sanktion.

9.7 Gerechte Strafen?

Strafen – Monopol des Staates

Strafen dienen der Abschreckung und der Wiedergutmachung, aber sie sollen vor allem die Sanktionierung eines Fehlverhaltens sein. Gab es in Europa noch lange Körperstrafen und bis ins 20. Jahrhundert die Todesstrafe, so stehen heute dem Staat Freiheits- und Geldstrafen als Maßnahmen zur Verfügung. In weniger schweren Fällen oder bei Ersttätern besteht die Möglichkeit, die Strafe zur Bewährung (<> le sursis) auszusetzen.

In vielen außereuropäischen Ländern gibt es heute noch die Todesstrafe. Amnesty International schätzt, dass jedes Jahr noch mehrere Tausend Todesurteile vollstreckt werden; so wurden 2015 in den USA 28 und in China Tausende Menschen hingerichtet. In Luxemburg wurden die letzten Todesurteile 1948 vollstreckt. Die Todesstrafe wurde in Luxemburg 1979 abgeschafft. Das Strafgesetzbuch sieht heute Freiheits- und Geldstrafen vor. Gefängnisstrafen müssen Verurteilte im geschlossenen Vollzug im Centre Pénitentiaire in Schrassig absitzen. Um die Resozialisierung (Rückkehr in die Freiheit) vorzubereiten, können sie auch in den offenen Vollzug nach Givenich kommen. Hier besteht beispielsweise die Möglichkeit, tagsüber einer normalen beruflichen Tätigkeit nachzugehen. Dies wird auch durch die 2011 eingeführte elektronische Fußfessel ermöglicht.

M1 Strafen: ① elektrischer Stuhl in den USA ② Gefängnis in Schrassig ③ öffentliche Zurschaustellung von Verurteilten in China ④ Häftlinge in einem US-Gefängnis ⑤ öffentliche Auspeitschung in Indonesien

9.7 Des sanctions justes?

M2 Meinungen zum Thema „gerechte Strafen"

Meinung 1

Danièle O., 43, Opfer eines Raubüberfalls, bei dem sie mehrere Knochenbrüche und ein Schädel-Hirn-Trauma davongetragen hat:
„Der Mann, der mir das angetan hat, ist zu einer Freiheitsstrafe von dreieinhalb Jahren verurteilt worden. Das kann ich einfach nicht verstehen. Wenn der wieder rauskommt, vielleicht wird der ja auch noch vorzeitig entlassen, kann der einfach so normal weiterleben. Ich werde nie normal weiterleben können. Ich finde, man sollte den Täter viel länger einsperren. Stattdessen kann der sogar eine Berufsausbildung im Gefängnis machen."

Meinung 2

Pierre K., 41, Sozialarbeiter:
„Wir können ehemaligen Straftätern nur dann einen problemlosen Übergang in die Freiheit gewährleisten, wenn sie die Chance haben, ohne Straftaten weiterzuleben. Das bedeutet konkret: Sie müssen einen Job finden, sie müssen möglichst von ihrem alten Umfeld getrennt werden und sie müssen selbstständig leben können. Das geht nur, wenn wir ihnen dabei helfen. Die Strafe für seine Tat hat der Täter schließlich verbüßt."

Meinung 3

Kim P., 20, verurteilt wegen mehrfacher schwerer Körperverletzung zu 4 Jahren Haft:
„In der ersten Zeit im Gefängnis war es sehr schwer. Ich habe mich nie daran gewöhnt, eingesperrt zu sein. Man darf ja nichts machen, wann man will, und allein ist man auch nie. Man hat kein Handy mehr und meine Post wird kontrolliert. Richtige Kumpels hatte ich keine im Knast, da interessiert sich jeder nur für sich selbst. Jeder, der sagt, im Gefängnis sei es wie im Urlaub, den lade ich gerne mal ein, eine Zeit im Knast zu verbringen. Wenn abends die Türen zugehen ist es vorbei mit Urlaub!"

1 Warum gibt es in einem Rechtsstaat Strafen? Wer darf Strafen verhängen?

2 Die meisten Staaten der Welt haben die Todesstrafe abgeschafft oder wenden sie nicht mehr an. In 22 Ländern wird sie aber immer noch vollstreckt. Sammeln Sie Pro- und Kontra-Argumente zur Todesstrafe.

3 Erklären Sie, warum das Opfer aus M2 mit der Bestrafung des Täters nicht zufrieden ist.

4 Welche Bedeutung hat die Vorbereitung eines Strafgefangenen auf seine Zeit in der Freiheit?

5 Diskutieren Sie folgende Themen:
- Resozialisierung der Straftäter ist ein wichtiges Anliegen im heutigen Rechtsstaat.
- Gefängnis ist wie Urlaub.
- Es gibt keine gerechten Strafen.

9.8 Verträge regeln und verpflichten

M 1 Vertragsformen

Täglich schließen wir Verträge ab, beim Brotkauf in der Bäckerei oder mit einem Klick im Internet beim Musikdownload. Verträge (<> le contrat) sind Vereinbarungen, die zwischen Menschen, Unternehmen, Organisationen und Institutionen geschlossen werden. Die Vertragsparteien verpflichten sich, etwas zu verkaufen, zu verleihen, zu vermieten oder auch andere Dinge zu tun, wie z. B. zu heiraten, Versicherungen abzuschließen oder eine Wohnung zu mieten.

Verträge können sowohl mündlich (z. B. Zustimmung durch Händedruck, Kopfnicken) als auch schriftlich abgeschlossen werden. Im Streitfall ist es aber fast unmöglich, mündliche Verträge vor Gericht zu beweisen. Das Gesetz sieht deshalb vor, dass Immobilienverträge (Kauf, Schenkungen, Teilung) zusätzlich von einem Notar aufgesetzt werden. Im Vertrag wird festgelegt, welche Rechte und Pflichten die Vertragsparteien haben, z. B. Lieferfristen, Kaufpreis usw. Die Vertragsbedingungen stehen in den Allgemeinen Geschäftsbedingungen (AGB), dem sogenannten Kleingedruckten.

Notar (<> **le notaire**)
Er stellt notarielle Urkunden aus, z.B. beim Verkauf einer Immobilie oder bei Unternehmensgründungen. Er setzt Eheverträge und Testamente auf.

M 2 Ein Vertrag ist …

ungültig, wenn …	gültig bei …
• die Zustimmung durch Irrtum, Betrug, Gewalt oder Übervorteilung zustande gekommen ist.	• freiwilliger Zustimmung der Vertragspartner.
• er durch Minderjährige und entmündigte Großjährige geschlossen wurde.	• Handlungsfähigkeit der Vertragspartner.
• er mit der öffentlichen Ordnung oder dem Gesetz in Widerspruch steht, z. B. ist der Verkauf von Drogen oder menschlichen Organen verboten.	• Rechtmäßigkeit des Gegenstandes.
• der Zweck des Vertrags nicht im Einklang mit dem Gesetz ist, z. B. ein Mietvertrag, der zum Zweck hat, gestohlene Güter aufzubewahren.	• Rechtmäßigkeit des Zweckes.
Die Ungültigkeit eines Vertrages muss durch ein Gericht festgestellt werden.	

9.8 Les contrats

M3 Kleines Lexikon

Vollmacht (<> la procuration): Sie ermächtigt den Bevollmächtigten, für eine Person (Mandant) in seinem Namen eine juristische Handlung durchzuführen, wenn er selbst nicht anwesend sein kann.

Vorvertrag (<> le compromis): Er hält die vereinbarten Verkaufsbedingungen zwischen den Vertragsparteien fest, z.B. bei einem Immobilienkauf. Er ist bindend, bis die notarielle Urkunde unterzeichnet ist.

Bürgschaft (<> le cautionnement): Der Bürge verpflichtet sich gegenüber dem Gläubiger, für verschiedene Schulden einzustehen, falls der Schuldner seinen Verpflichtungen nicht nachkommt.

Darlehen (<> le crédit): Der Geber verpflichtet sich zur Zahlung eines bestimmten Geldbetrags und der Nehmer zur Rückzahlung des Betrags zuzüglich der vereinbarten Zinsen und Kosten des Darlehens.

M4

" So what happens if we can't meet our monthly mortgage repayments?"

M5 Verständnis-Check

Gültiger Vertrag: ja oder nein?	JA	NEIN
1. Nathalie richtet eine Geburtstagsparty für ihren Freund aus und bestellt telefonisch einen Schokoladenkuchen in der Bäckerei für 15 Personen.		
2. Pol hat ein kostenloses Probeexemplar der Computerzeitschrift INFOCOM bestellt. Unaufgefordert schickt ihm der Betriebsversand monatlich die Zeitschrift und stellt sie ihm in Rechnung.		
3. Mike bestellt in einer Bar ein Bier. Er soll dafür 500 Euro bezahlen, nachdem er es getrunken hat.		
4. Tom schließt einen Handyvertrag ab. In den AGB steht, dass der Verkäufer den Vertrag einseitig abändern kann.		
5. Tim ist 17. Während seine Eltern auf einer zweimonatigen Kreuzfahrt sind, vermietet er einen Teil der Elternwohnung an einen Freund für 150 Euro im Monat.		

1 Welche beiden Vertragsarten gibt es?
2 Welche Rolle spielt der Notar bei Verträgen?
3 Erläutern Sie anhand von M2, worauf man bei Verträgen achten muss.
4 Handelt es sich bei den Beispielen aus M5 um gültige Verträge? Begründen Sie Ihre Antwort.
5 Expertenbefragung: Laden Sie einen Vertreter einer Verbraucherschutzorganisation ein und befragen Sie ihn zum Thema Verträge.

9.9 Verträge abschließen

Verträge sollten nicht leichtfertig eingegangen und vorher immer genauestens auf ihren Inhalt geprüft werden. Mögliche Folgen wie Überschuldung durch zu hohe Ratenzahlungen sind vor Vertragsunterzeichnung zu berücksichtigen.

M 1 Ralph und der Wunsch nach einem schnellen Auto!

Der 18-jährige Ralph, Elektrikerlehrling, ist eben erst zu Hause ausgezogen und wohnt zur Miete. Er verfügt nur über wenige Ersparnisse, möchte sich aber ein Auto kaufen. Er entscheidet sich für einen Wagen vom Gebrauchtwagenhändler, obwohl er da nur ein Jahr Garantie hat. Ihm stellt sich die Frage, wie er das Auto finanzieren soll: auf Kredit bei einer Bank? Wenn die Eltern als Bürgen unterschreiben, könnte er sich sogar ein größeres Auto kaufen. Oder soll er sich das Geld von der Freundin und seinen Eltern leihen? Vielleicht könnte Ralph sogar einen Vorschuss beim Arbeitgeber beantragen?

M 2 Wichtige Fragen vor Vertragsunterzeichnung

1. *Brauche ich das jetzt wirklich?*
2. *Wie hoch sind meine Einnahmen und meine Ausgaben im Monat?*
3. *Habe ich Ersparnisse?*
4. *Reicht nach der Zahlung der Raten mein Geld noch für Miete, Strom, Wasser, für Lebensmittel und Kleidung?*
5. *Habe ich schon Schulden?*
6. *Wie lange läuft der Vertrag?*
7. *Was kostet das Produkt bei der Konkurrenz?*
8. *Habe ich zu Hause in Ruhe den Vertrag geprüft? Ist alles klar, auch das Kleingedruckte? Habe ich nachgefragt und verstanden, was da steht?*

M 3 Rücktrittsrecht

Bei unfairen Vertragsklauseln: Wenn z. B. die gesetzlich festgelegte Garantielaufzeit von zwei Jahren beschränkt wird oder wenn ein Vertragspartner den Vertrag einseitig kündigt oder ändert.

Bei Internetkäufen oder Teleshopping: Bei Fernkäufen hat man ein Rücktrittsrecht, das gesetzlich festgelegt ist. Die Ware darf getestet, nicht jedoch genutzt werden. Ausgenommen vom Rückgaberecht sind z. B. verderbliche Waren, individuell nach Wunsch gefertigte Artikel, CDs, DVDs, Software, deren Siegel geöffnet wurde, Zeitschriften.

1 Beraten Sie Ralph mithilfe der Materialien M1 und M2.

2 Drucken Sie sich die Vorlagen eines Miet- und Kaufvertrages aus (z. B. auf www.ulc.lu). Untersuchen Sie den Mustervertrag auf Zahlungsbedingungen, Lieferbedingungen/festgelegte Laufzeit, Beschaffenheit der Ware/Wohnung …

9.9 Conclure des contrats

M 4 Pflichten der Vertragsparteien

Kaufvertrag (<> le contrat de vente)	
Der Verkäufer (<> le vendeur) muss:	**Der Käufer (<> l'acquéreur) muss:**
• die Ware rechtzeitig und mängelfrei übergeben. • einen angemessenen Kaufpreis festlegen. • für versteckte Mängel aufkommen, die beim Verkauf nicht entdeckt werden konnten und schon bestanden haben, als der Vertrag abgeschlossen wurde (Preisminderung, Ersatzlieferung, Schadensersatz, Aufhebung des Vertrages – unter der Voraussetzung, dass ein Mangel arglistig verschwiegen wurde oder eine zugesicherte Eigenschaft fehlt).	• die Ware annehmen und den Kaufpreis bezahlen. • den Gegenstand ordnungsgemäß verwenden bei Garantieanspruch. • auftretende Mängel sofort melden bei Garantieanspruch.
Mietvertrag (<> le contrat de bail)	
Der Vermieter (<> le bailleur)	**Der Mieter (<> le locataire)**
muss: • die Wohnung in einem ordnungsgemäßen und gebrauchsfähigen Zustand übergeben. • Mängel beseitigen. • den Mieter über eventuelle Störungen oder Beeinträchtigungen informieren, z.B. bei Baumaßnahmen. **kann:** • dem Mieter kündigen, wenn er beweist, dass er den Gegenstand für sich selbst oder einen nahen Verwandten benötigt (6 Monate Kündigungsfrist); wenn der Mieter nicht zahlt oder wenn umfangreiche Umbauarbeiten anstehen. **darf:** • nur alle zwei Jahre die Miete erhöhen. Ein Mietvertrag wird automatisch verlängert, wenn keine der beiden Parteien ihn kündigt.	**muss:** • regelmäßig die Miete (<> le loyer) und ggf. die anfallenden Mietnebenkosten (<> les charges) zahlen. Das Gesetz sieht Höchstgrenzen für Mieten vor. • den Vermieter über auftretende Mängel unterrichten. • Handwerkern zur Mängelbeseitigung oder interessierten Nachmietern Zugang zur Wohnung ermöglichen. • kleinere Mietreparaturen, die durch Abnutzung (<> l'usure normale) entstanden sind, übernehmen. • am Ende des Vertrags den Gegenstand im gleichen Zustand zurückgeben. Der Mieter ist haftbar für eventuelle Schäden. Deshalb ist es ratsam, immer eine Bestandsaufnahme (<> l'état des lieux) bei Wohnungseinzug zu machen. • die Wohnung nur zu dem Zweck nutzen, der abgemacht worden war (z.B. dürfen Wohnräume nicht als Geschäftsräume genutzt werden). • die Kündigungsfrist von drei Monaten bei unbefristeten Verträgen einhalten.

3 Recht oder Unrecht? Entscheiden Sie anhand von M4 über folgende Situationen:

a) Tom hat seit fünf Jahren eine Wohnung gemietet. Letztes Jahr hat der Vermieter die Miete erhöht. Jetzt teilt er Tom schriftlich mit, dass es erneut zu einer Mieterhöhung kommen wird.

b) Jeanne hat sich selbstständig gemacht und richtet in ihrer gemieteten Wohnung nun ein Nagelstudio ein. Daraufhin kündigt ihr der Vermieter.

c) Rodrigo studiert an einer Hochschule und hat ein Appartement für ein Jahr gemietet. Nächstes Jahr möchte er ein Auslandssemester machen. Er informiert den Vermieter mündlich über seinen Auszug zum Jahresende.

9.10 Wer hilft mir, wenn ...?

Beratungsstellen

Jeder kann in eine Lage geraten, in der er Hilfe braucht. Deshalb gibt es staatliche Beratungsstellen, die allen Bürgern kostenlos zur Verfügung stehen. Daneben gibt es noch eine Vielfalt privater und gemeinnütziger Organisationen, die in bestimmten Notsituationen helfen können.

Jedem Bürger steht darüber hinaus eine Rechtsberatung (<> le service d'accueil et d'information juridique) zu. Hier wird man über seine Rechte und über die Möglichkeiten informiert, wie man zu seinem Recht kommen kann. Rechtsberatungsstellen befinden sich in Luxemburg, Diekirch und Esch-sur-Alzette.

Wer seine Rechte vor Gericht durchsetzen will, sich aber keinen Anwalt leisten kann, hat ein Anrecht auf einen kostenlosen Rechtsbeistand (<> l'assistance judiciaire). In diesem Fall übernimmt der Staat die Anwaltskosten.

Ombudsmann

Ist jemand nicht einverstanden mit einer Entscheidung, die eine öffentliche Verwaltung (Ministerium, Gemeindeverwaltung) oder eine öffentlich-rechtliche Anstalt (z. B. Krankenkasse) getroffen hat, kann er sich an den Ombudsmann wenden.

Der Ombudsmann vertritt den Bürger. Das heißt, er spielt die Rolle des Vermittlers zwischen dem Bürger und den Behörden. Er berät den Bürger und versucht, den Streit zu schlichten. Dies tut er, indem er sich die unterschiedlichen Standpunkte anhört und dann der Behörde Empfehlungen mitteilt, um zu einer Lösung zu kommen.

M 1 Fallbeispiele

	Anlaufstelle
José hat eine seltene Krankheit. Die benötigten Medikamente sind teuer und werden nicht von der Krankenkasse erstattet.	
Der Motor von Carinas Auto muss ein Jahr nach dem Kauf ersetzt werden. Der Autohändler will die Reparatur nicht auf Garantie durchführen, sondern verlangt, dass sie die Hälfte der Kosten bezahlt.	
Mélissa arbeitet als Verkäuferin in einem Supermarkt. Als sie sich weigert, schwere Kisten zu schleppen, wird sie von ihrem Arbeitgeber fristlos entlassen.	
Ralph und Marc bekommen beide RMG. Sie haben sich im Frühjahr auf Kredit ein neues Auto gekauft und kürzlich noch einen 3-D-Fernseher im Internet bestellt. Die monatlichen Raten für das Auto können sie nicht mehr bezahlen.	
Herr Muller hat seine Frau verlassen. Beide streiten nun um das Sorgerecht für die drei Kinder. Sie wollen den Konflikt am liebsten ohne Anwälte beilegen.	
Guido und Carola haben eine Garage bauen lassen. Der Bauunternehmer hat die Arbeiten zur Hälfte abgeschlossen und kommt nun nicht mehr.	
Der 15-jährige Jeff wird in der Schule mit Haschisch erwischt. Der Jugendrichter befasst sich mit seinem Fall und Jeffs Eltern sind in großer Sorge.	
Die Urlaubsreise, die Laura und Henri im August machten, war ein Reinfall, da das Hotel noch im Rohbau war, als das Liebespaar dort ankam.	
Véronique wird von ihrem Chef gemobbt.	
Marie erfährt von einem Fall sexuellen Missbrauchs in ihrem Freundeskreis.	

9.10 J'ai besoin d'aide …

M2 Kostenlose Beratungsmöglichkeiten

Polizei
Die Polizei untersucht nicht nur Verbrechen und Vergehen, sondern bemüht sich auch, Opfer nicht allein ihrem Schicksal zu überlassen. Wenden kann man sich z. B. an den Service d'Aide aux victimes beim Parquet Général.

Service de psychologie et d'orientation scolaire (SePAS)
In jeder Schule steht der SePAS den Schülern und ihren Eltern gratis zur Verfügung, nicht nur bei schulischen Problemen.

Informations- und Beratungsservice bei Überschuldung
Dieser Dienst der Ligue médico-sociale fungiert in erster Linie als Ansprechpartner, aber auch als ein Beratungs- und Hilfsdienst für verschuldete oder überschuldete Familien.

Andere Anlaufstellen von privaten Organisationen:
- Drogenhilfe
- Femmes en détresse
- Jugendtelefon

Einen kompletten Überblick über das soziale Netzwerk in Luxemburg sowie weitere Hilfsangebote finden Sie unter: www.resolux.lu

Mediation
(↔ la médiation)
ist ein freiwilliger, vertraulicher Prozess, in dem die Konfliktparteien, unterstützt von einem ausgebildeten und unparteilichen Mediator (Vermittler), über ihren Konflikt und dessen Hintergründe und Folgen sprechen. Mediatoren sind in verschiedenen Bereichen tätig: Familie, Strafrecht, Wirtschaft, Schule, Nachbarschaft, Jugend, usw.

M3 Rechts- und Verbraucherschutz

Juristische Beratung der Gewerkschaften
Gewerkschaften bieten in der Regel kostenlosen Rechtsschutz durch ihre Anwälte in allen arbeitsrechtlichen und sozialrechtlichen Streitfällen.

Rechtsschutzversicherung
Bei einer privaten Versicherung kann man eine Rechtsschutzversicherung abschließen, die bei Streitigkeiten einen Teil der Anwalts- und Gerichtskosten übernehmen kann.

Verbraucherschutz
Private Organisationen setzen sich für die Interessen der Konsumenten ein, beraten ihre Mitglieder bei Streitigkeiten.

1 Lesen Sie die Fallbeispiele (M1) durch und überlegen Sie sich, wo die Betroffenen Hilfe und Beratung erhalten könnten.

2 Warum bietet der Staat den Bürgern kostenlose Rechtsberatung an?

3 Was unterscheidet z. B. eine Rechtsschutzversicherung von der Rechtsberatung bei Gericht?

4 Erklären Sie in eigenen Worten den Begriff Mediation. Was unterscheidet die Mediation von einem Gerichtsprozess?

9.11 Das Wichtigste auf einen Blick

Der Rechtsstaat
- Alle staatlichen Institutionen unterstehen dem Gesetz
- Er schützt die Rechte der Bürger, sichert den inneren Frieden, regelt das Miteinander der Bürger
- Prinzipien: Verbindlichkeit, Gleichheit, Sicherheit, Verhältnismäßigkeit, Rechtswegegarantie, Unabhängigkeit der Richter, Bindung der Gesetze an die Verfassung

3 x Recht
- **Privatrecht:** regelt die rechtlichen Beziehungen von Personen und Unternehmen untereinander, beispielsweise im Vertragsrecht
- **Öffentliches Recht:** regelt das Verhältnis des Bürgers zum Staat und der staatlichen Institutionen untereinander, beispielsweise im Steuerrecht
- **Strafrecht:** bestimmt die Höhe der Strafen, bei Übertretungen, Delikten und Verbrechen

Verträge
- Vertragsformen: schriftlich, mündlich
- Gültigkeit: abhängig unter anderem von der Handlungsfähigkeit der Vertragspartner und der Rechtmäßigkeit des Vertrags
- Wichtige Vertragsarten: Kaufvertrag, Mietvertrag, Arbeitsvertrag

Rechtsprechung
- Gerichte fällen Urteile nach geltendem Recht
- Hierarchischer Aufbau der Gerichtsinstanzen (vom Friedensgericht zum Obersten Gerichtshof)
- Es besteht die Möglichkeit, in Berufung zu gehen

Gerichtsverfahren
- Es läuft nach festen Regeln ab
- Beim Strafverfahren: Die Staatsanwaltschaft ordnet Untersuchung an und vertritt die Anklage; der Untersuchungsrichter sammelt Beweise; der Rechtsanwalt verteidigt den Angeklagten; die Richter führen den Prozess und fällen Urteile

Strafe
- Abhängig von Alter, Umständen, Schwere des Vergehens
- Zweck: Abschreckung, Sanktionierung eines Fehlverhaltens
- Strafarten in Luxemburg: Freiheitsstrafen, Geldstrafen, Sozialstunden, Verwarnung
- Straffällige Jugendliche: Erziehen vor Bestrafen

Kompetenzcheck: Ist das rechtsstaatlich?	JA	NEIN
1. Alle Menschen sind vor dem Gesetz gleich.		
2. Die Bürgerinnen und Bürger können vor Gericht gegen staatliche Entscheidungen klagen.		
3. Männer haben mehr Rechte als Frauen.		
4. Der Premierminister darf Richtern Weisungen erteilen.		
5. Die Verwaltung hält sich an die Gesetze.		
6. Der Großherzog muss sich nicht an alle Gesetze halten.		
7. Wer mehr Steuern zahlt, der hat auch mehr Rechte.		
8. Das Parlament entscheidet über die Gesetzgebung.		

9.11 En bref

Sachkompetenz (**⇔ maîtriser des savoirs**)

1 Zählen Sie die Merkmale eines Rechtsstaates auf.

2 Was ist der Unterschied zwischen Zivil- und Strafrecht? Nennen Sie Beispiele.

3 Was ändert sich rechtlich mit der Vollendung des 18. Lebensjahres?

4 Unter welchen Bedingungen ist ein Vertrag gültig?

5 Fassen Sie die Aufgaben des Rechtsanwalts, des Richters und des Staatsanwalts zusammen.

Methodenkompetenz (**⇔ utiliser des méthodes**)

6 Führen Sie ein Interview mit einem Polizisten über dessen Aufgaben durch.

7 Befragen Sie den Vertreter einer Menschenrechtsorganisation zur Lage der Menschen- und Bürgerrechte in Europa / in der Welt.

Urteils- und Handlungskompetenz (**⇔ juger et agir**)

8 Rechtsvorschriften sichern Freiheit und schränken sie gleichzeitig ein. Erklären Sie den Widerspruch.

9 „Vor dem Gesetz sind alle gleich." Warum steht die besondere Gerichtsbarkeit für Jugendliche dazu nicht im Widerspruch?

10 Was verstehen Sie unter einer gerechten Strafe? Erläutern Sie Ihren Standpunkt. Versetzen Sie sich dabei auch in die Lage des Straftäters.

11 Diskutieren Sie die Ziele des Strafvollzugs.

12 Bestrafungen für ein und dasselbe Vergehen fallen je nach Land ganz unterschiedlich aus. Welche möglichen Erklärungen gibt es dafür?

10 Medien

Les médias

Wann immer Informationen, Bilder, Sprache oder Musik zwischen Menschen übermittelt werden, braucht man Medien. Während die Menschen früher einander Briefe schrieben, Zeitung lasen oder Radio hörten, kommunizieren sie heute in zunehmendem Maße über Mobiltelefon und Internet. Der Computer bündelt all diese Medien. In Beruf und Freizeit sind die Menschen online. Medien treten häufig an die Stelle des direkten Kontakts und bestimmen zu einem großen Teil unser Leben.
Die historische Entwicklung der Medien, ihre Chancen und Gefahren sind Thema dieses Kapitels.

1 Informieren Sie sich in einem Lexikon über den Begriff Medien. Erklären Sie seine Bedeutung.
2 Beschreiben Sie die Abbildung. Vergleichen Sie mit Ihren eigenen Erfahrungen.

KOMPETENZEN AUF EINEN BLICK

Sachkompetenz
(<> maîtriser des savoirs)
- Zwischen alten und neuen Medien unterscheiden
- Die Aufgaben von Medien benennen
- Möglichkeiten und Gefahren verschiedener Medien kennen
- Nachvollziehen, wie Nachrichten gemacht werden

Methodenkompetenz
(<> utiliser des méthodes)
- Den Wahrheitsgehalt von Bildern analysieren
- Eine Zukunftswerkstatt zum Thema Medien abhalten

Urteils- und Handlungskompetenz
(<> juger et agir)
- Medien, ihre Chancen und Gefahren kritisch beurteilen
- Den eigenen Medienkonsum reflektieren
- Das Zusammenspiel zwischen Personen des öffentlichen Lebens und Medien kritisch beobachten

10.1 Alte und neue Medien

Medien sind Mittel, mit deren Hilfe Informationen in Form von Schrift, Bild oder Ton verbreitet werden. Im Laufe der Jahrhunderte haben sich die Möglichkeiten der Informationsübermittlung enorm entwickelt. Seit der Verwendung der beweglichen Drucklettern in Europa im 15. Jahrhundert wurden Printmedien, das heißt Bücher und Flugblätter, später auch Zeitungen, erstmals so preiswert, dass sich immer mehr Menschen informieren und bilden konnten. Es entstanden Massenmedien, die große Teile der Bevölkerung erreichten. Diese Entwicklung hat die Wissensvermittlung und die Welt revolutioniert.
Mit dem Aufkommen neuer Medien, wie Internet und mobile Kommunikationsmittel, verlieren die Printmedien und das Fernsehen an Bedeutung. Wir erleben zurzeit eine zweite Medienrevolution. Zwar benutzen wir noch Sprache und Schrift, Bilder oder Töne, wir greifen aber zunehmend auf digitale Medien zurück. Auf diese Weise können wir immer schneller immer mehr Informationen übermitteln.

M 1 Neue Generationen des Webs

Das Web 2.0 ist ein Schlagwort für das weltweite Internet, das Interaktion und Austausch zwischen Usern (engl.: Nutzern) ermöglicht. Hierbei konsumiert der Nutzer nicht nur Inhalte, er stellt selbst Inhalte zur Verfügung. Es umfasst Webseiten, die von Nutzern selbst erstellt und umgearbeitet werden können, Podcasts, Blogs und soziale Netzwerke.

M 2 Medienzeittafel

10.1 Les médias hier et aujourd'hui

M3 Alte und neue Massenmedien

„Alte" Massenmedien:

Der Mediennutzer ist Empfänger der Informationen der Massenmedien. Die Kommunikation durch Medien gleicht einer Einbahnstraße.

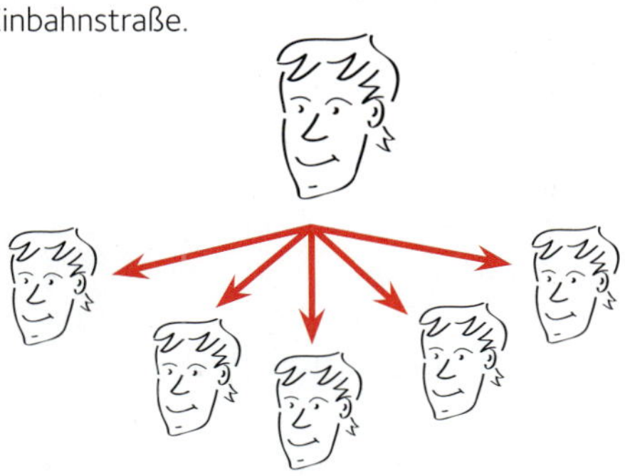

„one to many"

Neue Medien:

Der Mediennutzer ist nicht nur Empfänger, sondern kann auch selbst Informationen verbreiten.
Die Kommunikation ist nun in viele Richtungen möglich.

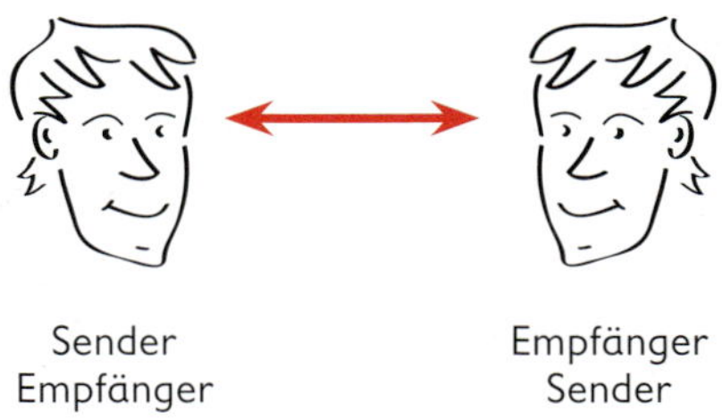

„many to many"

1. Erläutern Sie die Begriffe alte und neue Medien.
2. Notieren Sie für jede der Erfindungen in M2, welchen Einfluss diese auf die Menge und die Geschwindigkeit der übermittelten Information hatte. Nehmen Sie dabei gegebenenfalls Lexika oder das Internet zu Hilfe.
3. Nennen Sie Medien, bei denen Sie nur Informationen konsumieren, und solche, bei denen Sie selber Informationen übermitteln.
4. Wie stellen Sie sich die Zukunft der Medien vor? Entwickeln Sie dazu in einer Zukunftswerkstatt Ideen und Vorschläge.

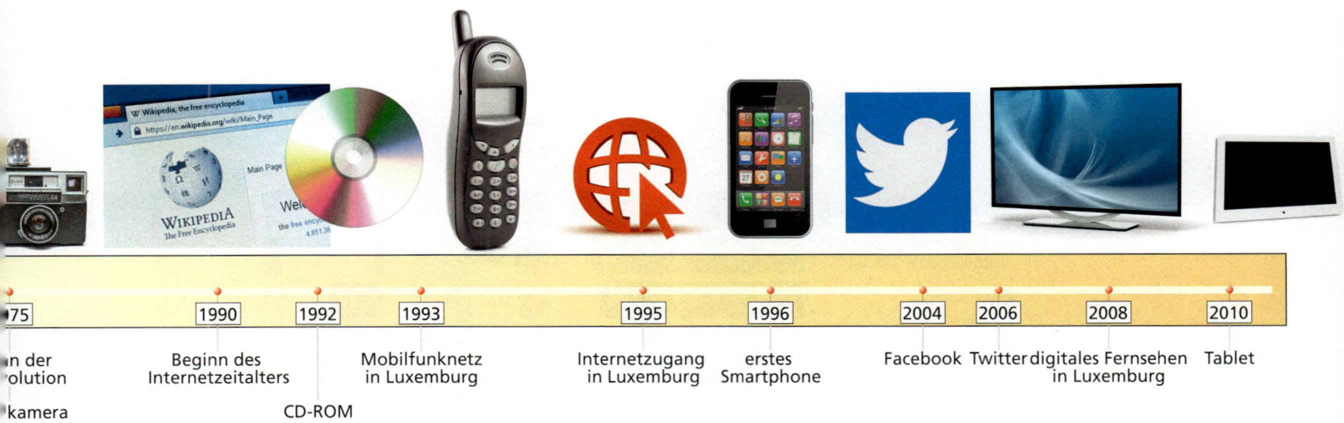

10.2 Medien im Alltag

Die meisten von uns benutzen tagtäglich die unterschiedlichsten Medien, um sich zu informieren, zu kommunizieren und zur Unterhaltung. Kannte der um 1950 geborene Durchschnittsluxemburger nur gedruckte Tageszeitungen, Radio und Festnetztelefon, so gehört heute eine Vielzahl von Medien (Computer, Smartphone, Tablet usw.) zum Alltag. Personen, die mit dem Internet aufgewachsen sind, bezeichnet man auch als Digital Natives (dt.: digitale Eingeborene).

M 1 Wie nutze ich Medien?

Tragen Sie in folgender Tabelle ein, welche der genannten Medien Sie täglich nutzen. Geben Sie auch die Minuten an.

	selten	nie	täglich	Minuten
Tageszeitungen				
Gratiszeitungen				
Online-Zeitungen				
Suchmaschinen (z.B. Google)				
Mobiltelefon/Smartphone				
Computer mit Internet				
Tablet-PC				
Fernsehen				
Radio				
MP3-Player				
E-Book				
Computerspiele				
Onlinespiele				
Soziale Netzwerke				

M 2 Anwendungen (Apps) für Mobiltelefon und Tablet-PC

M 3

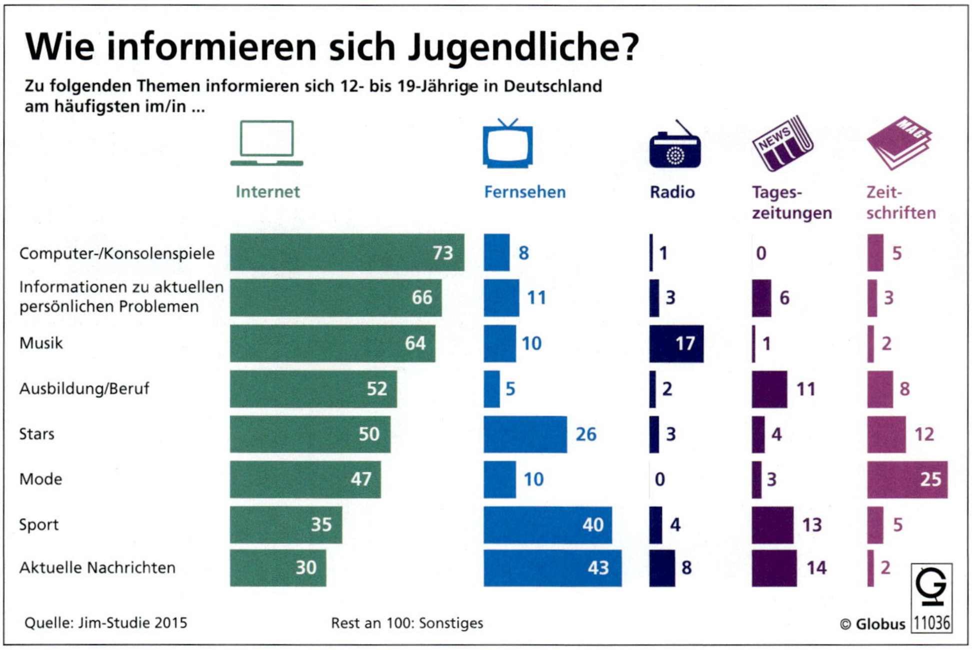

10.2 Les médias au quotidien

M4 Gratiszeitungen in Luxemburg. In Luxemburg lesen 29 Prozent der über 15-Jährigen täglich eine Gratiszeitung, gedruckt oder online.

L' essentiel

motokaiser

Prélever les frais de parking n'est pas légal

Le Bayern renverse la Juve en 8es

Luxembourg

Économie

People

Météo

5.99

BASIC FIT

M5 Tablet oder Buch? Manche Fachleute sagen, dass das Buch in seiner gedruckten Form im Verschwinden begriffen ist.

M6 Computer- und Internetnutzung in Luxemburg, 2015

Ménages disposant d'un ordinateur	95 % (2005: 74,5 %)
Ménages avec accès à Internet	97 % (2005: 65 %)
Fréquence d'utilisation d'un ordinateur tous les jours	83 % (2005: 74,1 %)
Accès à Internet par smartphone	75 % (2005: non disponible)

STATEC/Eurostat

M7 Fernsehen und Internet. In Luxemburg verbringen 16- bis 30-Jährige täglich 158 Minuten vor dem Fernseher und 103 Minuten im Internet.

M8 Planet der Freundschaft

Als der kleine Louis auf Facebook zur Welt kam, war seit Tagen schon alles vorbereitet für das Ereignis: Der Vater hatte den Sohn im Netzwerk angemeldet, ein Online-Profil erstellt, die Personalien eingetragen. Nur das Geburtsdatum fehlte noch.

Bald darauf nahm die Mutter in einer Hamburger Gebärklinik ihren Neugeborenen in den Arm. Es war ein kühler, nebliger Herbsttag des Jahres 2010. Der Vater füllte feierlich das Datumsfeld aus.

Noch rasch ein Foto dazu und der nunmehr jüngste Netzbürger begann sein Dasein auf dem Planeten Facebook. Die Eltern, beide Studenten, wollten ihren Jungen von Anfang an dabeihaben im sozialen Netzwerk, im Kreis der Freunde, der Familie. Alle sollten Anteil nehmen können an seinem Leben, dem ersten Weihnachtsfest, dem ersten Tag in der Kita, dem lustigen Faschingsfoto, Louis im Piratenkostüm. „Die Oma schreibt immer fleißig Kommentare", sagt die Mutter. „Auch zwei Tanten lesen mit."

Louis ist jetzt anderthalb Jahre alt und seine Chronik bei Facebook füllt sich stetig. Der Kleine wächst auf als Teil eines Netzwerks, das bereits 901 Millionen Nutzer umfasst. Er ist „on" seit dem ersten Tag seines Lebens. Wird er sich einmal vorstellen können, wie die Menschen früher zurechtkamen, ohne Facebook?

M. Dworschak, M. Rosenbach, H. Schmundt: Planet der Freundschaft, in: Der Spiegel 19/2012, S. 125

1 Welche Medien bevorzugen Sie in folgenden Fällen? Sie wollen wissen, was in der Welt passiert – sich mit Freunden verabreden – eine Reise buchen – ein Referat vorbereiten – sich entspannen.

2 Erklären Sie den Begriff „Digital Native". Zählen Sie sich selbst dazu?

3 Stellen Sie sich vor, Sie wachen auf und alle Medien (Internet, Rundfunk, Printmedien) sind ausgefallen. Wie sieht Ihr Tag aus?

4 Würden Sie die Nutzung von Smartphone und Tablet bei Kindern beschränken? Diskutieren Sie.

10.3 Chancen und Risiken im Netz

Die Möglichkeiten des Internet haben dazu geführt, dass es innerhalb weniger Jahre zum Leitmedium wurde. Aber das Internet ist nur scheinbar gratis – einerseits finanziert es sich über Werbung, die auf den Benutzer abgestimmt wird, andererseits verbergen sich hinter vielen Angeboten wahre Kostenfallen.

Das Internet stellt die Gesellschaft darüber hinaus noch vor weitere Herausforderungen. Was passiert mit den Printmedien, wenn immer mehr Menschen Bücher und Zeitungen in elektronischer Fassung lesen? Ist das Internet ein rechtsfreier Raum, in dem alle Informationen frei und gratis verfügbar sind? Welche Angebote wird die Software-Industrie noch in Zukunft für das Internet entwickeln?

M 1

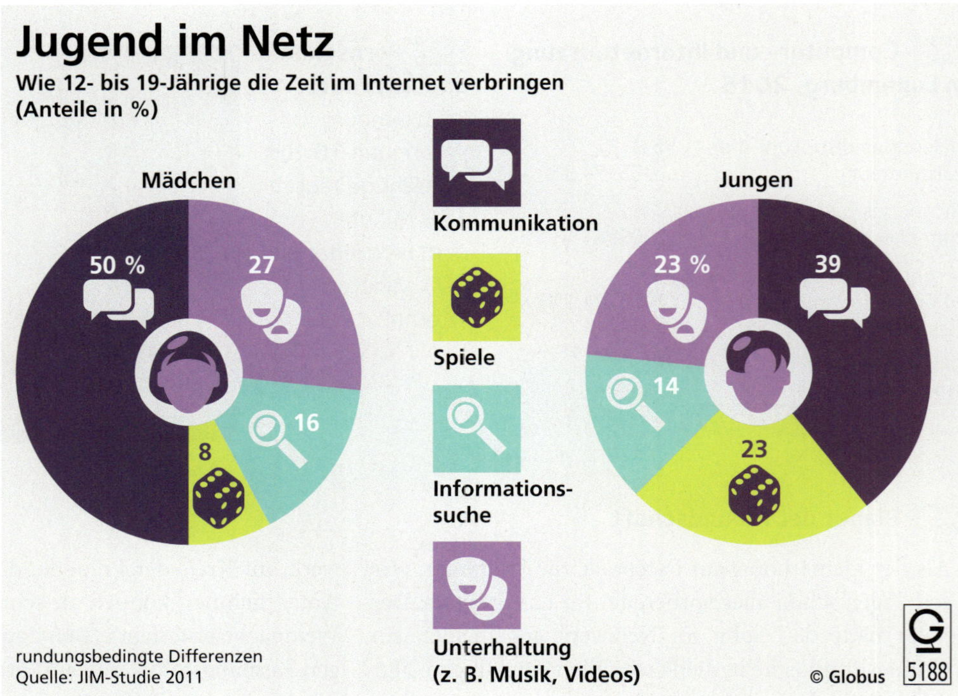

M 2 Jobsuche und Videotelefonie gehören zu den viel genutzten Angeboten des Internets

10.3 Chances et risques du web

M3 Kritische Stimmen zum Internet

❶ *„Das Internet macht doof."*

Henryk M. Broder, Publizist, im Tagesspiegel, 09. Januar 2007

❷ *„Na ja gut, es gibt das Internet. Aber es dauert zu lange, bis Sie sich dort alles zusammengesucht haben … Da hilft die Zeitung und sagt: Das ist heute für dich wichtig."*

Michael Ringier, Verleger, im Interview mit der taz, 15. September 2007

❸ *„Seit Internetnutzer ihre Bilder und Texte unkontrolliert auf extra dafür geschaffene Webseiten stellen können, scheint die Moral im Netz endgültig erodiert. Gewaltvideos und selbst gedrehte Pornos sind besonders beliebt. Auf Blogs, eine Art von Internettagebüchern und Kommentarseiten, beschimpfen sich User gegenseitig als Idioten oder drohen einander Schläge an."*

Marco Stahlhut, Welt online, 15. April 2007

❹ *„Einem Menschen wird man auf seinem Weg zum Bäcker begegnen, aber niemals im Internet."*

Franz Josef Wagner, Bild, 23. November 2006

❺ *„Für fast alle Arbeiten an den höheren Schulen – und sicher für alle Arbeiten an den Grundschulen – ist die Suche nach Material im Internet nicht nur unnötig, sondern schadet sogar."*

Clifford Stoll, Lehrer und Autor, 1999 in seinem Buch: LogOut

Quelle zu 1–5: http://netzwertig.com/2007/09/27/die-50-besten-zitate-uebers-internet/

❻ *„Ma wëllt da jidderee wësse wat deen aneren denkt? Hätt een net besser e Forum opzemaachen ALL YOU CAN MECKER ouni virgeschriwwent Thema. Well egal wéi; iergendwéi sinn ëmmer Staat, Léierpersonal, Politik a Friemenhaass de spektakulären Héichpunkt vun de meeschten Diskussiounen (am Internet)."*

Bob Konsbruck, RTL Radio Lëtzebuerg, 12. Januar 2012, in: news.rtl.lu/commentaire/apropos/181909.html (28.06.2012)

M4 Karikatur

M5 Werbeanzeige

1 Wie viel Zeit verbringen Sie täglich im Internet? Vergleichen Sie Ihre Onlinenutzung mit M1.

2 Bestimmen Sie, welche Aspekte des Internets in den jeweiligen Zitaten in M3 angesprochen werden. Entscheiden Sie sich für Ihr „Lieblingszitat". Begründen Sie Ihre Wahl.

3 Die Zitate behandeln negative Aspekte des Internets. Formulieren Sie zu jedem Zitat das Gegenteil.

4 Erklären Sie, auf welches Internet-Phänomen sich die Anzeige M5 bezieht. Beurteilen Sie diese Aussage.

10.4 Das Web richtig nutzen

M 1 Die digitale Welt ist Alltag – richtige technische Nutzung ein Muss …

M 2 … ebenso wie faires und überlegtes Nutzen

Jeder hat ein Recht am eigenen Wort und am eigenen Bild. Also, keine Bilder, Filme und Infos von anderen ins Netz stellen, es sei denn, du hast ihre Erlaubnis.

Für den Schutz deiner Privatsphäre bist du selbst verantwortlich. Achte darauf, wie du dich im Netz zeigst! Überlege: Welche Daten willst du der Welt auf ewig präsentieren?

Wer sich im Netz bewegt, hinterlässt Spuren

Oft wird das Internet als Gefahr für den einzelnen Bürger gesehen. Dies wird möglich durch den Missbrauch persönlicher Daten, für die sich vor allem private Unternehmen interessieren.

Auch von vielen Jugendlichen wird das Internet als Raum erlebt, in dem vermeintlich viele Regeln aus der realen Welt nicht gelten. Daten werden in Windeseile heruntergeladen oder gepostet. Dabei meinen viele, sie blieben unerkannt. Dennoch ist das illegale Downloaden eines Films oder von Musik nichts anderes als Diebstahl.

10.4 Le web: un mode d'emploi

M3 Sicherheitstipps für Internet-User

1 Triff dich niemals allein mit Menschen, die du im Chat, in einer Social Community oder per Instant Messenger kennen gelernt und noch nie zuvor gesehen hast. Du kannst einfach nicht wissen, wer die Person vor dem anderen Bildschirm ist, mit der du gerade in Kontakt bist. …

2 Verhalte dich fair im Internet. Es ist nicht in Ordnung, jemanden zu beleidigen, indem man falsche … Sachen über diese Person in Foren, Chats oder per SMS verbreitet. Auch peinliche oder brutale Filme, die per Handy aufgenommen und auf Videoportale wie YouTube gestellt werden, sind alles andere als lustig. Solltest du selbst schon mal so etwas erlebt oder mitbekommen haben – der Fachausdruck dafür ist „Cyberbullying" – dann trau dich und sprich mit jemanden (z. B. deinen Eltern, Lehrern …) darüber. Du hast auch die Möglichkeit einer Anzeige, denn es ist strafbar, andere gezielt fertigzumachen.

3 Gib nie persönliche Daten (Name, Adresse, Telefonnummer, Fotos oder Passwörter) im Internet weiter. Oft weiß man nicht, was mit ihnen passiert. Wenn du dir aber zum Beispiel ein Profil in einer Community wie z. B. Facebook einrichten willst, dann stelle das Profil auf jeden Fall so ein, dass nur deine Freunde es anschauen können. Wichtig: Achte immer darauf, was du im weltweiten Netz von dir preisgibst. …

4 Sei misstrauisch gegenüber Behauptungen, die du im Netz findest. Im Internet kann jeder etwas reinschreiben und das muss nicht immer richtig sein. Man sieht oft nicht, woher die Informationen stammen oder wer sie eingestellt hat. Das größte und beliebteste Online-Nachschlagewerk www.wikipedia.org liefert viele interessante Informationen, sei aber auch hier kritisch. Oftmals hilft es, Informationen aus dem Internet mit Büchern zu vergleichen, die das gleiche Thema behandeln. Erst dann kannst du dir sicher sein, dass die Infos wahr sind, und sie zum Beispiel für die Schule verwenden.

5 Angebote im Internet, die toll und kostenlos ausschauen, können richtig viel Geld kosten. Stell dir vor, du hast im Internet eine Website mit tollen Hits, Displays oder Klingeltönen fürs Handy entdeckt. Plötzlich sollst du deine Handynummer eingeben. Pass hier unbedingt auf: Den Preis sieht man oft gar nicht, weil der ganz klein irgendwo steht. …

6 Öffne nie E-Mails und Anhänge, wenn du nicht weißt, von wem sie stammen oder welchen Inhalt sie haben. Am besten du löschst sie sofort. So genannte Spam-Mails, die von Fremden an dich geschickt werden, weil sie deine E-Mail-Adresse irgendwo im Netz gefunden haben, können problematische Inhalte haben: Sie wollen dich zum Kauf eines Produktes verleiten, deine persönlichen Daten ausspionieren oder aber sie beinhalten Viren, die deinen Computer beschädigen.

7 Kostenloses Herunterladen von Musik und Filmen ist oft nicht erlaubt, im CD-Geschäft muss man ja auch für die neueste Platte bezahlen, und legale Downloadportale wie z. B. itunes, musicload, etc. im Internet kosten Geld. Wenn du also auf ein kostenloses Angebot stößt, sei zunächst einmal misstrauisch, denn nicht rechtmäßig erworbene Musik, Filme usw. zu besitzen ist strafbar.

8 Wenn du also Fotos oder Videos, auf denen Menschen zu sehen sind, in Online Communities oder auf Videoportale stellen willst, frage sie vorher, ob du das darfst. Jeder Mensch hat ein „Recht am eigenen Bild", was bedeutet, dass sein Foto nur mit seiner Erlaubnis veröffentlicht werden darf. Dasselbe gilt auch für geschützte „Inhalte" (genauer: Werke von anderen, wie beispielsweise Musikstücke, Filme, Texte, Grafiken und vieles mehr). Wenn du die einfach unerlaubt verwendest, kann das richtig teuer werden.

So surft ihr sicher! Internettipps für Jugendliche, hrsg. v. EU-Initiative klicksafe (www.klicksafe.de), 2015

1 Auf welche Gefahren des Internets weisen M1 und M2 hin? Wie kann man sich gegen diese Gefahren schützen?

2 Lesen Sie die Internettipps in M3. Gab es Situationen, in denen einer dieser Tipps für Sie hilfreich gewesen wäre? Welcher Rat scheint Ihnen der wichtigste?

3 Wissen Sie, welche Informationen über Sie im Internet kursieren könnten? Erstellen Sie eine Liste mit Gelegenheiten, bei denen Sie im Internet etwas über sich preisgeben, und vergleichen Sie diese in der Klasse.

4 Geben Sie Ihren Namen (in Kombination mit Ihrem Wohnort) in eine Suchmaschine ein. Gibt es Informationen, die Sie nicht im Internet über sich finden wollen? Was können Sie dagegen tun?

10.5 Massenmedien

M 1 Dem Leser stehen täglich sechs Luxemburger Tageszeitungen sowie eine Auswahl an deutschen, belgischen, französischen und englischen Tageszeitungen zur Verfügung

Als Massenmedien bezeichnet man alle Produkte, die dazu beitragen, Informationen einer breiteren Öffentlichkeit zugänglich zu machen. Die Aufgaben der Massenmedien lassen sich vier Bereichen zuordnen.

1. Informieren
In der Demokratie bestimmen die Bürger die Politik, indem sie Abgeordnete ins Parlament wählen, die ihrer Meinung nach die richtigen Entscheidungen treffen werden. Eine Demokratie kann deshalb nur richtig funktionieren, wenn die Bürger regelmäßig und umfassend informiert werden. Diese Aufgabe übernehmen die Massenmedien. Politische Zusammenhänge müssen erklärt werden, damit Nicht-Fachleute – und das sind die meisten – sie verstehen. Erst dann können sie sich als Wähler, als Mitglieder einer Partei, eines Verbandes oder einer Bürgerinitiative eine Meinung bilden.

2. Kritisieren und kontrollieren
Man nennt die Medien manchmal die „vierte Gewalt im Staat" (neben Regierung, Parlament und Rechtsprechung), weil sie Politik und Politiker kritisch hinterfragen und somit kontrollieren.

3. Unterhalten
„Zur Unterhaltung gehört, was gefällt", meinen viele. Es wird alles gebracht (Sport, Reisen, Humor, Musik, Unterhaltungsshows …), von dem angenommen wird, dass es die Konsumenten interessiert, amüsiert, begeistert und unterhält.

4. Bilden
Die Medien bringen auch Beiträge zu allgemein bildenden und kulturellen Themen wie Naturwissenschaften, Geschichte, Kunst, Literatur und allgemeine Lebensfragen. Die wissenschaftlichen Erkenntnisse werden allerdings häufig in Unterhaltung „verpackt" (sogenanntes Infotainment).

10.5 Les médias de masse

M2 In der Rangliste der Pressefreiheit 2015 belegt Luxemburg Platz 19 von 180

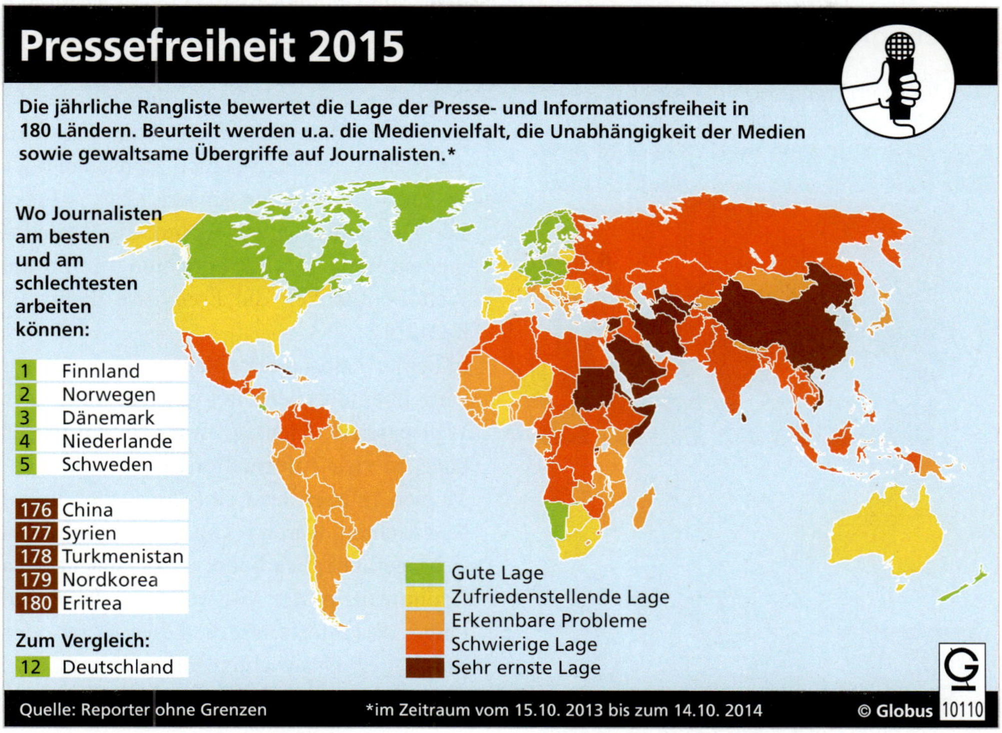

M3 Über allem steht die Quote

Journalismus kann seine Produktionskosten nur finanzieren, indem er publizistischen Erfolg in Geld umrechnet. Doch wie gelingt das? Das gängigste und verbreiteste Mittel dazu ist die Quote bei TV und Radio, die Auflage bei Printmedien und die Seitenaufrufszahlen bei Webseiten. Je höher diese jeweils sind, desto mehr Geld kommt von den Werbeverträgen mit Unternehmen herein.

www.fremdeweltganznah.de/inhalt/ueber-allem-steht-die-quote (18.03.2016)

M4

1 Erstellen Sie eine Mindmap zu den Aufgaben der Medien.

2 Was bedeutet Pressefreiheit? Wo ist die Presse frei, wo nicht? (M2)

3 Diskutieren Sie: „Wie frei ist die Presse wirklich in einer Demokratie?" (M2–M4)

4 Nehmen Sie Stellung zu folgenden Zitaten:

a) *„Pressefreiheit ist das Recht, Lügen zu drucken, ohne dazu gezwungen zu sein"* (Robert Lembke, deutscher Journalist).

b) *„Die Presse muss die Freiheit haben, alles zu sagen, damit gewisse Leute nicht die Freiheit haben, alles zu tun"* (Steward Alsop, amerikanischer Journalist).

10.6 Nachrichten werden gemacht

M 1 Der Weg einer Nachricht

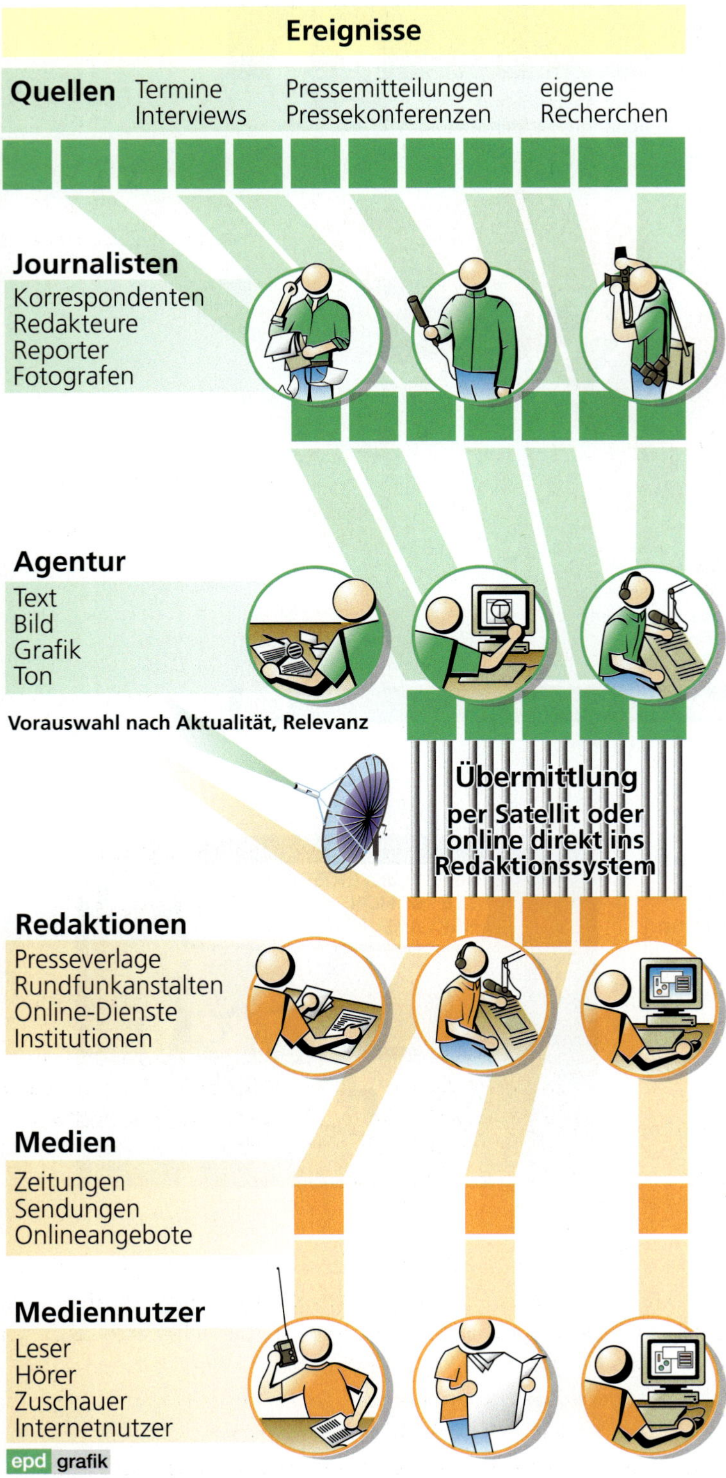

Als vor einigen Jahren in dem afrikanischen Land Sudan eine Hungersnot ausbrach, wurde in den Medien ausführlich darüber berichtet und zu Spenden aufgerufen. Viele Kinder konnten so vor dem Hungertod gerettet werden. Auch in anderen Regionen der Welt verhungern täglich Menschen oder erleiden ein anderes schreckliches Schicksal. Der Unterschied: Wenn die Massenmedien nicht darüber berichten, nimmt die Weltöffentlichkeit die Ereignisse nicht zur Kenntnis.

In keiner Zeitung oder Nachrichtensendung kann über alles berichtet werden, was in der Welt passiert. Niemand wäre zudem in der Lage, so viele Informationen aufzunehmen. Medien müssen also eine Auswahl treffen. Nachrichten werden von Journalisten gesiebt, gefiltert, bearbeitet und gemacht. Das Grundprinzip der Auswahl ist dabei die Frage: Was interessiert die Leser, Hörer oder Zuschauer? Nachrichten sollten aktuell sein, überraschen und unterhalten.

M 2

10.6 Créer l'actualité

M3 Schlagzeilen

A. Ölpreise steigen drastisch
B. Mehr jugendliche Arbeitslose in Luxemburg
C. Vampir-Alarm in Moskau
D. 901 Millionen Menschen gefällt das: Facebook
E. Verfassungsgericht entscheidet: Taschengeld ist Pflicht
F. Hungersnot im Sahel – Tausende sterben
G. Chinas Wirtschaft boomt
H. Formel 1: Neun Verletzte nach Explosion bei Williams
I. Streik in Belgien: Bahnstrecke Luxemburg–Arlon blockiert
J. 15 Tote bei Flugzeugabsturz in Nepal
K. Barack in Love: Obamas Ex-Freundin packt aus
L. Muttergottesoktave abgeschlossen: spürbar wachsendes Interesse
M. EU verschärft Sanktionen gegen Syrien
N. Wer wird Miss oder Mister Haustier?

M4 So macht man Schlagzeilen

Schulleiter schlägt schwangere Frau

Mit 90 bei Nebel auf dem Bürgersteig

Bischof verflucht Finanzminister

Boulevardzeitung (<> **le journal à sensation**): sensationell aufgemachte Zeitung, die besonders mit Gesellschaftsklatsch u. Ä. ihre Leser unterhält. Sie erscheint in hoher Auflage und ist nicht immer seriös.

M5 Eine Nachricht – zwei Artikel

Das Wunder von Chile: Gerettet!
Auf diesen Kuss ihres Mannes hat die Bergmannsfrau 69 Tage lang gewartet! Gestern fiel sich das Paar nach mehr als zwei Monaten in die Arme. Endlich!
Bis zum gestrigen Abend wurden die meisten der 33 verschütteten Bergleute in Chile aus 700 Meter Tiefe geborgen. Es war die spektakulärste Rettungsaktion aller Zeiten: In einer nur 53 Zentimeter schmalen Rettungskapsel schwebten die Kumpel von Copiapó aus ihrem Verlies in die Freiheit. Alles zum Wunder von Chile …

Bild vom 14. Oktober 2010, S. 1

Jubel in Chile über gerettete Bergleute
Reibungsloser Beginn der Bergung nach 69 Tagen / Präsident Piñera: Ein Denkmal
COPIAPÓ, 13. Oktober. Rascher und reibungsloser als zunächst angenommen sind am Mittwoch die ersten der 33 Bergleute geborgen worden, die vor 69 Tagen nach einem Einsturz in der Mine San José nahe der nordchilenischen Stadt Copiapó eingeschlossen wurden. Die Rettungskapsel „Phönix 2" funktionierte nach Angaben der Rettungsleitung einwandfrei. Als Erster der Eingeschlossenen wurde der 31 Jahre alte Florencio Ávalos am Mittwoch um 0.10 Uhr an die Oberfläche geholt …

Frankfurter Allgemeine Zeitung vom 14. Oktober 2010, S. 2

1 Beschreiben Sie den Weg einer Nachricht vom Ereignis bis zum Mediennutzer. (M1)

2 Bringen Sie die Meldungen in M3 in folgende Reihenfolge: Setzen Sie an erster Stelle die Meldung, die auf jeden Fall in die Zeitung muss, und an die letzte Stelle die Nachricht, die verzichtbar ist. Begründen Sie Ihre Wahl.

3 Schauen Sie sich die Bilderfolge M4 an. Erklären Sie, wie und in welcher Absicht solche Schlagzeilen gemacht werden.

4 Lesen Sie M5 und untersuchen Sie die Wortwahl, mit denen dasselbe Ereignis unterschiedlich beschrieben wird.

5 Vergleichen Sie die Titelseiten von verschiedenen Zeitungen (Boulevardpresse, Gratispresse …) Wie werden die einzelnen Nachrichten dargestellt? Um welche Art Zeitung handelt es sich? An wen richten sich die Schlagzeilen? Bewerten Sie anschließend den Informationsgehalt der Nachrichten.

10.7 Politiker und Medien

M 1 Selbstdarstellung

Der Luxemburger Außenminister Jean Asselborn und sein deutscher Amtskollege in einer Kochsendung, 2008

Bürgermeister als Kellner auf der Schueberfouer, 2014

US-Präsident Barack Obama mit Kindern und Hund Bo im Garten des Weißen Hauses, 2009

US-Präsident George Bush beim Joggen mit einem Irakveteran, 2006

Der französische Präsident François Hollande mit seiner damaligen Lebensgefährtin, 2012

EU-Kommissarin Viviane Reding mit dem französischen Regisseur Claude Lelouch in Cannes, 2008

10.7 Les hommes politiques et les médias

Über Massenmedien ist es für Politiker sehr einfach, mögliche Wähler zu erreichen. Fernsehen, Internet und Printmedien sind besonders beliebt, weil Menschen sich stärker durch das beeindrucken lassen, was sie sehen, als durch das, was sie nur hören oder nur lesen. Ein gelungener TV-Auftritt, ein vorteilhaftes Foto in der Zeitung ist interessanter als wortreiche Erklärungen komplizierter Sachfragen.

M2

M3 Politik als Inszenierung

Jede Epoche hat ihre eigene Form mit Problemen umzugehen. In einer Zeit, in der Politik und Medien nahezu untrennbar miteinander verwoben sind ..., [wird] Demokratie ... zur Mediendemokratie; letztlich gelten die Regeln der medialen Darstellung auch für das politische Geschehen selbst. Die Mediendemokratie verändert nicht nur die Politik, sie verändert auch die agierenden Politikerinnen und Politiker – und sie verändert die Medien. Denn der permanente Zwang zur Inszenierung geht auf beiden Seiten mit einem Substanzverlust einher. Politik wird in der Mediengesellschaft zunehmend über die Person des Spitzenpolitikers vermittelt; dieser muss in der Lage sein, die entsprechende Rolle gut zu spielen. Wer dies nicht kann, wird nicht gewählt. Hinzu kommen die unterschiedlichen Geschwindigkeiten von Politik und Medien: Politik ist unendlich viel langsamer als die Medien, die täglich eine neue Schlagzeile, ein neues Bild brauchen. Hier liegen die Fallen für Politikerinnen und Politiker.

Katharina Belwe, Editorial, in: Aus Politik und Zeitgeschichte, 29. Dezember 2003, S. 2

1 Wie stellen sich die Politiker in M1 dar? Was wollen Politiker mit solchen Auftritten erreichen?

2 Untersuchen Sie, wie sich Politiker in Nachrichten, Talkshows oder politischen Magazinen (Redeweise, Körpersprache, Kleidung und Frisur, Gesamteindruck, Aussagen) darstellen.

3 Führen Sie eine Umfrage im Bekanntenkreis durch über den „Bekanntheitsgrad" von Politikern. Muss Politik unterhalten? Was ist für Sie wichtiger: gutes Aussehen oder die Kompetenz des Politikers?

4 Beschreiben Sie das Verhältnis zwischen Journalismus und Politik. (M3)

5 Erläutern Sie das Zitat der italienischen Journalistin Lili Gruber: „Journalisten müssen die Wachhunde des Bürgers, nicht die Schoßhunde der Mächtigen sein."

METHODE Fotos analysieren

Bilder, die lügen?

Wir leben in einer Welt von Bildern. Sie begegnen uns nahezu überall: in der Werbung, in der Politik, im Journalismus. Besonders Fotografien und Fernsehbilder produzieren scheinbar ein richtiges und objektives Abbild der Realität. Sie prägen unser „Bild von der Welt". Aber können wir allen Bildern trauen? Gerade in Zeiten einer stetig wachsenden Bilderflut ist der kritische Umgang mit Bildern und die Fähigkeit, Medien sinnvoll zu nutzen (Medienkompetenz), wichtiger denn je.

▸ DARUM GEHT ES

Sie sollen verschiedene Techniken der Bildmanipulation kennenlernen und so herausfinden, wie man die Meinung des Betrachters bzw. des Zuschauers beeinflussen kann. Wie lässt sich der Wahrheitsgehalt überprüfen?

M 1 **Auswahl des Bildausschnitts.** Journalist und Politiker erscheinen auf Augenhöhe. Tatsächlich steht Bundeskanzler Gerhard Schröder (r.) auf einer kleinen Fußbank, als er am 21. November 2001 am Rande des SPD-Bundesparteitags in der Nürnberger Frankenhalle von Ulrich Deppendorf, Leiter des Hauptstadtstudios der ARD, interviewt wird.

▸ SO LÄUFT ES AB

1. Foto beschreiben

- Beschreiben Sie die Bilder und lesen Sie die entsprechenden Bildunterschriften.
- Welche „Bilder" eines Ereignisses oder einer Person werden jeweils vermittelt?

2. Fotos vergleichen

- Vergleichen Sie die einzelnen Bilder. Wie wurden die Bilder verändert?
- Ziehen Sie andere Bilder heran.

3. Absicht hinterfragen

- Vermuten Sie, welche Absicht hinter der Bildmanipulation steckt: Welchen Zweck verfolgt man mit den Bildern? Wer hat ein Interesse an dieser Bildauswahl bzw. Bildbearbeitung?

M2 Nachträgliches Verändern von Bildern (Retuschieren)

Bei einer Rede des russischen Revolutionsführers Lenin in Moskau 1920 sind auch die Politiker Trotzki und Kamenew anwesend (Abb. links). Sie stehen auf den Stufen des Rednerpodestes. Unter Stalin, dem Nachfolger Lenins, erscheinen nur noch gefälschte Versionen des Bildes, auf denen die späteren Gegner Stalins wegretuschiert wurden (Abb. rechts).

M3 Ein Ereignis – zwei Bilder: der Libanonkrieg 2006

M4 Unterschiedliche Bildunterschriften

Die Strände Südfrankreichs sind bereit für die Sommergäste.

Quallen-Alarm im Mittelmeer!!

1 Analysieren Sie nach den Methodenschritten die Bilder M1–4.

2 Suchen Sie ein Foto zu einem aktuellen Ereignis. Schreiben Sie zu diesem Bild unterschiedliche Bildunterschriften. Lassen Sie Ihre Mitschüler über die Wirkung diskutieren.

3 Untersuchen Sie Werbung (Prospekte, Anzeigen) oder Titelseiten von Zeitschriften (Illustrierte, Nachrichtenmagazine) auf manipulierte Bilder hin.

4 Welche anderen Möglichkeiten der Bildmanipulation gibt es noch?

5 Sind Bildmanipulationen bzw. Bildbearbeitungen zulässig oder nicht? Begründen Sie Ihre Meinung.

10.8 Eine Fallstudie – Castingshows

Castingshows boomen zurzeit im Fernsehen, von Australien über Luxemburg bis Venezuela werden mit dem immer selben Showkonzept Nachwuchskünstler gesucht und gemacht. Dabei handelt es sich nicht um einfache Talentwettbewerbe, in denen vor allem das Können der Kandidaten im Vordergrund steht. Es geht um eine Show: Das Ziel ist Unterhaltung, aber auch Kommerz. Gemäß den Regeln des „Reality-TV“ wird in das Leben von „realen“ Menschen eingegriffen. Das Format wirkt dadurch dokumentarisch, ohne es zu sein: Die „echten“ Talente werden gezielt nach Typen ausgewählt und im Verlauf der Sendungen systematisch Stresssituationen ausgesetzt.

Castingshows sind häufig interaktive Formate: Vielfach ist das Zuschauervotum gefragt, also etwa die Abstimmung per kostenpflichtige SMS. Die Vermarktung gehört bei vielen dieser Shows ebenfalls dazu, die Gewinner stehen unter Vertrag und bekommen nur einen kleinen Teil des Gewinns. Die Produzenten, die Manager und die Fernsehsender teilen sich den Löwenanteil.

M 1 Beliebte Casting-Formate

„Pop Idol“ ist ein britisches Fernsehformat. Die Show wurde 2001 erstmals ausgestrahlt und hatte damals 14 Millionen Zuschauer.

„American Idol“ ist die amerikanische Variante der britischen Show „Pop Idol“. 2002 gewann Kelly Clarkson die erste Staffel vor 31 Millionen Zuschauern.

In Deutschland läuft seit 2002 die Castingshow „DSDS“ mit rückläufigem Erfolg. Die Gewinner geraten oftmals nach ihrem Sieg in Vergessenheit.

M 2 Umfrage: Warum siehst du dir Castingshows an?

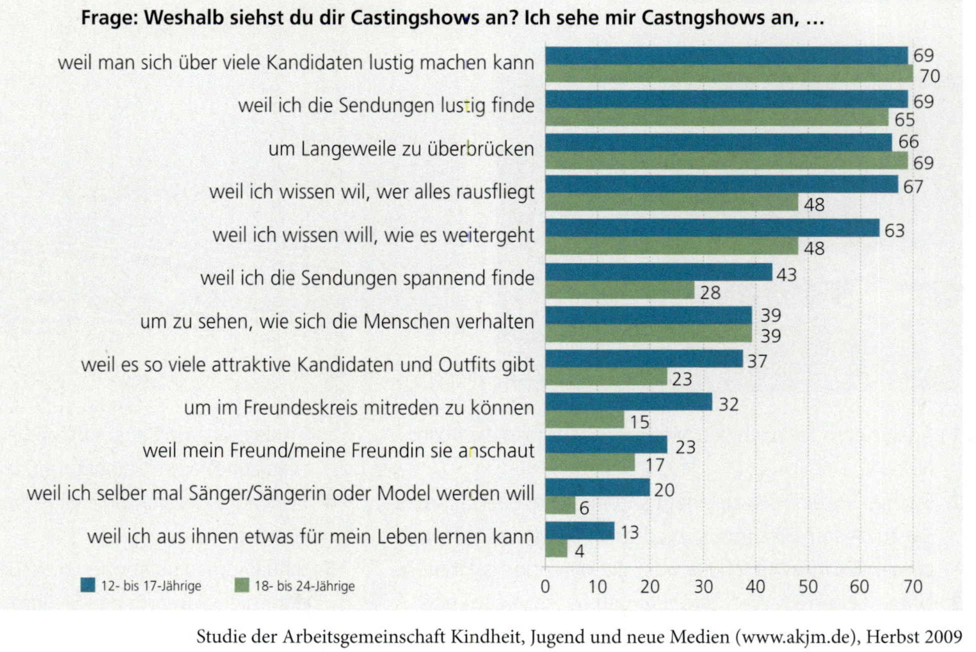

Studie der Arbeitsgemeinschaft Kindheit, Jugend und neue Medien (www.akjm.de), Herbst 2009

10.8 Étude de cas: les émissions de casting

M3 „Emotionen werden gezüchtet"

Die Moderatorin, Musikerin und Autorin Noah Sow war 2001 Mitglied der Popstars-Jury. Sie stieg während der Staffel aus, weil sie den Umgang mit den Kandidaten nicht mehr ertragen konnte. Sie hatte das Gefühl, „dass die Emotionen der ‚Kandidaten' nicht nur so wie sie auftauchen gefilmt werden, sondern extra ‚gezüchtet' werden. Dass man also nicht nur beispielsweise die Kamera draufhält, wenn jemand heult, sondern dass mit Absicht eine Situation geschaffen wird, in der man erwartet, dass jemand heult." ... Ihr Verdacht war, dass mit Absicht Situationen geschaffen wurden, die begünstigten, dass die Kandidaten sich schlecht fühlten oder sogar körperlich darunter litten. Ihr Fazit: „Tag für Tag habe ich mich mehr geschämt, zu diesem Team mit dem unmöglichen Menschenbild zu gehören."

www.phf.uni-rostock.de/institut/igerman/vk/Casting%20Shows/popstars.htm (28.06.2012)

M4 Nur Entertainment?

Super schlank und immer perfekt durchgestylt – so werden die „Topmodel"-Teilnehmerinnen den Zuschauern präsentiert, und das findet Friedhelm Güthoff, Medienexperte beim Kinderschutzbund, fatal: „Die Sendung propagiert ein falsches Schönheitsideal, das teilweise zu psychischen Belastungen führen kann." Ganz normal aussehende Mädchen würden sich mit den Kandidatinnen vergleichen und hätten ständig das Gefühl, nicht zu genügen. „Solche Castingshows sollte es deshalb erst gar nicht geben", sagt er.

www.tagesspiegel.de/medien/castingshow-in-der-diskussion-falsches-schoenheitsideal-oder-glamouroese-traumwelt/1248834.html, 05.06.2008 (28.06.2012)

Die Kandidatinnen haben Erfahrungen gesammelt, die sie ohne die Sendung niemals hätten machen können. Diese Erfahrungen sind sicher sehr wertvoll, ob in ihrer weiteren Karriere als Model oder in einem ganz anderen Beruf. Und für den Zuschauer war es meistens auch ganz unterhaltsam.

Michael Omori Kirchner, in: www.omori.de/60/was-hat-gntm-mit-der-realitaet-zu-tun/, 07.06.2008 (28.06.2012)

„Wir haben über die vergangenen Jahre beobachtet, dass manche Jugendliche abgehängt sind, weil sie im Bildungssystem ganz unten stehen. Sie sehen, dass sie mit einem Hauptschulabschluss nicht weit kommen. In dieser Situation wirken Castingshows wie ein großes Versprechen."

Mathias Albert, Professor für Politikwissenschaft an der Universität Bielefeld. In: www.focus.de/finanzen/karriere/perspektiven/berufsausbildung/casting-shows-beeinflussen-berufswunsch-jugendliche-wollen-superstar-und-topmodel-werden_aid_710652.html, 04.02.2012 (28.06.2012)

1 Würden Sie gerne an einer Castingshow teilnehmen? Nennen Sie Gründe, warum das für Sie infrage käme oder warum nicht.

2 Stellen Sie die Hauptaussagen in einer Tabelle gegenüber.

3 Eltern, Medienwissenschaftler, Lehrkräfte und Pädagogen sehen Castingshows oft kritisch und denken, dass sie einen schädlichen Einfluss auf Jugendliche haben könnten. Erstellen Sie eine Liste, in der Sie die Argumente für und gegen Castingshows zusammenfassen.

4 Die Autorin Noah Sow (M3) schrieb außerdem: „Die Kandidatinnen müssen dem Ideal genügen, das von oben vorgegeben wird. Mit dieser Strategie macht man in der Realität aber nur selten Karriere." Trifft diese Einschätzung Ihrer Meinung nach zu? Diskutieren Sie, inwiefern Castingshows auf eine berufliche Karriere vorbereiten können.

5 Nicht nur in Castingshows, sondern auch in sozialen Netzwerken ist „Eigenmarketing" oder gar „Selbstinszenierung" ein großes Thema. Erörtern Sie, wie Sie zu dieser Form der „Selbstdarstellung" stehen: Macht es einfach nur Spaß oder wird es zum Zwang?

10.9 Das Wichtigste auf einen Blick

Massenmedien
- Printmedien (Bücher, Zeitungen usw.)
- Radio
- Fernsehen
- Internet

Aufgaben der Medien
- Informieren
- Kritisieren und kontrollieren (vierte Macht im Staat)
- Unterhalten
- Bilden

Freiheit der Medien
- Gesetzlich garantiert
- Ermöglicht freie, kritische Berichterstattung
- Einschränkungen durch finanzielle Abhängigkeit (z. B. Werbeverträge, Quoten) und Zensur (Einschränkung der Pressefreiheit)

Internet
- Weltweit verfügbares Massenmedium
- Medium für Informationssuche, Kommunikation, Spiele, Unterhaltung
- Kein rechtsfreier Raum
- Vorsichtsmaßnahmen beim Surfen notwendig

Bilder
- Von Massenmedien (Print-, elektronische Medien) genutzt
- Sind Momentaufnahmen und zeigen nicht immer die Wirklichkeit
- Können manipuliert werden, z. B. durch Bildbearbeitung, Wahl der Ausschnitte, der Bildunterschrift usw.

Nachrichten entstehen
- Ereignisse werden von Nachrichtenagenturen und Journalisten ausgewählt und zu Nachrichten weiterverarbeitet
- Sollen aktuell, informativ oder unterhaltsam sein
- Berichten von außergewöhnlichen Ereignissen
- Geografische Nähe der Ereignisse wichtig für die Auswahl von Nachrichten

Wer schaut was? Die Top 10 der Sender, die in Luxemburg gesehen werden

RTL Télé Lëtzebuerg	27,4 %
TF1	14,0 %
Pro 7	13,0 %
ARD	11,4 %
RTL Television	11,3 %
ZDF	10,8 %
M6	9,7 %
France 2	7,6 %
Sat 1	5,3 %
Vox	4,0 %

TNS Ilres 2013

10.9 En bref

»Eh Mann, wo hat das Ding denn seinen Kopfhöreranschluss?«

Sachkompetenz (<> maîtriser des savoirs)

1 Erklären Sie den Begriff Medien.
2 Nennen Sie wichtige Aufgaben der Medien.
3 Beschreiben Sie den Weg vom Ereignis zur Nachricht.
4 Erklären Sie die Beziehung zwischen Politik und Medien.

Methodenkompetenz (<> utiliser des méthodes)

5 Vergleichen Sie Bilder und Schlagzeilen aus verschiedenen Zeitungen zu ein und demselben Ereignis.
6 Protokollieren Sie den Medienkonsum Ihrer Familie und stellen Sie diesen in einer passenden Grafik dar.

Urteils- und Handlungskompetenz (<> juger et agir)

7 Formulieren Sie Pro- und Kontra-Argumente für die Nutzung des Internets.
8 Erstellen Sie Regeln für die Nutzung von Mobiltelefonen in der Schule.
9 Nehmen Sie kritisch Stellung zu einer TV-Show Ihrer Wahl.
10 Beurteilen Sie verschiedene Medien nach ihrer Glaubwürdigkeit.

11 Blickpunkt Europa

Der Name Europa

Der griechischen Sage nach war Europa eine schöne Prinzessin der Phönizier, eines Volkes an der Ostküste des Mittelmeeres, in Asien. Der Göttervater Zeus wollte sie für sich gewinnen und näherte sich ihr in Gestalt eines Stieres. Die Prinzessin kletterte auf seinen Rücken und Zeus schwamm mit Europa davon. Er brachte sie nach Kreta und versprach ihr, dass der Erdteil, der sie aufgenommen hatte, für alle Zeiten ihren Namen tragen sollte: Europa!

L'Europe sous la loupe

Aus dem Weltraum betrachtet erscheint Europa wie eine westliche Halbinsel Asiens. Dennoch wurde Europa immer als eigener Kontinent betrachtet: Seine gemeinsame Geschichte, seine Werte und Kultur verbindet die Völker. Die Staaten arbeiten wirtschaftlich und politisch eng zusammen.
Heute zählt man in Europa 47 Staaten von sehr unterschiedlicher Größe und Bevölkerungszahl. Es werden 60 verschiedene Sprachen gesprochen. Selbst die 28 EU-Mitgliedstaaten haben 24 Amtssprachen, in denen die rund 500 Millionen Bürger sich an die Institutionen der EU wenden können. Sogar die Schrift ist in Europa nicht einheitlich: Es gibt das lateinische, das griechische und das kyrillische Alphabet.

1 Fertigen Sie einen Steckbrief zur Geografie Europas an (z. B. natürliche Grenzen, Gebirge, Flüsse, Randmeere).
2 Welche Länder gehören derzeit zur EU?
3 Führen Sie ein Brainstorming zum Thema Europa durch. Ordnen Sie anschließend die Ergebnisse nach geografischen, kulturellen, wirtschaftlichen, politischen und historischen Aspekten.

KOMPETENZEN AUF EINEN BLICK

Sachkompetenz (<> maîtriser des savoirs)
- Die Ursachen für die Gründung der EU kennen
- Die wichtigsten Etappen der europäischen Einigung kennen und zeitlich einordnen
- Die Institutionen der EU und deren wichtigste Aufgaben benennen
- Wissen, wo Europa uns im Alltag begegnet

Methodenkompetenz (<> utiliser des méthodes)
- Karikaturen zum Thema EU analysieren
- Schemata und Schaubilder auswerten

Urteils- und Handlungskompetenz (<> juger et agir)
- Über die Rolle der EU im Alltag eines Bürgers diskutieren
- Die europäische Integration kritisch beurteilen

11.1 Die europäische Einigung

M 1 Robert Schuman (1886–1963) ist in Luxemburg geboren und aufgewachsen. Er wurde später französischer Außenminister. Am 9. Mai 1950 sagte er:

Die Vereinigung der europäischen Nationen erfordert, dass der jahrhundertealte Gegensatz zwischen Frankreich und Deutschland aufgelöst wird. …
Die französische Regierung schlägt vor, die Gesamtheit der französisch-deutschen Kohle- und Stahlproduktion unter eine gemeinsame oberste Aufsichtsbehörde … zu stellen, in einer Organisation, die den anderen europäischen Ländern zum Beitritt offensteht. … Die Solidarität der Produktion … wird bekunden, dass jeder Krieg zwischen Frankreich und Deutschland nicht nur undenkbar, sondern materiell unmöglich ist.

Walter Lipgen, 45 Jahre Ringen um die europäische Verfassung. Europa Union Verlag, Bonn 1986, S. 293 f.

Nach dem Zweiten Weltkrieg erkannten europäische Politiker wie Robert Schuman, der Luxemburger Joseph Bech und der Deutsche Konrad Adenauer, dass die Zusammenarbeit der europäischen Staaten notwendig sei, um Frieden, Wohlstand und Freiheit in Europa zu sichern. 1950 legte die Schuman-Erklärung den Grundstein zur europäischen Einigung.
Der Schwerpunkt lag auf der wirtschaftlichen Zusammenarbeit, zunächst in der Schwerindustrie, dann im Bereich der Landwirtschaft und des Handels. Später verstärkte sich auch die politische Zusammenarbeit. Seit 1993 ist der europäische Binnenmarkt (◇ le marché commun) in großen Teilen verwirklicht. Seit 1995 gibt es zwischen den meisten EU-Ländern weder für Waren noch für Personen Grenzkontrollen, auch wenn diese zeitweise wieder eingeführt werden können, wenn die öffentliche Ordnung oder die Sicherheit dies erfordern.
Eine besondere Herausforderung ist die Aufnahme neuer Mitgliedstaaten. In mehreren Etappen wuchs die Europäische Gemeinschaft von sechs Gründungsstaaten zu einer Europäischen Union von 28 Mitgliedern (2013).
Im Jahr 2002 führten 12 EU-Staaten den Euro als gemeinsame Währung ein. 2016 gehören 19 Länder zur sogenannten Eurozone. Damit wurde die europäische Währung nach dem US-Dollar das wichtigste Zahlungsmittel auf der Welt. Infolge der Finanzkrise 2008 wurde deutlich, dass manche Länder der Eurozone riesige Schulden angehäuft hatten. Sie können sich nur Geld an den Märkten leihen, wenn sie sehr hohe Zinsen dafür zahlen. Zum Teil gegen großen Widerstand erhalten diese Länder von anderen Mitgliedstaaten günstigere Darlehen als Gegenleistung für strenge Budget-Kontrolle unter anderem durch die EU.

M 2 Werbeplakat für Europa, 1955

M 3 EU-Plakat im Jahr 2000

Seit Mai 2019 ist dieser Tag auch offizieller Feiertag in Luxemburg.

11.1 L'intégration européenne

M4 Stationen der europäischen Einigung

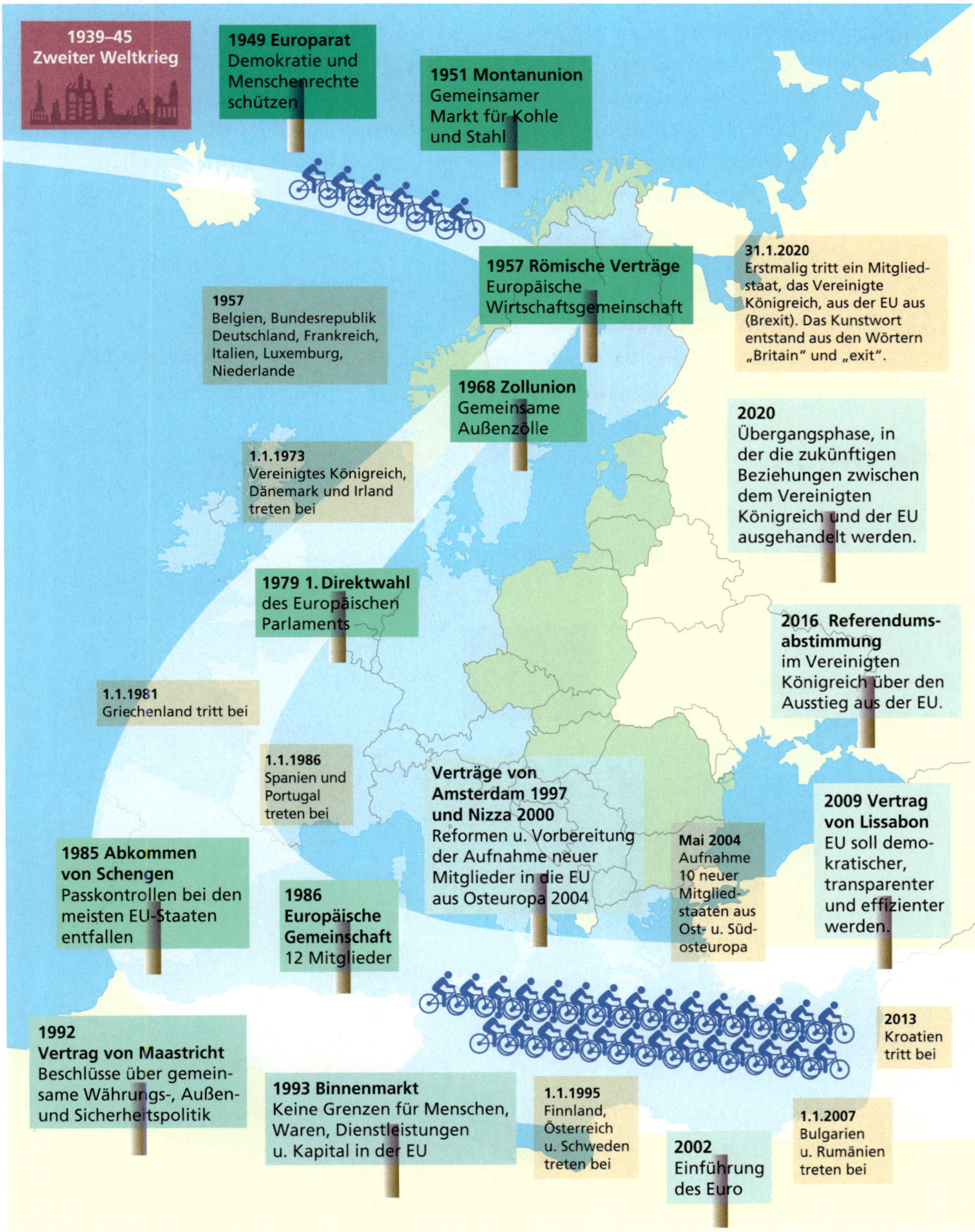

1 Erklären Sie, welche Ziele Schuman mit seinem Plan von 1950 verfolgte. Welche seiner Ideen wurden verwirklicht?

2 Beschreiben Sie die Plakate M2 und M3. Wie wird für die europäische Idee geworben?

3 Unterscheiden Sie zwischen wirtschaftlichen und politischen Etappen der europäischen Einigung, z. B. in Form einer Tabelle.

4 Was sind für Sie die wichtigsten Etappen in der europäischen Einigung? Begründen Sie.

5 Informieren Sie sich in Zeitungen und im Internet über die aktuelle Lage in den Eurostaaten und berichten Sie darüber in der Klasse.

11.2 Erweiterung der EU

Seit Beginn des europäischen Einigungsprozesses ist die Gemeinschaft in verschiedenen Etappen von ursprünglich sechs auf 28 Länder im Jahr 2013 angewachsen. Wie viele Mitglieder die EU schlussendlich haben wird, kann man heute noch nicht genau sagen. Das hängt einerseits von dem Beitrittswillen möglicher Kandidaten ab und deren Bereitschaft, die demokratischen Werte und zahlreichen Regeln und Gesetze zu befolgen, die sich die EU-Staaten gegeben haben. Zudem müssen alle aktuellen Mitglieder einer Erweiterung zustimmen und diese einstimmig beschließen. Seit 2009 ist auch ein Austritt aus der Union möglich.

M1 Die Europäische Union 2020

Beitrittskandidaten sind die Türkei, Albanien und die ehemaligen jugoslawischen Republiken Nordmazedonien, Montenegro und Serbien.

Die Europäische Union

	Beitrittsjahr	Einwohner 2019[1] in Mio.	BIP[1,2] 2018 pro Kopf in Tausend Euro
Belgien	1958	11,5 Mio.	35,7 Tsd. €
Deutschland	1958	83,0	36,9
Frankreich	1958	67,0	31,4
Italien	1958	60,4	29,1
Luxemburg	1958	0,6	78,7
Niederlande	1958	17,3	39,2
Dänemark	1973	5,8	38,7
Irland	1973	4,9	57,8
Griechenland	1981	10,7	20,6
Portugal	1986	10,3	23,2
Spanien	1986	46,9	27,6
Finnland	1995	5,5	33,7
Österreich	1995	8,9	38,6
Schweden	1995	10,2	37,0
Estland	2004	1,3	25,0
Lettland	2004	1,9	21,0
Litauen	2004	2,8	24,6
Malta	2004	0,5	29,6
Polen	2004	38,0	21,5
Slowakei	2004	5,5	23,5
Slowenien	2004	2,1	26,4
Tschechien	2004	10,6	27,6
Ungarn	2004	9,8	21,6
Zypern	2004	0,9	26,8
Bulgarien	2007	7,0	15,5
Rumänien	2007	19,4	19,8
Kroatien	2013	4,1	19,2

[1]zum Teil vorläufig oder geschätzt [2]kaufkraftbereinigt Quelle: Eurostat 13794 © Globus Stand März 2020

11.2 L'élargissement de l'UE

M2 Wer kann EU-Mitglied werden?

Um Mitglied zu werden, muss ein Land folgende Beitrittskriterien erfüllen:

- **politische Kriterien** – es muss stabile Institutionen haben, die Demokratie, Rechtsstaatlichkeit und Menschenrechte garantieren,
- **wirtschaftliche Kriterien** – es muss über eine funktionierende Marktwirtschaft verfügen,
- **rechtliche Kriterien** – es muss die geltenden EU-Rechtsvorschriften und ihre Umsetzung in die Praxis akzeptieren.

M3 Europa bekommt Nachwuchs

M4 Länderprofile

Portugal

EU-Beitritt: 1986
Staatsform: Republik
Hauptstadt: Lissabon
Fläche: 92 072 km²
Währung: Euro
Mitglied des Schengen-Raums

Mit dem Beitritt zur Europäischen Gemeinschaft erhofften sich viele Portugiesen eine Modernisierung des Landes und einen wirtschaftlichen Aufschwung. Das Ende der Salazar-Diktatur lag zu diesem Zeitpunkt erst zwölf Jahre zurück.
So versprachen sich viele von dem Beitritt auch eine Stabilisierung der jungen Demokratie. Heute gilt Portugal als wichtiges europäisches Bindeglied zur wirtschaftlichen Großmacht Brasilien.

Polen

EU-Beitritt: 2004
Staatsform: Republik
Hauptstadt: Warschau
Fläche: 312 679 km²
Währung: Zloty
Mitglied des Schengen-Raums

„Wir kehren nach Europa zurück", sagte Staatspräsident Kwasniewski anlässlich des Referendums zum EU-Beitritt, bei dem über 77 Prozent der Wähler dem Beitritt zustimmten. Nur zwölf Jahre waren seit dem Ende der fast 60-jährigen kommunistischen Diktatur vergangen. Gleichzeitig fürchteten viele Polen, dass kleine und mittlere Betriebe der Konkurrenz in der wirtschaftlich starken EU nicht gewachsen wären. Obwohl sich Polen insgesamt trotz Krise wirtschaftlich gut entwickelt hat, gibt es heute eine gewisse Europaskepsis in der polnischen Bevölkerung.

1 Erstellen Sie jeweils eine Liste der EU-Staaten geordnet nach dem Beitrittsjahr, der Bevölkerungszahl und dem BIP.

2 Welche Länder haben den Kandidatenstatus?

3 Diskutieren Sie, ob das politische Europa dem geografischen entsprechen sollte.

4 Analysieren Sie die Karikatur M3. Welche Kritik wird geäußert?

5 Erklären Sie, welche Erwartungen die in M4 genannten Länder mit einem Betritt zu Europa verbanden. Überlegen Sie, ob sich diese Hoffnungen erfüllt haben.

6 Erstellen Sie weitere Länderprofile. Orientieren Sie sich dabei an M4.

11.3 Symbole und Werte

Die Europäische Union setzt sich aus vielen Einzelstaaten zusammen. Diese haben sich mit ihrem Beitritt dazu verpflichtet, gemeinsame Ziele zu verfolgen und die Regeln der EU einzuhalten.

Lange Zeit wurde die EU als reine Wirtschaftsgemeinschaft verstanden. Dabei sollte man nicht vergessen, dass die Mitgliedstaaten auch historische, kulturelle und politische Gemeinsamkeiten haben, die sie über die wirtschaftliche Zusammenarbeit hinaus verbinden. Dennoch sehen viele Menschen in Europa sich in erster Linie als Angehörige ihres Staates und nicht als Bürger der EU.

Trotz aller Unterschiede hat die Europäische Union aber eine Flagge, eine Hymne und sogar einen Feiertag. Die Symbole der Union sollen die nationalen Symbole und Flaggen nicht ersetzen, sondern ergänzen.

M 1

Flagge

Die Fahne des Europarats wurde 1985 offizielles Symbol der EU. Die zwölf Sterne stehen für Einheit, Solidarität und Harmonie. Auch der Kreis symbolisiert die Einheit.

Hymne

Die Melodie stammt aus der 9. Symphonie von Ludwig van Beethoven (1823). Sie ist seit 1985 offizielle Hymne der EU. Die Europa-Hymne hat keinen Text.

Europatag

Am 9. Mai 1950 stellte Robert Schuman seine Vision eines geeinten Europas vor (Schuman-Plan). Dieser Tag gilt als Gründungstag der heutigen EU und wird jedes Jahr in den Mitgliedstaaten gefeiert.

Motto

„Unie dans la diversité“ (In Vielfalt geeint), seit 2000 das Motto der EU.

M 2 **Euroscheine.** Im Jahr 2016 ist der Euro in 19 EU-Staaten Zahlungsmittel. Ziel ist eine gemeinsame Währung für die ganze EU.

11.3 Symboles et valeurs

M3 Aus der Einleitung zur Charta der Grundrechte der EU

Die Völker Europas sind entschlossen, auf der Grundlage gemeinsamer Werte eine friedliche Zukunft zu teilen, indem sie sich zu einer immer engeren Union verbinden.
In dem Bewusstsein ihres geistig-religiösen und sittlichen Erbes gründet sich die Union auf die unteilbaren und universellen Werte der Würde des Menschen, der Freiheit, der Gleichheit und der Solidarität.
Sie beruht auf den Grundsätzen der Demokratie und der Rechtsstaatlichkeit. Sie stellt die Person in den Mittelpunkt ihres Handelns, indem sie die Unionsbürgerschaft und einen Raum der Freiheit, der Sicherheit und des Rechts begründet.
Die Union trägt zur Erhaltung und zur Entwicklung dieser gemeinsamen Werte unter Achtung der Vielfalt der Kulturen und Traditionen der Völker Europas sowie der nationalen Identität der Mitgliedstaaten und der Organisation ihrer staatlichen Gewalt auf nationaler, regionaler und lokaler Ebene bei.

http://www.europarl.de/resource/static/files/europa_grundrechtecharta/_30.03.2010.pdf (25.03.2016)

M4 Umfrage zum europäischen Identitätsgefühl, 2015

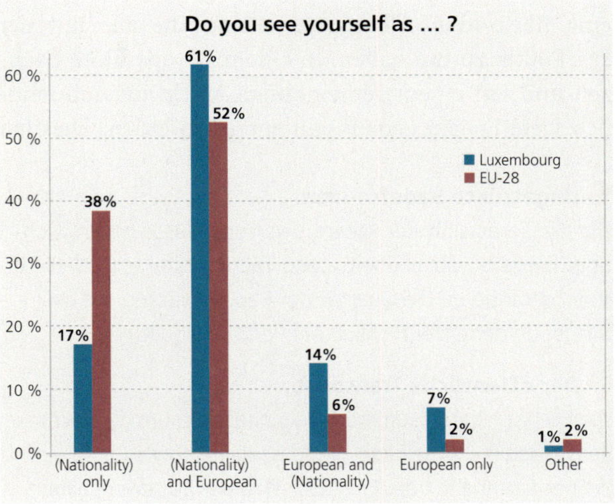

Standard Eurobarometer 83, Spring 2015 – TNS opinion & social; http://ec.europa.eu/public_opinion/archives/eb/eb83/eb83_citizen_en.pdf (22.04.2016)

M5 Grundlagen der Unionsbürgerschaft (<> la citoyenneté européenne)

Jeder Staatsangehörige eines Mitgliedstaates besitzt die Unionsbürgerschaft. Sie ersetzt nicht die nationale Staatsangehörigkeit, sondern ergänzt sie. Zu den Grundlagen der Unionsbürgerschaft zählen:

- **Freizügigkeit:** Man darf sich innerhalb der EU frei bewegen, aufhalten und arbeiten.
- **Petitionsrecht:** Jeder EU-Bürger darf sich an das EU-Parlament bzw. den EU-Ombudsmann wenden, wenn er seine Rechte verletzt sieht.
- **Wahlrecht:** Aktives und passives Wahlrecht bei EU- und Kommunalwahlen.
- **Recht auf Schutz:** Außerhalb der EU muss jedes Mitgliedsland die Bürger eines anderen Mitgliedslandes schützen, d.h. ein EU-Bürger darf sich an die Botschaft eines EU-Landes wenden.
- **Diskriminierungsverbot:** EU-Bürger dürfen nicht schlechter behandelt werden als Inländer.

1 Erstellen Sie eine Liste mit Grundwerten und Prinzipien der EU.
2 Welche offiziellen EU-Symbole sind auf den Euro-Scheinen abgebildet? Erläutern Sie die Bedeutung der übrigen Abbildungen.
3 Erläutern Sie das Motto der EU: „Unie dans la diversité".
4 Welche Folgen hat die EU-Bürgerschaft für die Bürger eines Mitgliedslandes (M5)?
5 Erstellen Sie ein Plakat, auf dem für die EU geworben wird.
6 Führen Sie in Ihrer Klasse oder Schule eine Umfrage zum Thema durch: „Inwiefern fühle ich mich als Europäer?" Vergleichen Sie mit M4.

11.4 Europa im Alltag

Viele denken, dass die europäische Politik sich weitab von den Alltagsproblemen der Bürger abspielt. Um zu verdeutlichen, wo überall die EU mitbestimmt, zeigt eine Illustration Alltagsgegenstände, die alle mit der EU-Politik zu tun haben. In einem Europa ohne Grenzen und mit einem gemeinsamen Markt müssen nämlich viele Fragen gemeinsam geregelt werden. Dies hat auch Auswirkungen auf jeden Einzelnen. Die Zweijahresgarantie aller Haushaltsgeräte ist beispielsweise einer europäischen Richtlinie zu verdanken. 2013 wurde beschlossen, dass neu ausgestellte Führerscheine Scheckkartenformat haben und bestimmte Standards erfüllen müssen, um Fälschungen oder Manipulationen zu erschweren.

❶ Ungetrübte Badefreuden
Die Wasserqualität der Meere, Seen und Flüsse ist ein wichtiger Freizeit-, Gesundheits- und Tourismusfaktor. EU-Richtlinien garantieren die Qualität der Badegewässer und die Information der Öffentlichkeit bei Verunreinigung.

❷ Der öffentliche Transport
Die EU hat neue Bestimmungen eingeführt, um die Rechte der Passagiere zu stärken. Flugpassagiere sowie Personen, die per Eisenbahn oder Linienschiff in der EU reisen, haben jetzt Anrecht auf Informationen, auf Beistand und auf eine Entschädigung bei Verspätung. Indem sie den Wettbewerb unter den Fluglinien genehmigte, erreichte die EU eine Senkung der Flugpreise.

❸ Die weltweite Solidarität
Die Europäische Union ist auf weltweiter Ebene einer der größten Spender von Entwicklungs- und humanitärer Hilfe. Die EU erleichtert auch Produkten aus fairem Handel den Zugang zum europäischen Markt.

❹ Ein stabiler Frieden
Nach dem Zweiten Weltkrieg schafft die Zusammenarbeit im Rahmen der Europäischen Gemeinschaften die Grundlage eines dauerhaften Friedens in Europa. Heute verfolgt die Europäische Union eine gemeinsame Außen- und Sicherheitspolitik (GASP).

❺ Das Programm Erasmus+
Schüler, Studenten und Berufstätige werden finanziell unterstützt, wenn sie einen Teil der Ausbildung im Ausland absolvieren möchten.

❻ Die medizinische Forschung
Jeder von uns wird früher oder später einmal krank. Die EU unterstützt die medizinische Forschung in vielen Bereichen.

❼ Die Lebensmittelsicherheit
Die europäischen Normen für Lebensmittelsicherheit gehören zu den weltweit strengsten und sie gelten sowohl für europäische als auch für ausländische Produkte. Auf dem Etikett werden die in Lebensmitteln enthaltenen Zutaten,

11.4 L'Europe au quotidien

Farb- und Konservierungsstoffe angegeben sowie ihr Nährwert. Der Gebrauch der Bezeichnung „biologisch" ist Regelungen unterworfen.

8 Die Senkung der Gesprächskosten
Die Europäer können einfacher und billiger per Mobiltelefon in Kontakt bleiben. Eine EU-Regelung legt Obergrenzen für Roaminggebühren fest. Ab 2017 entfallen diese Gebühren im EU-Ausland ganz.

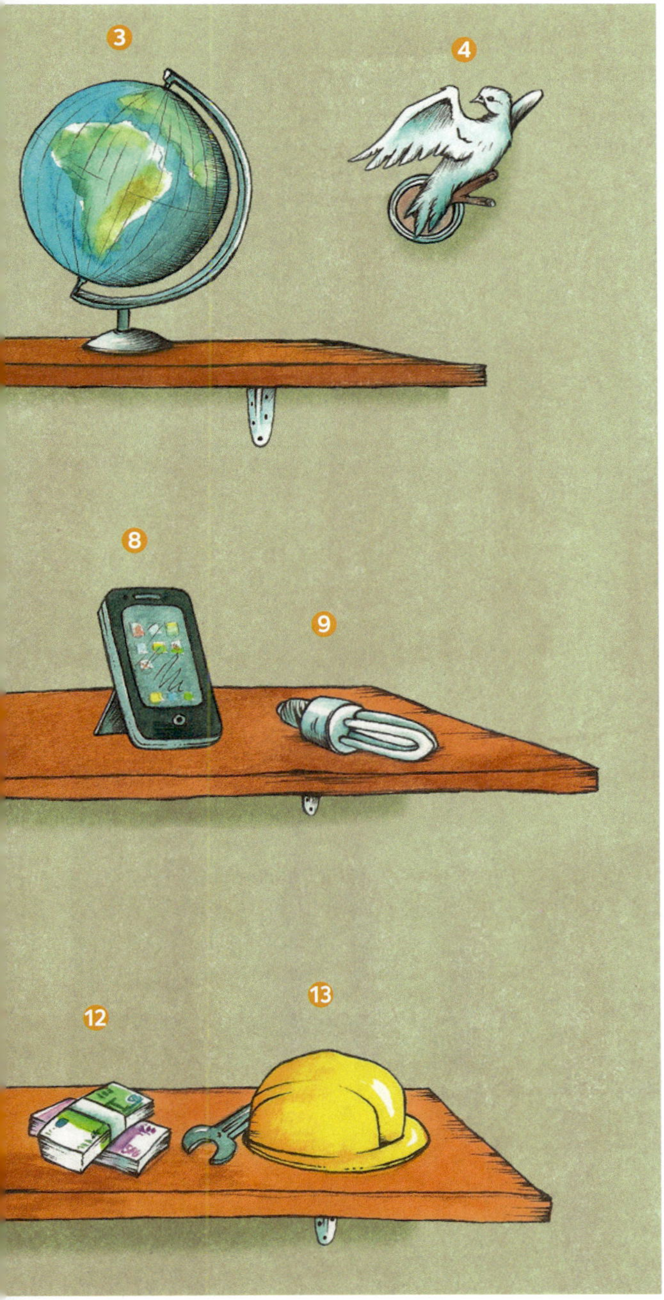

9 Der Kampf gegen den Klimawandel
Ab 2009 nahm die Europäische Union, die traditionellen Glühbirnen schrittweise vom Markt und begann sie durch Energiesparlampen zu ersetzen. Die neuen Sparlampen verbrauchen nämlich vier- bis fünfmal weniger Strom als klassische Glühbirnen und ihre Lebensdauer ist sechs- bis zehnmal länger, bei einem Einkaufspreis der nur geringfügig höher ist.

10 Der freie Personenverkehr
Die Europäische Union ermöglicht die Mobilität ohne Personenkontrollen an den Binnengrenzen. 1985 wurde das Schengener Abkommen unterzeichnet. Andere nicht EU-Länder – die Schweiz, Norwegen und Island – sind dem Vertrag beigetreten.

11 Eine reichhaltige Ernährung
Nach dem Zweiten Weltkrieg litt Europa unter Nahrungsmittelknappheit. Die gemeinsame Agrarpolitik (GAP) sollte den Bauern bei der Produktionssteigerung behilflich sein. Allerdings kam es zur Überproduktion. Heute soll die GAP die Lebensmittelproduktion begrenzen bei gleichzeitiger Garantie eines stabilen Einkommens für die Landwirte. Umwelt- und Landschaftsschutz gehören ebenfalls zu den Prioritäten.

12 Die einheitliche Währung
In der Eurozone gehören die mit dem Geldwechsel verbundenen Kosten der Vergangenheit an. Heute können Preisvergleiche zwischen den einzelnen Ländern vorgenommen werden.

13 Die Mobilität der Arbeitnehmer
Jeder Bürger eines Mitgliedstaates darf in jedem anderen EU-Land unter den gleichen Voraussetzungen leben und arbeiten wie die Einheimischen. Diplome und berufliche Qualifikationen werden gegenseitig anerkannt.

1 Unterscheiden Sie zwischen politischen, wirtschaftlichen, sozialen und ökologischen Leistungen der EU. Fassen Sie diese in einer Tabelle zusammen.

2 Wo begegnen Sie im Alltag persönlich der Europäischen Union? Suchen Sie Beispiele.

3 Beurteilen Sie die Notwendigkeit, aber auch die möglichen Nachteile europaweiter Regelungen.

4 Informieren Sie sich im EU-Informationszentrum in Luxemburg-Stadt, der Maison de l'Europe, über weitere Spuren der EU im Alltag, z. B. Reisebestimmungen oder Verbraucherschutz in Europa.

11.5 Bürger in Europa

Europa will mehr sein als ein großer Binnenmarkt, es will ein Europa der Bürger sein. Ein echtes Zusammengehörigkeitsgefühl kann allerdings nur durch greifbare Errungenschaften und Erfolge entstehen. So hat z.B. jeder EU-Bürger das Recht, im Ausland zu studieren, zu leben und zu arbeiten. Auch in den Bereichen Gesundheitsversorgung und Verbraucherschutz profitieren die Bürger von den Beschlüssen der EU. Tatsächlich teilen ungefähr 500 Millionen EU-Bürger aus 28 Mitgliedsländern dieselben Rechte und bestimmen über die gemeinsamen Institutionen die Politik Europas. Anhand der folgenden Beispiele soll gezeigt werden, was es heißt, Bürger in Europa zu sein.

M 1 Mindmap „Europäische Bürgerrechte"

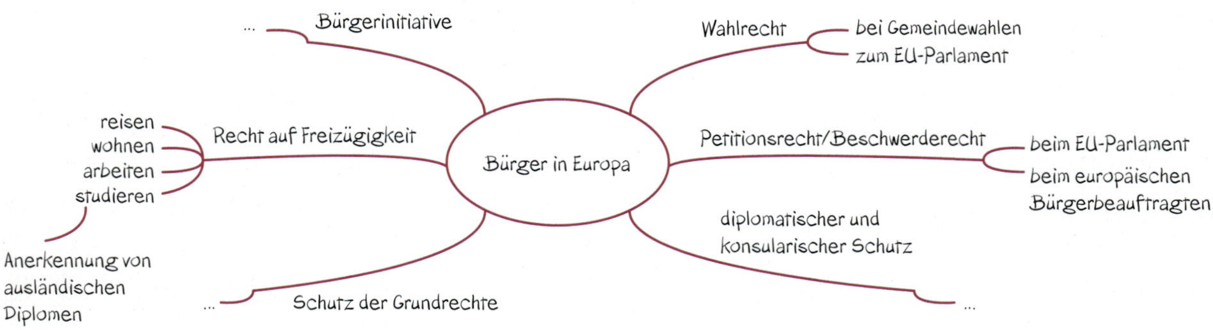

M 2

M 3 Besuch im EU-Parlament

11.5 Être citoyen en Europe

M4 Das europäische Jugendportal online

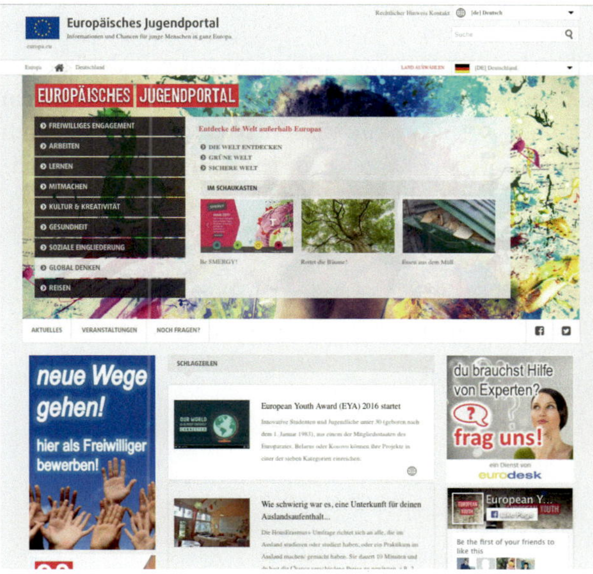

M5 Milchbauern aus ganz Europa demonstrieren in Brüssel für höhere Agrarsubventionen.

M6 Grenzkontrollen in Europa

M7 Europäische Bürgerinitiative. Mindestens 1 Million Bürger können die Kommission dazu zwingen, ein Thema auf die Tagungsordnung zu setzen. Allerdings muss die Initiative einen Bezug zur EU haben.

M8 Der Europäische Bürgerbeauftrage (Ombudsmann)

Der Europäische Bürgerbeauftragte nimmt Beschwerden von allen Bürgerinnen und Bürgern entgegen, die sich von den europäischen Institutionen ungerecht behandelt fühlen. Dieser Europäische Ombudsmann hat seinen Sitz in Brüssel und geht Hinweisen über Fehlverhalten europäischer Institutionen gegenüber Bürgern nach.

1 Ordnen Sie die Materialien in M2 bis M8 den verschiedenen Bürgerrechten aus M1 zu.

2 Stellen Sie anhand von M1 bis M4 fest, welche Möglichkeiten die EU jungen Menschen bietet.

3 Welche Rechte sind innerhalb und außerhalb der EU mit der Unionsbürgerschaft verbunden?

4 Welche Möglichkeiten der politischen Beteiligung bestehen in der EU? Erklären Sie.

5 Informieren Sie sich auf dem Jugendportal der EU über Studien- und Ausbildungsprogramme für Jugendliche.

11.6 Wie funktioniert die EU?

Die Funktionsweise der Europäischen Union hat sich in mehr als 50 Jahren unter Zusammenarbeit aller Mitgliedstaaten entwickelt. Die EU-Mitgliedstaaten bleiben im Prinzip unabhängige, souveräne Nationen, haben aber einen Teil ihrer Entscheidungsbefugnisse an die europäischen Organe abgegeben, damit Entscheidungen von gemeinsamem Interesse auf europäischer Ebene demokratisch getroffen werden können.

In einzelnen Bereichen, wie z. B. der Finanz- oder Steuerpolitik, müssen Entscheidungen einstimmig getroffen werden. In anderen Politikbereichen, wie z. B. der Handelspolitik, gilt das Mehrheitsprinzip.

M1 Das Zusammenspiel der Institutionen

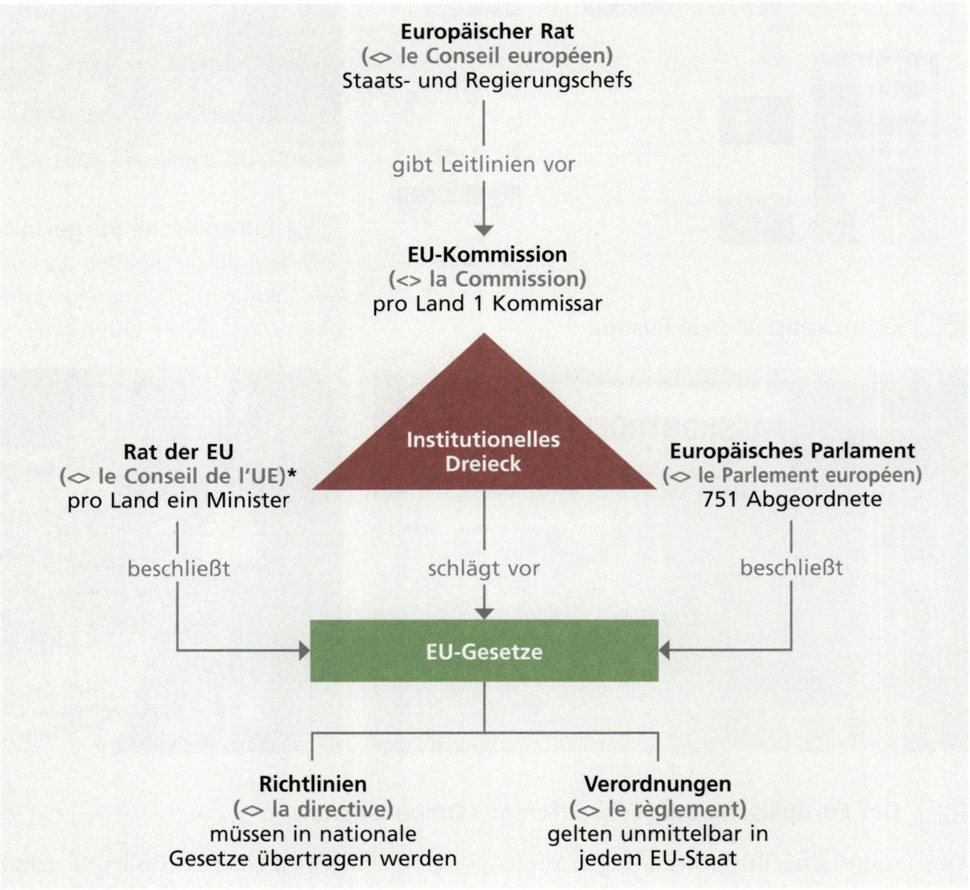

* Der sogenannte Ministerrat tagt in wechselnder Zusammensetzung. Werden z. B. Agrarfragen behandelt, tagen die Landwirtschaftsminister, bei Finanzfragen die Finanzminister usw.
Bei Abstimmungen gilt meist die doppelte Mehrheit: 55 Prozent der Länder müssen zustimmen; außerdem müssen diese mindestens 65 Prozent der EU-Bevölkerung vertreten.

M2 Weitere wichtige Institutionen

- Europäischer Gerichtshof (<> la Cour de Justice européenne): legt EU-Recht aus; Staaten können verklagt werden
- Europäische Zentralbank (<> la Banque centrale européenne): legt Geld- und Währungspolitik fest
- Europäischer Rechnungshof (<> la Cour des comptes européenne): überprüft die Finanzen der EU

11.6 Le fonctionnement de l'UE

M 3 Die europäischen Parlamentsgebäude in Straßburg und Brüssel

M 4 Die Europäische Kommission in Brüssel

M 5 Der EU-Ministerrat in Brüssel; er tagt während drei Monaten des Jahres in Luxemburg

M 6 Der Haushalt der EU.
Zum Vergleich: Fast 370 Milliarden Euro beträgt der Bundeshaushalt Deutschlands 2019.

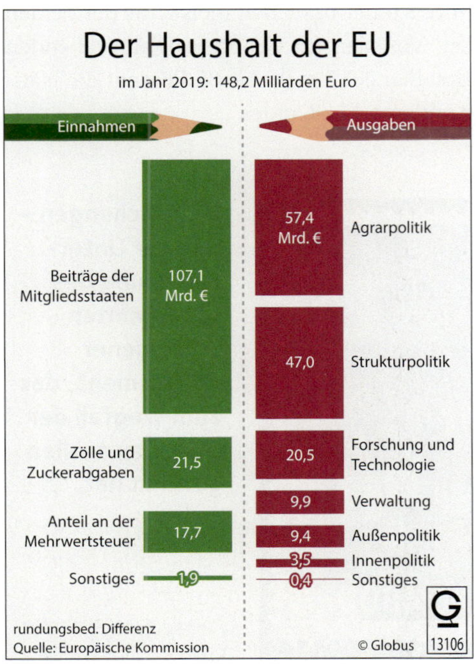

1 Wer trifft die Entscheidungen in der EU? Nennen Sie die wichtigsten Beschlussfassungsorgane der EU.
2 Wer macht die Gesetze in der EU?
3 Erkundigen Sie sich nach den Luxemburger Vertretern in Kommission und EU-Parlament.
4 Vergleichen Sie die Organe der EU mit den Organen (drei Gewalten) eines Staates.
5 Woher stammen die Einnahmen der EU? Wofür gibt die EU am meisten Geld aus?

M 7 Wichtige Politiker der EU

Charles Michel, ehemals belgischer Premierminister, ist seit 2019 Präsident des Europäischen Rates. Es gehört zu seinen Aufgaben, dessen Tagungen vorzubereiten und zu leiten.

Josep Borrell (Spanien) seit 2019 Hoher Vertreter der EU für Außenpolitik und Vizepräsident der Europäischen Kommission. Er vertritt die EU nach außen und macht Vorschläge zur Gemeinsamen Außen- und Sicherheitspolitik.

Ursula von der Leyen (Deutschland) seit 2019 Präsidentin der Europäischen Kommission. Sie gibt die Leitlinien der Kommissionsarbeit vor. Ihr Amt ist dem einer Regierungschefin auf nationaler Ebene ähnlich.

11.7 Europa in Luxemburg – Luxemburg in Europa

M1 Blick auf die europäischen Institutionen in Luxemburg
❶ Europäischer Gerichtshof (<> la Cour de justice de l'Union européenne), ❷ Europäische Investitionsbank (<> la Banque européenne d'investissement), ❸ Europäischer Rechnungshof (<> la Cour des comptes européenne), ❹ Generalsekretariat des Europaparlaments (<> le Secrétariat général du Parlement européen), ❺ Übersetzungsdienste (<> le centre de traduction des organes de l'UE), ❻ verschiedene Dienste der Europäischen Kommission (<> différents services de la Commission européenne)

Europa in Luxemburg
Die Vorgängerorganisation der heutigen Europäischen Kommission nahm 1952 unter dem Namen der Hohen Behörde ihre Arbeit in Luxemburg auf. Seitdem gehört Luxemburg neben Brüssel und Straßburg zu den drei EU-Hauptstädten mit wichtigen EU-Institutionen. In Luxemburg befinden sich die meisten dieser Institutionen auf dem Kirchberg. Er ist außerdem Tagungsort des Ministerrats. Ungefähr 11 000 EU-Beamte arbeiten in Luxemburg; ihre Kinder besuchen meist eine der beiden Europaschulen. Von den im Großherzogtum lebenden Ausländern besaßen 2015 mehr als 85 Prozent die Nationalität eines anderen EU-Landes.

M2 Der französischen Außenminister Robert Schuman vor dem Sitz der EGKS in Luxemburg, 1953

M3 Schengen – Ort der Unterzeichnung des sogenannten Schengener Abkommens, das zum Wegfall der Grenzkontrollen geführt hat.

11.7 L'Europe au Luxembourg – Le Luxembourg en Europe

Welche Rolle spielt die EU für Luxemburg?

Ein Blick auf die Landkarte genügt, um festzustellen, dass ganz Luxemburg im Grunde genommen ein grenznaher Raum ist. Die Verflechtungen mit den umliegenden Regionen sind vielfältig. Täglich kommen ungefähr 170 000 Pendler zum Arbeiten nach Luxemburg und tragen somit zu dessen Steueraufkommen bei. Man kann sich kaum vorstellen, dass sich die Region so entwickelt hätte, wenn sich die Grenzen nicht durch den Abbau der Personenkontrollen 1985 geöffnet hätten. Durch den Tankstellentourismus wird ein wichtiger Teil des Luxemburger Staatshaushaltes gedeckt, aber auch der Bankenplatz profitiert von dem freien Kapitalverkehr in der Union. Zunehmend ziehen Luxemburger in umliegende Regionen, weil Baugrund durch den wirtschaftlichen Erfolg des Großherzogtums teuer geworden ist. Grundsätzlich gilt auch die freie Arztwahl über Ländergrenzen hinweg. Kein EU-Land ist so mit seinem Umland verflochten wie das Großherzogtum. Etwa 85 Prozent seiner Produktion geht in den Export – davon das meiste in EU-Länder.

M4 Wussten Sie schon?

- Luxemburg gehörte 1951 zu den sechs Gründerstaaten der Europäischen Gemeinschaft für Kohle und Stahl/EGKS (<> la Communauté Européenne du Charbon et de l'Acier / CECA).
- Der französischen Außenminister Robert Schuman, auf dessen Initiative die Einigung Europas zurückgeht, ist im Jahre 1886 in Clausen als Sohn einer luxemburgischen Mutter und eines aus Lothringen stammenden Vaters geboren, das damals zu Deutschland gehörte.
- 1986 erhielt das luxemburgische Volk in Anerkennung seiner Rolle für die Einigung Europas den Karlspreis der Stadt Aachen.

M5 Grenzpendler in der Großregion

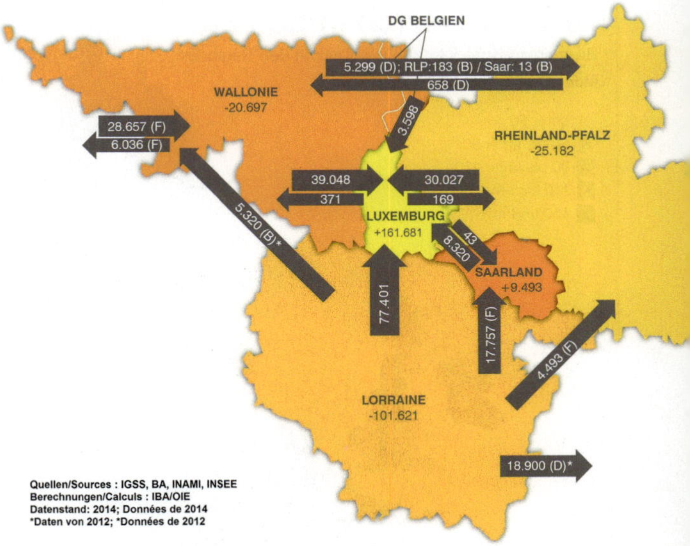

Zahl der Grenzgänger steigt schneller.

2018 waren in Luxemburg 421.826 Menschen beschäftigt. Fast die Hälfte davon waren Grenzgänger. Ihre Zahl wächst schneller als die der Einwohner.

M6 Das Gewicht Luxemburgs in der EU

- Luxemburg stellt 6 von 751 Abgeordneten im EU-Parlament. Damit entfallen auf einen Abgeordneten etwa 80 000 Einwohner. Zwar stellt das bevölkerungsreichste Land der EU, Deutschland, 96 Abgeordnete, jedoch repräsentiert damit ein deutscher Europaparlamentarier ungefähr 800 000 Einwohner.
- Das Großherzogtum stellt einen von 28 EU-Kommissaren, ebenso wie die großen Mitgliedstaaten.
- Der Gerichtshof verfügt über einen Richter je EU-Mitgliedstaat.
- Bei Mehrheitsabstimmungen im Ministerrat gilt (ab 2014): 55 Prozent der Staaten müssen zustimmen, gleichzeitig müssen diese mindestens 65 Prozent der EU-Bevölkerung repräsentieren.
- Bei Abstimmungen, die zum Beispiel Steuerfragen betreffen oder die gemeinsame europäische Außenpolitik, besitzt jedes Land eine Stimme.

1 Wo zeigt sich Europa in Luxemburg?

2 Erläutern Sie, welche Rolle Luxemburg in Europa spielt.

3 Stellen Sie sich vor, welche wirtschaftliche und politische Rolle Luxemburg ohne Mitgliedschaft in der EU spielen würde.

4 Diskutieren Sie, ob Luxemburgs Gewicht in der EU demokratischen Grundsätzen entspricht.

11.8 Regionen in Europa

Heute gilt die EU als Europas wirtschaftliche Kernregion. Doch die Wirklichkeit ist nicht ganz so einfach. Es gibt zum Beispiel große Unterschiede innerhalb der Union und auch innerhalb von EU-Staaten bei der wirtschaftlichen Stärke und den Lebensbedingungen der Bürger.
Der einheitliche EU-Wirtschaftsraum kann nur bestehen, wenn Unterschiede innerhalb der EU verringert werden. Die große Ungleichheit birgt auch die Gefahr von Konflikten zwischen den Mitgliedern; die Menschen akzeptieren die EU nur, wenn sie nicht „Europäer zweiter Klasse" sind.

M1 Entwicklungsunterschiede in Europa

1 Bauer in Transsilvanien, 2010, 2 industrielle Landwirtschaft in Niedersachsen, 3 Finanzzentrum London, 4 Stilllegung des letzten Hochofens in Charleroi (Belgien)

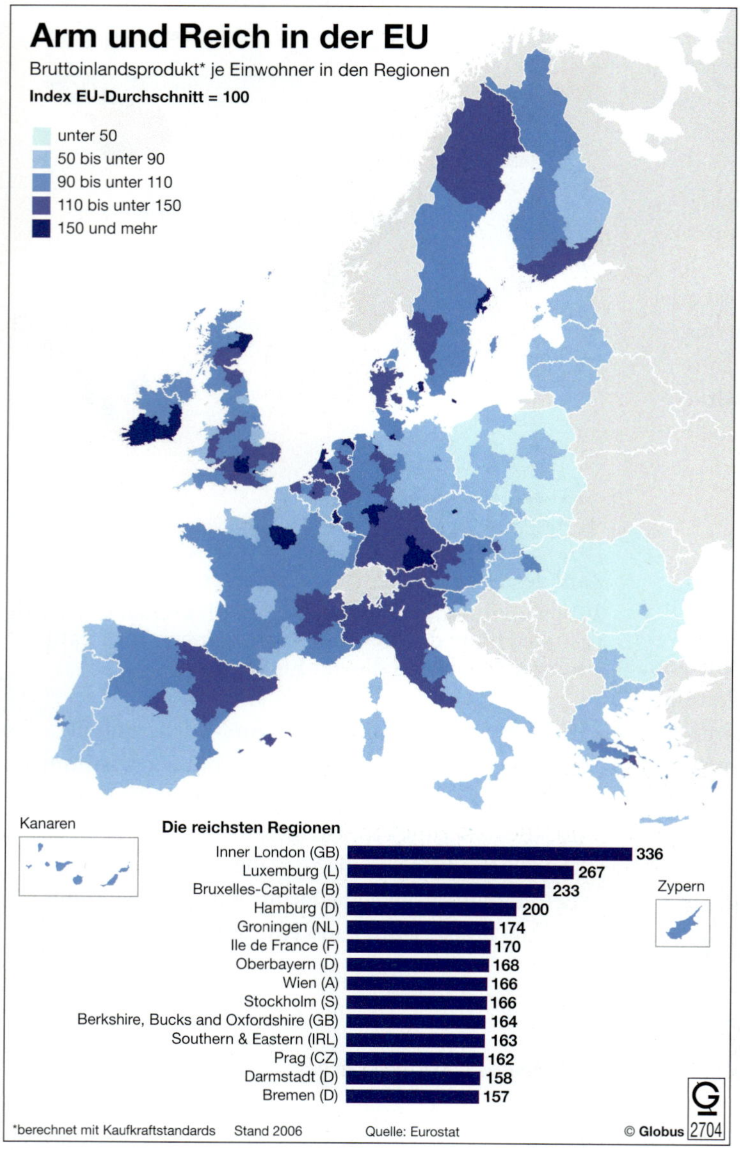

1

2

3

4

11.8 Les régions en Europe

M2 Die Regionalpolitik der EU

EU-Regionalpolitik ist Investitionspolitik, die die Schaffung von Arbeitsplätzen, die Wettbewerbsfähigkeit und das Wirtschaftswachstum fördert, die Lebensqualität verbessert und eine nachhaltige Entwicklung unterstützt. Mit diesen Investitionen soll ein Beitrag zur Umsetzung der Strategie „Europa 2020“ geleistet werden.
Regionalpolitik ist auch Ausdruck der Solidarität der EU mit weniger entwickelten Ländern und Regionen, da die Fördermittel vor allem in die Bereiche und Sektoren fließen, wo sie am dringendsten benötigt werden. Ziel ist es, die nach wie vor bestehenden großen wirtschaftlichen, sozialen und territorialen Unterschiede zwischen Europas Regionen zu verringern. Die Erfolge sind in den ärmeren Regionen sichtbar; so stieg dort der Wohlstand, es entstanden neue Arbeitsplätze oder es wurden neue Autobahnen gebaut. Die EU-Förderpolitik konnte jedoch die Wirtschaftskrise in einigen Ländern mit enormen Staatsschulden und hoher Arbeitslosigkeit (z. B. in Griechenland, Spanien oder Portugal) nicht verhindern.

M3 Beispiele für Förderprojekte der EU

Estland

Stärkung des Bildungssystems

Ein neuer Kindergarten in Estland, der durch das Instrument zur Vorbereitung auf den Beitritt, SAPARD, finanziert wurde.

Italien

Arbeitsplätze schaffen

Wiederherstellung einer Ausbildungs- und Industriebasis für junge Menschen, Cagliari, Sardinien, Italien.

Slowenien

Tourismus entwickeln

Spanien und Portugal

Interreg-Projekt verbindet Spanien mit Portugal

Eine Brücke über den Fluss Guadiana verbindet Spanien mit Portugal.

Frankreich

In kleine und mittlere Unternehmen investieren

Unterstützung für eine Bananenplantage auf der Insel La Réunion, Frankreich.

Niederlande

Verbesserung des Gewässerschutzes

1. Lokalisieren Sie die reichsten und ärmsten Regionen und Staaten der EU (M1).
2. Ordnen Sie die Bilder aus M1 den entsprechenden EU-Ländern zu.
3. Was versteht man unter Solidarität innerhalb der EU? Nennen Sie Beispiele aus dem Bereich Regionalpolitik.
4. Wie können die in M3 dargestellten Projekte in einzelnen Regionen die Entwicklung fördern?

11.9 Europa in der Welt

M 1 Die wichtigsten Handelspartner der EU

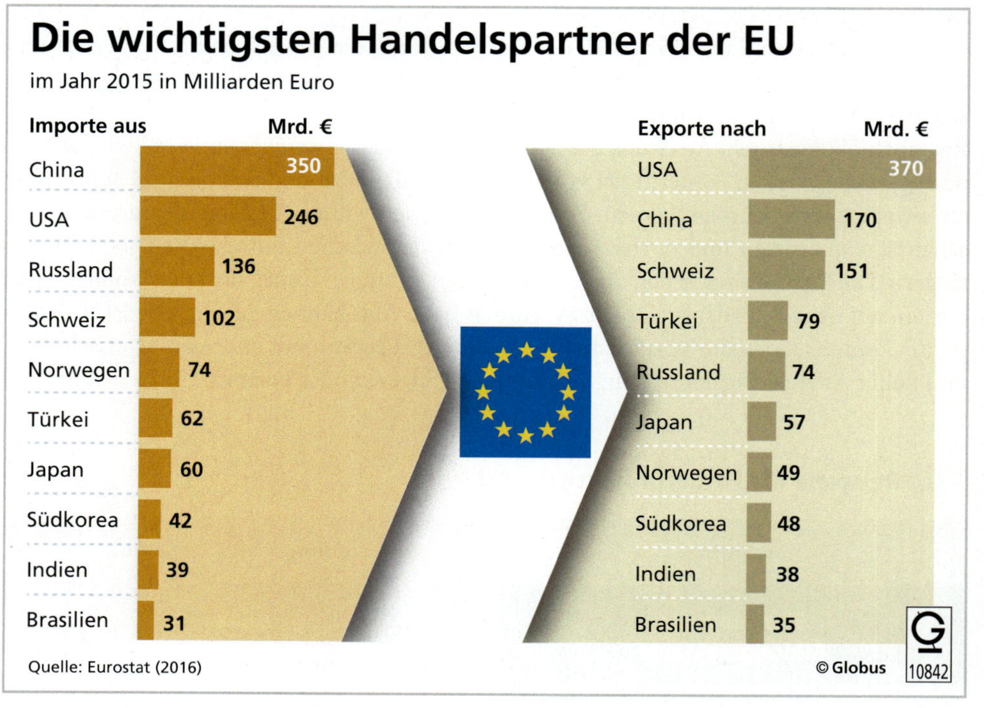

Wirtschaftlicher Gigant ...

Der Anteil der Europäer an der Weltbevölkerung nimmt ständig ab (1950: 21,6 %, 2010: 10,6 %; 2050: 7,6 %). Die Europäische Union ist dennoch in wirtschaftlicher, handelspolitischer und finanzieller Hinsicht ein Global Player. Sie ist die größte Handelsmacht, produziert ein Viertel des weltweiten Vermögens, verfügt über die zweitstärkste Währung der Welt und hat mit den meisten Ländern und Regionen der Welt Handels- und Partnerschaftsabkommen geschlossen. Die EU und nicht die Nationalstaaten schließen internationale Verträge in Handelsfragen.

Die EU gilt immer noch als Vorbild der Demokratie, der Rechtstaatlichkeit und der politischen Zusammenarbeit. Sie ist Vorreiter in Sachen Klimapolitik, ebenso wie in der Entwicklungszusammenarbeit.

Europa ist dank seiner wirtschaftlichen Stärke und seiner politischen Stabilität zum Traumziel für viele Menschen aus ärmeren Ländern geworden. Jedoch hat der Wegfall der Binnengrenzen seit dem Schengen-Abkommen es erforderlich gemacht, die Außengrenzen von Europa stärker zu kontrollieren.

11.9 L'Europe et le monde

M 2 Hilfsgüter der EU

M 3 Frontex: europäische Agentur zum Schutz der Außengrenzen der EU. Sie organisiert und koordiniert den Kampf gegen das organisierte Verbrechen und die illegale Einwanderung. Sie hängt von der Unterstützung der Mitgliedstaaten ab.

... außenpolitischer Zwerg?

Trotz gemeinsamer Außen- und Sicherheitspolitik (GASP) liegen die meisten außenpolitischen Befugnisse weiterhin bei den einzelnen EU-Mitgliedstaaten. Die EU sendet weltweit Friedensmissionen in verschiedene Krisengebiete. Da die EU über keine Armee verfügt, stellen die Mitgliedstaaten Streitkräfte für z. B. humanitäre Aufgaben, Rettungseinsätze, Abrüstungsmaßnahmen, Konfliktverhütung, die Stabilisierung der Lage nach Konflikten usw.

Der EU gelingt es nur dann mit einer Stimme zu sprechen, wenn alle Mitgliedstaaten eine gemeinsame Position finden. Während des Irakkrieges 2003 war dies zum Beispiel nicht möglich. Auch wenn die Union eine EU-Außenbeauftragte hat, ist eine einheitliche EU-Außenpolitik nur sehr schwer durchzusetzen. Viele Mitgliedstaaten sind nicht bereit, ihre Zuständigkeit abzugeben.

M 4

IRAK-KRIEG ... EUROPA BEZIEHT STELLUNG

1. Welche Staaten sind die wichtigsten Handelspartner der EU? Vergleichen Sie Importe und Exporte.
2. Recherchieren Sie die Daten zur Fläche, Einwohnerzahl, BIP der EU und ihrer Haupthandelspartnern. Vergleichen Sie.
3. Informieren Sie sich über die Zielländer der EU-Entwicklungszusammenarbeit.
4. Suchen Sie aktuelle Zeitungsartikel über die Lage an den EU-Außengrenzen, z. B. Flüchtlingsströme.
5. Erläutern Sie die Karikatur. Welche Schwäche der EU wird thematisiert?
6. Nehmen Sie Stellung zur folgender Aussage: „Die EU ist ein wirtschaftlicher Gigant, aber ein außenpolitischer Zwerg."

METHODE Karikaturen auswerten

Stilmittel von Karikaturen

- *Personifikationen: Engel / Taube = Frieden; Geier = Pleite …*
- *Metaphern: drohendes Unwetter, steigende Flut, groß-klein, mager-fett …*
- *visualisierte Redensarten: alle in einem Boot sitzen, jemandem einen Korb geben …*

Karikaturen sind in der politischen Diskussion beliebte Mittel, um Missstände darzustellen und Kritik zu üben. In einer Karikatur werden Personen, gesellschaftliche Zustände oder Ereignisse komisch und häufig übertrieben dargestellt. Karikaturen haben aber auch einen politischen bzw. einen propagandistischen Hintergrund. Sie geben Werturteile ab und zeigen uns, wie der Karikaturist etwas gesehen und beurteilt hat.

▸ DARUM GEHT ES

Karikaturen schrittweise untersuchen und sich so kritisch mit aktuellen Themen in Europa befassen.

▸ SO LÄUFT ES AB

① Beschreibung
- Titel, Bildunterschrift und Datum lesen
- Was ist dargestellt?
- Wie und mit welchen zeichnerischen Mitteln (Figuren, Objekte, Symbole, visualisierte Redensarten, Metaphern) ist das Thema dargestellt?

② Erklärung
- Was bedeuten die Symbole, Objekte …?

③ Interpretation/Aussage
- Was sagt der Zeichner zum Thema aus?

④ Für Experten
- Nehmen Sie Stellung zu der Aussage bzw. zu dem angesprochenen Problem. Stimmen Sie dem Karikaturisten zu?

① Prächtiger Baum mit Europaflagge und der Inschrift „Friede und Sicherheit".
② Steht für die Erfolge der EU.

① Der Gärtner erinnert sich, wie er das zarte Pflänzlein (EWG: Europäische Wirtschaftsgemeinschaft) vor 50 Jahren gepflanzt und gepflegt hat.
② Verweist auf die Entwicklung der EU.

① Zwei Personen mit Säge und Axt bewaffnet, um den Baum zu fällen.
② Steht für Bedrohung.

① Gärtner, der sich zufrieden ausruht und die Zeitung liest „50 Jahre Römische Verträge".
② Sich auf den Errungenschaften der EU ausruhen.

③ Der Karikaturist beschreibt die Europäische Union als Errungenschaft, die Europa während 50 Jahren (seit der Gründung der EWG) Friede und Sicherheit gebracht hat. Er weist darauf hin, dass man sich aber nicht auf den Errungenschaften ausruhen darf, denn Friede und Sicherheit sind weiterhin bedroht und keine Selbstverständlichkeit.

④ Ich stimme dem Karikaturisten zu/nicht zu … Ich bin der Meinung, dass …

M 1

M 2

M 3

M 4

M 5

M 6

1 Analysieren Sie die Karikaturen in Kleingruppen nach der vorgestellten Methode. Nach einer festgelegten Zeit wechseln die Gruppen zur nächsten Karikatur. Am Ende stellt jede Gruppe ihre Ergebnisse vor und diskutiert darüber.

11.10 Das Wichtigste auf einen Blick

Etappen der Einigung
- 1951 Europäische Gemeinschaft für Kohle und Stahl
- 1957 Europäische Wirtschaftsgemeinschaft
- 1968 Zollunion
- 1992 Schaffung der Europäischen Union
- 2013 Erweiterung auf 28 Länder
- 2016 Referendum über den EU-Ausstieg Großbritanniens
- 2020 Ausstieg Großbritanniens aus der EU (Brexit). Ein Austrittsabkommen regelt den Ausstieg und sieht eine Übergangsphase bis Ende 2020 vor.

Die vier Grundfreiheiten des Binnenmarktes
freier Verkehr:
- von Waren,
- von Personen,
- von Dienstleistungen und
- freier Kapital- und Zahlungsverkehr

Unionsbürgerschaft
- Freizügigkeit
- Wahlrecht bei EU- und Kommunalwahlen
- Petitionsrecht
- Bürgerinitiative
- Diskriminierungsverbot
- Recht auf Schutz in Drittländern

EU-Gesetzgebung
- Die Kommission schlägt vor
- Rat und Parlament stimmen ab
- Direktiven (Richtlinien)
- Verordnungen

Institutionen der EU
- EU-Parlament
- Rat der Europäischen Union / Ministerrat
- Europäischer Rat
- EU-Kommission
- Europäischer Gerichtshof
- Europäische Zentralbank
- Europäischer Rechnungshof

Europa in der Welt
Die EU:
- ist größte Handelsmacht
- leistet Entwicklungshilfe
- organisiert Einsätze zur Friedenssicherung
- koordiniert die Außenpolitik der Mitgliedsländer

11.10 En bref

Sachkompetenz (<> maîtriser des savoirs)

1 Wie trägt die EU zu Frieden und Stabilität in Europa bei?
2 Zählen Sie auf, wo Ihnen Europa im Alltag begegnet.
3 Erklären Sie die Aufgaben der wichtigsten europäischen Institutionen.
4 Erläutern Sie, wie in der EU Gesetze gemacht werden.
5 Nennen Sie die verschiedenen Erweiterungsrunden.
6 Erläutern Sie die Rolle Europas in der Welt.

Methodenkompetenz (<> utiliser des méthodes)

7 Erstellen Sie mithilfe des Internets eine Karikaturensammlung zur EU.
8 Werten Sie ein Schema zur Funktionsweise der EU-Institutionen aus.

Urteils- und Handlungskompetenz (<> juger et agir)

9 Diskutieren Sie: Wo liegen die Grenzen Europas?
10 In welchen Bereichen sollte die EU und sollten nicht die einzelnen Staaten zuständig sein? Begründen Sie Ihre Meinung.
11 Was stört Sie an der EU? Erläutern Sie.
12 Entwerfen Sie neue Euro-Scheine. Welche Symbole wählen Sie?

Zuständigkeiten in der Europäischen Union

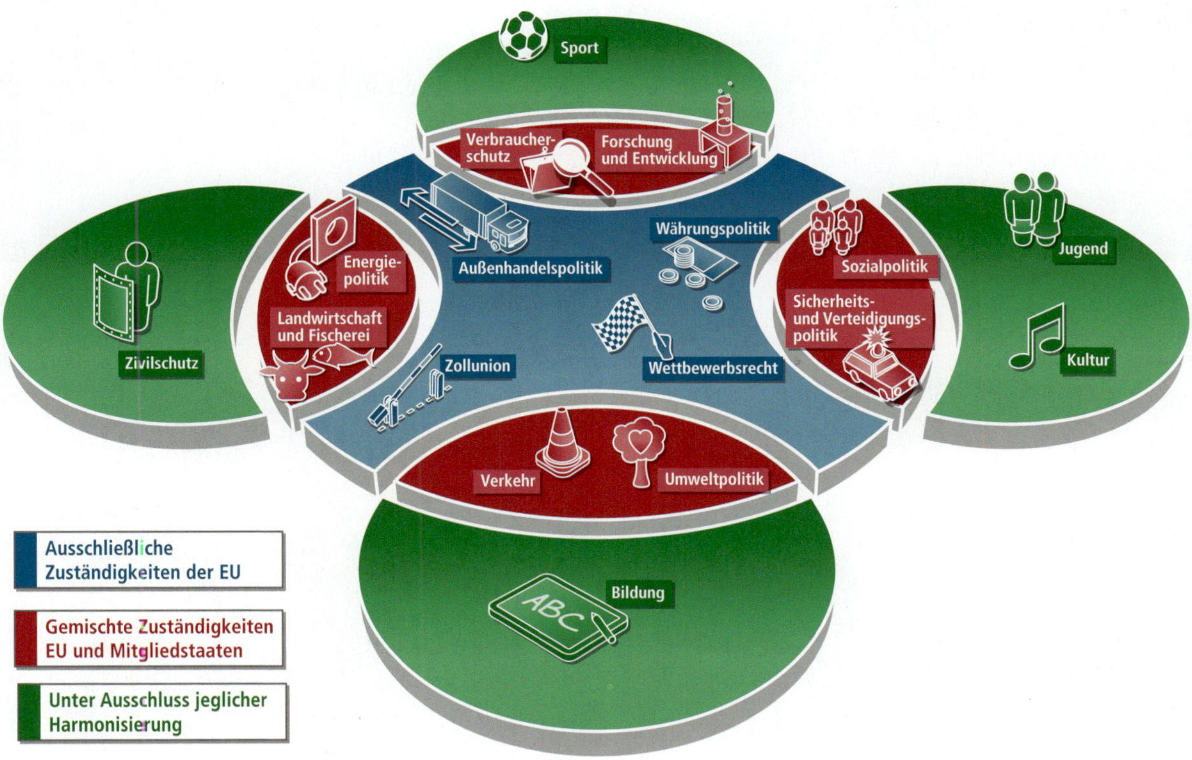

Bundeszentrale für politische Bildung, 2009, www.bpb.de

12 Die Welt von heute

Die Karte veranschaulicht die Kontakte, die weltweit in einem sozialen Netzwerk bestehen: Je heller die Stellen auf der Karte, desto mehr Verbindungen gibt es in diesem Bereich. Allein das Netzwerk Facebook hat 2,32 Mrd. Mitglieder (2019).

Ein Blauhelmsoldat der UN entschärft Minen (Zypern)

Vertreter der Internationalen Atomenergie-Organisation vor de zerstörten Atomkraftwerk im japanischen Fukushima

Le monde d'aujourd'hui

Wir leben in einer Welt, die geprägt ist von beispiellosem Wirtschaftswachstum auf der einen Seite und von Krisen, Kriegen und Katastrophen auf der anderen Seite. Jeder konsumiert Waren und Dienstleistungen, die überall auf der Welt hergestellt sein können. Wir leben mit Menschen zusammen – in unserer Nachbarschaft, in der Schule und im Freundeskreis –, deren Ursprünge in fremden Ländern liegen. Die Welt ist ein Dorf! Dennoch bleiben zentrale Herausforderungen für die Staatengemeinschaft auf der Tagesordnung: den Frieden weltweit zu sichern, soziale Gerechtigkeit für alle Menschen zu schaffen, die Umwelt zu bewahren. Auch wenn wir Zusammenhänge nur in Ansätzen überblicken, das Zusammenleben auf unserer Erde vollzieht sich in gegenseitiger Abhängigkeit voneinander.
In diesem Kapitel stellt sich demnach die Frage nach globalem Handeln und globaler Verantwortung.

1 Machen Sie ein Brainstorming zum Thema „Die Welt ist ein Dorf".

2 Was sagen die Abbildungen über die Welt von heute aus?

KOMPETENZEN AUF EINEN BLICK

Sachkompetenz (<> maîtriser des savoirs)
- Wissen, was man unter Globalisierung versteht, welche Bereiche sie umfasst und wie sie sich auf unser Leben auswirkt
- Die Ursachen und Folgen der weltweiten Entwicklungsunterschiede aufzählen können
- Die Rolle wichtiger internationaler Organisationen kennen
- Die wichtigsten ökologischen Aufgaben des 21. Jahrhunderts benennen

Methodenkompetenz (<> utiliser des méthodes)
- Eine Konfliktanalyse durchführen

Urteils- und Handlungskompetenz (<> juger et agir)
- Die Vor- und Nachteile der Globalisierung beurteilen
- Überlegen, wie man die weltweiten sozialen, politischen und ökologischen Probleme global lösen könnte

Überfülltes Flüchtlingsboot im Mittelmeer

12.1 Globalisierung im Alltag

M1 Die Gesichter der Globalisierung

Von Zuhause aus unterwegs im weltweiten Netz

Lakshmi Mittal (l.) und Aditya Mittal (r.) bei einem Aktionärstreffen in Luxembourg

Chinesische Fans bejubeln den FC Barcelona in Beijing (China)

M2 Aspekte der Globalisierung

Was ist Globalisierung?

Das Wort „Globalisierung" kommt von global (= weltumspannend). Darunter versteht man den Prozess der zunehmenden weltweiten Verflechtung in allen Bereichen. Globalisierung hat viele Aspekte und hat auch Auswirkungen auf unser tägliches Leben, wie z. B. auf die Arbeit, auf Mode und Musik, den Sport oder das Fernsehen.

Mit der industriellen Revolution im 19. Jahrhundert wuchs auch der internationale Handel. Im Zeitalter des Kolonialismus verstärkte sich dann der weltweite Warenaustausch zwischen Europa und seinen Kolonien. Die Globalisierung im heutigen Sinne wird durch die neuen Informations- und Kommunikationstechnologien vorangetrieben. Sie bewirkt die Entstehung weltweiter Märkte. Die Globalisierung der Wirtschaft hat sich in den letzten Jahren deutlich beschleunigt. Hauptakteure sind multinationale Unternehmen (<> les entreprises multinationales), die in vielen Staaten vertreten sind.

Der Prozess der Globalisierung erhöht den Wettbewerbsdruck zwischen den einzelnen Unternehmen und Ländern und hat erhebliche Folgen für die Stabilität und Sicherheit der Arbeitsplätze.

Immer mehr Länder erkennen, dass in Zukunft der Klimaschutz eine globale Aufgabe ist. Dazu werden immer wieder neue Verträge ausgehandelt und unterschrieben, um den CO_2-Ausstoß zu reduzieren.

12.1 La mondialisation

M3 Aussagen zum Thema Globalisierung

Es gibt verschiedene Meinungen über die Ursachen und Auswirkungen der Globalisierung:

Aussage 1

„Globalisierung hat für mich rein wirtschaftliche Bedeutung. Menschen haben immer schon Handel miteinander getrieben, meistens, um Kosten zu sparen. Und ehrlich: Ein einzelner Staat kann doch gar nicht all die verschiedenen Produkte bereitstellen, die die Bewohner wünschen."

A. Im Ausland geborene Bevölkerung, weltweit

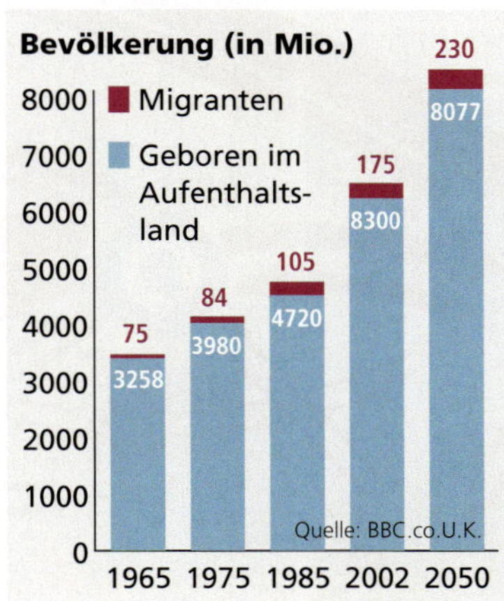

B. Welt-Reisende

„Lass mal sehen, das sind wir in der Fressmeile von Euro-Disney, oder in der Fressmeile von Tokio-Disney, oder in der Fressmeile von Disneyworld in Orlando ..."

Aussage 2

„Globalisierung hat für mich soziale Motive. Niemals sind so viele Menschen aus ihren Heimatländern ausgewandert und haben sich woanders mit den dort Ansässigen vermischt.
Dies hat auch mit der immer größeren Kluft zwischen armen und reichen Ländern zu tun."

C. Welthandel mit Gütern (1950–2014)

Aussage 3

„Globalisierung ist vor allem eine Angleichung der Kulturen.
Man kann sie heute überall auf der Welt beobachten. Alles vermischt sich und wird ähnlich.
Ideen und Produkte verbreiten sich durch die digitalen Medien in Echtzeit rund um den Globus."

1 Ermitteln Sie, wo Ihre Kleidungsstücke, Rucksäcke usw. produziert wurden. Stellen Sie die Ergebnisse als Tabelle oder Mindmap dar.

2 Beschreiben Sie die Fotos (M1). Welche Aspekte der Globalisierung sind zu erkennen? Nennen Sie weitere Beispiele.

3 Bearbeiten Sie die Aussagen aus M3:

a) Finden Sie eine Überschrift für die jeweilige Aussage. Ordnen Sie die Texte den Abbildungen A, B und C zu.

b) Vergleichen Sie die Aussagen 1 bis 3. Welche Meinung haben Sie dazu?

c) Wie würden Sie Globalisierung definieren?

12.2 Handelsströme weltweit

M1 Der weltweite Warenhandel, 2014

Wie funktioniert die globalisierte Wirtschaft?

Nach dem Zweiten Weltkrieg wurden die weltweiten Handelszölle stark abgebaut, die Märkte der einzelnen Länder sollten sich öffnen. In zahlreichen Abkommen wurden Regelungen für den Welthandel oder den Handel innerhalb bestimmter Wirtschaftszonen (z. B. der EU) festgelegt, um ohne Handelsschranken Güter auszutauschen. Damit erhoffte man sich eine Förderung der wirtschaftlichen Entwicklung aller Länder. In der Welthandelsorganisation WTO (World Trade Organization, Organisation Mondiale du Commerce = OMC) koordinieren die Mitgliedsstaaten ihre Handelspolitik und klären Streitfragen des internationalen Handels. Kritiker einer Liberalisierung werfen den Industriestaaten vor, ihre Stärke auf Kosten der weniger entwickelten Länder auszubauen. Seit 2018 verändern neuerliche Importzölle zwischen den USA und China, aber auch der EU, den globalen Handel.
Es kommt aber auch zu tief greifenden Änderungen in den Produktionsabläufen: Die großen multinationalen Konzerne, das heißt in vielen Staaten tätige Unternehmen, verlagern mit enormer Geschwindigkeit einzelne Firmenteile in Länder mit guten Standortbedingungen, wie z. B. mit niedrigeren Löhnen und Sozialabgaben. Sie sind die Hauptakteure der Globalisierung.

12.2 Les flux commerciaux

M 2 Eine Waschmaschine geht um die Welt

Ein deutsches Unternehmen in Bayern, nennen wir es „WeißeWare", hat ein neues Modell entwickelt. Das Spitzenmodell „Clean+" kann auf der ganzen Welt verkauft werden. Auf dem Gehäuse steht „Made in Germany" – doch die Bauteile kommen aus der ganzen Welt.

Elektronik aus deutsch-tschechischer Produktion
Die elektronischen Steuergeräte liefert die Firma „Saarspitz" aus dem Saarland. In Deutschland arbeiten nur noch 22 Mitarbeiter, im Niedriglohnland Tschechien über 100. Vor fünfzehn Jahren wurde noch alles in Deutschland produziert. Dann kam Konkurrenz aus Asien, „Saarspitz" musste die Preise senken. Schließlich verlagerte man die Produktion der Elektronikteile nach Tschechien. Inzwischen arbeiten dort teilweise Slowakinnen, die sind noch billiger.

Elektromotoren: Made in China
Die Elektromotoren werden im „WeißeWare"-Werk in Schanghai am Fließband zusammengebaut. Eine Arbeiterin verdient hier 60 Euro im Monat, knapp 40 Cent die Stunde.

Es geht noch billiger
Die Elektromotoren sollen demnächst noch billiger hergestellt werden. Die Firma „Saarspitz" macht eine Ausschreibung. Chinesische Firmen bieten beim Motor mit und unterbieten sich gegenseitig. Eine belgische Firma bekommt aber den Zuschlag, allerdings arbeitet sie nicht in Europa, sondern lässt im chinesischen Shenzen fertigen.

Endmontage in Deutschland
Seit mehr als 50 Jahren lässt „WeißeWare" in Deutschland Waschmaschinen bauen, von immer mehr Maschinen und immer weniger Menschen; 500 Arbeitsplätze sind in den letzten zehn Jahren verloren gegangen. Die deutsche Arbeiterin macht hier nur noch die Endkontrolle. Ein Laser brennt „Made in Germany" auf die Rückseite des fertigen Gerätes.

1 Zwischen welchen Kontinenten verlaufen die bedeutendsten Handelsströme? Welche Teile der Welt spielen im Welthandel nur eine untergeordnete Rolle? Suchen Sie nach möglichen Erklärungen.

2 Erstellen Sie eine Liste der größten Unternehmen der Welt. In welchen Ländern sind sie beheimatet? Ordnen Sie die Unternehmen nach Sektoren, z. B. Automobilindustrie, Elektronikindustrie, Finanzen, Internet …

3 Untersuchen Sie M2:

a) Aus welchen Gründen verlagern Unternehmen ihre Produktion in andere Länder?

b) Zeichnen Sie eine Karte, auf der die unterschiedlichen Produktionsstandorte eingetragen sind. Errechnen Sie, welche Distanzen zurückgelegt werden müssen, um alle Teile bis zur Endmontage nach Europa zu bringen.

4 Welche Bedeutung kann der globale Wettbewerb für Sie als Verbraucher und Arbeitnehmer haben?

5 Sie wollen ein Fernsehgerät kaufen. Entscheiden Sie sich für ein Modell aus Korea für 250 Euro oder für das Modell aus Europa für 1000 Euro? Begründen Sie Ihre Entscheidung.

12.3 Ungleiche Entwicklung

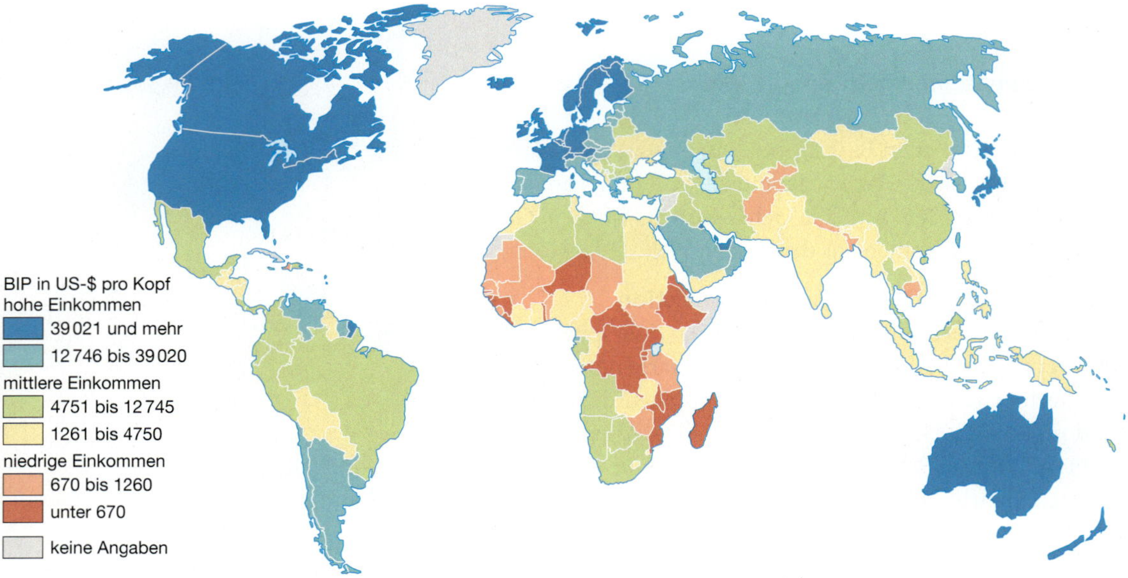

M 1 **Einteilung der Länder nach ihrem BIP, 2014**

> Soziale Ungleichheit nimmt weltweit immer schneller zu. Wie dramatisch das ist, zeigt eine Zahl der Organisation Oxfam: Die 62 reichsten Menschen besitzen so viel wie die ärmere Hälfte der Weltbevölkerung – und der Trend hält an (2015).

Bruttoinlandsprodukt, BIP (<> **le produit intérieur brut, PIB**)
Das BIP zeigt die wirtschaftliche Leistungsfähigkeit eines Landes. Es setzt sich zusammen aus dem Wert der Dienstleistungen und Sachgüter, die ein Land innerhalb eines Jahres erbracht bzw. produziert hat.

Länder werden nach Berücksichtigung ihres Entwicklungsstandes auch eingeteilt in:
Entwicklungsländer: Staaten, die in ihrer wirtschaftlichen, infrastrukturellen und sozialen Entwicklung hinter den Industrieländern zurückliegen.
Schwellenländer: Länder, die nicht mehr zu den armen Entwicklungsländern zählen, aber auch noch nicht zu den reichen Industrienationen. Das heißt, sie stehen an der Schwelle zum Industriestaat.
Industrieländer: Länder mit einem hohen Bruttoinlandsprodukt (BIP). Industrie, Handel und Dienstleistungen überwiegen gegenüber der Landwirtschaft; gut ausgebaute Infrastruktur.

Arme Welt – reiche Welt

Die Welt ist politisch, wirtschaftlich und ökologisch eng verflochten. Allerdings gibt es erhebliche Entwicklungsunterschiede zwischen den Staaten. Den Gegensatz zwischen den reichen Industriestaaten und den armen Entwicklungsländern bezeichnet man als Nord-Süd-Gefälle oder Nord-Süd-Konflikt. Diese Begriffe sind entstanden, als man anfing, sich mit dem ökonomischen Ungleichgewicht auf der Erde zu befassen. Zu dieser Zeit lagen die reichen Länder überwiegend auf der Nordhalbkugel und die armen auf der Südhalbkugel. Spätestens mit der Globalisierung hat diese strikte Unterteilung in einen reichen Norden und einen armen Süden an Gültigkeit verloren. Einige Länder, wie China und Brasilien, entwickeln sich zu bedeutenden Wirtschaftsmächten, andere finden auch in Europa den Anschluss an die Weltwirtschaft nicht. Ungleichheit gibt es jedoch nicht nur zwischen Ländern und Kontinenten. Auch innerhalb eines Staates kann Wohlstand sehr ungleich verteilt sein.

Reichtum messen?

Die Einteilung in „reich" und „arm", gemessen am Bruttoinlandsprodukt pro Kopf der Bevölkerung, sagt wenig über die tatsächliche Lebenssituation der Menschen in einem Land aus. Deshalb spricht man immer häufiger vom „Index für menschliche Entwicklung" (HDI = Human Development Index). Beim HDI werden Faktoren wie die durchschnittliche Lebenserwartung, der Bildungsstand und der Lebensstandard (z. B. Zugang zu sauberem Trinkwasser, Ernährung, gesundheitliche Versorgung) mit berücksichtigt.

12.3 Inégalités

M2 Bauern in Rumänien, 2010

M3 Human Development Index, 1980–2010

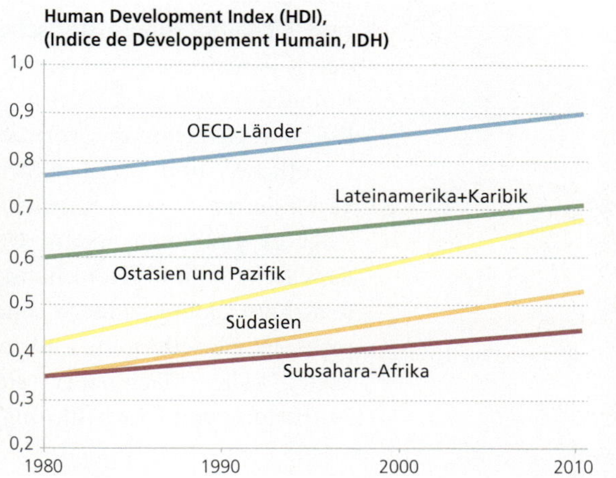

UNDP (2012)

M4 Slums in Manila.

Die philippinische Hauptstadt hat über 20 Millionen Einwohner.

M5 Die Gesichter der Armut

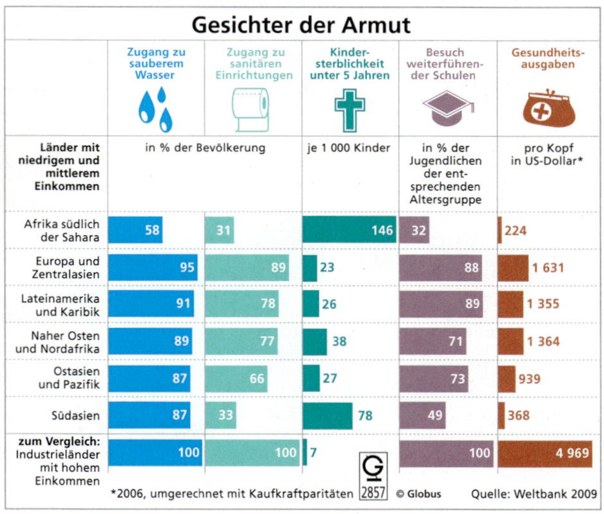

1 Stellen Sie die Kennzeichen von Entwicklungs-, Schwellen- und Industrieländern zusammen.

2 Unterscheiden Sie anhand von M1 und M3 zwischen Bruttoinlandsprodukt und Human Development Index. Welchen Messwert halten Sie für aussagekräftiger? Begründen Sie.

3 Suchen Sie Beispiele:
- für ungleiche Entwicklungen innerhalb Europas,
- für entwickelte Länder des Südens.

12.4 Ursachen für Armut und Entwicklungsrückstände

Die Gründe für Armut und Entwicklungsrückstände (<> le retard de développement) sind vielfältig. Eine historische Ursache ist der Kolonialismus. Vor allem europäische Kolonialmächte zerstörten in den kolonialisierten Gebieten die vorhandenen wirtschaftlichen und sozialen Strukturen und verhinderten so deren Entwicklung.

Aber es gibt noch andere Ursachen: Die Gesellschafts- und Herrschaftsstrukturen in den Entwicklungsländern sind oft ungerecht. Es gibt ethnische und religiöse Konflikte, viele Machthaber sind korrupt, Aufrüstung und Kriegsführung sind wichtiger als die Probleme der Bevölkerung. Des Weiteren sind wirtschaftliche Gründe für diese Zustände verantwortlich. Die betroffenen Staaten haben für ihre Produkte keinen leichten Zugang zum Weltmarkt, sind von der technologischen Entwicklung ausgeschlossen und oft hoch verschuldet.

Hinzu kommt noch das Problem der Übervölkerung. In vielen Entwicklungsländern wird ein steigendes Bruttoinlandsprodukt von der wachsenden Bevölkerung buchstäblich aufgegessen, sodass sozialer Fortschritt kaum zu erreichen ist.

M1

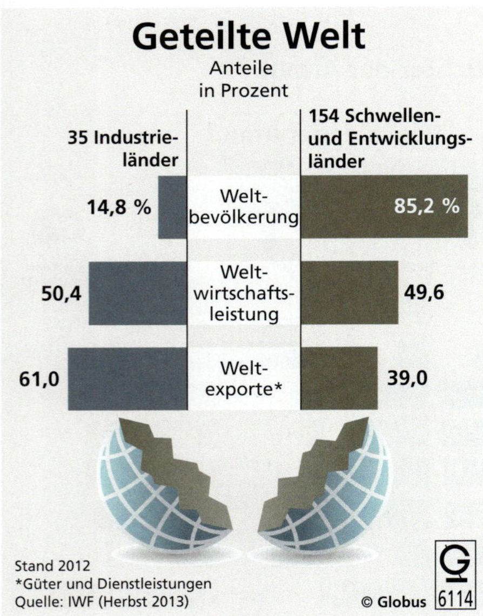

M2

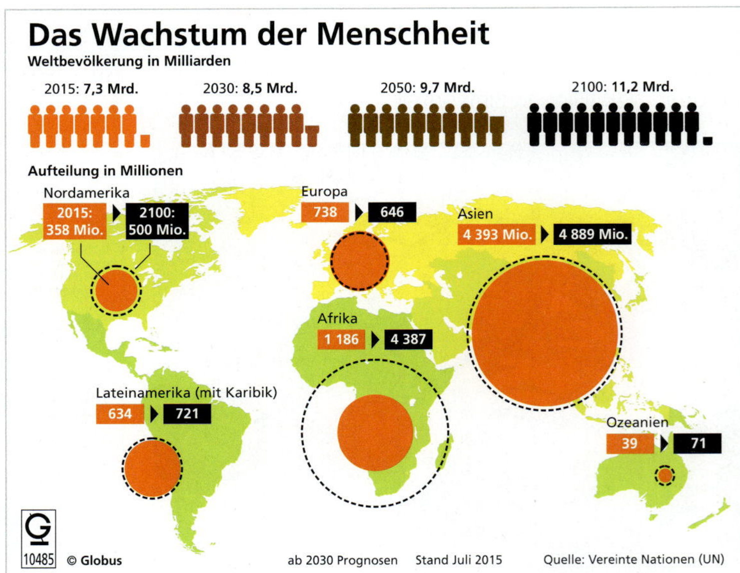

M3

Teufelskreise der Armut

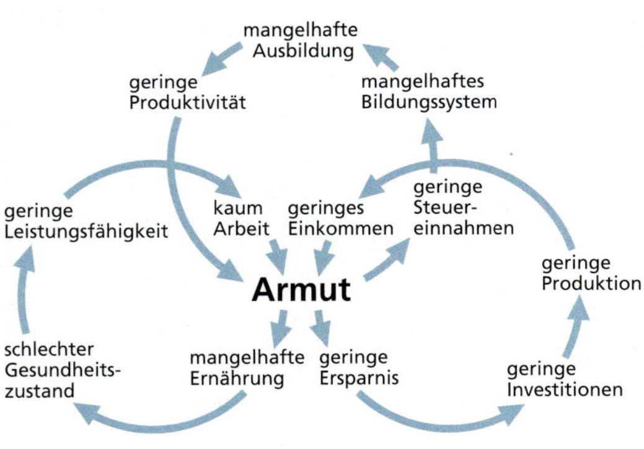

1 Nennen Sie Gründe für Armut und Entwicklungsrückstände.

2 Beschreiben Sie M1. Erklären Sie das Verhältnis zwischen Entwicklungsstand und der Verteilung der Weltbevölkerung.

3 Untersuchen Sie M2:

a) Beschreiben Sie die Zunahme der Weltbevölkerung geordnet nach Kontinenten. Welche Prognosen gibt es bis zum Jahr 2050?

b) Finden Sie mögliche Erklärungen für die Zunahme bzw. den Rückgang der Bevölkerung.

4 Erläutern Sie die Teufelskreise der Armut.

5 Machen Sie Vorschläge, wie diese Teufelskreise durchbrochen werden könnten.

12.4 Les causes des inégalités

M 4 Beispiel Nigeria

Jedes Land ist anders, deshalb müssen auch die Ursachen für die Zustände in einem Land ganz spezifisch ermittelt werden. Hier geht es um Nigeria, eines der größten Länder Afrikas.

Steckbrief Nigeria (L = Luxemburg)	
Staatsform und Hauptstadt	präsidiale Republik; Abuja
Fläche	923.768 km² (L: 2586 km²)
Bevölkerung (bevölkerungsreichstes Land Afrikas)	Einwohner 181.562.056 (2016), insg. 434 Ethnien (darunter 21 % Hausa)
Sprachen	500 Sprachen. Amtssprache: Englisch
Geschichte	1861–1960: britische Kolonie 1967–1998: Zivile Regierungen und Militärdiktaturen wechseln sich ab 1998: 4. Republik, innenpolitische Unruhen halten bis heute an.
Religionen	Muslime (über 50 %), Christen (40–48 %), traditionelle afrikanische Religionen
Export	Erdölprodukte (95 %), Kakao, Kautschuk
Import	33 % Fertigwaren, 24 % Chemikalien, 23 % Maschinen u. Transportausrüstungen, 6 % Nahrungsmittel (2010)
Arbeitnehmer nach Wirtschaftssektoren	Landwirtschaft: 32 %, Industrie: 41 %, Dienstleistungen: 27 %
BIP	397 Milliarden $ (eine der größten Volkswirtschaften Afrikas) (2018)
BIP/Einwohner	2.049 $ (2018) (L: 114.234 $) (2018)
Bevölkerungsanteil unter der Armutsgrenze	70 % (2010)
HDI	0,514: 152. Weltrang (L: 0.892 = 19. Weltrang)
Lebenserwartung	53 Jahre (L: 79,7 Jahre)
Kindersterblichkeit	(2015) 6,9 % (L: 0,15 %)
Kinderarbeit (unter 14 Jahren)	ca. 13 % (L: 0 %)
Alphabetisierung	(2015) 78 % (L: 100 %)
Arbeitslosigkeit	(2015) offiziell 8,2 %, geschätzt 40 % (L: 6,85 %)

Die muslimischen Hausa leben im Norden, die christlichen Yoruba und Igbo im Süden. Seit der Unabhängigkeit 1960 kommt es immer wieder zu religiösen Spannungen.

Port Harcourt liegt im Zentrum von Nigerias Ölindustrie. Die Öllagerstätten sind größer als die der Vereinigten Staaten und Mexikos zusammen. Eigentlich müsste dies eine strahlende Metropole sein.

6 Welche Faktoren hemmen Nigerias Entwicklung? Zeichnen Sie mithilfe des Steckbriefs die Teufelskreise der Armut am Beispiel Nigerias nach.

7 Vergleichen Sie die Angaben für Nigeria mit denen Luxemburgs.

8 Stellen Sie in Kurzreferaten weitere Entwicklungsländer vor.

9 Welche Auswege aus der Armut könnten Sie sich vorstellen? Diskutieren Sie mithilfe der Szenariotechnik.

Erdöl – Fluch und Segen

Nigeria könnte ein reiches Land sein. Die Einnahmen aus der Erdölförderung sind riesig. Doch die Armen im Öldelta haben nichts davon – außer einer riesigen Gasflamme und verseuchtem Wasser. Vom Rohstoffreichtum profitieren nur internationale Konzerne und eine kleine korrupte Minderheit. Solange Nigeria als größter Ölproduzent Afrikas seine Wirtschaft nur auf das Öl stützt, kann es kaum aus dem Status eines Entwicklungslandes herauskommen.

12.5 Migration – die Welt in Bewegung

M1 Flüchtende vor den Grenzen Europas

Im Jahr 2015 lebten nach Schätzungen internationaler Organisationen etwa 244 Millionen Menschen befristet oder dauerhaft außerhalb ihres Herkunftslandes. Man bezeichnet sie als Migranten. „Migrare" ist Latein und heißt so viel wie „wandern, sich bewegen". „Immigration" bedeutet infolgedessen „Einwanderung" und unter „Emigration" versteht man „Auswanderung".

Meist sind es Elend und Hoffnungslosigkeit, die die Menschen in die Emigration treiben, verursacht durch Kriege, Naturkatastrophen, Überbevölkerung und wirtschaftliche Not. Daneben gibt es andere Gründe, wie die Aussicht auf einen besser bezahlten Job, die Zusammenführung der Familie, Universitätsstudien oder einfach Neugier. Menschen, die aus politischen und religiösen Gründen verfolgt werden, stehen laut UNO unter einem besonderen Schutz.

Einen großen Teil der Migranten nehmen Nachbarländer auf, die oft nicht viel wohlhabender sind als die Herkunftsländer. Ein anderer Teil flüchtet innerhalb des eigenen Staats vom Land in die Städte. Man spricht dann von Binnenmigration. Dadurch entstehen sogenannte Megastädte mit zehn Millionen Einwohnern und mehr. Die Zahl der Flüchtlinge ist mit 25,9 Millionen höher als jemals zuvor.

67 Prozent der Flüchtlinge kommen aus nur 5 Ländern: Syrien bleibt weltweit das größte Herkunftsland von Flüchtlingen (6,7 Millionen). Aber auch in vielen anderen Ländern kam es zu tausendfachem Flüchtlingselend. Der Hunger im Osten Afrikas, im Südsudan und im Jemen, Kämpfe im Irak, der Zentralafrikanischen Republik, Burundi, der Ukraine zwingen viele Millionen Menschen zur Flucht.

M2 Menschen wandern weltweit

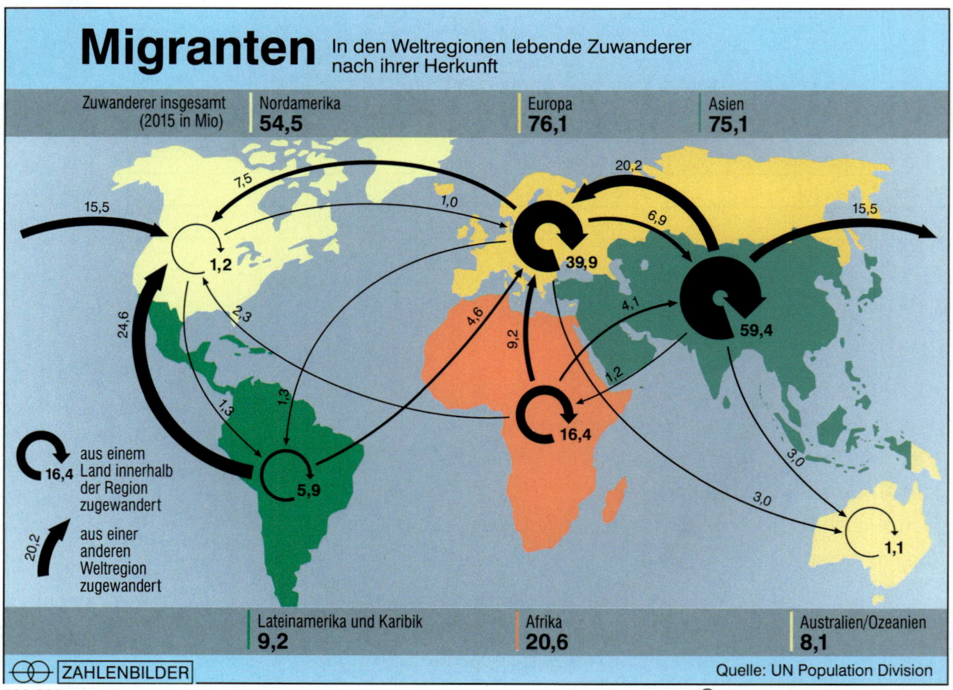

603 201

12.5 Les hommes en mouvement

M3 Warum Menschen wandern

PUSH	PULL
Krieg, Gewalt	Frieden
Naturkatastrophen	Rechtsstaat
Hunger, Unternährung	Gute wirtschaftliche Lage
Arbeitslosigkeit	Sozialversorgung
...	...

Als Push- und Pullfaktoren werden Gründe bezeichnet, die Menschen zum Auswandern bewegen. Pushfaktoren wirken im Herkunftsland. Pullfaktoren gehen von Zielländern aus.

M4 Menschen auf der Flucht: Mitte 2015 gab es weltweit rund 59 Millionen Flüchtlinge.

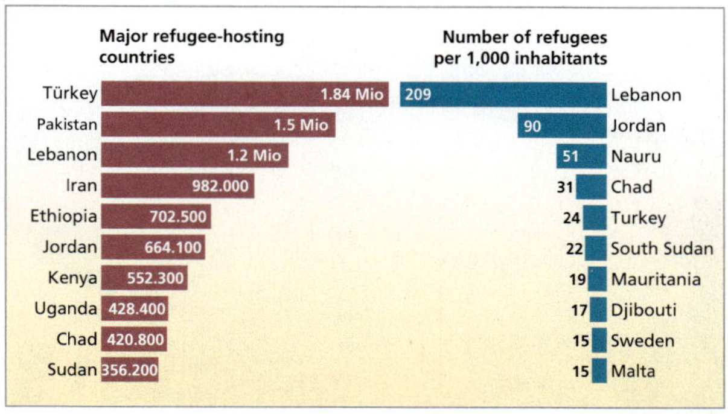

UNHCR Mid_Year Trends 2015

M5 Aus einer Rede von Kofi Annan (UN-Generalsekretär 1997–2006) im Europaparlament 2004:

Ohne Einwanderung würde die Bevölkerung der EU ... zurückgehen. ... Sollte dies geschehen, würden Arbeitsplätze nicht besetzt und Dienstleistungen nicht erbracht werden. Ihre Volkswirtschaften würden schrumpfen und ihre Gesellschaften könnten stagnieren. ... Daher möchte ich die europäischen Staaten darin bestärken, der legalen Einwanderung größere Möglichkeiten zu eröffnen ... Ein geschlossenes Europa wäre ein armseligeres, ärmeres, schwächeres, älteres Europa. Ein offenes Europa wird gerechter, wohlhabender, stärker, jünger sein – vorausgesetzt, dass Sie die Migration gut bewältigen. ... Wir dürfen die Schwierigkeiten, die sich aus der Migration ergeben können, nicht bagatellisieren. ... Und wir dürfen nicht vergessen, dass ohne Einwanderer viele Gesundheitssysteme unterbesetzt wären, viele Eltern keine Haushaltshilfen hätten, um ihren Berufen nachzugehen ..., viele Gesellschaften altern und schrumpfen würden. Einwanderer sind Teil der Lösung, nicht Teil des Problems.

Brüssel, 29.01.2004, Überreichung des Sacharow-Preises des EU-Parlaments an Kofi Annan, zit. nach: www.europarl.europa.eu/sides/getDoc.do?pubRef=-//EP//TEXT+CRE+20040129+ITEM-005+DOC+XML+V0//DE (25.06.2012)

Flüchtling (<> **le réfugié**) Menschen, die auf der Flucht sind. Rechtlich betrachtet sind dies Personen, die sich aus „Furcht vor Verfolgung wegen ihrer Rasse, Religion, Nationalität, Zugehörigkeit zu einer bestimmten sozialen Gruppe oder wegen ihrer politischen Überzeugung außerhalb des Landes befinden, dessen Staatsangehörigkeit sie besitzen." (Art. 1 der UN-Flüchtlingskonvention, 1951). Flüchtlinge genießen besonderen Schutz.

1 Erklären Sie die Begriffe „Migrant", „Flüchtling" und „Binnenflüchtling".

2 Untersuchen Sie M2:
a) In welche Regionen der Welt wandern die meisten Menschen? Warum?
b) In welchen Regionen der Welt ist die Binnenmigration am stärksten? Finden Sie mögliche Erklärungen.

3 Welche Länder nehmen laut M4 am meisten Flüchtlinge auf? Vergleichen Sie die beiden Angaben.

4 Führen Sie Interviews mit Zuwanderern aus Ihrer Umgebung. Warum haben sie ihre Heimat verlassen?

5 Warum sind sogenannte „Wirtschaftsflüchtlinge" nicht von der UN-Flüchtlingskonvention geschützt? Suchen Sie Gründe. Wie stehen Sie dazu?

6 Untersuchen Sie die Rede M5. Welche Argumente sprechen für Einwanderung? Auf welche Probleme weist Kofi Annan hin?

7 Denken Sie über Ihren eigenen Lebensplan nach: Was könnte Sie dazu bewegen auszuwandern?

12.6 Entwicklungszusammenarbeit

M1 Centre de Dépistage et de Traitement de l'Ulcère de Buruli à Allada in Benin, finanziert durch private Spenden.

Die Industrieländer leisten Hilfe mit dem Ziel, die Lebensumstände in unterentwickelten Gebieten zu verbessern. Gemäß internationalen Vereinbarungen sollen 0,7 Prozent des Bruttosozialprodukts jährlich für Entwicklungszusammenarbeit aufgewendet werden, was in den seltensten Fällen auch geschieht. Luxemburg überschritt 2011 mit 0,97 % das angestrebte Ziel. Damit erreichte es den dritthöchsten Prozentsatz weltweit. Darüber hinaus engagiert sich eine Vielzahl an Nichtregierungsorganisationen (NGO) (<> ONG, Organisation non gouvernementale) in der Entwicklungszusammenarbeit.

Tatsächlich hat sich in den letzten Jahren die Situation der Entwicklungsländer in einigen Bereichen verbessert. Aber dort, wo kriegerische Auseinandersetzungen und instabile politische Verhältnisse oder Naturkatastrophen wie Dürren und Überschwemmungen die wirtschaftliche Entwicklung behindern, sind Fortschritte kaum zu erreichen. Oft beschränkt sich die internationale Hilfe dann auf lebensrettende Aktionen, um die Menschen vor Seuchen oder dem Verhungern zu schützen.

Im Jahr 2014 lebten etwa 1,2 Milliarden Menschen von weniger als 1,25 Dollar am Tag. Das reicht nirgendwo auf der Welt, um ein menschenwürdiges Dasein zu führen. Nur wenn die Menschen in den ärmsten Regionen der Erde durch gezielte Maßnahmen eine Chance erhalten,

- sinkt die Gefahr von Gewalt und Krieg,
- kann die Umwelt geschützt werden,
- können sie in ihrer Heimat bleiben,
- können sie Partner auf dem Weltmarkt werden.

M2 Formen der Unterstützung

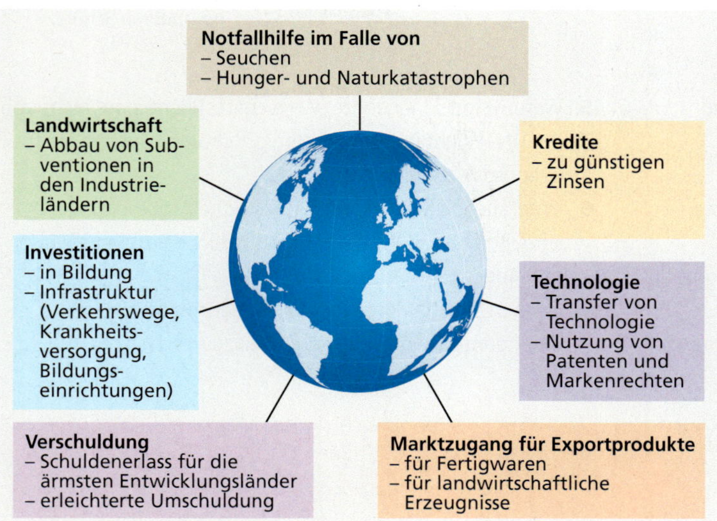

M3 Technologietransfer: Solarpanels in Südafrika

12.6 La coopération au développement

M4 Mikrokredite für die Ärmsten

Der Wirtschaftswissenschaftler Muhammad Yunus erhielt im Jahr 2006 den Friedensnobelpreis für eine Idee, die vielen armen Menschen den Weg aus der Armut gewiesen hat. Die von Yunus in Bangladesch gegründete Grameen Bank (Dorf-Bank) vergibt Mikrokredite, also Kleinstkredite, die viele der ärmsten Bewohner des Landes bei anderen Kreditinstituten nicht erhalten hätten. Er war davon überzeugt, dass wenn man auch den Ärmsten der Armen Geld leiht und sie beim Investieren berät, beispielsweise beim Kauf einer Nähmaschine, dann könnten sie selbst das Geld für die Rückzahlung der Kredite erwirtschaften. Die Idee war so erfolgreich, dass auch unseriöse Firmen in das Geschäft einstiegen, die nicht im Interesse der armen Bauern, sondern häufig in die eigene Tasche wirtschafteten.

M5 Schulden der Entwicklungsländer

Die Grafik zeigt den Zusammenhang zwischen Schulden und Unterentwicklung. Entwicklungsländern soll unter bestimmten Bedingungen (demokratische und wirtschaftliche Reformen, Investitionen in Bildung und Gesundheit usw.) Schulden ganz oder teilweise erlassen werden.

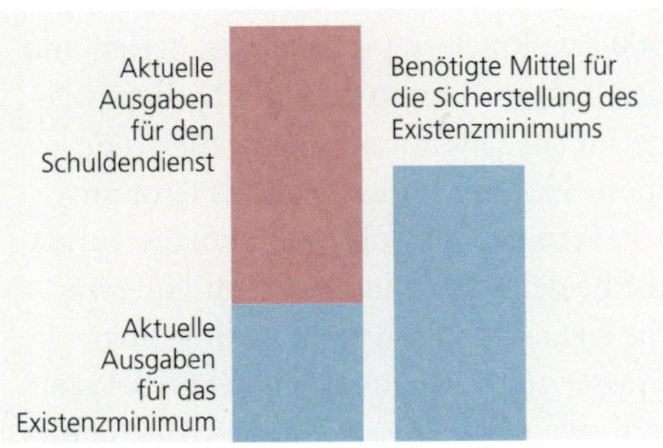

M6 Teure Medikamente

Bürgerrechtler gehen in Indien auf die Straße, um gegen ein Patentrecht zu protestieren, das ihrer Meinung nach die Aids-Behandlung auf dem Subkontinent erschwert oder gar unmöglich mache, weil dann die Medikamente viel zu teuer würden. Einem universellen Einsatz der Generika (Nachbildungen) stehen internationale Patentabkommen entgegen. Pharmaunternehmen argumentieren, dass ohne entsprechende Gewinne Forschung für neue Medikamente nicht finanzierbar ist. Zahlreiche Länder unter Führung von Indien und Brasilien wollen eine Aufweichung des Patentschutzes für lebenswichtige Medikamente erreichen, unter anderem gegen Aids, aber auch Malaria und Tuberkulose.

1 Welche Ziele verfolgt die Entwicklungszusammenarbeit?
2 Untersuchen Sie M2. Schreiben Sie einen zusammenhängenden Text über die Formen der Unterstützung.
3 Erklären Sie das Prinzip der Mikrokredite. Inwiefern kann der Erfolg zu einem Problem werden?
4 Erläutern Sie M5. Inwiefern kann ein Schuldenerlass eine Hilfe zur Entwicklung sein?
5 Sollte Entwicklungszusammenarbeit an politische Forderungen (wie z. B. Korruptionsbekämpfung, Achtung von Menschenrechten, freien Wahlen usw.) geknüpft werden? Nehmen Sie Stellung.
6 Laden Sie einen Experten zum Thema Entwicklungszusammenarbeit ein. Dies könnte jemand aus dem Außenministerium oder ein Mitglied einer NGO sein. Benutzen Sie die Methode Expertenbefragung.

12.7 Konflikte um Wasser

M 1 Trinkwasserverteilung auf der Erde

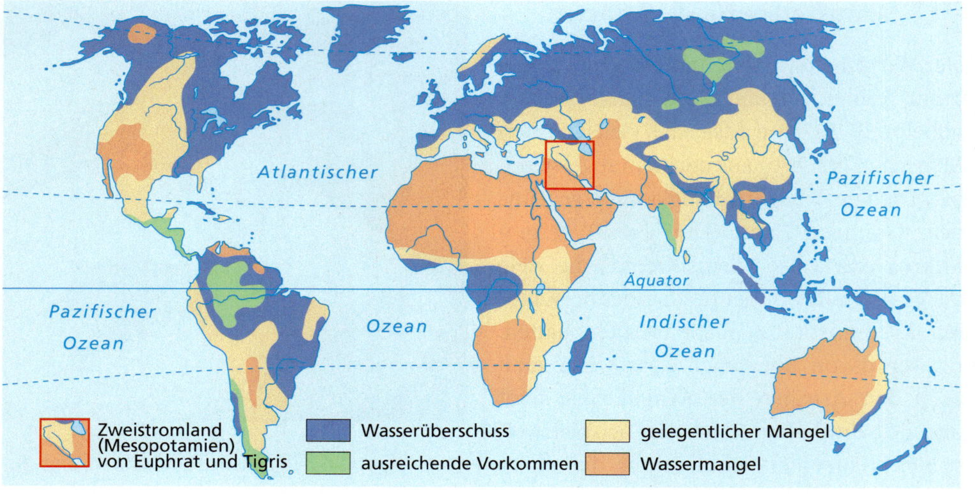

M 2 Meines, deines, unseres? Das Wasser von Euphrat und Tigris

Wirtschaftsfaktor Wasser
Die Flüsse Euphrat und Tigris entspringen im Osten der Türkei. 1977 entschied man sich in der Türkei, die Wasser- und Energieversorgung durch ... den Bau von 22 Staudämmen entlang von Euphrat und Tigris [langfristig zu sichern].
Es hat ein finanzielles Gesamtvolumen von ca. 32 Mrd. US-$. Herzstück ... ist der Atatürk-Stausee, der 1992 fertig gestellt wurde. ... Die Türkei erhofft sich durch das Staudammprojekt, die Anbaufläche für die Landwirtschaft von rund 100 000 Hektar auf 1,6 Mio. Hektar zu vergrößern. Anatolien wäre damit die Kornkammer und der Gemüsegarten des Nahen Ostens. Zum Beispiel hat man geplant, die Baumwollerträge von jährlich 150 000 auf 400 000 Tonnen zu steigern. Statt bisher einmal im Jahr könnte dann mindestens zweimal geerntet werden. Zudem sollen 19 Energiegewinnungsanlagen gebaut werden, die für die gesamte Türkei Energie liefern. Wasser, das die Türkei selbst nicht benötigt, soll in die Trockengebiete des Nahen Ostens verkauft werden. ... die Türkei [wird] zur regionalen Wassermacht im Nahen Osten aufsteigen.

Konflikt um das blaue Gold
Das Wasser von Euphrat und Tigris wird auch von Syrien und dem Irak genutzt. 1984 und 1987 garantierte die Türkei diesen Staaten eine Durchlaufmenge von 500 Kubikmetern pro Sekunde. Syrien und der Irak sind wegen geringer Niederschläge auf das Flusswasser angewiesen. Für diese Staaten hat das türkische Großprojekt verheerende Folgen. Indem die Türkei die beiden Flüsse anstaut, steht ihnen für die eigene Nutzung nicht mehr genug Wasser zur Verfügung. Zusätzlich belastet der vermehrte Einsatz von Pestiziden und Düngemitteln in der türkischen Landwirtschaft das Wasser. Als die Türkei 1990 den Atatürk-Stausee anstaute, verringerte sich die Wassermenge, die in Syrien ankam, zeitweise auf 120 Kubikmeter pro Sekunde. Damit war die gesamte Wasser- und Energieversorgung des Landes gefährdet.

Zit. nach: Robby Geyer/Maike Gorsboth, Wasser – für alle!? Themenblätter im Unterricht 2006 (Nr. 52), hrsg. v. d. Bundeszentrale für politische Bildung, Bonn, S. 4

12.7 L'eau – une source de conflits

M3 Warteschlange für Trinkwasser in Indien

M4 Steigerung des weltweiten Wasserverbrauchs

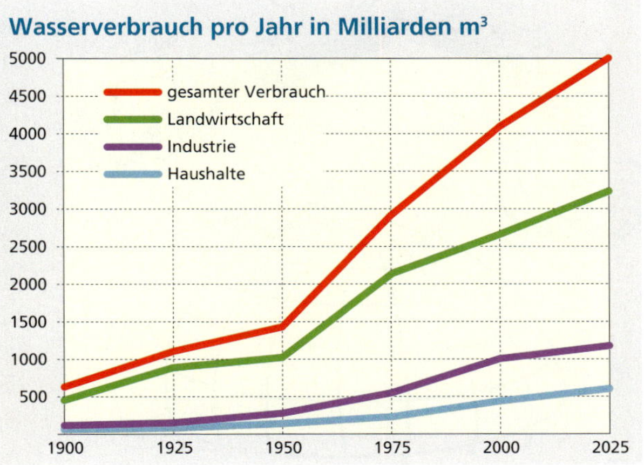

Wasser – ein wertvolles Gut

Sauberes Wasser steht in einigen Gegenden im Überfluss zur Verfügung, in anderen Regionen ist es äußerst knapp. Insgesamt übersteigt die Nachfrage weltweit inzwischen deutlich die Menge, die aus sich natürlich erneuernden Quellen gedeckt werden kann.
Trinkwasser wird auch zu einem Wirtschaftsobjekt. Die Weltbank schätzt, dass schon im Jahre 2020 das Geschäft mit dem „blauen Gold" 40 Prozent des Volumens vom Erdölhandel erreichen könne. Als problematisch gilt vor diesem Hintergrund die Tatsache, dass der „Wassermarkt" privatwirtschaftlich organisiert und damit profitorientiert ist. Kritiker befürchten, dass damit das grundlegendste aller Nahrungsmittel mehr und mehr unter finanziellen Aspekten betrachtet wird: Nur wer über die nötigen Geldmittel verfügt, hätte dann Zugang zum Trinkwasser.
Nach Angaben der Gesellschaft für bedrohte Völker drohe dem Sudan und seinen Nachbarländern ein anhaltender Konflikt um Wasser, von dem Millionen von Menschen betroffen seien. Ägypten wolle sich einen möglichst großen Anteil am Nilwasser sichern und sei aus diesem Grunde nicht ohne Weiteres an einem Frieden mit seinem Nachbarland interessiert.

M5 Ursachen für Wasserkonflikte

Wassermangel: Von einem „chronischen Wassermangel" spricht man, wenn weniger als 1000 Kubikmeter Wasser pro Kopf und Jahr zur Verfügung stehen.
Wasserumleitungen: Ein Staat, der näher an der Quelle eines Flusses liegt, leitet über einen Kanal Wasser ab, sodass für die Staaten, die unterhalb liegen, nicht mehr genügend Wasser übrig bleibt.
Wasserverschmutzung: Ein Staat leitet verschmutzte Abwässer in einen Fluss und die Nachbarstaaten müssen unter den ökologischen Folgen leiden.
Wasserstau: Durch den Bau eines Staudamms zur Stromproduktion erhalten die unterhalb gelegenen Regionen nicht mehr genug Wasser.

1 Erläutern Sie mithilfe von M1: Wo befinden sich die Regionen mit starkem Wassermangel, wo ist das Wasserangebot groß?

2 Untersuchen Sie mithilfe von M4 den weltweiten Wasserverbrauch.

3 Benennen Sie mithilfe des Autorentextes und M5 Faktoren, die den Konflikt um Wasser in Zukunft noch verstärken könnten.

4 Sammeln Sie gemeinsam Lösungsmöglichkeiten und diskutieren Sie diese in der Klasse.

12.8 Umweltschutz als globale Herausforderung

M 1

Umwelt kennt keine Grenzen

In den 1960er-Jahren fanden Biologen im Fleisch von Pinguinen am Südkap eine hohe Konzentration von Industriegiften, die – auf welchem Weg auch immer – aus den Produkten und Schornsteinen der Chemiekonzerne in die letzten Winkel der scheinbar unberührten Natur eingedrungen waren.
1986 kam es bei dem Reaktorunfall in Tschernobyl (damals UdSSR, heute Ukraine) zu einer verheerenden Kernschmelze. Erst nach und nach wurde das gesamte Ausmaß des Unfalls klar: Tausende Menschen erkrankten oder sterben heute noch an den Folgen. Selbst luxemburgisches Gemüse machte der Reaktorunfall ungenießbar. Die Folgen der Zerstörung des Atomkraftwerks im japanischen Fukushima 2011 auf die Umwelt sind noch nicht abzuschätzen.
Aufgrund dieser Erfahrungen gibt es seit den 1990er-Jahren verstärkt internationale Bemühungen (z. B. durch UN-Konferenzen) für weltweit einheitliche Umweltstandards. Neben staatlichen Institutionen engagieren sich auch zahlreiche Organisationen (z. B. Greenpeace) für den Umweltschutz. Zudem gibt es mehrere 100 zwischenstaatliche und globale Umweltverträge, die aber oft nur langsam umgesetzt werden.

M 2 Ökologische Herausforderungen für das 21. Jahrhundert

Bereich	Problem	Ist-Zustand heute	Ziel
Klima	Allmähliche Erhöhung der Erdtemperatur durch die Emission von Treibhausgasen.	Ca. 27 Mrd. t CO_2-Emissionen entstehen jedes Jahr v.a. durch Energieverbrauch (Kohle, Öl, Gas).	Einfrieren der CO_2-Emissionen auf den Stand von 1990 (2,1 Mrd. t) bis zum Jahr 2050; langfristig: ca. 14 Mrd. t.
Wasser	Unterversorgung mit Trinkwasser für einen erheblichen Teil der Weltbevölkerung.	20 % der Weltbevölkerung haben keinen Zugang zu sauberem Trinkwasser.	Reduzierung des Wasserverbrauchs in Landwirtschaft und Industrie durch intelligente Nutzung: internationale Absprachen, besseres Wassermanagement.
Wald und Boden	Zerstörung der Regenwälder und Degradierung der Böden durch Landnahme und angepasste Nutzung.	Zwischen 1990 und 1995 gingen weltweit pro Jahr rund 11,2 Mio. Hektar Wald verloren (29 Fußballfelder/Minute).	Angepasste Landnutzung und Landwirtschaft; nachhaltige Nutzung der Ressourcen; ökonomische Alternativen zur Überbeanspruchung der Böden.
Wasserqualität	Vergiftung des Wassers durch eingeleitete oder freigesetzte Schadstoffe.	1,2 Mrd. Menschen (jeder 5.) leiden unter verunreinigtem Wasser. Ca. 15 Mio. Kinder sterben jedes Jahr an den diesbezüglichen Folgen.	Vermeidung von Schadstoffen bei Industrie, Landwirtschaft und Rohstoffgewinnung; Abwasseraufbereitung.
Artenvielfalt	Aussterben vieler Pflanzen- und Tierarten durch die Zerstörung von Lebensräumen.	Schätzungen gehen davon aus, dass jeden Tag mehr als 100 Tier- und Pflanzenarten endgültig ausgerottet werden.	Errichtung von Reservaten und Naturschutzräumen; angepasste Landnutzung, Schonung der Ökosysteme.

12.8 La protection de l'environnement

M3 Tankstellen in Luxemburg
Der Staat nahm 2014 ungefähr 1 Milliarde Euro an Mineralölsteuern ein. Die ca. 2,5 Milliarden Liter des verkauften Kraftstoffs belasten dabei erheblich die Emissionsbilanz des Landes.

M4 Klimaschutz als globale Herausforderung

Wetterextreme nehmen an Anzahl und Intensität zu, verheerende Hurrikans, „Jahrhunderthochwasser" oder lang anhaltende Trockenheit häufen sich, Hitzewellen führen zu Dürre und Ernteausfällen. Man schätzt, dass durch den Klimawandel bis zum Jahr 2050 Schäden in Höhe von bis zu 200 Billionen US-Dollar verursacht werden. Die meisten Wissenschaftler sind sich darüber einig, dass sich das Klima auf der Erde durch den Treibhauseffekt seit einigen Jahrzehnten ändert und mit der globalen Erwärmung eine Verschiebung der Klimazonen zu erwarten ist.
Nur internationale Abkommen, an die viele Staaten gebunden sind, können den Ausstoß an Treibhausgasen wirkungsvoll senken. Im japanischen Kyoto wurde 1997 von mehr als 160 Nationen das sogenannte Kyoto-Protokoll verhandelt. Die Vertragsstaaten (die USA zählten nicht dazu) verpflichteten sich auf das Ziel, ihre Emission bis 2012 um durchschnittlich 5 Prozent unter das Niveau von 1990 zu senken. Um diese einzuhalten, wurde zwischen den Staaten der Emissionshandel erlaubt. Dabei wird für jeden Staat eine bestimmte Menge an Schadstoffen festgelegt, die dieser insgesamt produzieren darf. Werden nun in einem Land weniger Schadstoffe in die Luft abgegeben, so kann dieses Land sein Guthaben an einen Staat verkaufen, der mehr Schadstoffe produziert, als er eigentlich dürfte.
Bei der Klimakonferenz von Paris Ende 2015 wurde zwischen 195 Staaten ein Abkommen beschlossen, das die Begrenzung der globalen Erwärmung vorsieht. Um das gesteckte 1,5 °C-Ziel erreichen zu können, müssen die Treibhausgasemissionen weltweit zwischen 2045 und 2060 auf null zurückgefahren werden.

1 „Umwelt kennt keine Grenzen." Erläutern Sie die Aussage anhand der Abbildung M1.
2 Welche Umweltprobleme aus M2 müssten aus Ihrer Sicht möglichst rasch gelöst werden? Begründen Sie Ihre Meinung.
3 Durch welche Maßnahmen versucht man die Emissionen weltweit zu begrenzen bzw. zu senken?
4 Erklären Sie, warum es so schwierig ist, Umweltstandards und internationale Abkommen zur Umweltpolitik durchzusetzen?

12.9 Globale Probleme, globale Lösungen

M2 „Non Violence", 1988
Geschenk der Luxemburger Regierung an die UNO. Die Bronzeskulptur des schwedischen Künstlers Carl Fredrik Reuterswärd steht vor dem UN-Sitz in New York.

Die Vereinten Nationen

Nach den Schrecken des Zweiten Weltkriegs gründeten 51 Staaten die Vereinten Nationen (<> les Nations Unies, ONU), deren Ziele und Prinzipien in der UN-Charta von 1945 und der Menschenrechtserklärung von 1948 festgehalten wurden. Die UNO (United Nations Organization) mit ihren 192 Mitgliedern (Stand 2011) umfasst heute fast alle Staaten der Erde. Eine Weltregierung ist sie aber nicht. Sie kann nur das leisten, was ihre Mitglieder beschließen, und kann somit nicht stärker sein, als ihre Mitglieder es haben wollen.

M1 Gründungserklärung der Vereinten Nationen (UNO) vom 26. Juni 1945

Die Vereinten Nationen setzen sich folgende Ziele:
1. Den Weltfrieden und die internationale Sicherheit zu wahren und zu diesem Zweck wirksame Kollektivmaßnahmen zu treffen …, und internationale Streitigkeiten oder Situationen, die zu einem Friedensbruch führen könnten, durch friedliche Mittel nach den Grundsätzen der Gerechtigkeit und des Völkerrechts zu bereinigen oder beizulegen …
2. Freundschaftliche, auf der Achtung vor dem Grundsatz der Gleichberechtigung und Selbstbestimmung der Völker beruhende Beziehungen zwischen den Nationen zu entwickeln …
3. Eine internationale Zusammenarbeit herbeizuführen, um internationale Probleme wirtschaftlicher, sozialer, kultureller und humanitärer Art zu lösen und die Achtung vor den Menschenrechten und Grundfreiheiten für alle ohne Unterschied der Rasse, des Geschlechts, der Sprache oder der Religion zu fördern und zu festigen …
4. Ein Mittelpunkt zu sein, in dem die Bemühungen der Nationen zur Verwirklichung dieser gemeinsamen Ziele aufeinander abgestimmt werden.

Zit. nach www.unric.org/de/charta

M3 Gliederung der UNO

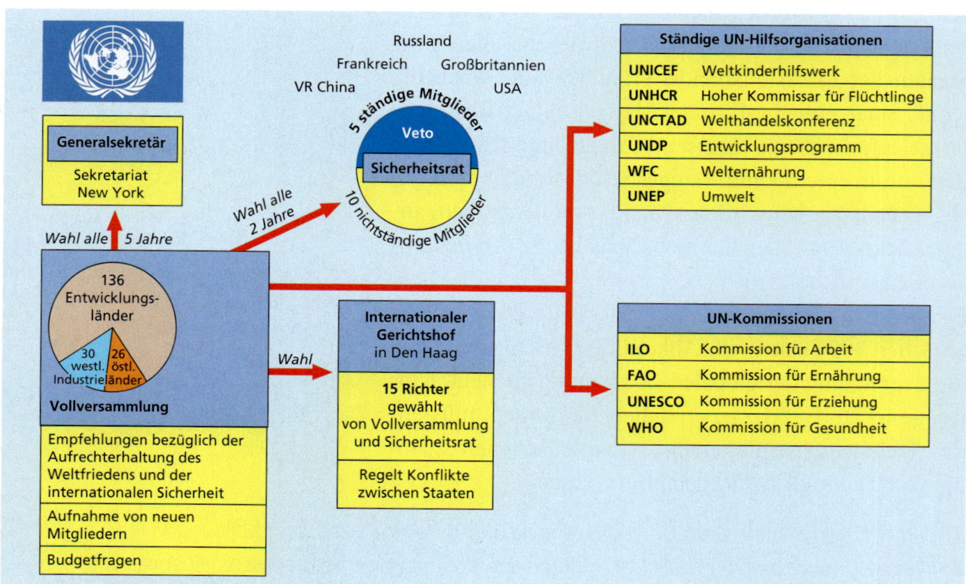

1 a) Welche Ziele verfolgt die UNO laut UN-Charta (M1)?
b) Erläutern Sie das Schema M3. Wer entscheidet?
c) Wie versucht die UNO ihre Ziele konkret umzusetzen?
d) Erstellen Sie einen Steckbrief zu einer UN-Sonderorganisation (Symbol, Bedeutung, drei konkrete Aktionsbeispiele).

12.9 Problèmes et solutions à l'échelle globale

Global Governance

Einzelne Nationalstaaten können die heutigen globalen Herausforderungen wie Klimawandel, Umweltzerstörung, Terrorismus, Armut, ungleiche Verteilung des Wohlstandes auf der Welt nicht mehr alleine bewältigen. Da es aber keine Weltregierung gibt, kooperieren Staaten und Organisationen in einem Netzwerk von Institutionen und versuchen Lösungen zu finden. Dies nennt man Global Governance. Eine entscheidende Rolle spielen neben den Nationalstaaten die Staatengemeinschaften (z. B. EU, ASEAN), internationale Organisationen (z. B. NATO, UNO), aber auch Akteure der Wirtschaft und der Zivilgesellschaft.

M4 Global Governance-System

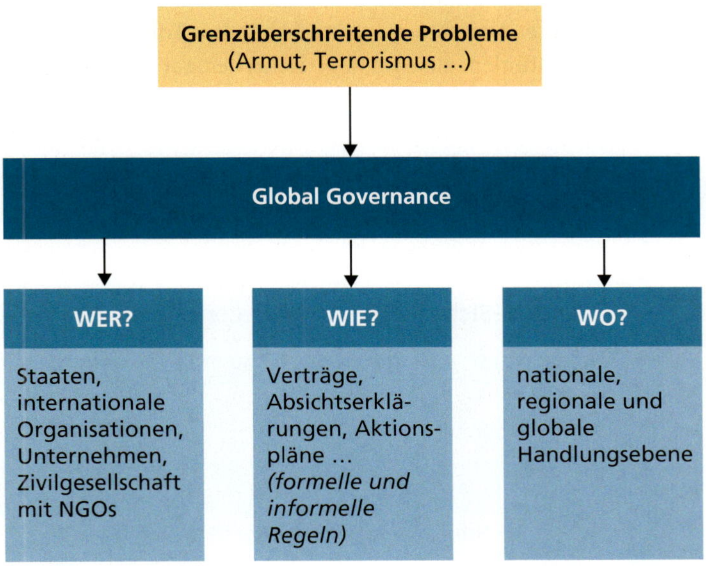

Zivilgesellschaft
(<> la societé civile)
Unter Zivilgesellschaft versteht man den Bereich der Gesellschaft, der sich freiwillig in gesellschaftlichen und politischen Fragen engagiert, z. B. NGOs und private Initiativen.

M5 Kampf gegen Aids

Die Infektionskrankheit Aids ist zu einem Thema geworden, das international auf den höchsten politischen Ebenen behandelt wird, die UNO erklärte den Kampf gegen diese Krankheit zum Millenniumsziel. Dabei wird die internationale Gesundheitspolitik stark beeinflusst zum einen von der Weltbank – durch die Finanzierung von Anti-Aids-Projekten –, zum anderen von der Weltgesundheitsorganisation (WHO) durch politische und technische Beratung. Außerdem haben sich weitere Netzwerke gebildet wie der „Global Fund to fight Aids, Tuberculosis and Malaria“ (GFATM), der auf die Empfängerstaaten zugeschnittene Programme finanziert, mit Unterstützung von Regierungen und privaten lokalen Akteuren.

M6 Bürger in Mumbai (Indien) zeigen ihre Solidarität anlässlich des Weltaidstages.

2 Erklären Sie, was man unter Global Governance versteht.
3 Informieren Sie sich über die Akteure in M4 und deren Aufgaben.
4 Wo stößt Global Governance an ihre Grenzen?

12.10 Friedenssicherung

M 1 Durch die UNO gerechtfertigte Militäreinsätze

1991: Multinationale Luft- und Bodentruppen unter US-Kommando und mit UN-Mandat befreien den unabhängigen und erdölreichen Staat Kuwait, der 1990 von irakischen Truppen besetzt und in den Irak eingegliedert wurde.

Frühling 2011: In Libyen lässt das Staatsoberhaupt Gaddafi auf die Zivilbevölkerung schießen, die für mehr Freiheit und Demokratie protestiert. Die NATO fliegt daraufhin Luftangriffe unter UN-Mandat.

Im 20. Jahrhundert kamen durch Kriege und direkte Gewaltanwendung 110 Millionen Menschen ums Leben. 2015 gab es weltweit 409 Konflikte, davon 19 Kriege. Die UNO hat seit ihrer Gründung oft vermittelnd eingegriffen, Blauhelme für Friedenssicherung und Beobachtungen entsandt oder Militäraktionen durchgeführt unter Berufung auf das Völkerrecht und so ihren Beitrag zu einer friedvolleren Welt geleistet.
Da die UNO keine eigenen Truppen besitzt, ist sie auf deren Bereitstellung durch ihre Mitgliedstaaten angewiesen. Sie kann sich auch an internationale Bündnisse wie die NATO wenden. Die Bemühungen der UNO sind aber nicht unumstritten. Blauhelmeinsätze zeichnen sich oft durch mangelhafte Ausrüstung, unzureichendes Training und ungenügende Einsatzrichtlinien aus. Im UN-Sicherheitsrat erschwert das Vetorecht eine schnelle Entscheidungsfindung. Auch tut sich die UNO schwer, mit ihren eigenen Prinzipien angemessen auf innerstaatliche Konflikte zu reagieren. Was hat Priorität: der Schutz von Minderheiten vor Menschenrechtsverletzungen oder die Souveränität von Staaten?

Völkerrecht
(<> le droit international)
Rechtsgrundsätze, die zwischen Staaten und internationalen Organisationen bestehen (Verbot, einen anderen Staat anzugreifen, Verbot der Einmischung in innerstaatliche Angelegenheiten usw.).

NATO, North Atlantic Treaty Organization
(<> OTAN, Organisation du traité de l'Atlantique du Nord)
Militärbündnis mit dem Ziel, die Mitgliedstaaten zu verteidigen und sich für Frieden und Freiheit einzusetzen.

M 2 Der UN-Sicherheitsrat (<> le conseil de sécurité de l'ONU)

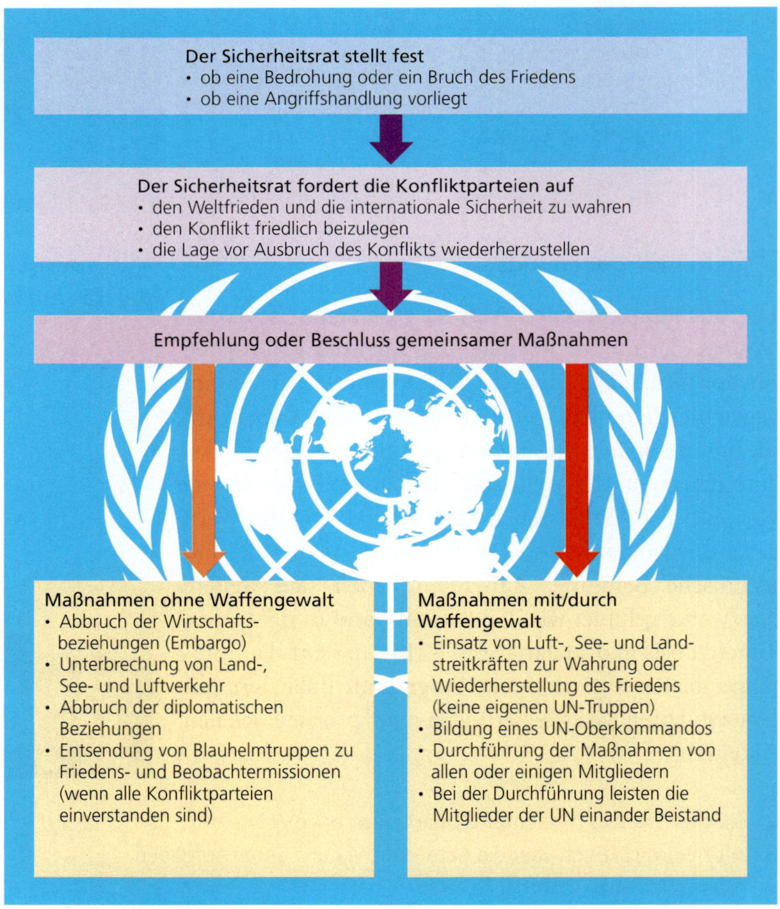

12.10 Le maintien de la paix

M3 Blauhelmtruppen (<> les casques bleus)

Die Blauhelmtruppen sind zur Friedenssicherung und auf Beobachtermissionen eingesetzte multinationale Truppen (Soldaten, zivile Kräfte) der UN. Sie kontrollieren z. B. die Einhaltung von Waffenstillstandsvereinbarungen, bilden eine Pufferzone zwischen den Konfliktparteien, überwachen Wahlen, übernehmen Verwaltungsaufgaben und räumen Minen usw. Von den Blauhelmen wird strikte Neutralität erwartet. Sie dürfen nur zur Selbstverteidigung Gewalt anwenden (weiches Mandat). Nur wenn eine friedliche Mission zu scheitern droht, kann der Sicherheitsrat den Einsatz von Waffengewalt durch UN-Truppen erlauben (robustes Mandat). Die traurigen Folgen eines nicht erteilten robusten Mandats wurden im Jahre 1995 deutlich, als in Srebrenica mehrere Tausend bosnische Männer umgebracht wurden, obwohl Blauhelme vor Ort waren.

M4 Straffreiheit bekämpfen

Seit Ende des Ersten Weltkriegs hat man wiederholt den Versuch unternommen, Kriegsverbrechen und Menschenrechtsverletzungen juristisch zu ahnden mit dem Ziel, die Straffreiheit von Entscheidungsträgern zu beenden und den Opfern eine Stimme zu geben. Diese Bemühungen gipfelten 1998 in der Gründung des Internationalen Strafgerichtshofes (IStG) (<> la Cours pénale internationale, CPI) in Den Haag. Dieser unabhängige und ständige Gerichtshof bestraft Völkermord, Verbrechen gegen die Menschlichkeit und Kriegsverbrechen. 124 von den 193 Mitgliedstaaten der UNO haben den Vertrag über die Schaffung des IStG ratifiziert. China, Indien, Russland, die USA und die meisten Staaten des Nahen und Mittleren Ostens erkennen den IStG nicht an.

1 Untersuchen Sie M1. In welchen Fällen greift die UNO militärisch ein? Wie greift sie ein? Vergleichen Sie mit den Prinzipien des Völkerrechts. Was stellen Sie fest?

2 Erläutern Sie das Schema M2. Wie kann der UN-Sicherheitsrat vorgehen, um einen Konflikt beizulegen?

3 Erklären Sie den Unterschied zwischen einem weichen und einem robusten Mandat (M3).

4 Informieren Sie sich in Zweiergruppen über die aktuellen Blauhelmeinsätze (Anzahl, Dauer der Einsätze, Wirksamkeit, Kosten, Aufgaben ...). Berichten Sie in der Klasse und erstellen Sie anschließend gemeinsam eine Liste mit den Aufgaben der Blauhelme.

5 Welche Stärken und Schwächen hat der Internationale Strafgerichtshof (M4)?

6 Diskutieren Sie: Soll und kann die UNO Weltpolizei sein?

12.11 Globaler Terrorismus

M1 **Terroristische Anschläge** auf das World Trade Center in New York 2001 ①, auf der Ferieninsel Bali (Indonesien) 2002 ②, auf eine Synagoge in Djerba (Tunesien) 2002 ③, in Paris 2015 ④, in Brüssel 2016 ⑤

Terrorismus bedeutet die Verbreitung von Schrecken zur Durchsetzung politischer Ziele. Oft richtet sich die Gewalt gegen Ziele mit hohem Symbolgehalt (religiöse Orte, Denkmäler, Regierungs- und Parlamentsgebäude), um den Gegner zu provozieren oder zu demütigen, aber auch gegen öffentliche Verkehrsmittel oder Marktplätze, um zu signalisieren, dass sie im Prinzip jeden treffen kann.

Terrorismus als Form der politischen Auseinandersetzung ist kein neues Phänomen. Bei den Anschlägen vom 11. September 2001 hat der Terrorismus aber in Form und Ausmaß ein neues Gesicht gezeigt – über 3000 Menschen kamen ums Leben und es entstand ein kaum messbarer wirtschaftlicher Schaden. Der UN-Sicherheitsrat stufte die Anschläge als Gefahr für den Weltfrieden und die internationale Sicherheit ein, da die bestehende internationale Ordnung als Angriffsziel galt.

Terroristische Angriffe richten sich in erster Linie gegen die Weltmacht USA und ihre europäischen Verbündeten. Das Ziel besteht darin, den Einfluss des „Westens" aus jenen Regionen zurückzudrängen, die in den Augen der Terroristen als islamisch gelten, und die freien, westlichen Gesellschaften zu verunsichern. Die Attentäter fühlen sich moralisch im Recht und versuchen, ihre Tat durch ihren Glauben zu rechtfertigen. Der Islam ist aber keine Gewalt verherrlichende Religion. Terroranschläge werden weder vom Koran noch von der Scharia (islamische Gesetzgebung) gebilligt oder verlangt. Die Muru'a, die Mannesehre, verbietet es ausdrücklich, Schwächere wie Kinder oder Frauen anzugreifen.

1 Stellen Sie Vermutungen an, warum die Terroristen wohl die Orte in M1 als Anschlagsziele ausgesucht haben.

2 Haben die Terroristen ihre politischen Ziele erreicht? Begründen Sie.

12.11 Le terrorisme mondial

M2 UN-Beschluss gegen Terrorismus

Der Sicherheitsrat … [verurteilt] in Anerkennung des naturgegebenen Rechts zur individuellen und kollektiven Selbstverteidigung im Einklang mit der Charta … unmissverständlich mit allem Nachdruck die grauenhaften Terrorschläge am 11. September 2001 in New York … und betrachtet diese Handlungen, wie alle internationalen terroristischen Handlungen, als Bedrohung des Weltfriedens. …

Der Sicherheitsrat … fordert alle Staaten dringend zur Zusammenarbeit auf, um die Täter, Organisatoren und Förderer dieser Terroranschläge vor Gericht zu stellen, und betont, dass diejenigen, die den Tätern, Organisatoren und Förderern dieser Handlungen geholfen, sie unterstützt oder ihnen Unterschlupf gewährt haben, zur Verantwortung gezogen werden.

Vereinte Nationen, Sicherheitsratsresolution 1368 vom 12.09.2001

M3 Bekämpfung von Terrorismus im Alltag

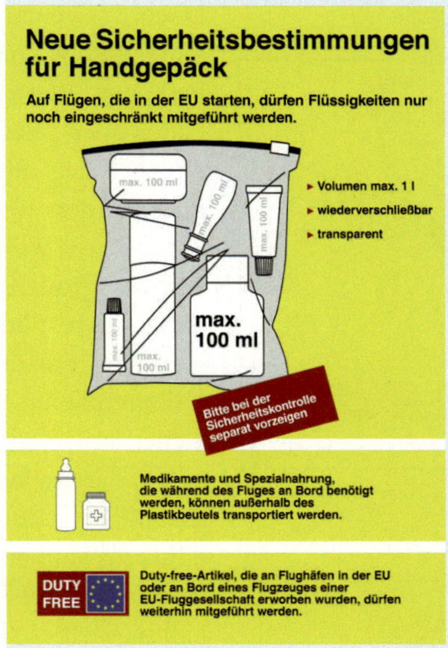

- Informationsbeschaffung über terroristische Aktivitäten: z. B. Videoüberwachung öffentlicher Räume
- Datenschutz wird infrage gestellt
- Überwachung von Finanzströmen
- Verbesserte Fälschungssicherheit von Ausweisdokumenten
- Verbesserung der Flugsicherheit
- Grenzschließung

M4

Islam (<> l'islam)
Monotheistische Religion, die auf dem Koran basiert.

Muslim
(<> le musulman)
Angehöriger des Islam

Islamismus
(<> l'islamisme)
Bezeichnung für eine politische Bewegung, deren Anhänger (Islamist) sich auf den Islam berufen und die eine islamische Ordnung herstellen wollen, um alle anderen Gesellschaftsformen zu ersetzen. Manche Islamisten möchten ihre Version des Islam mit Gewalt durchsetzen und meinen, der Koran enthielte die Aufforderung zu einem Krieg gegen Andersgläubige. Islamismus wird oft als islamischer Terrorismus oder Fundamentalismus bezeichnet.

3 Zählen Sie die Merkmale von Terrorismus auf.

4 Wie reagiert die internationale Staatenwelt auf die terroristischen Bedrohungen? Erläutern Sie auch die UN-Resolution. (M2, M3)

5 Finden Sie konkrete Beispiele, wo Maßnahmen zur Bekämpfung von Terrorismus ergriffen werden.

6 Erläutern Sie die Karikatur.

7 Diskutieren Sie die Maßnahmen in M2 und M3 gegen Terrorismus auf ihre Wirksamkeit.

METHODE Konfliktanalyse

M 1 „Wir waren schon immer hier!"
Karikatur von Fritz Behrendt

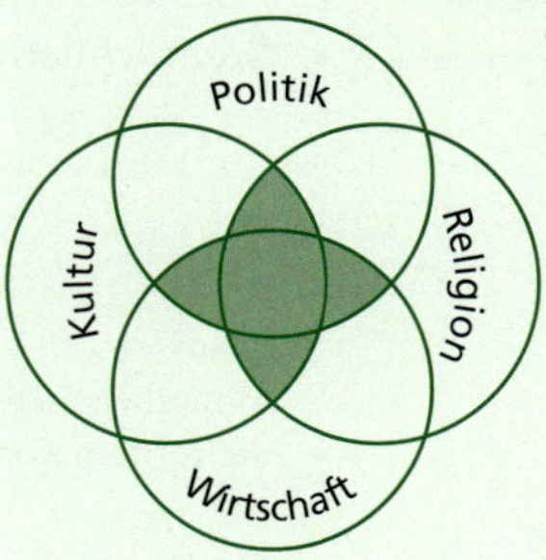

Tipps zu Infobeschaffung:
- Zeitungen, Bücher
- politische Magazine
- Radionachrichten
- TV-Dokumentationen
- Internetrecherche
- Experten

▸ DARUM GEHT ES

Begriffe wie „Konflikt", „Frieden" oder „Krieg" gebrauchen wir häufig. Doch was genau versteht man darunter?
Unter einem Konflikt versteht man allgemein einen Gegensatz zwischen Personen, Werten oder Ideen. Konflikte sind auf politischer, wirtschaftlicher oder gesellschaftlicher Ebene möglich. Sie können sich dann zu einem Krieg oder Bürgerkrieg entwickeln, wenn die Konfliktparteien miteinander unvereinbare Interessen vertreten und sie unbedingt durchsetzen wollen.
Zu den großen Konflikten des 20. Jahrhunderts (Weltkriege, Kalter Krieg, Nord-Süd-Konflikt) sind in den letzten Jahrzehnten im Zusammenhang mit der Globalisierung neue Konfliktherde entstanden, wie z. B. grenzüberschreitende Umweltbelastungen.
Sicher ist Ihnen in den Fernsehnachrichten oder in der Zeitung aufgefallen, dass es fast täglich Meldungen über den Konflikt zwischen Israelis und Palästinensern gibt. Wegen seiner Aktualität möchten wir ihn daher als Fallbeispiel für die Methode „Konfliktanalyse" verwenden, mit deren Hilfe Sie Konflikte selbstständig untersuchen können. In diesem Fall handelt es sich um einen offenen Konflikt, dessen Lösung zum jetzigen Zeitpunkt noch nicht absehbar ist.

▸ SO LÄUFT ES AB

Auf den folgenden drei Seiten finden Sie Materialien, um die Methode anhand des Nahostkonfliktes einzuüben.

1. Beschreibung der Ausgangssituation (historischer oder/und aktueller Art)
- Was ist wann und wo passiert?
- Wer ist an dem Geschehen beteiligt?

2. Informationsbeschaffung und -auswertung
a) Ursachen:
- Gibt es ein auslösendes Ereignis?
- Um welche Streitfragen geht es?
- Was sind deren Hintergründe?
- In welchen Bereichen sind die Konfliktursachen vor allem anzusiedeln (Politik, Religion, Wirtschaft)?

b) Verlauf:
- Welche wichtigen Ereignisse geschahen bisher?
- Ergeben sich aus dem Verlauf indirekt Beteiligte, z. B. Drittstaaten?

c) Ziele:
- Welche Ziele haben die Beteiligten?
- Gibt es einen Unterschied zwischen „offiziell" vertretenen und „unterschwellig" verborgenen Motiven?

3. Diskussion der Lösungsansätze
- Welche Lösungsansätze/Kompromisse sind denkbar?
- Wie realistisch ist eine Friedenslösung?

BEISPIEL Der Nahostkonflikt – Ursachen

1 Untersuchen Sie anhand der Materialien dieser Seite die Ausgangssituation und die Ursachen des Nahostkonflikts. Orientieren Sie sich dabei an den Methodenschritten 1 und 2a.

M2 Wie es zur Gründung des Staates Israel kam

Palästina wird das Land von der arabischen Bevölkerung genannt, die seit Jahrhunderten auf dem Gebiet des heutigen Israel ansässig ist. Es wurde von 1919 bis 1947 von den Briten verwaltet. Danach beschloss die UNO, Palästina zu teilen. Mit einer Bevölkerung von 1,3 Millionen Arabern und 608 000 Juden sollte ein arabisch-palästinensischer und ein jüdischer Staat entstehen. Die Stadt Jerusalem sollte unter internationale Kontrolle gestellt werden, um Juden, Muslimen und Christen den freien Zugang zu ihren heiligen Stätten zu gewährleisten. Dieser Plan wurde von den Juden begrüßt, von den Arabern aber strikt abgelehnt. Es kam zu kriegerischen Auseinandersetzungen und am 14. Mai 1948 zu einer einseitigen Ausrufung des Staates Israel durch den Jüdischen Nationalrat unter Vorsitz von David Ben-Gurion.

M3 Israel und seine Nachbarn, 2008

M4 Auszüge aus der Unabhängigkeitserklärung des Staates Israel vom 14. Mai 1948:

Im Lande Israel entstand das jüdische Volk. … Beseelt von der Kraft der Geschichte und Überlieferung, suchten Juden aller Generationen in ihrem alten Lande wieder Fuß zu fassen. … Die Katastrophe, die in unserer Zeit über das jüdische Volk hereinbrach und in Europa Millionen von Juden vernichtete, bewies unwiderleglich aufs Neue, dass das Problem der jüdischen Heimatlosigkeit durch die Wiederherstellung des jüdischen Staates im Lande Israel gelöst werden muss. …

Zit. nach: Angelika Timm, Von der zionistischen Vision zum jüdischen Staat, in: Informationen zur politischen Bildung 278, 1/2003, S. 10

M5 Aus der Verfassung der Palästinensischen Befreiungsorganisation (PLO), 1968:

Palästina ist des Heimatland des arabisch-palästinensischen Volkes …, das ein legales Anrecht darauf hat. … Der bewaffnete Kampf ist der einzige Weg zur Befreiung Palästinas. … Die Teilung Palästinas im Jahr 1947 und die Schaffung des Staates Israel sind völlig illegal. Das arabisch-palästinensische Volk lehnt alle Lösungen ab, die ein Ersatz für die vollständige Befreiung Palästinas bilden.

Palästinensische Nationalcharta, 17. Juli 1968, zit. nach: http://www.palaestina.org/fileadmin/Daten/Dokumente/Abkommen/PLO/palaestinensische_nationalcharta.pdf, (01.11.2011) © Generaldelegation Palästinas, Berlin

BEISPIEL: Der Nahostkonflikt – Verlauf und Ziele

2 Untersuchen Sie anhand der Materialien dieser Seite den Verlauf des Nahostkonflikts und die Ziele der Beteiligten. Orientieren Sie sich dabei an den Methodenschritten 2b und c.

M6 Chronologie

1948	Gründung des Staates Israel; erster arabisch-israelischer Krieg („Unabhängigkeitskrieg") endet mit dem Sieg Israels. Flucht und Vertreibung von ca. 650 000 Palästinensern.
1964	Gründung der PLO („Palestine Liberation Organization"), des politischen Vertretungsorgans der Palästinenser.
1967	Dritter Nahostkrieg („Sechs-Tage-Krieg"). Israel nimmt Ost-Jerusalem ein, besetzt das Westjordanland, den Gazastreifen, die Golanhöhen, die Sinaihalbinsel und beginnt die Gebiete zu besiedeln.
1987	Beginn der ersten „Intifada" (arab.: Abschüttelung): offener Volksaufstand der Palästinenser im Gazastreifen, Westjordanland und in Ost-Jerusalem.
1988	Palästinensischer Rat verkündet im Exil die Gründung eines unabhängigen Palästinenserstaates.
1994/ 1995	Abkommen in Oslo zwischen Israel und der PLO. Die Parteien vereinbaren die gegenseitige Anerkennung sowie ein Rahmenabkommen über Teilautonomie im Gazastreifen und in Jericho sowie den gestaffelten Rückzug Israels aus den besetzten Gebieten.
2000	Juli: Israelisch-palästinensische Konferenz in Camp David scheitert; im September Ausbruch der zweiten „Intifada" nach Bekräftigung des Anspruchs auf Ost-Jerusalem durch israelischen Ministerpräsidenten Scharon. Gewalteskalation durch Selbstmordattentate.
2003	Israel beginnt mit dem Bau von Sperranlagen zum Westjordanland.
2005	Mahmut Abbas wird zum neuen Präsidenten der Palästinenser gewählt. Israelische Räumung des Gazastreifens.
2006	Wahlsieg der radikal-islamischen Hamas und erste innerpalästinensische Kämpfe.
2008	Israel und Palästinenser einigen sich auf Waffenruhe.
2009	Nach beidseitigen Verletzungen der Waffenruhe führt Israel eine groß angelegte Militäroffensive im Gazastreifen durch.
2014/ 2015	Erneute Spannungen. Fortgesetzte jüdische Siedlungspolitik führt vermehrt zu Messerattacken durch Palästinenser gegen israelische Bürger.
Heute ...	

M7 Benjamin Netanjahu, Ministerpräsident Israels seit 2009

So könnten sich Israelis über ihre Ziele äußern:
Durch die jüdischen Siedlungen in den besetzten Gebieten schützen wir unser Kernland – vor allem Jerusalem als religiöses Zentrum.
Die Hauptquellen unserer Wasserversorgung liegen auf den Golanhöhen und in den besetzten palästinensischen Gebieten. Wir können diese nicht aufgeben, weil sonst die Wasserversorgung der Bevölkerung und der Landwirtschaft bedroht wäre. Eine Rückkehr der palästinensischen Flüchtlinge lehnen wir ab. Sie sollen sich in arabischen Staaten ansiedeln.
Eine Ausnahme soll die Zusammenführung von Familien sein. Unsere Bürger haben ein Recht, ohne Angst vor Terror und Gewalt zu leben.
Wir wollen eine sichere Zukunft. Ost-Jerusalem und die Klagemauer gehören zu Israel.

Zusammengestellt nach Materialien aus: Informationen für politische Bildung 278/2003, S. 62 ff.

M8 Mohammad Schtajjeh, seit April 2019 Ministerpräsident der palästinensischen Autonomiegebiete.

So könnten sich Palästinenser sich über ihre Ziele äußern:
Das Territorium unseres zukünftigen Staates Palästina sowie die Frage, ob Jerusalem unsere Hauptstadt wird, muss geklärt werden. Wir kritisieren die jüdische Siedlungspolitik und verlangen den Rückzug aus sämtlichen 1967 besetzten Gebieten. Damit unser Staat lebensfähig ist, muss sein Territorium zusammenhängend sein.
Wir benötigen die Wasserressourcen in den besetzten Gebieten und des Golan, da wir an akutem Wassermangel leiden.
Gemäß der UN-Resolution von 1948 haben die palästinensischen Flüchtlinge das Recht auf Entschädigung sowie Rückkehr in ihre ursprünglichen Häuser und zu ihrem Eigentum. Ost-Jerusalem und die muslimischen Pilgerstätten gehören den Palästinensern.

Zusammengestellt nach Materialien aus: Informationen für politische Bildung 278/2003, S. 62 ff.

BEISPIEL: Der Nahostkonflikt – Lösungsansätze

3 Diskutieren Sie anhand der Materialien dieser Seite die Lösungsansätze des Nahostkonflikts. Orientieren Sie sich dabei an dem Methodenschritt 3.

M9 Streitpunkte

- **Siedlungsbau.** Es muss Einigkeit darüber erzielt werden, wie die Grenze zwischen Israel und Palästina im Detail verlaufen wird. Dabei spielen vor allem die jüdischen Siedlungen, die Stadt Jerusalem und die Frage ausreichender Sicherheit für beide Staaten eine Rolle. In der israelischen und der palästinensischen Gesellschaft ist mittlerweile mehrheitlich anerkannt, dass nur eine Zwei-Staaten-Lösung eine realistische Option für eine dauerhafte Regelung des Konfliktes darstellt.
- **Zwei-Staaten-Lösung.** Die Grenzen und der völkerrechtliche Status eines künftigen palästinensischen Staates müssen geklärt werden. Israelis und Palästinenser müssen auf den Anspruch auf „ihr“ Land verzichten.
- **Jerusalem.** Eine Konfliktlösung muss nicht nur die religiöse Bedeutung der heiligen Stadt für die drei monotheistischen Religionen berücksichtigen und freien Zugang zu den heiligen Stätten gewährleisten. Sie muss auch die territoriale Bedeutung Ost-Jerusalems für ein lebensfähiges palästinensisches Gemeinwesen in Betracht ziehen. Und sie muss der politischen Bedeutung der Stadt für beide Seiten Rechnung tragen.
- **Flüchtlingsfrage.** In den kriegerischen Auseinandersetzungen 1948 flüchteten rund eine Dreiviertelmillion Palästinenser aus dem heutigen Gebiet des Staates Israel oder wurden von dort vertrieben, vor allem in den Gazastreifen und das Westjordanland, aber auch in die arabischen Nachbarstaaten. Nur etwa 100 000 Palästinenserinnen und Palästinenser blieben in Israel und bildeten dort die arabische Minderheit. … Mit der israelischen Eroberung des Westjordanlands, des Gazastreifens und des Golangebiets kam es 1967 zu einer neuen Flüchtlingswelle. Nach UN-Angaben flohen 250 000 bis 300 000 Palästinenser, viele von ihnen nun bereits zum zweiten Mal, vorwiegend in die arabischen Nachbarstaaten. Grundsätzlich existieren verschiedene Ansätze zur Regelung der Flüchtlingsfrage: Rückkehr, Entschädigung und (Neu-)Ansiedlung. Eine Ansiedlung kann wiederum im künftigen palästinensischen Staat stattfinden, als vollwertige Staatsbürgerinnen und -bürger in den derzeitigen Aufnahmestaaten oder in Drittstaaten.
- **Konfliktstoff Wasser.** Israel deckt seinen Wasserbedarf heute zum großen Teil aus Vorkommen, die außerhalb seines Territoriums liegen oder entspringen. Die Hauptquellen israelischer Wasserversorgung liegen in den besetzten palästinensischen Gebieten und auf dem Golan: die drei Grundwasserbecken des Westjordanlands, der Jordan und die Jordanzuflüsse. Nach der Besetzung der palästinensischen Gebiete wurden auch dort alle Wasserressourcen zu israelischem Staatsbesitz erklärt; seither wurde jegliche Entwicklung der Grundwassernutzung durch die palästinensische Bevölkerung verhindert.

The show must go on

4 Beschreiben Sie die Karikatur M1 (Doppelseite davor) und erläutern Sie, was sie aussagen soll.

5 Teilen Sie Ihre Klasse in zwei Gruppen – Israelis und Palästinenser. Versetzen Sie sich in deren Lage und notieren Sie, welche Bedingungen Sie für den Frieden stellen würden.

6 Machen Sie in einer anschließenden Diskussionsrunde Ihre Position deutlich. Überlegen Sie gemeinsam, wie ein Kompromiss zu jedem Streitpunkt gefunden werden könnte, und fassen Sie Ihre Ergebnisse schriftlich an der Tafel zusammen. Beispiel: „Wenn die Palästinenser auf Terroranschläge verzichten, werden die Israelis verhandlungsbereit sein.“

12.12 Das Wichtigste auf einen Blick

Globalisierung
- Weltumspannende Vernetzung von Politik, Wirtschaft, Kultur, Umwelt, Gesellschaft
- Handelsströme fließen vor allem zwischen Industrieländern und umfassen nur wenige Schwellen- und Entwicklungsländer
- Akteure: multinationale Unternehmen, WTO, Weltbank …

Globale Herausforderungen
- Ungleiche Entwicklung
- Flucht und Migration
- Umweltschutz
- Wasserverteilung
- Friedenssicherung
- Terrorismus

Ungleiche Entwicklung von Staaten
- Unterteilung in Entwicklungs-, Schwellenländer und Industriestaaten anhand des BIP oder des HDI
- Historische, wirtschaftliche, politische, soziale und religiöse Gründe für Entwicklungsrückstände
- Entwicklungszusammenarbeit: Mikrokredite, Schuldenerlass, gerechte Patentrechte, Technologietransfer, Investitionen …

Global Governance
- Kooperation von Staaten, internationalen Institutionen, Wirtschaft und Zivilgesellschaft, um die globalen Herausforderungen zu bewältigen

Globalisierung weltweit			
Kommunikation	**Ökonomie**	**Gesellschaft**	**Sicherheit**
„Vernetzte Welt"	„Weltbinnenmarkt"	„Welt als globales Dorf"	„Welt als Risikogemeinschaft"
Merkmale			
Innovationen in der Mikroelektronik und der Telekommunikation	Abbau von Handelsschranken, Mobilität des Kapitals, sinkende Transportkosten	Nationalstaaten und nationale Eigenheiten verlieren an Bedeutung	Globale Gefährdungen (Klimakatastrophe, Armut, Migration) bedrohen die Menschen grenzüberschreitend
Chancen (+) und Gefahren (–)			
+ Teilhabe an weltweiter Kommunikation + Vertiefung internationaler Kontakte und Beziehungen + Mehr Wissen über die Welt und rasche Verbreitung von Informationen + Abbau von Vorurteilen – Entstehung einer Informationselite – Überflutung mit Informationen	+ Schaffung neuer Arbeitsplätze im Weltmaßstab + Verbilligung der Produktionskosten – Konkurrenz auf dem Weltmarkt – Verlust von Arbeitsplätzen in Regionen und Branchen; soziale Unsicherheit; Vertiefung der Ausbeutung im Süden – Entsolidarisierung – Umweltzerstörung	+ Demokratisierung + Wachsendes Zusammengehörigkeitsgefühl („Eine Welt") + Globale Handlungsmöglichkeiten gesellschaftlicher Gruppen – Verlust von Identität und Heimat – Neuer Nationalismus als Gegenbewegung – Starker Einfluss von Multis auf politische Entscheidungen; Unkontrollierbarkeit	+ Erkenntnis der „Einen Welt" + Zwang zur Kooperation – Komplexität der Problematik – Überforderung für einzelne Regierungen – Schäden teilweise irreversibel – Delegation von Verantwortung

Uli Jäger, Globalisierung – Ängste und Kritik, Themenblätter im Unterricht, 2003 (Nr. 28), hrsg. v. der Bundeszentrale für politische Bildung, Bonn

12.12 En bref

Sachkompetenz (◇ maîtriser des savoirs)

1 Erklären Sie folgende Begriffe: Globalisierung, HDI, Migration, Global Governance, Terrorismus.
2 Wie teilt man Länder nach ihrem Entwicklungsstand ein?
3 Erklären Sie den Klimawandel und den Klimaschutz als globale Herausforderung.
4 Nennen Sie Ursachen und Konsequenzen der weltweiten Migration.

Methodenkompetenz (◇ utiliser des méthodes)

5 Erstellen Sie eine Konfliktanalyse anhand eines aktuellen Beispiels.

Urteils- und Handlungskompetenz (◇ juger et agir)

6 Formulieren Sie Forderungen der Entwicklungs- und Schwellenländer an die Industriestaaten.
7 Erläutern Sie die Karikaturen und nehmen Sie Stellung zu den einzelnen Aussagen.
8 Fassen Sie zusammen, welche Vor- und Nachteile die Globalisierung für Sie persönlich hat.
9 Beurteilen Sie die Aussage von Winston Churchill: „Die UNO wurde nicht gegründet, um uns den Himmel zu bringen, sondern um uns vor der Hölle zu bewahren."

ANHANG Methoden und Techniken

➲ Bevölkerungspyramide lesen und auswerten ➲ S. 180

➲ Bilder/Karikaturen analysieren

Die Bildanalyse kann durch folgende Arbeitsschritte und Leitfragen erfolgen, ob es sich nun um Karikaturen, Bilder, Fotos oder Werbung handelt.

1. **Das Bilddokument vorstellen:** Um welche Art von Bild handelt es sich (Karikatur, Foto, Werbung ...)? Wer ist der Autor? Wer ist der Auftraggeber? An wen richtet sich das Bild? Wo und wann wurde es veröffentlicht? Ermitteln Sie den geschichtlichen Zusammenhang der Veröffentlichung.
2. **Beschreibung:** Welche ersten spontanen Eindrücke vermittelt das Bild? Beschreiben Sie genau, was der Zeichner, Karikaturist, Fotograf usw. dargestellt hat. Wie und mit welchen Mitteln (Farben, Figuren, Objekte, Symbole, Gestik, Mimik, Perspektiven, Bildausschnitt u. a.) wird das Thema dargestellt?
3. **Interpretation:** Ermitteln Sie die Aussage des Bildes, die Absicht des Karikaturisten usw. Wie beurteilen Sie die Aussage der Karikatur bzw. die Absicht des Fotografen?

➲ Diskussion ➲ Pro-Kontra-Tabelle ➲ Pro-Kontra-Debatte

In einer Diskussion werden verschiedene Meinungen dargestellt, begründet und bewertet. Es geht dabei um den Austausch innerhalb einer Gruppe. Man spricht auch von einem Streitgespräch. Miteinander mit Worten zu streiten, gehört in einer Demokratie dazu. Es macht aber nur Spaß, wenn die Diskussion fair verläuft. Niemand darf sich verletzt fühlen.

1. **Sich informieren:** Um klug zu diskutieren, muss man sich mit der Sache, um die es geht, auseinandersetzen und sich sein eigenes Urteil bilden.
2. **Argumente formulieren:** Es reicht nicht nur, eine Meinung zu haben. Man sollte sie auch begründen können. Dazu verwendet man Argumente. Besonders überzeugend sind Argumente, denen man ein Beispiel hinzufügt.
3. **Andere Meinungen akzeptieren:** Das ist das Schwierigste in einer Diskussion. Man muss die anderen Meinungen nicht gut finden, und man kann versuchen, die anderen von seiner Meinung zu überzeugen, aber man muss akzeptieren, dass unterschiedliche Menschen unterschiedliche Meinungen haben.
4. **Einen Rahmen setzen:** Legen Sie einen bestimmten Zeitrahmen fest, damit das Gespräch nicht ausufert. Sie können auch einen Diskussionsleiter benennen, der die Beiträge koordiniert, das Gespräch lenkt und die Ergebnisse zusammenfasst; eventuell benennen Sie auch einen Schriftführer für das Protokoll und jemanden, der die Regeln überwacht.

Unverzichtbare Diskussionsregeln:

- Sich aktiv beteiligen
- Seine Meinung begründen
- Gut zuhören
- Andere ausreden lassen (keine Zwischenrufe!)
- Nicht übertrieben rechthaberisch sein

➲ Exkursionen planen und durchführen

Bei einer Exkursion, z. B. zur Abgeordnetenkammer, zur Gemeinde oder zum Europäischen Parlament, können Sie Informationen zu wichtigen Fragen erhalten und so einen Blick hinter die Kulissen der Politik werfen.

1. **Informationen beschaffen:** Die Adresse des Exkursionsziels finden Sie im Internet. Hier erhalten Sie Informationen zu Öffnungszeiten, geführten Touren und Ansprechpartnern, die entweder per Telefon oder Mail zu erreichen sind.
2. **Die Fahrt organisieren:** Legen Sie einen Termin, Verkehrsmittel und Zeiten fest und erkundigen Sie sich nach den Kosten. Informieren Sie sich, ob es vielleicht Zuschüsse vonseiten der Schule, der Elternvertretung oder sogar der Europäischen Union gibt.
3. **Informationsmaterial studieren:** Sichten Sie das gesammelte Informationsmaterial und legen Sie die einzelnen Etappen der Exkursion fest. Einzelne Schülergruppen können z. B. Kurzvorträge über das zu

ANNEXE Méthodes et techniques de travail

besichtigende Gebäude vorbereiten. Andere könnten gezielt einen Katalog mit Fragen erarbeiten, auf die Sie eine Antwort erwarten.

4. **Aufgaben verteilen:** Reservierung des Transportmittels, des Führungstermins; Benachrichtigung der Schule und der Eltern usw.; Verwaltung der Einnahmen und Ausgaben …
5. **Ergebnisse dokumentieren:** Fertigen Sie nach der Exkursion einen Kurzbericht an.
6. **Erfahrungen auswerten:** Werten Sie Ihre Erfahrungen in Bezug auf die Organisation der Exkursion aus. Was war gut? Was könnten Sie besser machen?

➲ Expertenbefragung ➲ S. 225

➲ Fallanalyse

Bei der Fallanalyse geht es darum, anhand eines Beispiels (Bau einer neuen Siedlung, Unterbringung von Flüchtlingen in der Gemeinde X) alternative Lösungsmöglichkeiten zu suchen. Sie sollen den Fall von allen Seiten beleuchten und untersuchen, um anschließend eventuelle Lösungsmöglichkeiten zu finden. Am Schluss vergleichen Sie die eigenen Entscheidungen mit dem tatsächlichen Ausgang des Falls. Dies hilft politische Entscheidungsprozesse nachzuvollziehen.

1. Der Moderator/Lehrer stellt den Teilnehmern den Fall vor.
2. Die Teilnehmer analysieren in Gruppen die Problemsituation, stellen fest, welche Informationen sie benötigen und informieren sich anhand des bereitliegenden Informationsmaterials.
3. Die Teilnehmer diskutieren in ihren Gruppen mögliche Lösungsvorschläge und deren Auswirkung auf den Fall. Ein Fragenkatalog kann hierbei helfen.
4. Jede Gruppe entscheidet sich für eine Lösung, indem sie Vor- und Nachteile sowie mögliche Konsequenzen abwägt.
5. Die Gruppen präsentieren und begründen ihre Entscheidung vor der Klasse.
6. Der Moderator/Lehrer präsentiert die Entscheidung, die im wahren Leben getroffen wurde. Die Gruppenlösungen werden mit dem Vorgehen in der Realität verglichen, Abweichungen werden diskutiert.

➲ Fotos analysieren ➲ S. 254

➲ Fünf-Schritt-Lesetechnik ➲ Textquellen entschlüsseln

Informationen aus schwierigen Texten (oder solchen, die schwierig scheinen) herauszuarbeiten, geht ganz leicht mit der Fünf-Schritt-Lesetechnik.

1. **Einen Überblick gewinnen:** Lesen Sie den Text ein erstes Mal und zeichnen Sie Fragezeichen an den Rand, wenn etwas unklar ist (schwere Wörter, unverständliche Passagen).
2. **Nachschlagen:** Klären Sie unbekannte Wörter.
3. **Gründlich lesen:** Lesen Sie den Text noch einmal. Markieren Sie jetzt die wichtigen Stellen, z. B. Aufzählungen, Argumente usw. Achtung: nicht mehr als 10 bis 20 Prozent anstreichen, sonst verliert das Markierte den Vorteil der Hervorhebung.
4. **Einzelne Textabschnitte zusammenfassen:** Schreiben Sie zu den verschiedenen Abschnitten Stichwörter oder versehen Sie sie mit Zwischenüberschriften.
5. **Den Text mit eigenen Worten wiedergeben:** Versuchen Sie die wichtigsten Informationen zu notieren indem Sie auf die Fragen „Wer?“, „Wann?, „Wo?“, „Warum?“, „Wie?“ antworten.

➲ Internetrecherche

Das Internet bietet eine unerschöpfliche Quelle an Informationen, aber auch an „Datenmüll“. Leider wissen wir nicht immer, wer die Informationen ins Netz gestellt hat. Onlinerecherche erfordert deshalb sorgfältiges Auswählen.

Schlagworte finden: Notieren Sie stichpunktartig, worüber Sie etwas erfahren wollen. Je eindeutiger die Stichworte sind, desto leichter fällt das Suchen und Finden von Informationen.

Online-Lexika benutzen: Für die erste Orientierung eignen sich von Experten erstellte Online-Lexika wie z. B. www.hanisauland.de oder www.bpb.de (Bundeszentrale für politische Bildung). Andere Internetenzyklopädien mit Informationen zu allen Wissensgebieten können von den Nutzern selbst erweitert und verändert werden (z. B. Wikipedia). Wichtig ist es, sich nicht nur auf einen Anbieter zu verlassen, sondern auch andere Quellen heranzuziehen.

Suchmaschine benutzen: Ein anderer Weg der Recherche führt über Suchmachinen. Auch hier gilt, dass unterschiedliche Suchmaschinen unterschiedliche Seiten liefern:

- Geben Sie möglichst präzise Begriffe ein, z. B. „Vereinte Nationen + Flüchtlingshilfe" anstelle von „UNO + Hilfe".
- Über die „erweiterte Suchfunktion" können Sie die Auswahl weiter einschränken.
- Über die Suchfunktionen „Bilder" oder „News" können sie entsprechende Ergebnisse zu einem Stichwort direkt erhalten.

Auswahl treffen:

- Überprüfen Sie, ob die Seite verständlich und hilfreich ist.
- Achten Sie darauf, wer der Anbieter der Information ist. Eine Tageszeitung oder eine öffentliche Institution wie z. B. www.gouvernement.lu oder www.europa.eu bieten meist zuverlässige Informationen.
- Lesen Sie den Text aufmerksam durch und notieren oder speichern Sie wesentliche Informationen. Drucken Sie nicht gleich alles aus.
- Vergessen Sie nicht, die genauen Adressen der benutzen Seiten mit der Datumsangabe aufzuschreiben. Beispiel : http://europa.eu/about-eu/basic-information/symbols/index_de.htm (10. 05. 2016)

➲ Interview durchführen ➲ Expertenbefragung

Arbeitsschritte für ein Interview:

1. Beraten Sie, wer für ein Interview zu einem ausgewählten Thema in Frage kommt und wo und wie die Befragung ablaufen soll.
2. In einem weiteren Schritt sammelt jeder Fragen, die an die Person, die Ihnen Auskunft geben kann, gestellt werden sollen.
3. Alle Fragen werden nach Schwerpunkten sortiert:
- Fragen zur Person
- Fragen zur beruflichen Laufbahn
- Finden Sie weitere Themengebiete und suchen Sie Fragen dazu.

4. Bereiten Sie das Interview vor.
Besprechen Sie im Voraus die technische Vorgehensweise (Aufnahmegerät) und den Ablauf.
5. Führen Sie das Interview durch und werten Sie es anschließend aus. Präsentieren Sie die Ergebnisse (z. B. als Kurzvortrag).

➲ Karikaturen auswerten ➲ S. 280

➲ Konfliktanalyse ➲

➲ Markterkundung ➲ S. 83

➲ Mindmap ➲ Präsentieren, Visualisieren

Eine Mindmap (dt. Gedankenkarte) dient dazu, Informationen zu strukturieren und zu visualisieren. Zunächst wird ein Oberbegriff oder eine Fragestellung festgelegt. Um das Thema herum werden wichtige Begriffe oder Aspekte gruppiert. Die Gruppierung hat die Form von Ästen, die sich zu den Enden hin immer mehr verzweigen. Die Begriffe können durch Bilder und Symbole ergänzt und veranschaulicht werden.

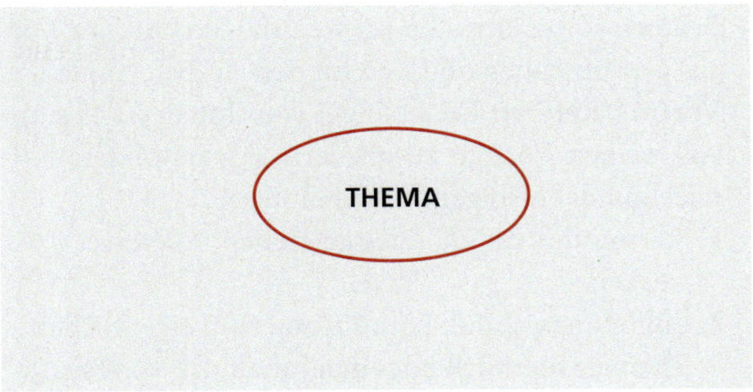

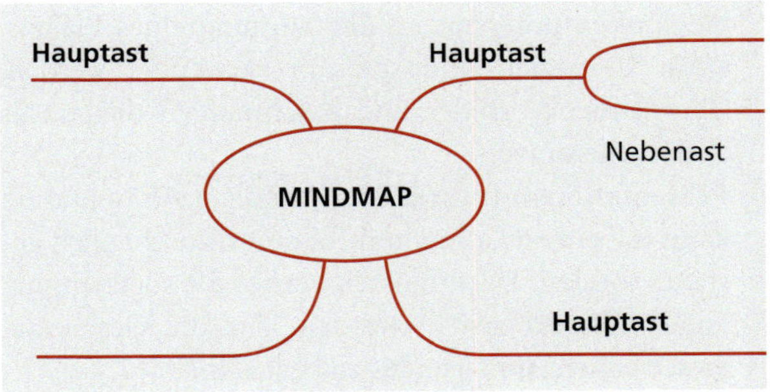

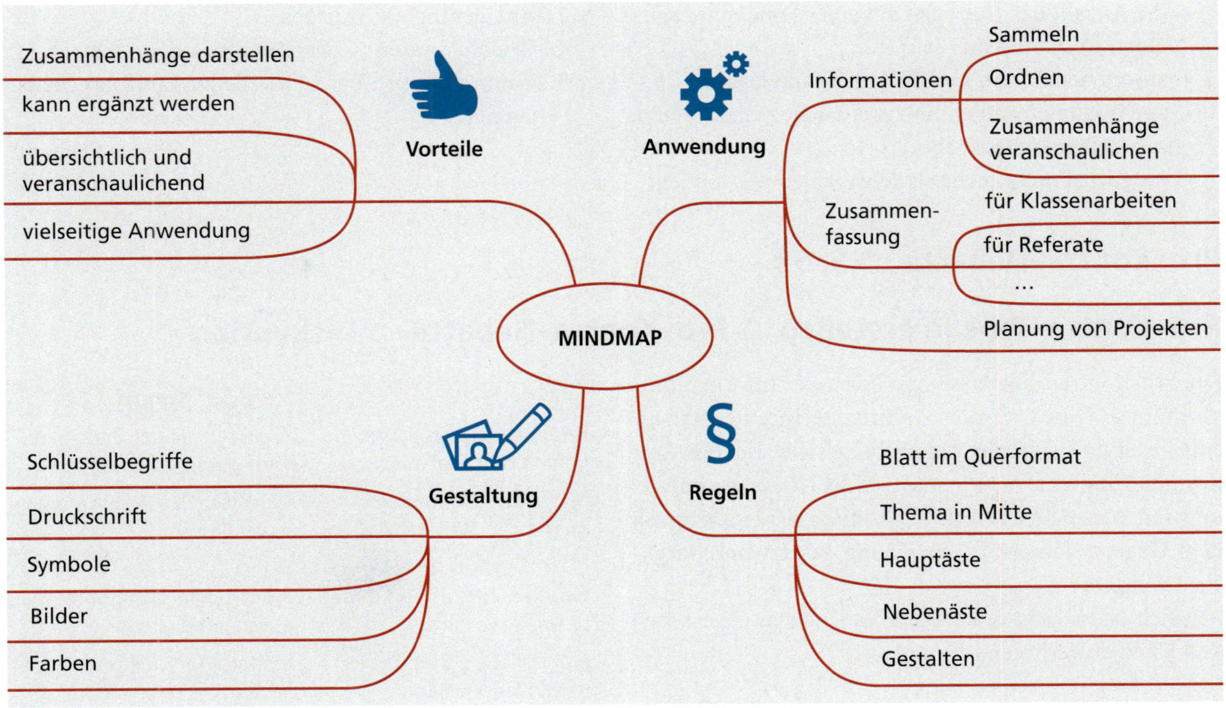

➲ Planspiel ➲ S. 122

➲ Präsentieren, Visualisieren ➲ Mindmap

Bei einer Präsentation stellen Sie anderen Ihre Ergebnisse vor. Präsentationen können mündlich, schriftlich, audiovisuell und interaktiv sein. Oft wird eine Mischung aus den genannten Formen gewählt. Im Folgenden finden Sie einige Tipps für ausgewählte Formen:

a) **Plakat/Wandzeitung** (schriftlich/visuelle Form): Plakate brauchen eine große Schrift, mindestens 4 cm, besser größer. Testen Sie vorher die Wirkung. Verwenden Sie Druckbuchstaben, wechseln Sie aber zwischen Groß- und Kleinbuchstaben. Konzentrieren Sie sich auf das Wesentliche, lassen Sie auch Leerräume. Farben unterstützen die Wirkung eines Plakats, wenn sie gezielt und sparsam verwendet werden. Überraschende Bilder und Zeichnungen dienen als Gedächtnisstütze.

b) **Präsentationssoftware:** Eine mündliche Präsentation kann mit einem Computerprogramm anschaulich gestaltet werden. Dazu müssen vorher die sogenannten Folien (Slides) erstellt werden. Für die Gestaltung dieser Folien ist Folgendes zu beachten:
- möglichst eigene, schlichte Vorlagen gestalten,
- die Anzahl der Aussagen auf einer Folie muss auf einen Blick erfassbar sein,
- ausreichend Rand und Zeilenabstand lassen,
- auf Textfolien sollten höchstens acht Zeilen stehen, pro Zeile maximal zehn Wörter,
- möglichst nicht mehr als zehn Folien verwenden,
- gut lesbare Schrift verwenden,
- Schriftgröße für Hauptüberschrift 32 Punkt fett, Zwischenüberschriften 28 Punkt fett, für Fließtext 24 Punkt, Bildunterschriften 20 Punkt,
- Farben bewusst zur Hervorhebung, Unterscheidung und Gliederung einsetzen,
- nur zentrale Aussagen visualisieren,
- auf überflüssige Effekte verzichten.

Die Folien sollen den Vortrag unterstützen, aber nicht ersetzen. Die Präsentation wird auf einem mobilen Datenträger gespeichert und mittels Computer und Beamer vorgeführt. Sie müssen die Technik im Voraus geprüft haben und Zeit für den Aufbau einplanen.

c) **Vortrag/Referat:** Unabhängig vom Inhalt ist es sinnvoll, seinen Vortrag zu gliedern. Als besonders hilfreich gilt dabei folgende Aufteilung:

1. Startmodul: die Zuhörer gewinnen, Interesse wecken.
2. Einleitungsmodul: Hinführung zum eigentlichen Thema, Überblick über den Inhalt des Vortrags.
3. Mittelmodul mit maximal drei Schwerpunkten: Ihr eigentliches Anliegen.
4. Abschlussmodul: Zusammenfassung, Ausblick.
5. Endmodul: Ihr Abgang (der letzte Eindruck bleibt hängen).

➲ Pro-Kontra-Debatte ➲ S. 63

➲ Pro-Kontra-Tabelle erstellen ➲ Pro-Kontra-Debatte ➲ Diskussion

Die Pro-Kontra-Tabelle ist eine Form der Informationssammlung. Dabei werden Argumente in einer Tabelle aufgelistet und einander gegenübergestellt. Bei der Ausformulierung der Argumente werden diese begründet und mit Beispielen belegt. Sie können dabei leicht mit dem Gegenargument in Beziehung gesetzt und verglichen werden.

Beispiel: Ist es richtig, dass das Rauchen in Gaststätten und Kneipen verboten ist?

Pro	Kontra
Rauchen ist ungesund und kann Krebs verursachen.	Die Freiheit des Einzelnen wird eingeschränkt.
Nichtraucher rauchen passiv mit, was sehr schädlich ist.	Gastwirte befürchten weniger Gäste.
Gesundheitskosten können gespart werden.	Staat verliert Einnahmen durch Tabaksteuern.
Jugendliche sehen keine negativen Vorbilder.	Einhaltung schwer kontrollierbar.

➲ Rollenspiel ➲ S. 36

Sachtexte verfassen

Häufig stellt sich Ihnen die Aufgabe, zu einem bestimmten Thema einen kurzen zusammenhängenden Sachtext (Stellungnahme, Kommentar, Zusammenfassung …) zu verfassen. Nachdem Sie sich über ein Thema mithilfe von Materialien informiert haben, beginnt die Ausarbeitung eines Textes.

1. **Materialien und Dokumente zum Thema untersuchen:** Fragestellung genau lesen und Dokumente hinsichtlich des Themas untersuchen. Die typischen W-Fragen helfen dabei.
2. **Gliederung erstellen:** wesentliche Informationen nach Sachgebieten ordnen.
3. **Schreiben:**

- **Einleitung:** Hier benennt man das Thema genau und sucht einen Anfang, der aus ein oder zwei Sätzen bestehen kann.
- **Hauptteil:** Im Hauptteil geht man auf die verschiedenen Aspekte des Themas ein. Behauptungen sollen begründet werden. Bei einer Argumentation sollen die Argumente gegliedert sein. Bei längeren Texten, wie z. B. schriftlichen Referaten, kann man die einzelnen Punkte durchnummerieren.
- **Schlussfolgerung:** Im Schlussteil können Sie die wichtigsten Informationen wiederholen, ein Fazit ziehen oder einen Ausblick geben.

Beispiel: Konflikte um Wasser
(➲ Kapitel 12)

1. Materialien und Dokumente zum Thema untersuchen

Thema: Welche Faktoren könnten in Zukunft den Konflikt um Wasser noch verstärken?

- WO gibt es Wassermangel bzw. Wasserüberschuss?
- WER profitiert vom Geschäft mit dem „Blauen Gold“?
- WAS bedeutet Wassermangel für die Menschen?
- WIE hat sich der Wasserverbrauch weltweit seit 1900 entwickelt?
- WELCHE Ursachen gibt es für Wasserkonflikte?
- WARUM …?

2. Gliederung erstellen

Frage: Welche Faktoren könnten in Zukunft den Konflikt um Wasser noch verstärken? Schreiben Sie einen Text von einer halben Seite.
Mögliche Gliederung: Einleitung/Faktoren (wirtschaftlich, sozial, ökologisch, politisch)/Schlussfolgerung.

3. Schreiben

Einleitung: *Seit dem Jahr 1900 hat sich der weltweite Wasserverbrauch fast verzehnfacht. Dies führt zu Problemen.*

Hauptteil: *Viele Faktoren sind wichtig:*

- *Wasser ist ein Wirtschaftsfaktor (z. B. zur Energieerzeugung).*
- *„Blaues Gold“ wird so wertvoll wie heute das Erdöl.*
- *Nur wer Geld hat, wird Zugang zu sauberem Trinkwasser haben.*
- *Wasserumleitung, Wasserstau und Wasserverschmutzung führen zu Konflikten zwischen Staaten.*

Schlussfolgerung: *Wassermangel und Wasserqualität sind ein weltweites Problem, das nur gelöst werden kann, wenn alle betroffenen Staaten zusammenarbeiten.*

Schaubild/Schema lesen

1. Aufbau erkennen

- Wie lautet der Titel des Schaubildes?
- Mit welchem Thema befasst es sich?
- Aus welchen Teilen besteht die Abbildung und wie sind sie angeordnet?
- Welche Farben werden verwendet?
- Sind die einzelnen Teile des Schemas miteinander verbunden?

2. Inhalt erklären

- Was stellen die einzelnen Teile dar, weshalb sind sie in einer bestimmten Reihenfolge angeordnet?
- Welche Bedeutung haben die einzelnen Farben?
- Welche Bedeutung haben die verschiedenen Verbindungen?

3. Schema auswerten

- Welche Informationen liefert uns das Schema?
- Aus welchem Grund hat man wohl diese bestimmte Anordnung für das Schema gewählt?
- Welche Schlussfolgerungen lassen sich ziehen (z. B. Verteilung der Macht, Bedeutung einzelner Personen und Organe usw.)?

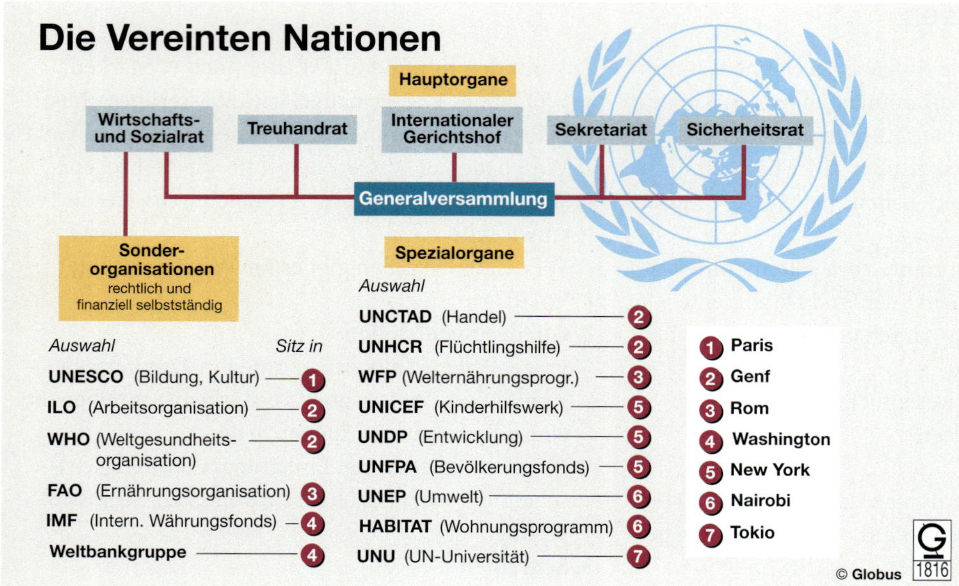

Simulation/Szenariotechnik

Bei der Szenariotechnik geht es darum, Möglichkeiten für zukünftige Entwicklungen gedanklich durchzuspielen und mögliche Konsequenzen von bestimmten Entwicklungen einzuschätzen.

1. In einer Art Brainstorming werden alle Ideen und Bilder gesammelt, die Ihnen zu einem Thema einfallen.
2. Anschließend spielen Sie zwei extreme Entwicklungen durch: ein „best-case-scenario“, das beschreibt, was passieren würde, wenn alles optimal verläuft, und ein „worst-case-scenario“, das die schlechtest mögliche Entwicklung aufzeigt.
3. Sie überlegen, durch welches Verhalten Sie die eine oder andere Entwicklung beeinflussen können.

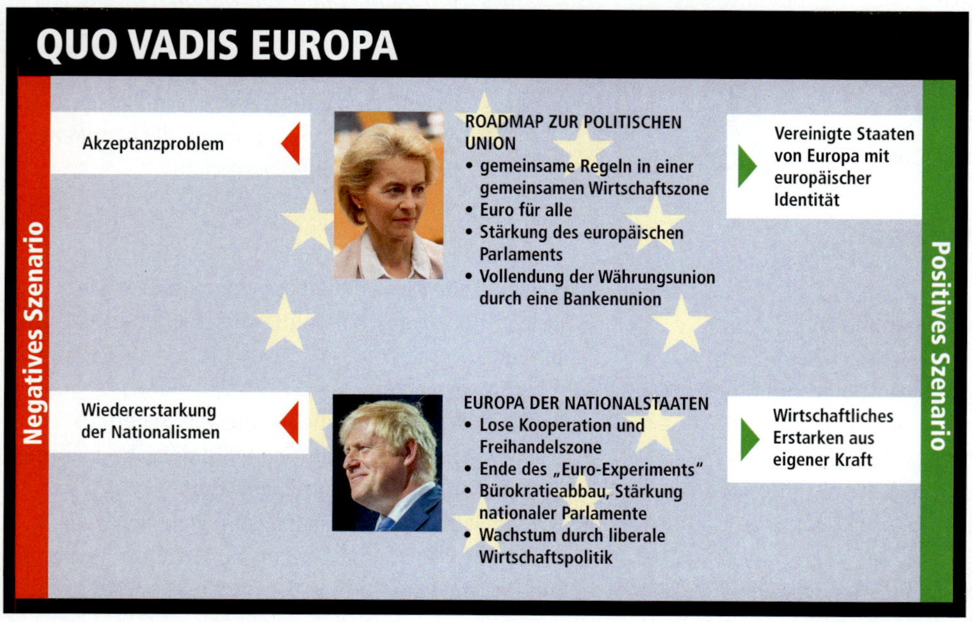

Wohin steuert die EU?

Textquellen entschlüsseln ➲ Fünf-Schritt-Lesetechnik

In der politischen Bildung werden vielerlei Arten von Textquellen genutzt. Das können z. B. Zeitungsartikel, Internetbeiträge oder Auszüge aus Reden sein. Jeder Text muss auf seine Glaubwürdigkeit hin geprüft werden. Dabei können folgende Schritte helfen.

1. Fragen zur Herkunft des Textes
- Was wissen Sie über den Verfasser (Lebensdaten, Herkunft, Amt, Stellung …)?
- Handelt es sich um einen Zeitzeugen (Primärquelle) oder um einen Bericht „aus zweiter Hand" (Sekundärtext)?
- Um was für eine Art Text handelt es sich (Artikel, Kapitel aus einem Buch, Radiointerview …)?
- Wann und wo ist der Text erschienen?

2. Fragen zum Text
- Was ist das Thema? Worum geht es? (W-Fragen)
- Was ist dem Autor besonders wichtig? Worauf will er hinaus? Welche Absicht steht hinter dem Text?
- Ist es eher eine sachliche Beschreibung oder ein wertender Text usw.?
- Wie ist der Text gegliedert?
- Welche allgemeinen Merkmale hat die Sprache des Textes? Verwendet der Autor bewusst ein bestimmtes Sprachniveau, einen bestimmten Stil (Jugendsprache, wissenschaftliche Sprache, viele Fremdwörter)? Ist die Sprache eher nüchtern oder aufgeregt?
- An wen ist der Text gerichtet?

3. Deutung und Bewertung
- Was ist die Kernaussage des Textes?
- Welche Schlussfolgerungen lassen sich insgesamt aus dem Text ziehen?
- Welche Stellung beziehen Sie zum Text bzw. zu den im Text geäußerten Thesen und Behauptungen?

Thematische Karten lesen und auswerten

In der politischen Bildung gibt es Karten zu den verschiedensten Themen (Bevölkerungsverteilung, Pendler, Menschenrechte, Umweltverschmutzung usw.). Sie zeigen einen Zustand oder Forschungsergebnisse und informieren über Ereignisse, Abläufe und Veränderungen. Beim Lesen und Auswerten helfen Ihnen folgende Schritte.

1. **Thema ermitteln:** Notieren Sie das Thema der Karte, das dargestellte Gebiet und den Zeitraum.
2. **Kartenlegende lesen:** Die Kartenlegende enthält Farben, Schattierungen und Symbole. Was bedeuten sie? Welcher Maßstab wird angegeben? Welche Entfernungen?
3. **Auswertung:** Notieren Sie Aussagen zu den verschiedenen Elementen der Legende. Formulieren Sie eine Gesamtausage und erklären Sie diese. Gibt es noch Fragen, die offen bleiben?

Umfrage durchführen ➲ S. 25

Umgang mit Statistiken ➲ S. 132

Umgang mit Tabellen und Diagrammen

Tabellen begegnen uns täglich – in Zeitungen, Zeitschriften, im Fernsehen, im Internet und anderswo. Im Unterricht erscheinen Zusammenhänge und Entwicklungen in verschiedenen Regionen bzw. Zeitabschnitten oft als Zahlenfolgen oder Zahlenvergleiche. Zur besseren Lesbarkeit sind die Zahlen in Tabellen geordnet oder in Diagrammen grafisch dargestellt.

Tabellen: In Tabellen werden Zahlen zu einem Thema geordnet und übersichtlich aufgelistet. Das Thema wird in der Tabellenüberschrift genannt. Die Tabelle besteht aus waagerechten Zeilen und senkrechten Spalten. Unter der Tabelle steht häufig eine Quellenangabe, die Auskunft über die Herkunft der Zahlenwerte gibt.

Diagramme: In Diagrammen werden Zahlenwerte zeichnerisch dargestellt. Sie sind deshalb anschaulicher als Tabellen. Man unterscheidet verschiedene Arten von Diagrammen.

- Streifendiagramm: Mit dem Streifendiagramm lassen sich verschiedene Mengen leicht miteinander vergleichen, z. B. Einwohnerzahlen oder Tonnen. Bei einem Säulendiagramm stehen die Streifen aufrecht, beim Balkendiagramm liegen sie quer.
- Kurvendiagramm: Mit dem Kurvendiagramm lassen sich zeitliche Entwicklungen besonders gut darstellen.
- Kreisdiagramm: Mit einem Kreisdiagramm können die verschiedenen Anteile an einer Gesamtmenge gut veranschaulicht werden, z. B. Prozentwerte.

Die folgenden Arbeitsschritte helfen bei der Auswertung von Tabellen und Diagrammen:

1. Einordnung
- Wie heißt das Thema?
- Welcher Zeitraum ist dargestellt?
- Kann eine räumliche Zuordnung vorgenommen werden?
- Sind die Zahlenangaben aktuell oder veraltet?

2. Form der Darstellung
- Handelt es sich um eine Tabelle oder ein Diagramm?
- Um welche Art Diagramm handelt es sich?
- In welcher Maßeinheit sind die Zahlenwerte dargestellt?

3. Inhalt der Darstellung
- Gibt es Unverständliches oder unbekannte Begriffe, die geklärt werden müssen?
- Sind Besonderheiten oder Auffälligkeiten zu nennen?

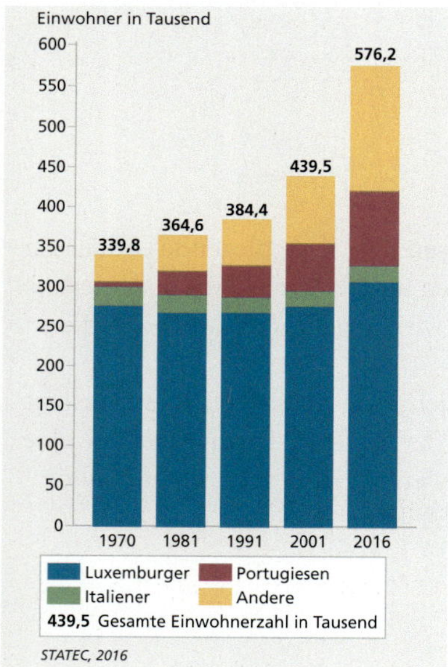

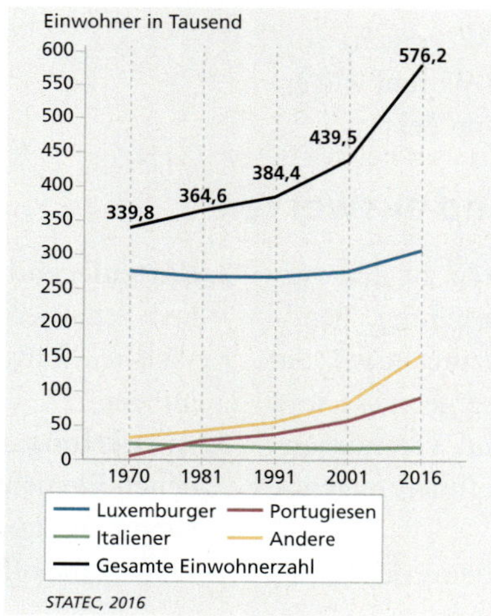

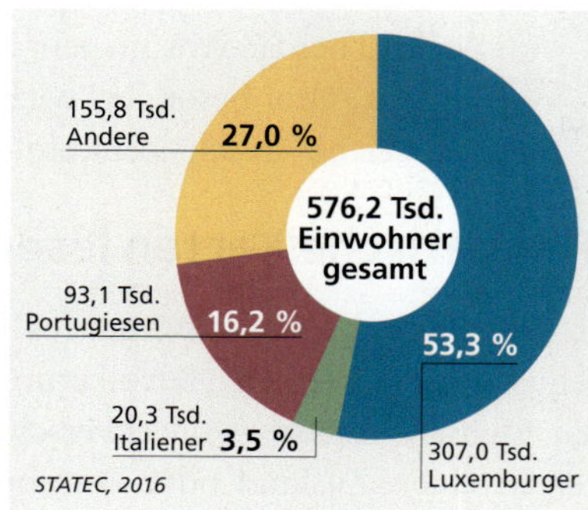

➲ **Wahlplakate untersuchen** ➲ S. 197

➲ **Zukunftswerkstatt** ➲ S. 158

Stichwortverzeichnis

Abgeordnete 20, 192, 198, 200
Abgeordnetenkammer 22, 198
Aktie 102
aktives Wahlrecht 64, 74
Alters- und Invalidenversicherung 125
Alzettetal 138, 139
Anbieter 94
Angebot 88
Angebot und Nachfrage 84, 102
Arbeit 108
Arbeitgeber 107, 116, 120, 125
Arbeitgeberverbände 120
Arbeitnehmer 107, 116, 120, 125
Arbeitsbedingungen 116, 118, 122
Arbeitslosigkeit 128
Arbeitsmarktverwaltung 128
Arbeitsrecht 116
Arbeitsvertrag 114
Ashton, Catherine 273
Aufgaben der Gemeinde 56, 70, 74
Ausbildung 42, 44, 45, 50
ausführende Gewalt 61
Ausschüsse 120
Auswanderer 170
Auswanderung 178

Bank 100
Banque centrale européenne, la 272
Banque européenne d'investissement, la 274
Barroso, José Manuel 273
Bedürfnisse 78
Beitrittskriterien 265
Beratungsstellen 234
Berufsausbildung 42
Berufskammern 120
Beschäftigungsfonds 125
Beteiligung 24
Betriebe 90
Bevölkerungsentwicklung 141
Bewerbungsschreiben 112
Bildbearbeitung 254
Bildmanipulation 254
Binnengrenzen 278
Binnenmarkt 263, 270
Binnenmigration 294
BIP 96, 290, 292
Blaues Gold 299
Blauhelme 304, 305
Börse 102
Briefwahl 193
Bruttoinlandsprodukt 96, 290, 292
Budget 58, 74
Bureau de l'état civil 56
Bürger 14, 16
Bürgerinitiative 20, 68, 211, 248, 271
Bürgermeister 58, 60, 64, 74

carte thématique, la 143
casier judiciaire, le 224
CECA 274, 275
chèques-service, les 40
Citoyenneté européenne, la 267
Clique 32, 49
CO_2 145, 152, 153, 154
CO_2-Ausstoß 154
CO_2-Emissionen 151
Code civil, le 39
Commission, la 272
Communauté Européenne du Charbon et de l'acier, la 274, 275
communauté légale, la 39
congé parental, le 40
Conseil de l'UE, le 272
Conseil européen, le 272
Cour de Justice européenne, la 272, 274
Cour des comptes européenne, la 272, 274
Cour pénale internationale, la 305
CPI 305

déchets, les 148
Demokratie 16, 20, 22, 26, 28, 172, 191, 248
Dienstleistungen 78, 90
Dienstleistungsgesellschaft 171
Digital Natives 242
Diktatur 17, 28
direkte Demokratie 21
direkte Steuern 96
Dividende 102
Downloaden 246, 247
droit international, le 304

EGKS 274, 275
Ehe 35, 39
Einwanderer 171, 182,
Einwanderung 178, 180
Einzelunternehmen 90
Eisenindustrie 140
Emigration 294
Energielabel 155
Entwicklungsländer 290
Entwicklungszusammenarbeit 296
Erasmus-Programm 268
Erster Weltkrieg 174
Erziehung 36
EU-Kommission 272
EU-Regionalpolitik 277
EU-Richtlinien 268
Euro 262, 263, 266
europäische Bürgerrechte 270
Europäische Investitionsbank 274
Europäische Zentralbank 272
Europäischer Gerichtshof 272, 274
Europäischer Rat 272
Europäischer Rechnungshof 272, 274
Europäisches Parlament 272
Eurozone 262
Exekutive 191, 212
Extremismus 26, 27

Facebook 243
Familie 32, 34, 38, 40, 50,
Familienrecht 50
Familienzulagen 125
Fernsehen 253
firme transnationale, la 286
Flächennutzungsplan 142
Flüchtling 295

Fraktion 199
freie Marktwirtschaft 94
freier Personenverkehr 269
Freiheitsrechte 15
Freizeit 46, 47
Freizügigkeit 267
Friedensmissionen 279
frontalier, le 142
Frontex 279
Fusion 70

GASP 268, 279
Geld 98, 100
Gemeinde 53, 56
Gemeindefinanzen 58
Gemeindefusionen 70, 74
Gemeindegebühren 59
Gemeinderat 58, 60, 64, 74
Gemeindereglemente 60, 74
Gemeindesyndikate 70, 74
Gemeindewahlen 74
Gemeinschaft für Kohle und Stahl 274, 275
Generation 40
Generationenvertrag 124
Gericht 220, 221, 224, 236
Germanisierungspolitik 176
Gesellschaft 90
Gesetze 16, 204, 206, 227, 215, 216, 236
gesetzgebende Gewalt 61, 198
Gewaltenteilung 190, 191
Gewerbeinspektion 118
Gewerkschaften 120, 122
Gleichberechtigung 14
Global Governance 303
Globalisierung 152, 286
Grenzgänger 142
Grenzpendler 171
Großherzog 172, 208, 212
Großregion 275
Grundrechte 14, 22, 26, 267
Gruppe 32, 48, 50
Güter 78, 90
Gütergemeinschaft 39
Güterknappheit 86

HDI 290, 291
Hohe Behörde 274
Human Development Index 290, 291

Immigration 294
Index 99, 122, 126
indirekte Steuern 96
Individuum 32
Industrieländer 290
Industriestaat 170
Inflation 99
Interessengruppen 26
interkommunale Syndikate 148
Internationaler Strafgerichtshof 305
Internet 240, 242, 244, 245, 246, 247, 253
Intifada 310
ISAF 284
Islam 307
islam, l′ 307
islamisme, l′ 27, 307
Islamismus 27, 307
Israel 309, 310
IstG (ist Abk. für Intern. Strafgerichtshof) 305

Judikative 191, 206, 212
Jugend 32, 46
Jugendarbeitslosigkeit 132
Jugendliche 32, 46
Jugendschutz 117
Jugendschutzgesetz 227
Justiz 206, 219

Kandidaten 66
Kartell 88
Kaufkraft 86
Kindergeld 41
Klima 150
Klimawandel 156, 301
Koalition 199, 202
Kollektivvertrag 114, 120, 122, 126
Kommissionen 68
Kompetenz(en) 43
Konjunktur 101
Konkurrenzkampf 91
Konsum 184
Krankenversicherung 125
kumulieren 66
Kündigung 117
Kyoto-Protokoll 301

Lebensgemeinschaften 34
Lebenslauf 112
Legislative 191, 198, 212
Lehrvertrag 115
Leitzins 101
links 194
Linksextremismus 27
Listenwahl 66
Lobby 211
Lohn 126
loi communale, la 67
loi électorale, la 65

Majorzgemeinde 66
Marketing 88
Markt 84, 94
Marktmodell 85, 88
Massenmedien 240, 241, 248, 253
Maximalprinzip 78
Mediation 235
Medien 210, 239, 240, 242
Medienrevolte 240
Mehrheit 22, 202
Mehrheitsprinzip 22
Menschen- und Bürgerrechte 14, 18, 28
Menschenrechte 18
Migration 294
Mikrokredite 297
Minderheit 22
Mindestlohn 122, 126
Minettegebiet 138

Minettelandschaft 139
Minimalprinzip 78
Minister 202
Mitsprache 44
Mitwirkung 44
Mobilität 137, 144
Monarchie 189, 208
Monopol 88
Moseltal 138, 139
Müll 148
Müllerthal 138
multinationale Unternehmen 286
Muslim 307
musulman, le 307
Mutterschutz 117

Nachfrage 88
Nachfrager 94
nachhaltige Entwicklung 142
nachhaltiges Handeln 81
Nachricht 250
Nahostkonflikt 309
Nation 166, 186
nationale Symbole 164
Nationalfeiertag 165
Nations Unies, les 175, 302, 304
NATO 175, 304
navetteur, le 142, 145
NGO 296
Nichtregierungsorganisation 296
Nord-Süd-Gefälle 290
North Atlantic Treaty Organization 175, 304

ökologisches Handeln 81
ökonomisches Prinzip 78, 90
Ombudsmann 234, 267, 271
OMC 288
ONG 296
ONU 175, 302, 304
OPEC 87
Opposition 199
Organisation du traité de l'Atlantique du Nord, l' 175, 304
Organisation Mondiale du Commerce, l' 288
Organisation non gouvernementale, l' 296
Ösling 139
OTAN 175, 304

PACS 38
PAG 142
Palästina 309
Palästinensische Befreiungsorganisation 309, 310
Panaschieren 66
Parlament 12, 172, 198
parlamentarische Demokratie 189
Parlement européen, le 272
Partei 248
Parteien 16, 194, 212
Partnerschaft 50, 38, 39
passives Wahlrecht 64, 74
Patriotismus 166
Pendler 142, 145
Petition 199
Petitionsrecht 267
Pflegeversicherung 125
PIB 96, 290, 292
Plan d'aménagement général, le 142
PLO 309, 310
Politik 12, 28
Politiker 252
pouvoir éxécutif, le 61
pouvoir législatif, le 61
Preisbildung 86, 88
Preisstabilität 99, 101
Printmedien 240, 244, 253,
Privatsphäre 246
produit intérier brut, le 96, 290, 292
Produktionsfaktoren 86, 90
Produktionsmittel 90
Pro-Kontra-Debatte 63
Proporz- und Majorzwahl 74
Proporzgemeinden 66
Prozess 224
Push- und Pullfaktoren 295

Rat der EU 272
Raum- und Landesplanung 142
Reality-TV 256
Recht 215, 216, 217, 218
rechts 194
Rechtsextremismus 27
Rechtsgemeinschaft 38
Rechtsstaat 16, 22, 28, 206
Recycling 149
Referendum 67, 193
réfugié, le 295
Regierung 12, 202
règlement, le 272
Rente 40
repräsentative Demokratie 21
Resozialisierung 228
Ressourcen 137
Retuschieren 255
Richtlinien 272
Rollen 33
Rollenkonflikt 49
Rollenspiel 36
Rollenverhalten 33
Rompuy, Herman Van 273

Schengen 274, 278
Schlagzeilen 251
Schöffen 60, 64, 74
Schöffenrat 58, 60
Schule 42, 44, 50
Schulpflicht 42, 50
Schuman, Robert 262, 266, 274, 275
Schwellenländer 290
societé civile, la 303
Solidaritätsfonds 125
soziale Beziehungen 32
soziale Marktwirtschaft 94
soziales Handeln 81
soziales Netzwerk 284
Sozialisation 32, 50
Sozialleistungen 126, 130
Sozialpartner 120
Sozialstaat 94, 130
Sozialversicherung 124

Soziologie 32, 50
Staat 16, 94, 124, 189
Staatsform 16
Staatsgewalt 26
Staatsgründung 168
Staatsordnungen 16
Staatsrat 205
Stadtstaat 12
Stammbaum 35
Steuerklasse 127
Steuern 58, 130
Strafrecht 218
Symbole 164
Syndikat 70

Tauschwirtschaft 98
Taxen/Gebühren 58
Terrorismus 306
thematische Karte 143
Todesstrafe 19, 228
Treibhauseffekt 150

Umfragen 25
Umwelt 154
Umweltschutz 300
Unfallversicherung 125
Unionsbürgerschaft 267
UNO 175, 302, 304
Urlaub 109, 116

Verbraucherschutz 89
Vereinte Nationen 175, 302, 304
Verfassung 14, 16, 17, 172, 190, 191, 203, 206, 208, 216
Verkaufsstrategien 82
Verordnungen 272
Vertrag 230, 232, 236
Verwandtschaft 35
vierte Gewalt 248
Völkerrecht 304
Volksabstimmung 21
Volksbefragung 67
Volljährigkeit 14

Wahlen 14, 20, 22, 212,
Wählen 64
Wähler 64, 248
Wahlgesetz 65
Wahlkampf 196
Wahlpflicht 65, 74
Wahlrecht 14, 172, 192, 193, 267
Wahlsystem 66, 192
Warenkorb 127
Wasser 146
Wasserverbrauch 147
Web 2.0 240
Weiterbildung 128
Wertpapier 102
Wettbewerb 88
Widerstand 176, 177
Wirtschaften 77, 80
Wirtschafts- und Sozialrat 120
Wirtschaftsgemeinschaft 266
Wirtschaftskreislauf 100
Wirtschaftssektoren 77
World Trade Organization 288
WTO 288

Zensuswahlrecht 14
Zentralbank 101
Zivilgesellschaft 303
Zivilrecht 39, 218
Zivilstandsamt 56, 74
Zweiter Weltkrieg 175, 177

Bildquellen

Titelfoto: Corbis/Don Hammond/Design Pics; S. 3.1/S. 10-11 Daniel Hoesch, Nürnberg; S. 3.2/S.30.4 Shutterstock/Goodluz; S. 3.3/S. 52-53 Volkhard Binder, Berlin; S. 4.1/S. 76.1 picture-alliance/dpa/dpaweb; S. 4.2/S. 106-107 Marc Schoentgen, Diekirch; S. 4.3/S. 8.1/S. 136.1 Global View/Simon Schmitt, Louvain-la-Neuve, Belgien; S. 5.1/S. 162-163 ddp images/ddp images; S. 5.2/S. 188.5 akg-images/Alfons Rath; S. 6.1/S. 214-215 Tom Wagner, Bettenbourg; S. 6.2/S. 238-239 ddp images/Picture Press; S. 6.3/S. 260-261 Shutterstock/ixpert; S. 7/S. 284-285 Facebook Ireland Ltd.; S. 8.2/S.136.3 © Photothèque de la Ville de Luxembourg; S. 8.3/S. 78.M1 Erich Rauschenbach, Berlin; S. 8.4/S. 78.M2.1 Shutterstock/DiversityStudio; S. 8.5/S. 78.M2.2 Fotolia/© DiversityStudio; S. 8.6/S. 78.M2.3 COLOURBOX9459149; S. 8.7/S. 78.M.2.4 COLOURBOX9081344; S. 8.8/S. 79 Jupp Wolter (Künstler)/Haus der Geschichte, Bonn; S. 9.1/S. 63 Fotolia/Monkey Business; S. 9.2/S. 319 Shutterstock/Christo; S. 9.3/S. 28 Gerhard Mester, Wiesbaden; S. 12.M2 Gabriele Heinisch, Berlin; S. 13.M4 Charles Caratini, Bergem; S. 13.M6 Nicolas Bouvy; S. 14.M1 bpk/RMN–Grand Palais/Bulloz; S. 15.M6 Jean-François Batellier, Auvers sur Oise; S. 16.M1 Fotolia/© Felix Pergande; S. 16.M3 Viacom International Media Networks, Berlin; S. 17.M5 Jeff Danziger, New York; S. 17.M6 action press/ISOPIX/action press; S. 18.M1.1 Reuters/Reuters/mecom; S. 18.M1.2 Laif/contrasto/laif; S. 18.M1.3 picture-alliance/AP Photo; S. 18.M1.4 Shutterstock/Shutterstock; S. 18.M1.5 picture-alliance/dpa; S. 18.M1.6 picture-alliance/ZB; S. 18.M1.7 picture-alliance/AP Photo; S. 19.M2 Volkhard Binder, Berlin; S. 20.M1/M3 Chambre des Députés, Luxemburg; S. 20.M2 pictures-alliance/dpa; S. 20.M4 Fir de Choix,Luxemburg; S. 21.M6 Peter Wirtz, Dermagen; S. 22.M1 Markus (Künstler)/Museum für Kunst und Gewerbe Hamburg; S. 22.M2 Atelier Ursula Behr, Fulda; S. 23.M4 Burkhard Mohr, Königswinter; S. 24.M2 Ministére de la Famille et de l'Intégration, Luxemburg; S. 25.1 F1 online; S. 26.M1 Nicolas Spinga, Paris; S. 27.M.3.1 Horst Haitzinger, München; S. 27.M3.2 Martin Erl, Ingolstadt (Künstler)/Toonpool GmbH, Berlin; S. 27.M3.3 Gerhard Mester, Wiesbaden; S. 27.M3.4 Klaus Stuttmann, Berlin; S. 30.1 picture-alliance/dpa/picture-alliance; S. 30.2 Shutterstock/William Perugini; S. 30.3 Shutterstock/Syda Productions; S. 30.5 Shutterstock/Dmitry Kalinovsky; S. 31.1 Shutterstock/DNF Style; S. 31.2 Fotolia/Ingo Bartussek; S. 31.3 Shutterstock/Elena Stepanova; S. 32.M1 Fritz Wolf (Künstler †)/Marcus Wolf, Fritz-Wolf-Gesellschaft e.V., Osnabrück; S. 33.M4 Matthias Pflügner, Berlin; S. 34.M1 Anette Schamuhn (Künstlerin)/Cornelsen Verlag GmbH, Berlin; S. 34.M2 Jim Unger (Künstler †)/Universal Uclick, Kansas City; S. 35.M6 Baaske Cartoons, Mülheim; S. 36.1 stern.de GmbH, Hamburg; S. 36.2 SPIEGEL-

Verlag Rudolf Augstein GmbH & Co. KG, Hamburg; S. 36.3 RTL/Frank Hempel/Warner Bros. Entertainment; S. 37 RTL Luxemburg/Steve Schmit; S. 38.M3 Horst Haitzinger, München; S. 40.M2 Globus-Grafik 2878; S. 41.M4 Renate Alf, Weimar; S. 42.M1 Univerasl Uclick, Kansas City; S. 42.M2 Cartoon-Archiv Reinhold Löffler, Dinkelsbühl; S. 43.M5 Globus-Grafik 8975; S. 44.M1 picture-alliance/Klaus Rose; S. 44.M2 Shutterstock/Monkey Business Images; S. 45.M4 Lycée Téchnique, Privé Emile Metz; S. 45.M5 Dirk Tonn (Künstler †)/Dieter Tonn, Bovenden-Lenglern; S. 47.M3 Peter Wirtz, Dormagen; S. 48.M2 Carlos Urban, Hoya; S. 49.M3 Daniel Hoesch, Nürnberg; S. 50 Rolf Robischon, Freiburg; S. 54.M1 Communale de Mersch; S. 54 li. Volkhard Binder, Berlin; S. 54.M2 Roi Schleich, Ettelbruck; S. 55.M4 Communale de Mersch; S. 56.M1.1 Incendie / Sauvetage Walferdange, Feuerwache Walferdange; S. 56.M1.2 Tom Wagner, Bettembourg; S. 56.M1.3 Archiv Luxemburger Wort, Luxemburg; S. 57.M3 Communale de Mersch; S. 58.M3 Simone Kayser; S. 58.M4 Jan Tomaschoff (Künstler)/ Toonpool GmbH, Berlin; S. 60.M1 Ministère de l'Éducation nationale et de la Formation professionnelle, Luxemburg; S. 60 u. Archiv Luxemburger Wort, Luxemburg; S. 62 Volkhard Binder, Berlin; S. 63 Fotolia/ Monkey Business Images; S. 64.M1/M.2 Tom Wagner, Bettembourg; S. 65.M5 Peter Wirtz, Dormagen; S. 68.M1 Tom Wagner, Bettembourg; S. 69.M5 Archiv Luxemburger Wort, Luxemburg; S. 69.M6 Shutterstock/ miumi; S. 69.M7 Nicola Aquaro, Mamer; S. 70.M1 TICE, Esch-sur-Alzette; S. 70.M2 Tom Wagner, Bettembourg; S. 70.M3 Volkhard Binder, Berlin; S. 70.M4 cba christian bauer & associés, Luxemburg; S. 71 Volkhard Binder, Berlin; S. 71 (Wappen) Communale de Mersch; S. 72.M3 Volkhard Binder, Berlin; S. 73.M4 © Romain Müller, Ville d'Esch-Développement Urbain; S. 74 Horst Wendland, Frickenhausen; S. 76.2 dpa/picture-alliance; S. 76.3 Fotolia/© Kitty; S. 76.4 Shutterstock/Dmitry Kalinovsky; S. 76.5 Fotolia/© Minerva Studio; S. 76.6 Archiv Luxemburger Wort, Luxemburg (f17043990/Foto: Guy Wolff); S. 77.1 Shutterstock/Pavel L Photo and Video; S. 77.2 Shutterstock/pryzmat; S. 77.3 picture-alliance/ZB; S. 80.M1 Anette Schamuhn (Künstlerin)/Cornelsen Verlag GmbH, Berlin; S. 80.M2 dieKLEINERT.de/Martin Guhl, München; S. 81 Anette Schamuhn (Künstlerin)/ Cornelsen Verlag GmbH, Berlin; S. 82.1 picture-alliance/Markus C. Hur; S. 82.2 picture-alliance/ZB; S. 82.3 mauritius images/Patti McConville/Alamy; S. 83 o. trivago GmbH, Düsseldorf; S. 83 u. Mike Baldwin (Künstler)/CartoonStock; S. 84.M1.1 METRO Cash & Carry Deutschland; S. 84.M1.2 ddp images; S. 84. M1.3 Shutterstock/sima; S. 85.M2 Fotolia/© lenetsnikolai; S. 85.M3 Fotolia/Dino Osmic; S. 86.M1 Erich Schmidt Verlag/Zahlenbild 200 310; S. 86.M2 Shutterstock/windu; S. 87.M4 Globus-Grafik 13048; picture-aliance; S. 87.M5 Stacey Fairrington (Künstlerin)/Cagle Cartoons Inc.; S. 88.M1 Waldemar Mandzel, Bochum; S. 88.M2 Gabriele Heinisch, Berlin; S. 89.M3 Shutterstock/ Monkey Business Images; S. 89.M4 Fotolia/© beugdesign; S. 90.1 shutterstock/prudkov; S. 90.2 Archiv Luxemburger Wort, Luxemburg (f17003666/Foto: Serge Waldbillig); S. 90.3 Fotolia/© IckeT; S. 91.M4 Erich Schmidt Verlag/Zahlenbild; S. 92.M1 Archiv Luxemburger Wort, Luxemburg(f17339315/Foto: Marc Wilwert); S. 94 o. Archiv Luxemburger Wort, Luxemburg; S. 95.M3 Gerhard Mester, Wiesbaden; S. 95.M4 Shutterstock/Petr Malyshev; S. 95.M5 Walter Hanel (Künstler)/Haus der Geschichte, Bonn; S. 96.M2 li. Guido Lessing; S. 96.M2 re. Marc Schoentgen, Diekirch; S. 96.M2 u. imago sportfotodienst/imago stock&people; S. 97.M3 Archiv Luxemburger Wort, Luxemburg (f367338/Foto: Teddy Jaans); S. 97.M4 Archiv Luxemburger Wort, Luxemburg (f17558003/Foto: Marc Wilwert); S. 97. M5 Archiv Luxemburger Wort, Luxemburg (f430628/Foto: Serge Waldbillig); S. 97.M6 © Michel Brumat/Université du Luxembourg; S. 97.M7 Archiv Luxemburger Wort, Luxemburg (f17508205/Foto: Serge Waldbillig); S. 97.M8 Police Grand-Ducale, Luxemburg; S. 98.M1 Detlev Schüler, Berlin; S. 98.M2 Deutsche Bundesbank, Frankfurt am Main; S. 98.M3 Fotolia/© VRD; S. 99.M6 IAM/akg-images; S. 100.M1 F1 online; S. 101 re. Fotolia/© Fotolys; S. 102.M1 Laif/© Justin Guariglia 2011/Redux/laif; S. 103.M2 ArcelorMittal, Luxemburg; S. 103 u. Iris-Christiana Leier (Künstlerin)/Irl-Cartoons, Bruchsal/Toonpool GmbH, Berlin; S. 104 Anette Schamuhn (Künstlerin)/Cornelsen Verlag GmbH, Berlin; S. 105 Joachim Gottwald (Künstler)/Cornelsen Verlag GmbH, Berlin; S. 106–107 Hintergrundfoto stock.adobe.com/Daniel Ernst/Daniel; S. 108.M1 Burkhard Fritsche, Köln; S. 109.M3 akg-images/Dodenhoff S. 109.M4 Christoph Berten, Berlin; S. 109.M5 CartoonStock/David Brown; S. 110 u. Archiv Luxemburger Wort, Luxemburg; S. 111.M6 Hans Traxler, Frankfurt am Main; S. 112.1 Fotolia/© Fabio Balbi; S. 112.2 Shutterstock/© Antonio Jorge Nunes; S. 112.3 Shutterstock/BestPhotoStudio; S. 112.4 Shutterstock/photobank.ch; S. 112.5 Fotolia/© azazello; S. 115.M2 Anette Schamuhn (Künstlerin)/Cornelsen Verlag GmbH, Berlin; S. 116.M1.1 Shutterstock/© Antonio Jorge Nunes; S. 116. M1.2/M.1.3 Peter Wirtz, Dormagen; S. 118.M1 Shutterstock/ dragon_fang; S. 118.M2 Fotolia/© bilderzwerg; S. 118.M4 Centre de Recherche Public de la Santé, Strassen; S. 119.M6 Ministère de l'Égalité des chances, Luxemburg; S. 119.M7 LCGB Lëtzebuerger Chrëschtleche Gewerkschaftsbond//Christlicher Gewerkschaftsbund Luxemburg; S. 120.M1 Horst Haitzinger, München; S. 121.M4.1 LCGB Lëtzebuerger Chrëschtleche Gewerkschaftsbond/Christlicher Gewerkschaftsbund Luxemburg; S. 121.M4.2 OGBL Onofhängege Gewerkschaftsbond Lëtzebuerg/Unabhängiger Gewerkschaftsbund Luxemburg, Esch-sur-Alzette; S. 121.M4.3 FNCTTFEL-Landesverband, Luxemburg; S. 121.M5 Carlo Schneider, CH-Langnau; S. 124.M1 Gabriele Heinisch, Berlin; S. 126.M1 Fotolia/© eyetronic; S. 127 Shuttersstock/Ljupco Smokovski; S. 128.M2 L'essentiel, Differdange; S. 129.M4 Globus-Grafik 1666; S. 130.M1 Horst Haitzinger, München; S. 130. M2 Photothèque de la ville de Luxembourg; S. 131.M4 Luis Murschetz, München; S. 131.M8 Thomas Plaßmann, Essen; S. 132.M1 Globus-Grafik 10293; S. 135 Fotolia/© momius; S. 138.M1 Volkhard Binder, Berlin; S. 139.1/2/4 aus: Der Luxemburg Atlas, Emons Verlag, Köln 2009, S. 94/95/Fotos: Robert Wealer; S. 139.4 David Flammang, Luxemburg; S. 140.M1 Volkhard Binder, Berlin; S. 140. M2 © Photothèque de la Ville de Luxembourg; S. 141.M3 Claude Piscitelli (Collage)/Ville de Differdange; S. 142 o. Fabienne Schoentgen, Niederfeulen; S. 142. M2 Anette Schamuhn (Künstlerin)/Cornelsen Verlag GmbH, Berlin; S. 143.M4 Volkhard Binder, Berlin; S. 144.M2 Verkéiersverbond Communauté des Transports, Luxemburg; S. 144.M3 Tom Wagner, Bettembourg; S. 145 u. Martin Thierry, Luxemburg; S. 146.M1.1 SEO Société Electrique de l'Our, Luxemburg; S. 146.M1.2 Archiv Luxemburger Wort, Luxemburg; S. 146.M2 Franz-Josef Domke, Hannover; S. 148.M1 Veronique Krettels, Bissen; S. 148.M2 Globus-Grafik 10934; S. 149 Guido Lessing; S. 150.M1 Globus-Grafik 1336; S. 151.M3 Horst Haitzinger, München; S. 152.M1 Globus-Grafik 10972; S. 152 Mi.re. SPF Santé publique, Sécurité de la Chaine alimentaire et Environnement; S. 152 u.re. © WWF Schweiz; S. 153 o.re. Rettet den Regenwald e.V./Regenwald.org, Hamburg; S. 153 u.re. SPF Santé publique, Sécurité de la Chaine alimentaire et Environnement; S. 154.M1 KlimAktiv gemeinnützige Gesellschaft zur Förderung des Klimaschutzes mbH, Tübingen; S. 154.M3 Ministère du Développement durable et des Infrastructures, Luxemburg; S. 155.M5 https://ec.europa.eu/energy/en/energy-labelling-tools; S. 155.M6 oekotopten, Luxemburg; S. 155.M7 CartoonStock/Clive Goddard; S. 156.1 Shutterstock/Johnny Adolphson; S. 156.2 Reuters (mecom); S. 156.3 action press/OTTO, KARLHEINZ; S. 156.4 action press/Zhang Jiansong/Xinhua News Ageaction press; S. 157.1 360 Creative/ddp images/ddp images; S. 157.2 Imagebroker RM/F1online; S. 157.3 action press/UNICEFaction press; S. 157.4 action press/ABACA PRESS; S. 157.5 Fotolia/© Andreas Edelmann; S. 158 Peter Wirtz, Dormagen; S. 159.M3 Reinhard Trummer/Trumix Comics, Konstanz; S. 160 Horst Haitzinger, München; S. 161 Volkhard Binder, Berlin; S. 164.M1 Carlo Schneider, CH-Langnau; S. 164.M3 Shutterstock/INTERPIXELS; S. 165 F1online; S. 166.M1 Archiv Luxemburger Wort, Luxemburg (20110314); S. 166.M2 Forum A.S.B.L. Luxemburg; S. 167.M4 Shutterstock/Asma Samoh; S. 168.M1.1 Siebengebirgsmuseum der Stadt Königswinter; S. 168.M1.2 Tom Wagner, Bettembourg; S. 168.M1.3 akg-images; S. 168. M1.4 Archiv Luxemburger Wort, Luxemburg (20030417); S. 168.M1.5 akg-images; S. 168.M1.6 Archiv Luxemburger Wort, Luxemburg (20100825); S. 169.M2 Volkhard Binder, Berlin; S. 169.M5 picture-alliance/Romain Fellen; S. 170.M1 Photothèque de la ville de Luxembourg; S. 170.M2/M3 ArcelorMittal, Luxemburg; S. 171.M5 Tom Wagner, Bettembourg; S. 171.M7 SES Deutschland, Unterföhring; S. 172.M2.1 Photothèque de la ville de Luxembourg; S. 172.M2.2 Archiv Luxemburger Wort, Luxemburg (f18139681, Foto: Romain Schanck); S. 174.M1 picture-alliance/Schütze/Rodem; S. 174.M2 VG Bild-Kunst, Bonn; S. 174.M3.1 Photothèque de la ville de Luxembourg; S. 174.M3.2 Deutsches Historisches Museum, Berlin (Inv.Nr. F87/199); S. 175.M4 CVCE Luxemburg/ http://www.cvce.eu/content/publication/1997/11/17/77920b2d-2b40-4849-9f06-f7336bc355f5/publishable.jpg; S. 175.M5 picture-alliance/picture alliance/AA; S. 176.M1.2 Archives nationales de Luxembourg/ANLUX, ICO-1-2-0139, VDB Muttersprache, o.D.; S. 176.M1.3 Bundesarchiv Koblenz; S. 176.M1.4 aus: Paul Spang (1992)/Archives nationales de Luxembourg; S. 177.M2.1 Centre de Documentation et de Recherche sur la Résistance Luxembourg; S. 177.M2.3 Archives nationales de Luxembourg; S. 177.M3.1 Archiv Luxemburger Wort, Luxemburg; S. 177.M3.2 Archiv Luxemburger Wort, Luxemburg (20011007); S. 177.M3.3 Archiv Luxemburger Wort, Luxemburg (20020124); S. 178.M1 Tom Wagner, Bettembourg; S. 180.M2 Carlo Schneider, CH-Langnau; S. 182.M1.1 Barbara Hammerschmitt, Stuttgart; S. 182.M1.2/3/4 Peter Wirtz, Dormagen; S. 183.M2 Fechenbach-Kooperative/Discordia Verlag, Morsbach; S. 184.M1 Tom Wagner, Bettembourg; S. 184.M2 Photothèque de la ville de Luxembourg; S. 185.M4 Archiv Luxemburger Wort, Luxemburg; S. 187 o. Carlo Schneider, CH-Langnau; S. 187 u. Bulls Pressedienst GmbH, Frankfurt am Main; S. 188.1 Association de Soutien aux Travailleurs Immigrés Luxembourg; S. 188.2 Claude (Foto)/LCTO Luxembourg City Tourist Office; S. 188.3 Tom Wagner, Bettembourg; S. 189.1 Volkhard Binder, Berlin; S. 190.1 Shutterstock/Asma Samoh; S. 190.2/3 Tom Wagner, Bettembourg; S. 190.4 Archiv Luxemburger Wort, Luxemburg (20100312); S. 190.5 ACL Automobile Club du Luxembourg, Bertrange; S. 190.6

OGBL Onofhängege Gewerkschaftsbond Lëtzebuerg/Unabhängiger Gewerkschaftsbund Luxemburg, Esch-sur-Alzette; S. 190.7 Shutterstock/Bildagentur Zoonar GmbH; S. 190.8 Shutterstock/Li Wa; S. 191.M2 Archives nationales de Luxembourg; S. 192.M2 ClipDealer/Erwin Wodicka; S. 192.M3 Erich Schmidt Verlag/Zahlenbild 86 030; S. 193.M4 Volkhard Binder, Berlin; S. 193.M6 Gouvernement du Grand-Duché du Luxembourg/https://de.wikipedia.org/wiki/Kammerwahl_2013#/media/File:Specimen_Elections_legislatives_Luxembourg_2013.png; S. 195.M2.1 CSV Chrëschtlech Sozial Vollekspartei (www.csv.lu); S. 195.M2.2 LSAP Lëtzebuerger Sozialistesch Arbechterpartei (www.lsap.lu); S. 195.M2.3 DP Demokratesch Partei (www.dp.lu); S. 195.M2.4 Déi Gréng (www.greng.lu); S. 195.M2.5 ADR Alternativ Demokratesch Reformpartei (www.adr.lu); S. 195.M2.6 Déi Lénk (www.dei-lenk.lu); S. 195.M2.7 KPL Kommunistesch Partei Lëtzebuerg (www.kp-l.org); S. 195.M2.8 piratepartei (www.piratepartei.lu); S. 196.M4 Gerhard Mester, Wiesbaden; S. 197.1 LSAP, www.lsap.lu; S. 197.2 Déi Gréng; S. 197.3 DP, www.dp.lu; S. 197.4 CSV, www.csv.lu; S. 198.M1 Tom Wagner, Bettembourg; S. 200.M1.1 mauritius images/Markus Wissmann/Alamy; S. 200.M1.2 Archiv Luxemburger Wort, Luxemburg (f18306746/Foto: Guy Jallay); S. 200.M1.3/4 Tom Wagner, Bettembourg; S. 201.M2 o. re. Shutterstock/abd; S. 202.M1 Tom Wagner, Bettembourg; S. 203.M3 Bergmoser+Höller Verlag AG/Zahlenbild 67 123; S. 203.M5 Carlo Schneider, CH-Langnau; S. 205.M2 Archiv Luxemburger Wort, Luxemburg (20060406); S. 205 u. Ministère de la Santé Luxembourg; S. 206.M1 Fotolia/© jfe32; S. 207.M5 li Thomas Wizany, A-Salzburg; S. 207.M5 re. Corbis/Corbis; S. 208.M1.1 (20111017)/2 (20110623)/3 Archiv Luxemburger Wort, Luxemburg (20100907); S. 208.M1.4/5 Service central de Législation Luxembourg; S. 209.M3 picture-alliance/dpa; S. 210.M1 Tom Wagner, Bettembourg; S. 211.M2.1 asti Association de Soutien aux Travailleurs Immigrés, www.asti.lu; S. 211.M2.2 UEL Union des Entreprises Luxembourgeoises, www.uel.lu/; S. 211.M2.3 Intra Muros asbl, www.intramuros.lu; S. 211.M2.4 LCGB Lëtzebuerger Chrëschtleche Gewerkschaftsbond//Christlicher Gewerkschaftsbund Luxemburg; S. 211.M2.5 ACL Automobile Club du Luxembourg, Bertrange; S. 211.M3 Günther Kellner; S. 213.1 Gerhard Mester, Wiesbaden; S. 213.2 Burkhard Mohr, Königswinter; S. 213.3 Thomas Plaßmann, Essen; S. 217 Ernst Hürlimann (Künstler †)/Dorothea Hürlimann, München; S. 219.M3 Fotolia/© rupbilder; S. 219 re. photo: L'essentiel/Jmh; S. 220.M1 Global View/Simon Schmitt, Louvain-la-Neuve, Belgien; S. 220.M2 Volkhard Binder, Berlin; S. 222.M1 Shutterstock/© racorn; S. 222.M2 Fotolia/© juniart; S. 222.M3 Ministère du Développement durable et des Infrastructures Luxembourg; S. 224.M2 Thomas Maria Malangeri, Berlin, www.tausendschwarz.de; S. 225 Marc Schoentgen, Diekirch; S. 226.M1.1 Gerhard Mester, Wiesbaden; S. 226.M1.2/3 Thomas Plaßmann, Essen; S. 228.M1.1 action press/ZUMA PRESS INC.; S. 228.M1.2 Archiv Luxemburger Wort, Luxemburg; S. 228.M1.3 Reuters/mecom; S. 228.M1.4 F1online/ Jim West/AGE/F1online; S. 228.M1.5 picture alliance/dpa; S. 229 Fotolia/© Alexander Raths; S. 230.M1 Fotolia/© takasu; S. 231.M4 CartoonStock/Kes; S. 232.M1 Shutterstock/wavebreakmedia; S. 232.M3 dieKLEINERT.de/Martin Guhl; S. 237 Walter Kurowski, Oberhausen; S. 240.M2.1 bpk/Museumslandschaft Hessen Kassel; S. 240.M2.2 National Media Museum/SSPL/Süddeutsche Zeitung Photo; S. 240.M2.3 Science Museum/SSPL/Süddeutsche Zeitung Photo; S. 240.M2.4 F1online; S. 240.M2.5 Interfoto/TV-Yesterday; S. 240.M2.6 Shutterstock/suksawad; S. 240.M2.7 Science Museum/SSPL/Süddeutsche Zeitung Photo; S. 241.M2.8 mauritius images/Richard Levine/Alamy; S. 241.M2.9 Shutterstock/vierra; S. 241.M2.10 Shutterstock/Evan Lorne; S. 241.M2.11 Shutterstock/italianphoto; S. 241.M2.12 Shutterstock/Benguhan; S. 241.M2.13 Fotolia/© selensergen; S. 241.M2.14 Shutterstock/tanuha2001; S. 241.M2.15 Shutterstock/Umberto Shtanzman; S. 242.M2 Shutterstock/Vjom; S. 242.M3 Globus-Grafik 3961; S. 243.M4 L'essentiel Online, Luxemburg; S. 243.M5 picture-alliance/Marc Tirl; S. 243.M7 Shutterstock/Monkey Business Images; S. 244.M1 Globus-Grafik 5188; S. 244.M2.1 Shutterstock/r.nagy; S. 244.M2.2 Shutterstock/Mila Supinskaya; S. 245.M4 Baaske Cartoons, Mülheim; S. 245.M5 Axel Springer Syndication GmbH, Berlin; S. 246.M1.1/2/3/4 SNJ – Service Nationale de la Jeunesse Luxembourg; S. 248.M1 Simone Kayser; S. 249.M2 Globus-Grafik 10110; S. 249.M4 dieKLEINERT.de/Martin Guhl, München; S. 250.M1 Evangelischer Pressedienst, Bildservice (epd-Grafik), Frankfurt am Main; S. 250.M2 Ulrich Kieser (Künstler)/Baaske Cartoons, Mülheim; S. 251.M4 Bettina Nutz (Künstlerin)/Cornelsen Verlag GmbH, Berlin; S. 252.M1.1 picture-alliance; S. 252.M1.2 Ann Sophie Lindström, Luxemburg; S. 252.M1.3 picture-alliance/dpa; S. 252.M1.4 ddp images; S. 252.M1.5 picture alliance/dpa; S. 252.M1.6 Corbis; S. 253.M2 Thomas Plaßmann, Essen; S. 254.M1.1 picture-alliance/dpa; S. 254.M1.2 Cornelsen Verlag GmbH, Berlin; S. 255.M2.1/2 bpk, Berlin; S. 255.M3.1 picture-alliance/dpa; S. 255.M3.2 action press/REX FEATURES LTD.; S. 255.M4.1/2 PantherMedia Stockphotos (RF)/© philipus; S. 256.M1.1 picture-alliance/empics; S. 256.M1.2 picture-alliance/AP Images; S. 256.M1.3 Allstar; S. 258 Fotolia/© Piotr Adamowicz; S. 259 Götz Wiedenroth, Flensburg; S. 261 u. © Europäische Union, 2016; S. 262.M1 Süddeutsche Zeitung Photo; S. 262.M2/M3 Publications Office oft he European Union Luxembourg; S. 264.M1 dpa-Grafik 13794, picture alliance; S. 265.M3 Pawel Matuska, CZ-Trebechovice; S. 265.M4.1 Shutterstock/jdrv; S. 265.M4.2 Shutterstock/Atlaspix; S. 266.M1.1 Publications Office oft he European Union Luxembourg; S. 266.M1.2 Fotolia/© Pekchar; S. 266.M2.1 ImageBroker/Andrey Nekrasov; S. 266.M2.2 Fotolia/© eyewave; S. 267.M4 © Europa Union 2015; S. 267.M5 Ministère des Affaires étrangères et européennes; S. 268/269 Mara Burmester, Berlin; S. 270.M1 Corbis Creative/©Juice Images/Corbis; S. 270.M2 Pierre Kroll, Brüssel; S. 270.M3 © EU 2016 Source EP/Michael Christen; S. 271.M4 © European Union 2016/European Youth Portal; S. 271.M5 Laif/Thierry Monasse/Polaris/laif; S. 271.M6 imago sportfotodienst/imago stock&people; S. 271.M7 picture alliance/zb; S. 273.M3.1 PantherMedia Stockphotos (RF)/© joexx; S. 273.M3.2 Shutterstock/Kiev.Victor; S. 273.M4 picture-alliance/JOKER; S. 273.M5 action press/ISOPIX SPRL; S. 273.M6 Globus-Grafik 13106, picture-alliance; S. 273.M7.1 dpa Picture-Alliance/Lehtikuva/Heikki Saukkomaa; S. 273.M7.2 dpa Picture-Alliance/Xinhua/Xinhua News; S. 273.M7.3 imago images/ZUMA Press; S. 274.M1 Global View/Simon Schmitt, Louvain-la-Neuve, Belgien; S. 274.M2 Photothèque de la Ville de Luxembourg; S. 274.M3 Archiv Luxemburger Wort, Luxemburg; S. 275.M5 Info-Institut e.V., Saarbrücken; S. 276.M1 Globus-Grafik 2704; S. 276.M1.1 blickwinkel/allOver; S. 276.M1.2 Fotolia/© Wolfgang Jargstorff; S. 276.M1.3 Shutterstock/QQ7; S. 276.M1.4 Archiv Luxemburger Wort, Luxemburg; S. 278.M1 Globus-Grafik 10842; S. 279.M2 action press/Remko de Waal/ANP Photo action press; S. 279.M3 imago sportfotodienst/imago stock&people; S. 279.M4 Thomas Plaßmann, Essen; S. 280 Gerhard Mester, Wiesbaden; S. 281.M1 Vision C/Karl Gerd Striepecke, Kalletal-Varenholz; S. 281.M2 Patrick Chappatte (Künstler)/Globe Cartoon; S. 281.M3 Thomas Plaßmann, Essen; S. 281.M4 CartoonStock/Pete Canary; S. 281.M5 Patrick Chappatte (Künstler)/Globe Cartoon; S. 281.M6 Burkhard Mohr, Königswinter; S. 282 picture alliance/dieKLEINERT.de; S. 283 Bundeszentrale für politische Bildung, 2009, www.bpb.de/Creative Commons by-nc-nd/3.0/de/Prof. Dr. Eckart D. Stratenschulte, Berlin; S. 284 u.1 action press/CHINE NOUVELLE/SIPA action press; S. 284 u.2 picture-alliance/dpa; S. 285 u.1 picture-alliance/dpa; S. 286.M1.1 Shutterstock/MJTH; S. 286.M1.2/3 picture-alliance/dpa; S. 287.M3.B Dan Piraro, Pasadena; S. 287.M3.C Bundeszentrale für politische Bildung, 2015, www.bpb.de/Creative Commons by-nc-nd/3.0/de; S. 288.M1 Globus-Grafik 10900; S. 289 o. Shutterstock/Fotocrisis; S. 289 u. Laif/ChinaFotoPress/laif; S. 290.M1 Volkhard Binder, Berlin; S. 291.M2 Fotolia/© Ciaobucarest; S. 291.M3 © le monde diplomatique/taz Verlags- und Vertriebs GmbH Berlin; S. 291.M4 picture-alliance/ZB/euroluftbild; S. 291.M5 Globus-Grafik 2857; S. 292.M1 Globus-Grafik 6114; S. 292.M2 Globus-Grafik 10485; S. 293 o.re. Isabella von Galanty, Berlin; S. 293 Mi.re. picture-alliance/dpa/dpaweb; S. 294.M1 stock.adobe.com/zef art; S. 294.M2 Bergmoser+Höller Verlag AG/Zahlenbild 603 201; S. 296.M1 Fondation Follereau Luxembourg; S. 296.M2 Fotolia/© nmarques74; S. 296.M3 picture alliance/africamediaon; S. 297.M4 Corbis RM; S. 298.M1 Volkhard Binder, Berlin; S. 298 u. picture-alliance/dpa; S. 299.M3 picture-alliance/dpa; S. 300.M1 Klaus Espermüller, München; S. 301.M3 picture-alliance/dpa; S. 301 u. Til Mette, Bielefeld; S. 302.M2 Glow Images/Superstock RM; S. 302.M3 Shutterstock/weerapong pumpradit; S. 303.M6 imago sportfotodienst/imago stock&people; S. 304.M1.1 picture-alliance/dpa; S. 304.M1.2 action press/XINHUA; S. 304.M2 Shutterstock/weerapong pumpradit; S. 305.M3 Laif/ VU/laif; S. 305.M4 Patrick Chappatte (Künstler)/Globe Cartoon; S. 306.M1.1 ap/dpa/picture alliance/Süddeutsche Zeitung Photo; S. 306.M1.2 Reuters/RTRC14J; S. 306.M1.3 picture alliance/ASSOCIATED PR; S. 306.M1.4 picture alliance/ZUMAPRESS.com; S. 306.M1.5 Philip Reynaers/PHOTONEWS/GAMMA-RAPHO/laif; S. 307.M3 ADV Arbeitsgemeinschaft Deutscher Verkehrsflughäfen e.V., Berlin; S. 307.M4 Gerhard Mester, Wiesbaden; S. 308.M1 Fritz Behrendt (Künstler †); S. 309.M3 Volkhard Binder, Berlin; S. 310.M7 action press/Public Address action press; S. 310.M8 picture alliance; S. 311 Burkhard Mohr, Königswinter; S. 313.1/2 Gerhard Mester, Wiesbaden; S. 314 Fotolia/© reeel; S. 316 Helga Bachmann/Greenpeace Hamburg; S. 319 Shutterstock/Christo; S. 320 o. Globus-Grafik 1816; S. 320 Mi.1 imago images/ZUMA Press; S. 320 Mi.2 imago images/Eibner Europa

In einigen Fällen war es uns nicht möglich, die Rechteinhaber zu ermitteln. Selbstverständlich werden wir berechtigte Ansprüche im üblichen Rahmen vergüten.